Tilman Evers · Mythos und Emanzipation

Tilman Evers

Mythos und Emanzipation

Eine kritische Annäherung an C. G. Jung

JUNIUS

Junius Verlag GmbH, Hamburg
Stresemannstraße 375, Postfach 50 07 45,
D-2000 Hamburg 50
Copyright 1987 by Junius Verlag
Alle Rechte vorbehalten
Einbandgestaltung: Johannes Hartmann, Hamburg
Satz: Junius Verlag GmbH
Druck: SOAK GmbH, Hannover
Printed in Germany 1987
ISBN 3-88506-161-9
Erste Auflage Oktober 1987

CIP-Kurztitelaufnahme der Deutschen Bibliothek

Evers, Tilman:
Mythos und Emanzipation: e. krit. Annäherung an C. G. Jung /
Tilman Evers. — 1. Aufl. — Hamburg: Junius, 1987
ISBN 3-88506-161-9

Inhalt

Wir müßen eine neue Mythologie
haben, diese Mythologie aber
muß im Dienste der Ideen stehen,
sie mus e Mythologie der
Vernunft werden.

Ältestes Systemprogramm
des deutschen Idealismus

Alle Emanzipation ist Zurückführung der menschlichen
Welt, der Verhältnisse, auf den Menschen selbst.

Karl Marx

Es ist reizvoll, die krause Linie: Hegel, Marx,
Freud, Jung zu verfolgen, von denen jeder
eine Gesamtschau des Menschen zu geben
prätendierte, Enthusiasten des Entwicklungs-
gedankens und jeder in seiner Weise ein
kopfstehender, sieghafter, strauchelnder oder
verunglückter Dialektiker.

John F. Rittmeister

Jungs analytische Psychologie … ist eine
der spärlichen Alternativen zu einem Positivismus,
der in der Welt längst die Qualitäten eines
Einparteiensystems übernommen hat.

Alexander Mitscherlich

Wer heut noch Hoffen macht, der lügt!
doch wer die Hoffnung tötet, ist ein Schweinehund.

Wolf Biermann

Halte dich an die, die nach der Wahrheit suchen,
und geh denen aus dem Weg, die sie gefunden haben.

Hanna Schygulla

Ob ein Mensch durch das Feuer der göttlichen
Liebe gegangen ist, erkenne ich nicht daran,
wie er von Gott, sondern wie er von irdischen
Dingen spricht.

Simone Weil

Vorwort:
Worum es geht

In der Tiefenpsychologie von Carl Gustav Jung ist eine befreiende Latenz enthalten, die zu erschließen für heutiges gesellschaftsveränderndes Denken und Handeln wichtig wäre. Dieser These nachzuspüren, ist die Absicht des folgenden Versuchs. Er bezieht sich damit auf jene Suche nach Chancen selbstbestimmter Subjektivität, die heute in allen alternativen Politikformulierungen umgeht.

Anlaß zu dieser Suche ist die ratlose Frage, wo angesichts der Bedrohung durch übermächtige Dingwelten noch die Kraft und Orientierung für emanzipatorisches Handeln herkommen soll. Die Ratlosigkeit hat ihr Gutes: Sie nötigt zur Rückbesinnung auf jene menschlichen Tiefen, von denen diese verselbständigten Objektwelten sich nähren, und aus denen daher auch die Energie der Veränderung kommen muß. Die Einsicht in die politische Bedeutung des Persönlichen, die sich in heutigen Politikentwürfen andeutet, ist an sich schon ein wichtiger Schritt.

Vielen dieser Entwürfe steht — näher oder ferner — das Paradigma Marx/Freud im Stammbaum, wie es insbesondere von der Frankfurter Schule formuliert wurde. Indem der vorliegende Text versucht, die geistige Welt von C. G. Jung mit dieser Tradition kritischen Denkens zu vermitteln, rührt er an jenes »mythische Grauen der Aufklärung vor dem Mythos«, von dem Horkheimer und Adorno in ihrem berühmten Essay zur »Dialektik der Aufklärung« sprachen. Unter ihren Schülern wirkt der Name C. G. Jung wie ein Reizwort und gilt geradezu als Gegenbegriff zu Emanzipation. Für die heute maßgeblichen Sozialpsychologen ist der nach Freud einflußreichste Tiefenpsychologe eine Unperson.

Aber gleichzeitig füllt tiefenpsychologische Literatur Jung'scher Richtung die Auslagen der Buchhandlungen, Therapieangebote seiner Schule sind ausgebucht, sein Name wird im Zusammenhang mit der Wiederbelebung mythischer Motive in Kultur und Politik diskutiert. Auch gesellschaftlich engagierte Menschen stoßen bei ihrer Suche nach handlungsbefähigender Orientierung für ihre Arbeit im Umfeld der Friedens-, Frauen- und Ökologiebewegung auf Jungs Schriften.

Vieles an dieser Jung-Welle mag fragwürdig sein; aber das Bedürfnis nach einem vollständigeren Selbstbild, das darin zum Ausdruck kommt, verdient ernstgenommen zu werden. Politisch gewendet besagt es: Die Kraft zu gesellschaftsveränderndem Handeln verkümmert, wo sie die a-rationalen Anteile des Menschen abspaltet. Daran hat Ernst Bloch schon vor über fünfzig Jahren gemahnt. Daß gerade er es war, der mit seinem Verdammungsurteil wesentlich zum Berührungsverbot gegenüber C. G. Jung beigetragen hat, macht deutlich, in welchen Ambivalenzen sich solche Begegnungsversuche zwischen Ratio und Irratio notwendig bewegen.

Auch Jungs Person und Werk sind ambivalent, und viel hängt davon ab, wie man ihn liest. Wenn der Schatz menschheitlichen Wissens in Jungs psychologischer Anthropologie für veränderndes Handeln aufgeschlossen werden soll, dann darf die Wahrnehmung nicht bei der ehrfürchtigen Schau ewiggleicher Archetypen verharren — wozu Jung selbst in der Faszination seiner Entdeckung neigte. Das Augenmerk muß vielmehr zu seiner anderen grundlegenden Kategorie, der Individuation, verschoben werden, verstanden als zielsuchender Prozeß einer unabschließbaren Selbstgestaltung. Mit dieser experimentellen Bejahung eigener Subjektivität geht der Jung'sche Entwurf über das Affirmationsverbot von Freud und der Frankfurter Schule hinaus; darin liegt seine Kraft für veränderndes Handeln. Zugleich weist Jung Zugänge zu einem über den Einzelnen hinausreichenden Fundus an Gestaltungskräften, aus dem die Energie zur Selbstveränderung und die Phantasie für Neues geschöpft werden können.

Bei einem solchen Versuch der Annäherung an C. G. Jung in befreiender Absicht dürfen andererseits die Einwände nicht übersprungen werden, die mit guten Gründen gegen ihn und seine Lehre vorgebracht wurden: Bannt seine Psychologie den Ratsuchenden nicht in aufwendige Innenwelten ohne Ausgang zur gesellschaftlichen Realität? Verführt sie nicht zu Ganzheitsillusionen, die jeden kritischen Impuls ersticken? Weht in ihr nicht tatsächlich der mythische Geist der Gegenaufklärung? Und vor allem: Hat Jung nicht mit den Nazis paktiert? Indem der folgende Text an diesen Widerständen arbeitet, liest er sich auch als Jung-Kritik, unternommen freilich nicht zur Abwehr, sondern zur behutsamen, verwandelnden Aneignung seines Werkes.

Ein solcher Versuch setzt sich bewußt zwischen die Stühle hergebrachten Denkens, indem er die unkritische Jung-Idolatrie auf seiten gläubiger Jungianer ebenso in Frage stellt wie dessen pauschale Tabuisierung in kritisch denkenden Kreisen. Ohne den unbequemen Grenzgang einer solchen »Aufklärungskritik in aufklärerischer Absicht« wird ein unverkürztes Verständnis von emanzipatorischem Handeln, das weder das Subjekt materialistisch vereinnahmt noch die Gesellschaft idealistisch verklärt, mit oder ohne Jung nicht zu haben sein. Daß man bei solchen Grenzgängen oft auch Beifall von der falschen Seite bekommt, darf einen bekanntlich nicht abhalten.

Kapitel 1
Zugänge

Bei einem Gespräch im Kreise einiger Kasseler Intellektueller, die Teile des Manuskripts zu diesem Buch mit mir diskutierten, warf eine Teilnehmerin mir vor, der Text bewirke bei ihr das unangenehme Gefühl des »double-bind«: Sprachlich folge er dem Stil der kritischen Sozialpsychologie, aber benutzt werde diese Sprache hier für Inhalte, die auf eine Apologie von C. G. Jung hinausliefen. Das mußte ich erstmal verarbeiten; mit mehr Geistesgegenwart hätte ich geantwortet: Nein, die Aussage ist nicht zweideutig — sie ist eindeutig gerade dagegen, kritische Theorie und C. G. Jung für unvereinbar zu halten.

Ebenfalls in der Entstehungszeit dieses Textes hielt ich im Schwarzwald vor Psychotherapeuten Jung'scher Richtung einen Vortrag, in dem ich darlegte, daß gesellschaftliche Bedingungen das psychische Geschehen in jedem Einzelnen mit prägen und daher bei einer archetypischen Betrachtungsweise nicht übersprungen werden dürfen. Darin war auch eine abwägende Kritik an C. G. Jung enthalten. Die Antwort eines Anwesenden: »Aus dem, was du sagst, höre ich deine Angst heraus, dich rückhaltlos auf den archetypischen Prozeß einzulassen.« Ich antwortete: Zu dieser Angst bekenne ich mich; es gibt ja auch Gründe für solche Ängste vor dem kollektiven Unbewußten.

Die beiden Szenen werfen einiges Licht auf das Verhältnis zwischen gesellschaftskritischem Denken einerseits, Jung'scher Tiefenpsychologie andererseits. Es ist ein Nicht-Verhältnis, mehr noch: eine wechselseitige Ausgrenzung. Für eine aufklärerische Linke ist C. G. Jung so unverrückbar »rechts«, daß jede ernstliche Beschäftigung mit ihm dem Denkraster »Apologie« verfällt. Und für Jungianer sind Geschichte und Gesellschaft so äußerlich, daß jedes Interesse daran nur als Flucht vor dem inneren Geschehen wahrgenommen wird. Was soll da das Unterfangen, beide miteinander ins Gespräch zu bringen?

Ich möchte mit der Gegenfrage antworten: Können sich beide Sichtweisen ihre gegenseitige Abschottung noch leisten? Mit welcher Befähigung sprechen Jungianer über die Selbstgestaltung des Einzelnen, solange sie sich blind machen für die entgegenwirkenden gesellschaftlichen Zwänge und ihre tief in jede Persönlichkeit hineinreichenden Prägungen? »Wir sind mit Leib und Seele Markt« textet eine Supermarktkette mit ungewolltem Tiefsinn. Wie steht es umgekehrt mit der emanzipatorischen Kraft einer Wissenschaft, die zwar die »Ausdörrung der gewachsenen Phantasie von unten« richtig analysiert, sich aber der Frage verweigert, was Phantasie eigentlich ist, aus welchem »Unten« sie kommt und wie sie wächst?[1] Auf die Frage nach den Möglichkeiten für Veränderung haben beide Schulen nur Teilantworten.

Darum aber geht es: All die gesellschaftlich vermittelten Objektwelten, die unser Leben reglementieren, beengen und bedrohen — von A wie Abschußrampe über Beton, Caesium, Digitalisierung usw. bis Z wie Zentralregister —, haben sich längst auch in den Köpfen und Gemütern der Menschen breitgemacht. Angesichts ihrer übermächtigen Allgegenwart sind Gefühle von Ohnmacht und no future nur zu verständlich; sich ihnen zu überlassen hieße jedoch, den befürchteten zerstörerischen Selbstlauf noch mitzutragen. Das gesellschaftlich hergestellte »Packeis« ist eben kein Naturereignis, es wird zusammengehalten durch menschliches Handeln, das stets auch einen psychischen Mitvollzug beinhaltet, wie unbewußt und gebrochen auch immer.

Jede Veränderung wird daher auch den Weg über das Bewußtsein derer nehmen müssen, die in diesen Strukturzwängen stehen und sie in ihrem Alltagshandeln bekräftigen — und das sind wir alle, zu unterschiedlichen Anteilen. Ein Politikverständnis, das den »subjektiven Faktor« aus der Politik hinausdefiniert, weil es da um die objektiven Gesetze von Markt, Macht und Sachzwang gehe, ist Teil des Problems, für dessen Lösung es sich hält. Es ist gerade die Ausweitung der subjektiven Fähigkeiten, durch die allererst die Möglichkeit entsteht, eine eigene Beziehung zu Menschen und Dingen herzustellen, die ihrerseits die Voraussetzung für kritische Betrachtung und verändernde Phantasie darstellt.

Die beharrliche Arbeit an einer lebendigeren Subjektivität ist also alles andere als unpolitisch, denn in ihr gründet jenes Stück Autonomie, ohne die es kein veränderndes Handeln gibt. Um diese »Innenseite« politischen Handelns geht es im folgenden. Sie für wichtig zu halten, ist bereits eine politische Entscheidung. — Die Konservativen haben durchaus verstanden, daß der politische Kampf gerade in einer Medien- und Informationsgesellschaft um die Möglichkeiten der Selbstwahrnehmung geht und sich daher in der Vorgabe von Werten, der Besetzung von Begriffen, den Denkgewohnheiten und Sprachformen entscheidet.

Daß die politische Auseinandersetzung um Herrschaft und Befreiung sich nicht im äußeren Machtkampf erschöpft, ist keine neue Erkenntnis: Auf wechselnde Weise wurde die Innenseite der Befreiung seit dem Zeitalter der Aufklärung immer wieder angemahnt — und jeweils wieder verdrängt. Dabei ist der dialektische Zusammenhang von Strukturveränderung und Selbstveränderung schon in dem Leitbegriff »Emanzipation« enthalten, auf den sich seit damals alle fortschrittlichen Bewegungen beziehen. So hatte es auch in den antiautoritären Anfängen der Studentenbewegung frei nach Marcuse geheißen: »Revolution ohne Emanzipation ist Konterrevolution.« Peter Brückner schrieb damals: »Revolution ohne ... Umwerfen von Bewußtsein brächte Herrschaft und Repression nur unter veränderte Vorzeichen«[2]. Auch das wurde dann mehrheitlich verdrängt, bis die schrittweise Enttäuschung aller kurzschlüssigen Hoffnungen auf staatlich verordnete Befreiung — in Kuba und Vietnam, in Chile und Portugal, und freilich auch in der Bundesrepublik — daran erinnerte. Es zeigte sich, daß man den Herrschenden allzu ähnlich werden mußte, um ihnen auf ihrer Ebene von Geld und Macht Paroli bieten zu können. Anfang der achtziger Jahre dämmerte die selbstkritische Einsicht: »In der Linken hält der psychische Analphabetismus an. Noch immer wird Bewußtlosigkeit gegenüber dem Unbewußten als Rationalität mißverstanden«[3].

Aus dieser Erfahrung geht mein Fragen hervor. Die Kategorien von Interesse und Macht, mit denen ich als Sozialwissenschaftler umzugehen gelernt hatte, erwiesen sich als unvollständig, um Chancen der Befreiung zu verstehen, geschweige denn gedanklich zu entwerfen und praktisch zu unterstützen. Gerade angesichts des scheinbar unkontrollierbaren Selbstlaufs von Rüstungswahn und Umweltverseuchung, Arbeitslosigkeit und Entdemokratisierung, Kopfverkabelung und Sprachraub halte ich die Freisetzung eigensinniger Lebendigkeit für wichtiger denn je. So sehr jedes Quentchen Gegenmacht gebraucht wird und so sehr die Zeit drängt: Am langen Marsch zu sich selbst führt kein Weg vorbei. Handeln ist nur möglich in dem Maße, wie sich dabei auch die handelnden Subjekte herausbilden[4].

All das wird heute von maßgeblichen Sozialpsychologen gesagt, deutlich vernehmbar für jeden, der die damit verbundene Zumutung der Selbstveränderung an sich heranlassen will[5]. Neu ist also nicht das Anliegen, die Arbeit am Subjekt als notwendigen Teil politischer Arbeit bewußt zu machen. Neu ist der Versuch, dabei die Analytische Psychologie C. G. Jungs zu Rate zu ziehen.

Das ist nicht nur neu, es ist eine Provokation für jeden, der sich der Tradition aufklärerischen Denkens verbunden fühlt. Gilt Jung nicht geradezu als Symbolfigur der Gegenaufklärung in der Tiefenpsychologie? Politisch engagierte Sozialpsychologen in der Freud-Nachfolge, die für unser heutiges Verständnis subjektiver Emanzipation Entscheidendes beigetragen haben, wie Alexander Mitscherlich, Peter Brückner, Alfred Lorenzer, Horst Eberhard Richter, Helmut Dahmer, Klaus Horn, Thomas Leithäuser, Thea Bauriedl und manche andere erwähnen C. G. Jung in ihren Schriften nicht einmal kritisch, sondern gar nicht (Belanglosigkeiten nicht gerechnet): Mit Jung befaßt »man« sich nicht.

Dabei sollten gerade Psychologen wissen, wie interessant eben dasjenige ist, was totgeschwiegen werden soll. Sich mit dem nach Freud einflußreichsten Tiefenpsychologen nicht einmal ablehnend auseinanderzusetzen, heißt Verdrängungsenergie in ihn zu investieren. Es muß etwas dran sein an Jung, das gerade deswegen abgewehrt wird, weil es dringend gebraucht würde.

Könnte das seine umfassendere, potenzhaltigere Sicht des Unbewußten sein? Von Freud stammt die Einsicht, daß das bewußte Ich nicht Herr im eigenen Hause ist. Dabei schwang bei ihm jedoch ein Ton der Mißbilligung mit, so als sei »eigentlich« nur der Verstand zum Regieren berufen und das Unbewußte daher ein zu beargwöhnender Gegenspieler. Alle Subjektbegriffe in seiner Nachfolge sind von dieser einseitigen Hochschätzung der Rationalität auf Kosten des Unbewußten geprägt. Was soll auch anderes herauskommen, wenn die Ratio zur alleinigen Richterin gemacht wird.

Diesem Alleinvertretungsanspruch des Ich-Bewußtseins ginge es an den Kragen, wenn man sich auf Jung einließe — kein Wunder, daß die in ihrer Vorherrschaft bedrohte Ratio mit Abwehr reagiert. Sie müßte sich sonst auf die Zumutung einlassen, das Unbewußte als gleich wesentlichen und kostbaren Anteil menschlicher Lebendigkeit neben sich anzuerkennen. Denn nach Jung wurzeln *alle* menschlichen Möglichkeiten, die positiven wie die negativen, im Unbewußten; und ohne schöpferischen Austausch mit diesen Tiefenkräften muß auch der Intellekt verkümmern. Zugleich öffnet die Jung'sche Psychologie einen Weg der Veränderung, der in einer Verschränkung von Handeln und Lassen einen Prozeß schrittweiser, experimenteller Ausgestaltung der im Individuum angelegten Möglichkeiten in Gang setzen kann. So verstandene Individuation geht über die Freud'sche Richtungsweisung zum bewußten Ich hinaus, insofern sie nicht nur eine Erweiterung der verstandesmäßigen, sondern gleichzeitig der emotionalen, intuitiven, schöpferischen und spirituellen Fähigkeiten meint, von denen die Wirkung mitmenschlichen Handelns mindestens so sehr abhängt wie vom Verstand. Ich halte daher das aus Jungs Tiefenpsychologie zu gewinnende Menschenbild potentiell für vollständiger und damit auch utopieträchtiger als die Subjektvorstellungen in der Nachfolge Freuds. Man könnte auch von einer ganzheitlichen Sicht sprechen, wenn dabei nicht allzu leicht Bruchlosigkeit herausgehört würde; denn »ganz« — das muß man nun wieder dem Gebrauch mancher Jung-Jünger entgegenhalten — ist heute nur ein Bild vom Menschen, das dessen Brüche in sich aufnimmt.

Über all das wird noch ausführlicher zu reden sein. Denn freilich ist der emanzipatorische Gehalt in Jungs Anthropologie nicht nur vom rationalistischen Selbstbild der Freudianer verstellt. Mir scheint, daß aufgrund eines Zusammenspiels von politischen Umständen und persönlichen Konflikten in der Pionierzeit der Tiefenpsychologie die geballte Zuwendung an herrschaftskritischer Bearbeitung und Beerbung dem Lehrgebäude von Freud zugeflossen ist, während dasjenige von Jung in seinem apolitisch-konservativen Urzustand belassen, ja sogar einer herrschaftsbestätigenden Fortentwicklung überlassen wurde. So haben sich beide Vorstellungen vom Menschen polarisiert: Um das Jung'sche Individuum ist eine Dornröschenhecke weltvergessener Selbstbeschaulichkeit gewachsen, während das kritische Subjekt nach Freud sich mit Dauerengagement und dem Anspruch eines »enormen Bewußtseins«[6] überfordert. Wie an Freuds Psychoanalyse, so muß auch an die Analytische Psychologie Jungs die Frage nach gesellschaftsveränderndem Handeln erst herangetragen werden; und sie wird dabei ebensowenig unverändert bleiben.

Andererseits: Die Grenzen sind nicht mehr so undurchlässig wie noch vor wenigen Jahren; sonst könnte wohl auch ein Versuch wie dieser nicht entstehen. In der therapeutischen Praxis, die es mit lebendigen Menschen und nicht mit Theorien zu tun hat, gab es schon immer mehr Überlappungen, als es die Gegensätzlichkeit der Terminologien erkennen ließ. Seit einiger Zeit bemühen sich Freud'sche Tiefenpsychologen um eine Neubewertung der positiven und schöpferischen Anteile im Unbewußten. Und neuerdings wird sogar an der Vorherrschaft der Ratio gerüttelt, indem Freud'sche Analytiker darüber nachdenken, wieviel mythisches Denken in das Werk des großen Aufklärers Freud eingewoben ist[7].

Umgekehrt haben Jungianer damit begonnen, die Themen der Frauenbewegung, der Friedens- und Umweltpolitik aufzugreifen und sich mit der Frage nach Jungs Verhalten gegenüber dem Nationalsozialismus auseinanderzusetzen. Auch unter ihnen gibt es nun Analytiker und Publizisten, an denen die Studentenbewegung nicht spurlos vorübergegangen ist.

Gleichzeitig sind Menschen im Umkreis der sogenannten neuen sozialen Bewegungen dabei, sich auf jene vermißten Themen und Gehalte zu besinnen, die allzu lange unbesehen der Rechten überlassen wurden. So wird die Suche nach persönlicher Selbstgestaltung und die Frage nach Sinn einem gesellschaftskritischen Engagement nicht mehr entgegengesetzt, sondern als Triebkraft für politisches Handeln entdeckt. Gerade angesichts der heutigen Bedrohungen mit ihrem Überschuß an menschenfeindlich verkehrter Pseudo-Rationalität erscheint ein Denken, das hauptsächlich auf *bessere* Rationalität setzt, nicht mehr ausreichend.

Das Aufleben mythischer Motive in Literatur, bildender Kunst, Theater und Film seit der zweiten Hälfte der siebziger Jahre hat vor Augen geführt, daß es mit den wissenschaftlich-technischen Gewißheiten von Sicherheit und Wachstum nicht zum Besten steht. Die buschfeuerartige Ausbreitung von Michael Endes »Unendlicher Geschichte« wirkte als Fanal dafür, welche Bedürfnisse nach totgeglaubten Bilderreichen hier wach wurden. Um dieselbe Zeit hielt die sogenannte »Neue Mythologie« Einzug in die philosophische Diskussion. Daß diese Bezeichnung aus der Frühromantik stammt, macht deutlich, wie geschichtsträchtig die aufgerührten Essenzen sind, aber auch, mit welchen Ambivalenzen in diesem Feld zu rechnen ist[8]. Wegschauen aber wird nicht helfen, sondern im Gegenteil das aufmerksame Hinschauen zu dem Ziel, unterscheiden zu lernen.

In diesen Doppeldeutigkeiten bewegt sich auch die heutige Jung-Rezeption und damit — gewollt und ungewollt — auch dieser Essay. Denn um mythische Kräfte und Bilder geht es in Jungs Werk. So ist das folgende auch ein Versuch, Wege und Abwege im Umgang mit dem Mythos auseinanderzuhalten. Von Mythen, alten wie neuen, wird also immer wieder die Rede sein.

Es versteht sich, daß »Mythos« dabei nicht in der vulgarisierten Bedeutung von Verblendung, Lüge oder Ideologie gemeint ist. Spätestens seit Ernst Cassirer[9] wissen wir, daß der Mythos eine eigenständige Erkenntnisart des Menschen bezeichnet, die der neuzeitlichen Wissenschaft an innerer Folgerichtigkeit und Aussagekraft nicht nachsteht. In ihm findet jenes unverzichtbare Existenzwissen zu seinem Ausdruck, das sich nicht in Begriffe und Kausalitäten fassen läßt: Die immer ungelösten Fragen nach dem Woher und Wohin menschlichen

Daseins, nach dem, was Leben und Tod, Gut und Böse heißt, nach dem Unverfügbaren in Natur, Raum und Zeit.

Während wissenschaftliche Rationalität einen kritischen Abstand und damit die Fähigkeit zur Unterscheidung schafft, sind im Mythos die Erfahrungsmöglichkeiten von Ursprünglichkeit und vorrationaler Einheit zwischen Mensch und Natur aufbewahrt. Wo der wissenschaftliche Logos Erklärungen gibt, legt der Mythos die Bedeutung bei. Weil es in ihm um die Annäherung an verborgenen Sinn geht, sind Sinn-Bilder die ihm eigene Sprache. Auch religiöse Erfahrungswelten und deren Gestaltungen sind — soweit nicht in theologischer Begrifflichkeit erstarrt — Mythen in dieser »großen« Bedeutung des Wortes. Ohne eine solche Rückverbindung zu einer sinnstiftenden Ganzheit zu leben, ist äußerst mühsam, nämlich sinnlos. Mythen bieten daher nicht bloß ein ästhetisches Erlebnis oder Gelegenheit zum Rausch, sondern auch Orientierung im alltäglichen Umgang mit sich selbst und der Mitwelt. »Wer keinen Mut zum Träumen hat, hat keine Kraft zum Kämpfen«, hieß es in der Aufbruchzeit der heutigen Regenbogen-Bewegungen. Mehr noch: Ein gesellschaftspolitisches Handeln, das nicht angeschlossen ist an das Reservoir mythischen Wissens und Erlebens, wird kraft- und wirkungslos bleiben.

Andererseits liegt gerade angesichts heutiger Brüche und Bedrohungen die Versuchung nahe, sich der Sehnsucht nach Einheit und Sinn passiv anheimzugeben, statt sie als Anstoß zur beharrlichen Arbeit am Gespaltenen zu begreifen. Wohin ein solcher von Eigenverantwortlichkeit entlastender statt dazu befähigender Gebrauch des Mythos führen kann, steht im verschlingenden Mythos des Dritten Reichs erschreckend vor Augen; es ist dieses Menetekel, das die politische Schärfe in die heutige Mythen-Diskussion hineinträgt.

Mythos und Logos sind also nicht Gegensätze, sondern ein antinomischer Zusammenhang. Wie jedes menschheitliche Projekt hat auch die Aufklärung immer schon von beidem gezehrt, auch da, wo sie sich als Sieg der Vernunft über den Mythos mißverstand. Seit dem berühmten Essay von Horkheimer und Adorno über die »Dialektik der Aufklärung« wissen wir, daß die Gleichsetzung von Aufklärung mit Befreiung, von Mythos mit Zwang nicht stimmt. Vielmehr steckt der Gegensatz von Herrschaft und Befreiung in beiden immer schon drin, und der befreiende Umgang mit der Vernunft muß genauso mühsam erst gelernt werden wie derjenige mit dem Mythos.

Was also in der heutigen Mythen-Renaissance umgeht: die Wiederzuwendung zu den a-rationalen (leiblichen, emotionalen, schöpferischen, spirituellen) Möglichkeiten des Menschen, die Aufwertung nicht-materieller Werte und Betrachtungsweisen, die Infragestellung sanktionierter Formen der Verständigung, der Versuch, die Subjekt-Objekt-Spaltung zur inneren und äußeren Natur durchlässiger werden zu lassen — all das enthält auch Chancen einer lebendigeren Subjektivität, als Voraussetzung dafür, von der Vernunft die Rückbesinnung auf ihren usprünglichen Auftrag »Befreiung« einzufordern. Angesichts der Sprachvernebelung durch Regierende und Massenmedien, die über alles einen Schaumteppich der Unverstehbarkeit breiten, ist die Anmahnung von Sinn an sich schon ein Akt politischen Widerstehens.

Andererseits hausiert aber auch die Weichmacher-Humanität der Wendekultur bei der Neuen Mythologie. Und gegenüber vielem, was als »New Age« die Menschen aus der Gegenwart an- und abzieht, ist der Verdacht rauschhafter Betäubung nur zu begründet — und wiederum verständlich, wenn die Alternative dazu Verzweiflung hieße. — Wo man dieses Feld berührt, erweist es sich als widersprüchlich! Will man knapp sprechen, wird es unvollständig; will man vervollständigen, entspinnen sich unendliche Geschichten. Ich behelfe mir mit dem Hinweis auf die ausgedehnte Literatur zu dem Thema, der auch ich diese Vorverständnisse zu wesentlichen Teilen verdanke [10].

Gibt es solche Brückenschläge zwischen Mythos und Emanzipation nicht längst anderswo und besser? Wie komme ich ausgerechnet auf Jung, dessen politische Biographie meine These einer befreienden Kraft des Mythischen gerade nicht bestätigt?

Ja, es gibt solche Vermittlungen, aber nicht in beliebiger Zahl und erst recht nicht »fertig«. Am bekanntesten und wirkträchtigsten ist wohl jene aus dem lateinamerikanischen Katholizismus hervorgegangene Bewegung, die die angestrebte Verbindung schon in ihrem Namen trägt: Theologie der Befreiung. Das ist inzwischen keine innerkatholische Angelegenheit mehr, auch protestantische Christen haben diesen Anstoß aufgegriffen und verknüpfen ihn mit jener eigenen Traditionslinie, für die Namen wie Paul Tillich, Karl Barth, Dietrich Bonhoeffer, Martin Niemöller, Helmut Gollwitzer und andere stehen. Auch außerhalb der großen christlichen Konfessionen, zum Beispiel in der Anthroposophie, aber auch in den neueren spirituellen Suchbewegungen gibt es Minderheiten, die ihr transzendentes Menschenbild als Auftrag zur diesseitigen Einmischung verstehen.

All diese Brückenschläge gehen vom Ufer einer »fertigen« religiösen Weltsicht aus. Wer — wie ich — vom gegenüberliegenden Ufer einer kritischen Gesellschaftswissenschaft kommt, wird nicht umhin können, das fehlende Andere noch einmal selbst zu suchen und zu benennen. Zu stark wirkt der antireligiöse Affekt der Ahnväter Freud und Marx nach, zu berechtigt ist auch die tiefsitzende Skepsis gegenüber fertigen Glaubensgebäuden, als daß etwa die neuere kritische Sozialpsychologie und die Theologie der Befreiung sich ohne weiteres begegnen könnten. Habe ich mir deswegen Jung »ausgesucht«, weil hier die spiritualen Wurzeln menschlicher Existenz nicht geleugnet, aber auch nicht in ein fertiges Dogma eingezeichnet, sondern wie alle anderen Aspekte der Selbstgestaltung in eigene Erfahrung und Verantwortung gelegt sind? [11]

Ich kenne nur einen Versuch, der Wahl zwischen einem rational-wissenschaftlichen oder einem religiösen »Standbein« zu entgehen: die politische Philosophie Ernst Blochs. Daß sie sich bei näherem Hinsehen als originelle Synthese zwischen beiden erweist, spricht zunächst für sie. Kein Zweifel, daß Bloch innerhalb der neuen Linken am meisten für eine Öffnung gegenüber Fragen menschlicher Subjektivität beigetragen hat. *Die* eine, integrierte Theorie emanzipatorischen Handelns hat freilich auch Bloch nicht schaffen können. Dazu ist seine Synthese zwischen Religionsphilosophie und Marxismus zu sehnsüchtig über fortbestehende Brüche hinweggeschrieben, sein Bild der menschlichen Irratio zu wunschbetont über Schwärzen und Tiefen vorwegprojiziert. Auch davon wird noch die Rede sein.

Solche philosophischen Erwägungen standen allerdings am Ende, nicht am Anfang meiner Entdeckungen. Und wäre es für mich nur um Philosophie gegangen, hätte ich mich niemals auf das Abenteuer dieses Essays eingelassen. Die Aufgabe, mich an C. G. Jung abzuarbeiten, habe ich mir nicht bewußt gesucht — sie ist mir widerfahren. Sie entstand im selben Augenblick, als mich die Einsicht traf, daß es geistig-seelische Welten gibt, von deren Existenz ich bis dahin keine Ahnung hatte. Und zwar nicht irgendwo, sondern in mir selber. Bevor ich noch eine Zeile von Jung gelesen hatte, erlebte ich »am eigenen Leibe« die Wirksamkeit eines psychischen Geschehens, das ich erst nachträglich als »archetypisch« zu bezeichnen lernte. Das war im Jahr 1981 in der Existential-Psychologischen Bildungs- und Begegnungsstätte Todtmoos-Rütte; erst später erfuhr ich, daß die dort entwickelten Formen der Selbsterfahrung auf C. G. Jung und dessen Schüler Erich Neumann zurückgehen.

Diese Selbstbegegnung bedeutete zugleich einen Bruch in meinem geordneten Selbstbild als politisch engagierter Sozialwissenschaftler. Jenseits dieses wohlbekannten alten Kontinents war ein größerer, noch zu erforschender aufgetaucht, dessen Gebräuche diejenigen meiner alten Welt in Frage stellten. Seitdem bedeutet mir der Name Jung eine Metapher für die Wirklichkeit dieser neuentdeckten Welt des Unbewußten; und die Suche nach einer Verbindung zur kritischen Sozialwissenschaft ist zugleich die Suche nach einer erahnten größeren Einheit meiner selbst, in der sich auch meine politische Handlungsfähigkeit erweitert wiederfände. Was ich im folgenden über diese gedankliche Auseinandersetzung aufgeschrieben habe, läuft einer nicht geschriebenen biographischen Erzählung parallel.

Ich habe es deshalb auch nicht vermieden, im Text gelegentlich die Ich-Form zu verwenden. Und ich habe keinen Versuch unternommen, das scheinbar unpersönliche, aber männlich gefärbte »man« durch »mensch« oder »man/frau« zu ersetzen. Je weniger ich kaschiere, daß dies mein persönlicher Orientierungsversuch ist, desto eher können sich Leser und Leserinnen dasjenige heraussuchen, was ihnen entspricht.

So wenig wie die persönliche Suche, so wenig kann dieser Essay »fertig« sein. Mir geht es zunächst nur darum, die Möglichkeit einer Verbindung zwischen C. G. Jung und der Tradition kritisch-emanzipatorischer Theorie plausibel zu machen und die gegenseitigen Berührungsverbote in Frage zu stellen. Mein methodisches Herangehen entspricht dabei noch weitgehend dem Instrumentarium des kritischen Denkens, von dem ich herkomme, auch da, wo ich es in Frage stelle. Ich bejahe meist indirekt, mit dem Mittel der Verneinung. In einem Wechsel von Aufklärungskritik *und* Mythenkritik taste ich mich an jene Grenze heran, die einen emanzipatorischen von einem rückwärtsgewandten Gebrauch ursprungsmythischer Erfahrungswelten trennt. Daß ich dabei nicht in erster Linie für Psychologen, geschweige denn für die therapeutische Praxis schreibe, verstehe ich von selbst.

Ein solcher philosophischer Grenzgang kann nicht zugleich eine informative Einführung in C. G. Jungs Werk sein (wenngleich vielleicht für manche ein Türöffner). Das folgende macht die eigene Lektüre nicht überflüssig, es setzt sie vielmehr zum vollen Verständnis voraus. Zugleich weiß ich, daß ich angesichts der Berührungsängste und Widerstände eine solche eigene Kenntnis von Jungs Denken gerade nicht unterstellen kann. Im nächsten Kapitel werde ich daher notgedrungen diejenigen Grundgedanken seiner Analytischen Psychologie skizzieren, auf denen meine weiteren Überlegungen aufbauen. Ich beschränke mich dabei weitgehend auf seine beiden Grundkategorien, das »kollektive Unbewußte« und die »Individuation«. Zwischen beiden besteht eine Spannung wie zwischen Sein und Werden; anhand dieser Dialektik, so meine ich, kann vieles von den Chancen und Gefahren der Denkwelt Jungs deutlich werden.

Im dritten Kapitel erarbeite ich einige theoretische Ausgangsfragen; wem solche Anstrengung des Begriffs wider die Natur geht, der mag es überspringen. Ich vergegenwärtige mir darin Glanz und Elend des Paradigmas Marx/Freud und versuche zu zeigen, inwiefern seine Erweiterung um Lehrgehalte von Jung weiterführen könnte.

Die folgenden Kapitel sind die eigentliche Durchführung dieses Versuchs. In ihnen habe ich mich — psychoanalytisch gesprochen — an den Widerständen abzuarbeiten: die Einwände gegen seine Theorie; sein politisches Verhalten gegenüber dem Nationalsozialismus; und schließlich, in mehreren Anläufen, das Verdikt der Gegenaufklärung, das jede Verbindung zu emanzipatorischem Denken auszuschließen scheint. Ohne daß ich mir das vorgenommen hätte, erscheint mir diese Ent-Wicklung meiner These spiralförmig: Kritische Distanzierung gegenüber Jung, Verteidigung gegen Fehldeutungen, verwandelte Wiederannäherung folgen aufeinander.

Die Arbeit endet da, wo die Beantwortung der Leitfrage nach emanzipatorischem Handeln beginnen könnte. Wie Jung'sche Psychologie in heutigen Politikfeldern wirksam werden könnte, läßt sich nur konkret, etwa für die Bereiche Frieden, Umwelt, Frauen, Gemeinschaftsformen, Macht und Gewalt, Politik und Spiritualität usw. gesondert ausführen. Das wäre Stoff für mehr als ein weiteres Buch; das letzte Kapitel kann dazu nur einige Ausblicke geben.

Vor allem: Die Umsetzung kann nur begrenzt im Voraus *gedacht* werden; es kommt darauf an, sie zu *leben*, als veränderte kollektive Praxis — dazu gibt es Ansätze — und als mühsame Übung der Selbstveränderung. Zu diesem entscheidenden Anteil an befreiendem Handeln kann Jungs Psychologie Hilfen geben; verwirklichen muß ihn aber jeder und jede selbst. Ich kann dazu nur die Ermutigung weitergeben, aus der auch dieser Versuch sich speist: Selbstveränderung ist schwierig, aber nicht unmöglich; und sie ist, mit und gegen Jung, nicht unpolitisch.

Kapitel 2
Geprägte Form, die lebend sich entwickelt.
Archetyp und Individuation

Und keine Zeit und keine Macht zerstückelt
Geprägte Form, die lebend sich entwickelt.

Goethe: Urworte. Orphisch

Jede noch so knappe Darstellung der Tiefenpsychologie Jungs muß beginnen mit — Freud. Ohne dessen Pionierleistung wäre auch das Werk seines Schülers und späteren Rivalen nicht möglich gewesen. Von Freud stammt die Grundeinsicht, daß die chaotisch wirkenden Erscheinungen im menschlichen Unbewußten in Wahrheit ein dynamisches Geschehen mit einer verstehbaren Eigengesetzlichkeit darstellen, das zudem in einem Verhältnis dialektischer Entsprechung zu den Leistungen des Bewußtseins steht. Die psychischen Störungen, deren Therapie für den Psychiater Freud Anlaß und Ziel seiner Forschungen boten, erwiesen sich als bloße Extremformen von psychischen Prozessen, die sich in weniger auffälliger Form in jedem Individuum vollziehen und die in ihrer Symptomatik wichtige Hinweise auf die zur Heilung notwendige Korrektur der bewußten Lebenseinstellung schon in sich tragen. Damit war die Tür aufgestoßen zu einem Verständnis der unbewußten Psyche als sinngerichteter Prozeß und damit zu einem über den therapeutischen Anlaß weit hinausweisenden Weg anthropologischer Erkenntnis, auf dem Jung weiter voranschreiten konnte.

Bekanntlich entdeckte Freud aufgrund jahrelanger Beobachtung der eigenen und fremder Träume, daß sich deren scheinbar willkürliche Bilderflut als symbolische Sprache entschlüsseln ließ, die Rückschlüsse auf ein zugrundeliegendes unbewußtes Geschehen erlaubte. Dieses Geschehen deutete er — in Analogie zu physikalischen Vorgängen etwa der Elektrizität oder der Hydraulik — als energetische Spannungsverhältnisse von Aufladung und Entladung, Umformung, Verschiebung und Verdrängung. Die dieser Dynamik zugrundeliegende, nur hypothetisch erschließbare Grundenergie nannte er »Libido«, als Inbegriff aller primären Triebenergien, die er ihrerseits in der sexuellen Energie zentriert sah. Weil solche libidinösen Energien sich in der heutigen zivilisierten Welt nicht mehr ungehinderte Befriedigung verschaffen könnten, würden sie durch vielfältige Mechanismen der psychischen Kontrolle abgewehrt, verdrängt oder zu Kulturleistungen sublimiert. Die im Laufe einer Triebbiographie verdrängten Wünsche lebten im Unbewußten fort, stets bestrebt, sich in verwandelter Form doch noch zu verwirklichen, und beeinflußten so als geheimes Regiment unerkannter Motivationen das bewußte Handeln. Als besonders prägend und lebensgeschichtlich entscheidend erkannte Freud dabei gerade die frühesten Kindheitsjahre, die in der bisherigen Psychologie weitgehend als »tabula rasa« vernachlässigt worden waren. Weil in diesem Alter keine bewußte Bearbeitung erlebter Triebentbehrungen möglich ist, setzen sich diese frühen Erfahrungen und Verletzungen besonders nachhaltig im Unbewußten fest und äußern sich Jahrzehnte später als unerklärliche Zwänge und Ängste beim Erwachsenen.

Die Therapie besteht demnach darin, die Patienten durch die Beobachtung ihrer Träume und durch andere Zugänge zum unbewußten Geschehen zurückzuführen bis an jene lebensgeschichtlichen Knotenpunkte, an denen das damals zu schwache Ich kapitulierte. Im Prozeß des »Erinnerns, Wiederholens, Durcharbeitens« erhält das nunmehr erwachsene Individuum die Möglichkeit, sich der damaligen Konfliktsituation erneut, nun aber mit bewußten Kräften auszusetzen und so nachträglich eine andere, produktivere Lösung zu finden.

Diese Sichtweise des Unbewußten, deren Gültigkeit Freud in detaillierten Einzeluntersuchungen nachwies und für die er den Namen »Psychoanalyse« prägte, war für ihn von Anfang an mehr als nur eine therapeutische Methode: Sie war zugleich eine neue Wissenschaft vom Menschen und darüber hinaus eine Lebenseinstellung. Es ging dabei nicht nur um eine Enttabuisierung der Sexualität, sondern um die Umwälzung einer als scheinhaft durchschauten Vorstellung des Menschen von sich selbst. Mit Freud beginnt für den Bereich der Psychologie das 20. Jahrhundert.

Darauf konnte Jung aufbauen. Dabei führte er das Verständnis des Unbewußten um wesentliche Schritte über das von Freud Erreichte hinaus und stellte die Tiefenpsychologie in einen größeren anthropologischen und philosophischen Rahmen. So ist Jung einerseits der Schüler Freuds, andererseits der zweite große Pionier des Unbewußten. Nach Freud hat das Werk Jungs den weitreichendsten Einfluß auf die Entwicklung der Tiefenpsychologie gehabt und darüber hinaus die Medizin, die Philosophie, die Theologie und die Kunst beeinflußt;

sogar Naturwissenschaftler — Biologen, Kernphysiker, Genforscher, Astronomen usw. — haben sich immer wieder auf seine Erkenntnisse bezogen.

Es wäre ein hoffnungsloses Unterfangen, den ganzen Erfahrungs- und Gedankenreichtum seines Werks auf wenigen Seiten zusammenfassen zu wollen — nicht viele Persönlichkeiten dieses Jahrhunderts haben ein so gigantisches Werk hinterlassen wie er. Wer eine Vorstellung davon gewinnen möchte, kommt nicht umhin, ausgewählte Schriften von Jung selbst zur Hand zu nehmen[1]. Dabei kann eine der von seinen Schülern und Schülerinnen verfaßten Einführungen eine zusätzliche Hilfe sein[2]. Ein besonders eindringliches Bild von der Größe, aber auch den Grenzen dieses Forschers hat er selbst mit seinen Lebenserinnerungen hinterlassen[3].

Dabei gilt schon für Freud, erst recht für Jung: Über die Lektüre und den intellektuellen Nachvollzug allein gewinnen ihre Einsichten bestenfalls eine unverbindliche Plausibilität. Die ihnen innewohnende, oftmals erschütternde Evidenz eröffnet sich nur durch ein Stück erlebten Mitvollzugs. Sie sind »am eigenen Leibe« gewonnen und vermitteln sich daher nur in der Bereitschaft zur Selbstbegegnung, die aus der Selbstverwunderung und Selbstverwundung kommt. Das kann eine Analyse sein, aber auch eine weniger aufwendige Einübung in den Umgang mit eigenen Träumen, in tiefenpsychologisch angeleitetes bildnerisches Gestalten, in Tanz, Bewegung oder Musik als Mittel der Selbsterfahrung. — Was ich im folgenden zum tiefenpsychologischen Ansatz von Jung sage, wird also nicht nur inhaltlich skizzenhaft, sondern auch um diese Erfahrungsseite verkürzt sein müssen.

Zunächst einige Stichworte zu seiner Person: Jung wurde 1875 bei Basel als Sohn eines Landpfarrers geboren und starb 1961 in Küsnacht bei Zürich, wo er die meiste Zeit seines Lebens gewohnt und gewirkt hatte. Er studierte Medizin und spezialisierte sich auf Psychiatrie. 1903 stieß er auf die Werke Freuds, vor allem die *Traumdeutung*. In einem Nachruf auf Freud schildert er diese Lektüre als »Quelle der Erleuchtung«[4] und als entscheidende Wende in seiner beruflichen Entwicklung. Er trat öffentlich für die damals noch weithin verfemte Lehre Freuds ein, arbeitete therapeutisch danach und verfaßte selbst Arbeiten auf psychoanalytischer Grundlage. Über diese Schriften lernten beide Autoren sich auch persönlich kennen; ihre erste Begegnung fand Anfang 1907 statt.

Es folgten Jahre intensiven Austauschs und enger Freundschaft, in denen Freud für Jung die Rolle eines geistigen Ziehvaters und Analytikers einnahm. Jung wurde Gründungsmitglied in Freuds Psychoanalytischer Vereinigung, und Freud machte keinen Hehl daraus, daß er ihn zu seinem »Kronprinzen«[5] und künftigen Kopf einer erhofften internationalen psychoanalytischen Bewegung ausersehen hatte. »Sie werden als Joshua, wenn ich der Moses bin, das gelobte Land der Psychiatrie, das ich nur von der Ferne erschauen darf, in Besitz nehmen«, schrieb er ihm in einem Brief vom 17. Januar 1909[6]. Noch 1910 wollte er ihn zum Präsidenten auf Lebenszeit der Internationalen Psychoanalytischen Vereinigung mit unbeschränkten Vollmachten eines Zensors über alle Veröffentlichungen der Vereinigung wählen lassen[7]. Freimütig gab Freud dabei in Briefen zu, daß eines seiner Motive für die Bevorzugung Jungs in dem Kalkül bestand, ein Nicht-Jude könne seiner Lehre leichter die ersehnte Anerkennung in der akademischen Welt verschaffen.

Dabei schwelten zu diesem Zeitpunkt schon unausgesprochene Meinungsverschiedenheiten, die in den folgenden Jahren offen ausbrachen und 1913 zum endgültigen Bruch führten. Jung hatte es gewagt, in seinem Buch *Symbole und Wandlungen der Libido* (1912) die tagebuchartigen Selbstbeobachtungen einer Schizophrenie-gefährdeten Frau in einer Weise zu deuten, die in Freuds System nicht vorkommen durfte: Er hatte Ähnlichkeiten mit mythologischen Bildern und dichterischen Schöpfungen anderer Zeiten entdeckt, welche die Patientin unmöglich gekannt haben konnte. Die Inhalte ihres Unbewußten wiesen also hinaus über das, was lebensgeschichtliche Erinnerung sein konnte. Jung schloß daraus, daß jene lebensgeschichtlichen Prägungen, die nach Freud das *Ganze* des menschlichen Unbewußten ausmachten, in Wirklichkeit nur einen *Teil* desselben darstellten, und daß es unterhalb dieses lebensgeschichtlich geformten »persönlichen Unbewußten« ein »kollektives Unbewußtes« geben müsse, dessen symbolische Grundgestaltungen der Menschheit gemeinsam seien.

Damit war Jung zum Ketzer an Freuds Trieblehre sexueller Prägung geworden. Verbittert schrieb Freud 1912 über seinen eben noch mit Gunstbezeugungen überhäuften Lieblingsschüler: »Seine schlechten Theorien entschädigen mich eben nicht für seinen unangenehmen Charakter«[8]. Mit dem ihm eigenen Rigorismus — »Entgegenkommen, Kulanz, ist im wissenschaftlichen Betrieb nicht am Platze, eher schädlich«[9] — exkommunizierte er Jung aus seiner Bewegung und ließ in den folgenden Jahren keine Gelegenheit aus, ihn als Verräter und sein Werk als wertlos zu brandmarken. »Ein intimer Freund und ein gehaßter Feind waren mir immer notwendige Erfordernisse meines Gefühlslebens«, gestand Freud einmal, »ich wußte beide mir immer von neuem zu verschaffen, und nicht selten stellte sich das Kindheitsideal so weit her, daß Freund und Feind [nacheinander, T. E.] in dieselbe Person zusammenfielen«[10].

Die affektive Ladung, die dieser Bruch für beide Pioniere der Tiefenpsychologie zeitlebens behielt, ist verstandesmäßig kaum nachzuvollziehen. Im Raum stand die Spannung Jude — Nicht-Jude. Dazu kam das Thema des Verrats und, noch untergründiger, das Thema des »Vatermords« — ein Motiv, das Freud bis an sein Lebensende mit finsterer Faszination beschäftigte, in seinem wissenschaftlichen Werk — z. B. im Ödipus-Drama — unablässig auftaucht und das sein gesamtes Verhalten zu seiner wissenschaftlichen und persönlichen Umwelt beeinflußte[11]. Teils erlebte er sich und seinen Schülerkreis als eine verbündete Brüderhorde, die gemeinsam den »Mord« an der Autorität der damals herrschenden Theorien und Moralvorstellungen begangen hatte. Dann war er wieder der von Mißtrauen gejagte »Vater«, der jeden Moment den Dolchstoß eines seiner »Söhne« gewärtigen mußte. Man fragt sich, wie der Entdecker des Unbewußten seinen eigenen Affekten so ausgeliefert sein konnte, und wie es möglich war, daß sich der gesamte Kreis seiner Schüler — erfahrene Psychologen und Psychiater! — in dieses affektive Feld ihres Meisters wie ein personifiziertes Psychogramm einspannen ließ. C. G. Jung bildete dabei keine Ausnahme; er blieb emotional der ihm zugefallenen Rolle des abtrünnigen Sohnes bis ins Greisenalter verhaftet, und manche seiner späteren Äußerungen und Handlungen sind nur vor dem Hintergrund dieses fortwirkenden Affekts zu verstehen. Das Ausmaß, in dem diese psychische Besetzung der beiden Gründerpersönlichkeiten die Geschichte der Tiefenpsychologie prägte, kann kaum überschätzt werden und wirkt bis heute, so unglaublich das klingt, im Verhältnis der verschiedenen tiefenpsychologischen Schulen zueinander weit über das Maß ihrer inhaltlichen Unterschiede hinaus nach.

Nach der Trennung von Freud entfaltete Jung seine Anfangsentdeckungen im Laufe der noch fast fünfzig Jahre bis zu seinem Tod zu einem eigenen Lehrgebäude, wobei er seine Aussagen zwar fortschreitend präzisierte und differenzierte, seine Grundauffassungen aber ohne nennenswerte Brüche beibehielt. Über Jahre beobachtete er die eigenen Träume und Phantasievorstellungen sowie die seiner Patienten und verglich sie mit den Gestaltungen des Seelischen in der Kunst und in den Mythen der verschiedenen Kulturkreise. Auf der Suche nach Vergleichsmaterial unternahm er unter anderem Reisen nach Afrika, Indien und zu den Pueblo-Indianern in den USA. Die Wiederkehr von Grundmotiven in zeitlich und räumlich weit voneinander getrennten Kulturen brachte ihn zu der Überzeugung, daß es in der menschlichen Psyche allgemeine Dispositionen geben müsse, die seelische Grunderfahrungen in ähnlichen, typischen Weisen versinnbildlichen. So wie körperlich nicht zwei Menschen einander völlig gleichen und dennoch die Grundgegebenheiten der Anatomie und Physiologie allen Menschen gemeinsam sind, so gebe es auch unendliche individuelle Ausgestaltungen des Psychischen, durch die hindurch jedoch typische gemeinsame Grunderfahrungen und allgemeine Anlagen wirkten. In ähnlicher Weise seien durch die unendliche Verschiedenheit menschlicher Schicksale hindurch dennoch bestimmte Grundsituationen wie Geburt, Kindheit, Pubertät, Partnerwahl und Elternschaft, Alter und Tod gemeinsam und wiederkehrend. Er nannte diese anordnenden Wirkkräfte »Archetypen« und die von ihnen geprägte unbewußt-psychische Symbolwelt das »kollektive Unbewußte«. Jung ging also davon aus, daß bestimmte psychische Anlagen mit der menschlichen Existenz ebenso mitgegeben sind wie dessen biologische Grundlagen, Psychisches also nicht — wie Freud glaubte — kausal auf Biologisches rückführbar ist. Er sprach daher auch von einem »objektiven Psychischen« im Unterschied zum individuell und damit subjektiv Psychischen.

Jungs Begriff der Archetypen (von griechisch arché = Anfang, Ursprung, und typos = Einschlag, Prägung) ist oft so mißverstanden worden, als beziehe er sich auf archaische Überreste aus einer früh- und vormenschlichen Artgeschichte. Zwar handelt es sich dabei vermutlich tatsächlich um entwicklungsgeschichtlich älteste Anteile des Psychischen, die aber nicht darum schon überaltert und an sich regressiv sind — so wenig wie die menschliche Anatomie an sich archaisch ist, weil sie aus der Entwicklungsgeschichte der Säugetiere stammt. Es handelt sich vielmehr um eine zeitüberdauernde und lebensnotwendige Grundausstattung der menschlichen Psyche, in der alle Potenzen sowohl zum Archaisch-Regressiven wie zur differenziertesten Entfaltung und zur vorausahnenden Neuschöpfung enthalten sind.

Dabei sind die Wirkkräfte im kollektiven Unbewußten als bloße psychische Energie an sich gestaltlos und — wie jede Information — stofflich nicht faßbar. Sie lassen sich daher auch nicht unmittelbar beobachten, sondern können nur erschlossen werden aufgrund der Wirkungen, die sie in der sinnlich erfahrbaren Welt durch typische bildhafte Symbolgestalten und begleitende emotionale Empfindungen erzeugen. Jung nannte daher die Archetypen eine hypothetische Modellannahme, vergleichbar den Modellen, mit denen in der Teilchen-Physik von beobachtbaren Wirkungen auf nicht beobachtbare

Energiequanten geschlossen wird [12]. Er verwandte auch oft den Vergleich mit einem Kristallgitter: Das Achsensystem des späteren Kristalls ist weder in der Lauge noch in den Ionen und Molekülen stofflich auffindbar, aber offenbar als Formprinzip in ihrem Verhältnis zueinander bereits enthalten.

An diesem Vergleich demonstrierte Jung noch etwas anderes: Zwar folgen alle anschließenden Moleküle demselben »Bauplan«, und dennoch ist jeder Ast des Kristalls individuell ausgeprägt, kein Kristall derselben Art gleicht völlig dem nächsten. In ähnlicher Weise existieren menschliche Grundemotionen wie Freude und Schmerz, Liebe und Haß, Angst und Aggression nicht an sich, sondern nur als erschlossene Gemeinsamkeit hinter einer unendlichen Vielzahl von je besonderen, individuellen Erfahrungen. »Die Urbilder sind unendlicher Wandlung fähig und bleiben doch stets dieselben, aber nur in neuer Gestalt können sie aufs neue begriffen werden. Immer erfordern sie neue Deutung« [13]. Wenn Jung also vorgeworfen wird, seine Lehre vom kollektiven Unbewußten verhafte menschliche Subjektivität in anthropologischen Invarianten, dann ist der dynamische Charakter alles archetypischen Geschehens gründlich mißverstanden. Archetypische Anordnungen verhindern nicht die Varianz, sondern sind im Gegenteil deren Voraussetzung, ohne die jene unendliche Vielfalt individueller Erfahrungen sich nicht als Variationsfülle, sondern als sinnentleertes Chaos mitteilen würde. Dann würde auch der Gattungsbegriff »Mensch« keinen Sinn mehr haben, weil Menschen einander in psychischer Hinsicht nicht mehr als solche erkennen könnten.

Zu den archetypischen Bildern gehören zum Beispiel alle Symbole, die mit den Lebensstationen im Wachstumsprozeß vom Kleinkind zum Erwachsenen zusammenhängen: die Große Mutter, der Alte König, Kastration und Inzest, der Held, der Kampf mit dem Drachen, Verschlingung und Zerstückelung, Wiedergeburt ... Während sich dieser Themenkreis noch problemlos auch ins Freud'sche System übersetzen ließe, wird das schon schwieriger bei der Verlängerung dieses Wachstumsprozesses zu Themen, die mit *innerem* Wachstum, also Selbstfindung und Selbstverwirklichung zu tun haben. Typisch ist hier das Motiv des Wegs: die gefährliche Straße, das Labyrinth, die Wanderung durch die Wüste oder der Gang durch die Unterwelt (heute: U-Bahnen, Rolltreppen), der Kreuzweg, der »breite und der schmale Pfad«, der Prozessionsweg. Negative Entsprechungen dazu sind etwa die Lähmung, die Hindernisse, die Verirrung. Andere Motive dieses Themenkreises betreffen die »schwer zu erringende Kostbarkeit« (der

Schatz, der Goldvogel, die Suche nach verlorenem Besitz…), die Verkleidung und Verwandlung, die Kopfunter-Sicht, das »Exil« und das »Opfer«.

Weitere große Themenkreise betreffen die Auseinandersetzung mit dem anderen Geschlecht sowie mit den ungelebten und negativen Anteilen der eigenen Persönlichkeit. Andere archetypische Gestaltungen kreisen um menschliche Ur-Situationen wie Liebe, Haß, Macht, Schuld, Verrat, Scheitern, Einsamkeit. Ein weiterer Themenkreis betrifft die dialektische Beziehung zwischen Bewußtsein und Unbewußtem, deren Grundmotiv der »Kampf zwischen Licht und Dunkel« ist; Freuds Ausruf: »Wo Es war, soll Ich werden«[14] ist eine klassische Ausprägung dieses Archetyps.

Archetypische Symbolbilder können gleichermaßen der natürlichen Umwelt entstammen (Feuer, Wasser, Höhle, Wald, Tiere…), der menschlich geschaffenen Umgebung entnommen (Haus, Auto, Schiff, Krieg…) oder auch abstrakt sein wie etwa unstoffliche Licht- und Farbempfindungen, Raumeindrücke, geometrische Figuren (z. B. das Vierungsprinzip: Himmelsrichtungen, Mandala, Kreuz…). Auch wenn besonders häufig wiederkehrende Themenkreise und Bildsymbole entsprechend den menschlichen Grunderfahrungen umrissen werden können, so kann es doch eine abschließende »Liste« der Archetypen nicht geben. Sie wäre potentiell unendlich. Dazu kommt, daß Archetypen sich gegenseitig durchdringen und sich etwa im Handlungsablauf eines Traumes zu komplexen Symbolketten verbinden. Mythen sind nichts anderes als solche zu einem übergeordneten Sinnganzen verbundene Komplexe einzelner archetypischer Symbole. Dabei regiert jeder Archetyp schon für sich einen unendlichen Formkreis möglicher Bilder, je nach seinen positiven bis negativen Wertigkeiten, seinen aufstrebend-ungeformten bis erstarrend-absterbenden Ausprägungen usw. »Nach unten«, in Richtung auf zunehmend bewußtseinsfernere Tiefen des Unbewußten, fließt das Universum archetypischer Gestaltungen zu immer allgemeineren, damit auch undifferenzierteren Grundprinzipien zusammen. Und »nach oben«, zu den bewußtseinsnäheren Schichten des Unbewußten, sind die Bilder in unendlicher Variationsfülle zeitgeschichtlich und persönlich überformt. Jung selbst bringt dazu Beispiele: »Es ist nicht mehr der Adler des Zeus …, sondern ein Flugzeug; der Kampf der Drachen ist ein Eisenbahnzusammenstoß; der Held, der den Drachen erschlägt, ist der Heldentenor am Stadttheater; die chthonische Mutter ist eine dicke Gemüsehändlerin, und Pluto, der Proserpina raubt, ein gefährlicher Chauffeur usw.«[15].

Hilfreich ist die *Analogie zur Sprache:* Wie jene besteht das kollektive Unbewußte aus einem nicht abgrenzbaren Universum von Symbolen, die zu unendlichen Modifikationen und Sinnverbindungen untereinander fähig sind. Obwohl der Grundbestand dieser Symbole ein gemeinsamer ist, wodurch Kommunikation erst möglich wird, gibt es dennoch im konkreten Lebensprozeß nicht zwei identische Ausprägungen. Sowenig ein Lexikon das Phänomen der Sprache erschöpft, sowenig könnte ein Katalog von Archetypen die unendliche Sinnfülle aller denkbaren Realisierungen, ihrer Kombinationen und Neuformungen fassen. In gewissem Sinne *sind* die Archetypen des kollektiven Unbewußten eine Sprache: eine non-verbale Symbolsprache, deren Prägungen und Bereitschaften den teil-bewußten verbalen Sinnbildern unterliegen. Diese Sprache hat ihre eigene Grammatik, die nicht den Gesetzen der formalen Logik folgt, sondern Prinzipien der assoziativen Felder, der Analogie und Metapher, der Polarität und der zyklischen Umkreisung.

Die aus dem Unbewußten aufsteigenden symbolischen Bilder sind nicht die einzigen feststellbaren Wirkungen archetypischer Energien — sie sind nur ihr besonders anschaulicher und mitteilbarer Teil. Jedes archetypische Geschehen hat noch andere, nicht bildhafte Begleitwirkungen: Dazu gehören eine psychische Dynamik (z. B. Unruhe, Ergriffensein, Anspannung oder Spannungslösung…), ein bestimmter Sinngehalt (z. B. Wertungen, Handlungsvorstellungen, Bedeutungen) und ein emotionaler Beiklang (z.B. Freude, Angst, Staunen, Fühllosigkeit…).

All diese psychische Dynamik ist an sich weder positiv noch negativ. »Jeder Archetypus«, sagt Jung, »enthält Tiefstes und Höchstes, Böses und Gutes und ist darum der gegensätzlichsten Wirkungen fähig. Es ist darum nie von vornherein auszumachen, ob er sich positiv oder negativ auswirken wird (…) und es hängt ganz entscheidend von der Beschaffenheit des sie auffangenden Bewußtseins ab, ob [die Inhalte des Unbewußten] zum Fluch oder zum Segen ausschlagen«[16]. Oft ist es gerade die dialektische Spannung zwischen scheinbar gegensätzlichen Wertigkeiten, die einen psychischen Prozeß kennzeichnen und in seiner Richtung bestimmen. Diese Dialektik kennzeichnet überhaupt jede archetypische Dynamik[17]. So verhalten sich das bewußte Ich und das Unbewußte in einer Vielzahl von Aspekten dialektisch zueinander. Bei Männern tritt das Unbewußte meist in Symbolen aus dem weiblichen Formkreis auf, bei Frauen ist es umgekehrt. Spaltet sich der Intellekt feindlich vom Unbewußten ab, dann konstelliert sich auch die Symbolwelt des Unbewußten »böse«, usw.

»Jung hat richtig gesehen, daß das dialektische Prinzip mit all seinen Konstellationsmöglichkeiten beim Menschen in zahlreichen Formen auftauchen kann, eingesenkt in merkwürdige Bilder, die die Phantasie, die Kunst, der Traum präsentiert, Symbolen, die nicht aus dem individuellen, infantilen Leben, sondern vielmehr aus dem phylogenetischen Dasein der Vorfahren ... zu stammen scheinen. (...) Nicht nur der Mensch entwickelt sich (nicht: ist) dialektisch, sondern auch die ganze Natur. Der Mensch ist wie die ganze Natur dialektisch bewegt zwischen polaren Gegensätzen, aber diese Polarität ist immanent, nicht präexistent und *ist* eben der Modus des Ablaufs alles Lebens, Denkens und Seins selbst«[18].

Dieses Zitat aus den dreißiger Jahren stammt von John F. Rittmeister (1898-1943), Freud'scher Analytiker und scharfer, aber auch scharfsichtiger Kritiker Jungs, von dem noch öfter die Rede sein wird; was er der Jung'schen Lehre zubilligt, kann als verbürgt gelten.

Im letzten Passus dieses Zitats klingt bereits die Frage nach dem Woher an, die man vereinfachend so formulieren könnte: Wie kommen die Archetypen in den Menschen? Da sie offenbar zur menschlichen Existenz dazugehören, ist diese Frage kaum zu trennen von der nach menschlicher Existenz überhaupt. Im Letzten ist sie daher auch nicht — oder nur philosophisch — zu beantworten. Vererbung ist offenbar kein zureichender Grund für solch eigenwillige psychische Grundmuster, bestenfalls das Medium ihrer Übertragung in der Generationenfolge. Auch die bei Freud anzutreffende Lamarck'sche Vorstellung, wonach Gedächtnisspuren von einmaligen Ereignissen und Erfahrungen sich durch Wiederholung »ganz allmählich« in den Genen niederschlagen, ist eine unbewiesene Hilfskonstruktion. Man kommt dem Geheimnis wohl näher, wenn man die Archetypen als den psychischen Anteil an menschlichen Grundanlagen sieht, die weder von den besonderen Eltern vererbt noch erworben, sondern mit jedem Lebensvollzug »erinnert« und vergegenwärtigt werden. Eine genauere Antwort ist auch auf die Frage nach den Instinkten der Tiere nicht möglich, mit denen Jung die Archetypen manchmal verglich. Auch die physiologische Erkenntnis der Hirnforschung, wonach die festen Reaktionsmuster ihren Sitz im Stammhirn und die Gefühle im lymbischen System — also den artgeschichtlich ältesten Teilen des Hirns — haben, bleibt dem Rätsel letztlich äußerlich.

In der Arbeit mit seinen Patienten wie in der Selbstbeobachtung stieß Jung darauf, daß im Verlauf des therapeutischen Prozesses die verschiedenen archetypischen Bilder nicht willkürlich, sondern in sinnhafter Folgerichtigkeit einander ablösen und dabei einem »inneren

Wissen« um anstehende Reifungsschritte und um Lebensziele zu folgen scheinen, das dem bewußten Wissen des Betreffenden verborgen ist und dieses an Sinnerfülltheit oft weit übersteigt. Er schloß daraus, daß es noch »unterhalb« oder »im Zentrum« all dieser Gestaltungen eine steuernde Instanz geben müsse, die psychische Prozesse auf unbewußt vorgegebene Ziele hin orientiere. Diesen zentralen Anordner nannte Jung das »Selbst«. Das Ziel umschrieb er — in immer neuen, tastenden sprachlichen Annäherungen — als das lebensgeschichtliche »Projekt« dieses Individuums, als die äußerste in ihm angelegte Potenz, als das Sinnbild der »vollständigen« Persönlichkeit, auf die sich die reale Person mit ihren Möglichkeiten und Begrenzungen zuentwickele, ohne ihr je ganz entsprechen zu können. Jung verstand daher das Selbst seinerseits als einen Archetypus, der dem großen Lebensthema der Selbstentfaltung und Selbstverwirklichung zugeordnet sei. Wie schon der Begriff des Archetypus, so sei erst recht der des Selbst ein Grenzbegriff für etwas Erfahrbares, aber letztlich nicht Erklärbares.

Jung war sich bewußt, daß er hier an Transzendentes rührte: Im Mittelpunkt menschlicher Existenz berühre sich offenbar ein zuinnerst Persönliches mit einem Überpersönlichen. »Es ist zugleich die individuellste Tatsache und die universalste gesetzmäßige Sinnerfüllung des lebendigen Wesens« [19]. Er war darauf nicht durch philosophische Betrachtung oder metaphysische Spekulation gestoßen, sondern hatte es als »erschütternde Wirklichkeit« an sich selbst und im psychischen Drama seiner Patienten erlebt. Erst nachträglich fand er bei seiner Suche nach Vergleichen im mythischen, religionsgeschichtlichen und philosophischen Material der unterschiedlichen geistigen Strömungen aus den verschiedensten Zeiten und Kulturen überreichliche Analogien zu solchen Erfahrungen von immateriellen Formprinzipien und unbewußt vorgegebenem Zielwissen [20]. Psychische Konflikte deutete Jung daher auch als Suche nach einem solchen Ziel des eigenen Daseins. Da die Traumsymbolik für diese Suche nach Sinn oft auch religiöse Motive enthielt, betrachtete er das religiöse Erleben als eine in der menschlichen Psyche mit angelegte Möglichkeit seelischer Grunderfahrung.

Zwar ging es auch für Jung im therapeutischen Prozeß zunächst darum, die bewußtseinsfähigen Teile des Unbewußten, darunter auch lebensgeschichtliche Verdrängungen, soweit als möglich dem Bewußten anzugliedern. Das entspreche den Aufgaben einer ersten Lebensphase, in der es darum gehe, zunächst einmal eine den Anforderungen der Umwelt und der Gesellschaft gewachsene Außen-Persönlichkeit aufzubauen. Diese noch fiktive, weil fremdbestimmte Persönlichkeit nannte Jung »persona«; den Ausdruck nahm er aus der antiken Tragödie, wo sie die Maske bezeichnet, durch die der Schauspieler — also der wahre Mensch — »hindurchtönt« (=per-sonare). Die Ausprägung einer persona sei zwar wichtig und nötig, aber dennoch nur eine Art Vorspiel für die Ausprägung einer eigenen Persönlichkeit, die in einer zweiten Lebensphase hieran anschließe.

Am Anfang seiner Entdeckung des kollektiven Unbewußten tendierte Jung zunächst dazu, die bewußten Anteile an der menschlichen Psyche, die er wie Freud das »Ich« nannte, für eine bloße Funktion des Unbewußten und bisweilen geradezu für störend zu halten. So schrieb er 1928, »daß das Selbst mit dem Ich genauso viel zu tun hat wie die Sonne mit der Erde«[21]. In seinem späteren Werk hat Jung die Rolle des Bewußtseins dann zunehmend höher geschätzt als gleichrangiges dialektisches Gegenüber, welches allein das notwendige Gegengewicht zu den verschlingenden Tendenzen des Unbewußten bieten könne und das zentrale menschliche Akte wie das ethische Urteil und die persönliche Entscheidung zu vollbringen habe. Die erste und wichtigste Aufgabe auf dem Weg von der persona zur eigenen Persönlichkeit bestehe darin, Ich und Selbst in einen lebendigen Bezug zueinander zu bringen und zu einem Gleichgewicht zwischen beiden zu finden — das freilich nur als ständig schwankendes Fließgleichgewicht gedacht werden könne. In der gegenseitigen Befruchtung von Bewußtsein und Unbewußtem entstehe so eine »Ich-Selbst-Achse«, die nun den Prozeß der Selbstfindung anleite.

Diesen Weg zu einer immer vollständigeren Entfaltung der einmaligen Persönlichkeit im Prozeß einer dialektischen Auseinandersetzung zwischen dem Ich und dem Unbewußten nannte Jung »Individuation«. Es ist dies vielleicht der wichtigste Begriff in seinem Werk und die Achse seines Menschenbildes. Es geht dabei um alles andere als eine bequeme Selbstbespiegelung oder um Ego-Pflege. Wer sich auf diesen Prozeß einläßt, geht durch eine Umschmelzung fast aller bisher für gesichert gehaltenen Bestandteile der eigenen Identität hindurch, die ihn immer wieder in Zerreißproben und an die Grenzen des Erträglichen führt. Das beginnt damit, sich lossagen zu müssen von jener persona, die man mit soviel Mühe und Schmerzen durch Jahre errichtet hat und an der bisherige Sicherheiten, soziale Kontakte und Anerkennung hängen. Darauf folgt die Auseinandersetzung mit verdrängten und negativen Anteilen der eigenen Persönlichkeit, was dazu zwingt, dem eigenen Bösen ins Gesicht zu blicken, Schuld bewußt auf sich zu nehmen und Trauerarbeit zu leisten. Und schließlich geht es um die schwierige, nie endende Suche nach dem Eigenen, allen Widerständen, Rückfällen und Anfeindungen zum Trotz[22]. — Unzählige Mythen und Märchen aus allen Kulturkreisen lassen sich als Umschreibung dieses schwierigen Wegs zum Selbst deuten.

Typische Stationen auf diesem Weg sind die Begegnung mit den eigenen gegengeschlechtlichen Anteilen und die Rücknahme ihrer Projektion auf Gestalten der Außenwelt, dann die Auseinandersetzung mit den als »Schatten« bezeichneten negativen und minderwertigen Anteilen der eigenen Person, aber auch mit leidvoll versäumten und nichtgelebten positiven Möglichkeiten. In dieser schmerzlichen Aufgabe von Illusionen liegt jedoch zugleich die Chance zur befreienden Ausgestaltung der bisher von ihnen verstellten nicht-illusionären Möglicheiten. »Daher bedeutet die Individuation ein Herabsteigen zum Verachteten, Niedrigen, Sündhaften, Dunklen und Schmutzigen in uns oder — anders ausgedrückt — zur Erkenntnis, daß der Sünder dem Himmelreich näher steht als der Gerechte und unser Schatz im Acker vergraben ist. Dieses Herabsteigen ist aber zunächst mit Leiden, Desorientierung im intellektuellen Sinne, Hilflosigkeit ... verbunden«[23]. Als Kehrseite dieses wiederkehrenden Durchgangs durch das eigene Dunkle und die Ungewißheit sind auf diesem Weg auch Schritte der Selbsterkenntnis und Selbstwerdung möglich, die in ihrer tragenden Verläßlichkeit auf weniger mühevolle Weise nicht zu erreichen wären und die als Momente von Erfüllung die Kraft zur nächsten Anstrengung geben. Es zeigt sich, daß im Laufe dieses Prozesses sich oftmals auch die äußeren Lebensumstände — Beziehungen zu Mitmenschen, Berufs- und Wohnsituation, Bereiche außerberuflichen Interesses und Engagements — begleitend mitverändern und klarere Konturen annehmen, freilich wiederum nur schrittweise und über Krisen.

So enthält die Jung'sche Psychologie ein Element ständiger Grenzüberschreitung, einer beharrlichen Selbst- und Systemveränderung. Dabei ist es gerade das aus dem kollektiven Unbewußten hervorgehende archetypische Geschehen, das diese Dynamik hervorbringt und anleitet. Nichts ist daher irriger als die Vorstellung, Jungs Lehre vom kollektiven Unbewußten sei verbunden mit der Beharrung im Ewiggleichen. Wenn das kollektive Unbewußte »ewiggleiche« menschliche Anlagen bereithält, dann als wichtigste und menschlichste dieser Anlagen den Drang zur Besonderung, Überschreitung und Selbstwerdung. Freilich kann dieser Aufbruch zur Selbstgestaltung im Einzelnen auch mißlingen, wenn die im kollektiven Unbewußten ebenfalls angelegten Möglichkeiten zur ungeschiedenen Ureinheit die

Oberhand erhalten. — So rührt das Spannungsverhältnis von Archetyp und Individuation an jenes nur philosophisch zu fassende Paradox menschlicher Existenz, nur im Werden zum Sein zu kommen, damit zugleich von diesem Sein unaufhebbar getrennt zu sein. Der heutige Philosoph Robert Spaemann hat dies auf die Formel gebracht, man müsse »den Menschen als von Natur auf Überschreiten der Natur angelegtes Wesen verstehen«[24].

Geht es in einer Psychoanalyse nach Freud um »Erinnern, Wiederholen, Durcharbeiten« der lebensgeschichtlichen Vergangenheit, so setzt eine Therapie nach Jung auf den Impuls zur Selbstverwirklichung »nach vorne« in Richtung auf jenes unbewußt vorgegebene Selbst-Bild. Während die Psychoanalyse nicht recht deutlich machen kann, wie aus der Bewußtmachung der Vergangenheit etwas Neues entsteht, und daher auch in der Gefahr steht, im Wiederholen von vergangenem Leiden steckenzubleiben, ermöglicht die Entdeckung innerer Zielbilder es dem Patienten, gleichsam einen Wurfanker in eine künftige Identität vorauszuwerfen, an dem er sich aus dem Sumpf seiner lebensgeschichtlichen Verletzungen herausziehen kann. Jung hat diesen Unterschied der therapeutischen Konzeptionen so beschrieben:

»Aber sie bleiben nur allzu gerne im vorher Verdrängten stecken, und wie sollten sie auch daraus herauskommen, wenn sie die Analyse nicht eines Anderen und Besseren bewußt macht? Wenn selbst die Theorie sie darin verhaftet und ihm nur den rationalen und ›vernünftigen‹ Entschluß, die Kindereien endlich aufzugeben, als Lösungsmöglichkeit offenläßt? Das ist ja eben das, was sie offenbar nicht können, und wie sollten sie es können, wenn sie nicht etwas entdecken, auf dem sie stehen können? Man kann keine Lebensform aufgeben, ohne eine andere dafür einzutauschen«[25].

Der Unterschied zwischen Jung und Freud läßt sich also auch so verdeutlichen: Das realitätstüchtige, in die Gesellschaft eingepaßte Individuum, das für Freud den Zielpunkt der Persönlichkeitsentwicklung darstellte, ist in Jungs Begriffen erst die persona, mit der der Prozeß der Individuation erst vollends einsetzt. Schlagwortartig gefaßt: Freuds Psychoanalyse ist etwas für die typischen Probleme der ersten, Jungs Analytische Psychologie für die der zweiten Lebenshälfte. Es kann daher therapeutische Problemlagen geben, bei denen eine Jung'sche Analyse kontraindiziert und eine Psychoanalyse nach Freud hilfreicher ist.

Individuation geschieht nicht etwa nur im therapeutischen Prozeß; dieser ist vielmehr dem normalen, meist unbewußt verlaufenden Rei-

fungsprozeß der menschlichen Psyche von einer gedachten Lebensmitte an nachgebildet, so wie die Freud'sche Analyse die normal ver-
laufende kindliche Entwicklung zum Vorbild hat. Dabei ist der Übergang von der einen zur anderen Lebensphase meist gleitend und kann
sich über Jahrzehnte erstrecken, freilich auch in einem kurzen krisen-
haften Umbruch (z. B. durch Krankheit, Unfall, Leiderfahrung)
geschehen. Und wie es »frühverwirklichte« Menschen gibt, so auch
andere, die bis an ihr Lebensende nicht über die Probleme und Themen ihrer frühen Sozialisation hinausfinden. Im Normalfall kommt
der Individuationsprozeß also mit oder ohne Mitwirkung eines Therapeuten in Gang. Der Therapeut kann dem Patienten jedoch Hilfen
dabei geben, Widerstände und Angstschwellen zu überwinden, die
diesen selbstschöpferischen Reifungsprozeß behindern. Seine Aufgabe
besteht darin, das archetypische Geschehen, das sich sonst unbewußt
vollzieht, systematisch zu beobachten, auch gezielt zu aktivieren, und
dem Analysanden dabei zu helfen, es mit dem Bewußtsein mit- und
nachzuvollziehen.

»Der Unterschied zwischen dem natürlich, unbewußt verlaufenden
und dem bewußt gemachten Individuationsprozeß ist gewaltig. In
ersterem Falle greift das Bewußtsein nirgends ein; das Ende bleibt
daher so dunkel wie der Anfang. (...) In letzterem Falle dagegen
kommt soviel Dunkles ans Licht, daß einerseits die Persönlichkeit
durchleuchtet wird, andererseits das Bewußtsein unvermeidlich an
Umfang und Einsicht gewinnt«[26].

Als Material dienen dabei Träume, aber auch spontane Gestaltungen mit den Mitteln des Bildes, der Plastik, des Tons oder des körperlichen Ausdrucks in Gebärde und Tanz. Diese Formen spontaner
Gestaltung, die Jung »aktive Imagination« nannte, setzen in gewisser
Weise Freuds »freie Assoziation« fort, verlagern sie aber vom Verbalen weg zu anderen, weniger vom Verstand kontrollierten Ausdrucks-
weisen.

Es sollte sich von selbst verstehen, daß Individuation nichts zu tun
hat mit dem, was landläufig unter Individualismus verstanden wird,
und daß dieser Weg zur Selbstverwirklichung das genaue Gegenteil
von Egoismus und »ego-trip« ist. Individualismus meint das unbewußte Ausleben der jeweiligen Befindlichkeiten der persona, Individuation die Disziplin ihrer Überwindung. Die häufige Verwechslung
ist kein bloß semantisches Problem: Wer noch keine Differenz zwischen sich als gelungenem Sozialisationsprodukt und seinem Selbst als
noch uneingelöstes, einmaliges Lebensprojekt erfahren hat, ist zur
Verwechslung geradezu gezwungen: Er besitzt keine andere urtei-

lende Instanz als die persona, der nicht nur die Erfahrung fehlt, sondern die zu ihrem Selbstschutz mißdeuten *muß*, da es ja um ihre Einschmelzung geht.

Individuation führt daher auch nicht *hinaus* aus sozialen Bezügen in eine apolitische Selbstbeschaulichkeit, auch wenn Phasen des Rückzugs und der Besinnung nötig sein können, sondern im Gegenteil hinein »in einen intensiveren und allgemeineren Kollektivzusammenhang«[27], wobei es auch um »eine bessere und völligere Erfüllung der kollektiven Bestimmung des Menschen«[28] geht. Individuation schafft überhaupt erst die Voraussetzungen für eine echte »Ko-Individualität« (Erich Neumann), weil zu echter Interaktion nur befähigt ist, wer ein Eigenes, Neues ins Spiel bringen kann, statt vorgegebene Rollen weiterzuspielen und damit Altes zu reinszenieren. Nur wer sich selbst näherkommt, vermag auch anderen näherzukommen[29]. Individuation bedeutet auch nicht ein Hinausschleichen aus Verantwortung, im Gegenteil: Selbst-Kenntnis ist die Voraussetzung für die »Fähigkeit zur Antwort« (engl.: response-ability) auf die Frage nach dem eigenen Handeln. — Umgekehrt kann Individuation sich auch nur im Austausch mit anderen vollziehen und bewähren.

Ein heutiger »Grün/Alternativer« hat diesen Zusammenhang von Individuation und Kooperation — ohne Rekurs auf Jung — so beschrieben: »Heute besteht die Grundspannung Individuation — Kooperation. Das Zeitalter der Massen und Eliten ist vorüber. Wir sind in das Zeitalter des Selbst eingetreten: Selbstorganisation, Selbstverwaltung, Selbstverwirklichung. Auf der anderen Seite ist schon in Millionen von Menschen der Drang nach Kooperation erwacht, das Bedürfnis, ihre eigene Entfaltung mit der von anderen und der gesamten Gesellschaft zu teilen. Während Kollektivismus und Individualismus Gegensätze sind, sind Individuation und Kooperation aufeinander bezogen«[30].

Weil Individuation auf Selbstkritik beruht, führt sie auch nicht zur Selbstüberheblichkeit eines vermeintlichen Übermenschentums. »Einzigartigkeit und Begrenztheit sind Synonyme«, schreibt Jung[31], und er wird nicht müde, vor der Gefahr einer Ich-Inflation im Gestus eines Nietzsche/Zarathustra als sicherem Weg in die Psychose zu warnen. Ebenso wenig führt Individuation zu einer Loslösung aus den Geboten menschlicher Ethik, auch wenn sie die Sicherheit der jeweils normierten gesellschaftlichen Ethik verläßt. Aniela Jaffé schreibt dazu: »Als Folge einer solchen Relativierung und Unsicherheit kann die Entscheidung eines moralischen Konflikts nicht mehr allein beim Bewußtsein, noch beim überlieferten Sittenkodex liegen, sondern die innere Stimme will auch gehört und die Reaktionen des Unbewußten [wollen] ernst genommen sein. Die individuelle Verantwortung gilt ebenso gegenüber der Welt außen wie gegenüber der Welt innen und ihrer höchsten Instanz, dem Selbst«[32].

Individuation vollzieht sich bei all ihrer Dramatik schließlich auch nicht in einem Dauerzustand von Exaltation oder erhabener Besonderheit, der eine privilegierte, von materiellen Zwängen befreite Existenz voraussetzen würde. Noch einmal Jaffé: »Individuation geschieht sinnvoll nur in alltäglicher Existenz: bejahende Zuwendung zum Leben, zu dessen Banalität und Außerordentlichkeit, die Berücksichtigung des Körpers und seiner Forderungen sind ebensosehr Vorbedingungen wie die Beziehungen zum anderen Menschen. Je mehr die geistige Qualität des Selbst sich durchsetzt, je mehr sich das Bewußtsein durch die Integration seelischer Inhalte erweitert, desto tiefer muß der Mensch in der Wirklichkeit, in seiner Erde, seinem Körper wurzeln, und desto verantwortungsvoller muß er mit seinem Nächsten und der Umwelt verbunden sein«[33].

Und schließlich — als letzte und schwerwiegendste unter den möglichen Mißdeutungen — ist Individuation auch alles andere als eine Prachtstraße zum gesicherten Ziel der Selbstentfaltung, auf der es — einmal bewußt eingeschlagen — so etwas wie Irrwege und Scheitern nicht geben kann. Individuation ist nichts anderes als der Lebensprozeß, genauso offen in seinem Ausgang und voller Möglichkeiten und Gefahren wie dieser — mit der einen zusätzlichen Chance, all dies ein Stück bewußter mitzuvollziehen. Darin *kann* auch einmal die Chance enthalten sein, einen bequemer scheinenden Weg als Umweg zu erkennen.

Wer daher meint, Jung habe mit seiner Psychologie wohlfeile Sinn-Versprechungen gemacht, hat ihn gründlich mißverstanden. Er selbst sagt dazu im Rückblick auf sein Leben:

»Die Welt, in die wir hineingeboren werden, ist roh und grausam und zugleich von göttlicher Schönheit. Es ist Temperamentssache zu glauben, was überwiegt: die Sinnlosigkeit oder der Sinn. (...) Wahrscheinlich ist, wie bei allen metaphysischen Fragen, beides wahr: Das Leben ist Sinn und Unsinn, oder es hat Sinn und Unsinn. Ich habe die ängstliche Hoffnung, der Sinn werde überwiegen und die Schlacht gewinnen«[34].

Als *Garantie* von Sinn kann das nur lesen, wer ihn entweder glaubenssüchtig sucht, oder wer umgekehrt aus einer sich wissenschaftlich dünkenden Sinn-Verweigerung schon die Chance von Sinn zurückweisen muß.

Mit Archetypus und Individuation ist der Kern der Jung'schen Tiefenpsychologie benannt; die enorme Weiterung und Entfaltung dieser Grundeinsichten in ihre psychiatrisch-therapeutische, ihre kultur- und mythengeschichtliche, ihre philosophische Dimension, die sein Werk eigentlich erst ausmachen, kann ich hier nicht darstellen. Unerwähnt lasse ich auch seine Lehre von den psychologischen Typen der Introversion und Extraversion, von den vier Wahrnehmungsfunktionen Denken, Fühlen, Empfinden und Intuieren, seine Traumlehre und Symbolkunde... es wäre unendlich. Ausblicke auf diese Teile seiner Gedankenwelt werden einfließen in spätere Kapitel, in denen es um deren Grenzen und Schattenaspekte sowie deren philosophischen Ort im Verhältnis zum kritisch-aufklärerischen Denken geht.

Jung hat es bisweilen abgestritten, ein theoretisches Lehrgebäude schaffen zu wollen, und in der Tat war Systematik nicht seine Sache. Seine Weise des Forschens entwickelte sich als umkreisende Wieder-Holung, als Aneinanderreihung von Aspekten und Schritten, deren Zusammenhang oft erst im Rückblick vollends deutlich wurde. Was entstand, hat dennoch alle Züge eines (wenn auch sehr eigenwilligen) Systems. Er prägte dafür den Namen »Analytische Psychologie«, in Absetzung von Freuds »Psychoanalyse«, die ihm zu sehr nach sezierendem Intellekt klang. Um diesen Abstand noch deutlicher zu machen, sprach er später auch von »Komplexer Psychologie«. Keine dieser Bezeichnungen sagt sonderlich viel über die Inhalte, die sich hinter ihr verbergen. — Ich benutze im folgenden die frühere Bezeichnung, weil mir wichtig scheint, das analytische Moment in Jungs Psychologie wachzuhalten. Den Ausdruck »Tiefenpsychologie« verwende ich nach allgemeinem Sprachgebrauch als Oberbegriff für Psychoanalyse und Analytische Psychologie (sowie weitere, auf Freud zurückgehende Schulen, von denen in diesem Essay nicht die Rede ist).

Kapitel 3
Regressio — Progressio. Tiefenpsychologie und emanzipatorisches Handeln

> Das Leben kann nur in der Schau nach
> rückwärts verstanden, aber es kann nur in der
> Schau nach vorwärts gelebt werden.
>
> Sören Kierkegaard

Welchen Beitrag könnte Jungs Analytische Psychologie zu einer Theorie emanzipatorischen Handelns leisten? Das Unterfangen einer solchen Verbindung macht nur dann Sinn, wenn in den bisherigen Entwürfen von Emanzipation etwas unerfüllt geblieben ist; dem gehe ich im ersten Teil dieses Kapitels nach. Ich unterbreite dann meine These, daß in dem Begriff der Individuation jene vorwärtstreibende, zur Selbst- und Strukturveränderung befähigende Potenz enthalten ist, die bisherige Theorien emanzipatorischen Handelns auf der Grundlage des Paradigmas Marx/Freud nur außerhalb ihrer selbst, gleichsam sich selbst zum Trotz finden. Das läuft auf den Vorschlag hinaus, Freud durch Jung zu erweitern — und damit sind wir im letzten Teil dieses Kapitels schon mitten in den Schwierigkeiten.

Das Paradigma Marx/Freud

Schon sprachgeschichtlich verknüpfen sich in dem Wort »Emanzipation« der Abbau von äußerer, in gesellschaftlichen Herrschaftsverhältnissen angelegter Abhängigkeit mit der Auflösung innerer Unmündigkeit. Im lateinischen Wortstamm steckt »aus der Hand« gehen oder geben; gemeint war im römischen Sprachgebrauch die Aufhebung der väterlichen Gewalt über die mündig gewordene Tochter. Für das Projekt der Aufklärung, aus dem unser heutiger Gebrauch des Wortes stammt, hat Kant in seinem berühmten Programm des Jahres 1784 die Verbindung von Befreiung und Subjektivität so formuliert: »Aufklärung ist der Ausweg des Menschen aus seiner selbstverschuldeten

Unmündigkeit. Unmündig ist, wer sich seines Verstandes nicht selbst-
tätig bedient. Und selbstverschuldet ist diese Unmündigkeit, wenn sie
nicht auf einem Mangel an Intellekt beruht, sondern auf einem Mangel an Mut und Entschiedenheit.« Das klingt bei Marx und Engels
fort in jenem Passus des Kommunistischen Manifests, »worin die Entfaltung eines jeden die Bedingung für die freie Entwicklung aller ist«.

Eine Theorie emanzipatorischen Handelns muß also zwei Bestandteile haben: eine kritische Gesellschaftsanalyse und eine Theorie
menschlicher Subjektivität. Angesichts der überragenden Stellung von
Marx als Gesellschaftskritiker auf der einen und Freud als Begründer
einer wissenschaftlich zu bezeichnenden Psychologie auf der anderen
Seite führten und führen alle Ansätze zu einer solchen Theorie direkt
oder indirekt auf das Paradigma Marx/Freud zurück.

Dennoch ist die lange und wechselvolle Geschichte der Beziehung
zwischen Marxismus und Psychoanalyse ganz überwiegend eine
Geschichte der gegenseitigen Abstoßung zwischen den in jeder der
beiden Bewegungen vorherrschend werdenden Dogmen. Die Suche
nach Verbindungen blieb eine Sache der produktiven Ketzer beider
Seiten, setzte sie doch vorab das Eingeständnis voraus, daß die eigene
Theorie nicht bereits alles umfasse. Freud selbst stand dem Marxismus
skeptisch und letztlich verständnislos gegenüber, hat es aber geduldet,
daß einzelne seiner engsten Schüler bereits ab 1909 und erst recht
nach der russischen Revolution nach Möglichkeiten einer Integration
beider Theoriegebäude suchten. Nahegelegt wurde diese Suche andererseits durch das parallele Anliegen beider Theorien, sichtbare Phänomene durch dahinter verborgene Zusammenhänge zu erklären, um
so die Macht der unsichtbaren Vorgänge aufzudecken und damit
zugänglich zu machen für Kritik und Veränderung[1].

Bei näherem Zusehen erwies sich die Frage nach dem grundsätzlichen Verhältnis beider Lehren jedoch als äußerst problembeladen:
Ließen sich beide tatsächlich zu einer Theorie vereinheitlichen? Wenn
nicht: ordnete sich die Psychoanalyse als Hilfswissenschaft der
Marx'schen Theorie unter? Oder blieb sie gleichgeordnet neben ihr
stehen, beziehbar, aber nicht integrierbar? Zu diesem letzten Ergebnis
kam unter anderem in den fünfziger Jahren Theodor Adorno: »Die
Trennung von Psychologie und Soziologie, welche die Landkarte der
Wissenschaften verzeichnet, ist kein Absolutes; aber auch kein Nich-
tiges und beliebig Widerrufliches«[2]. Der faktischen Entfremdung zwischen Individuum und Gesellschaft in einer Klassengesellschaft entspreche die Verschiedenheit der beiden Theorien. Vergleichbar der
Unschärferelation in der Quantenphysik kann eine Theorie nur ent-

weder den Einzelnen oder aber die Gesellschaftsstrukturen scharf im Blick haben. Diese Sichtweise ist auch in neuerer Zeit immer wieder, etwa von Peter Brückner[3] und Helmut Dahmer[4], bestätigt worden, und auch ich halte sie für nicht grundsätzlich übersteigbar. Wenn also von »einer« Theorie emanzipatorischen Handelns die Rede ist, dann mit dem Vorverständnis, daß es sich um ein Doppelgestirn von zwei eigenständigen, aber durch Anziehung und Abstoßung aufeinander bezogenen Wissensgebieten handeln muß.

Das entscheidende Problem der Verbindung zwischen Marxismus und Psychoanalyse liegt jedoch nicht in dem theoretischen Überset-zungsproblem zwischen beiden, sondern — wie früh erkannt und immer wieder vermerkt wurde - an einer inneren Begrenzung der Freud'schen Lehre. Eine Theorie des Subjekts, die ein vollwertiges Gegenstück zur Marx'schen Gesellschaftstheorie wäre, müßte dieser nicht nur an kritischer Durchdringung der herrschenden Verhältnisse ebenbürtig sein, sondern auch in ihrem Entwurf zukünftiger Befrei-ung mit dem epochalen Werk von Marx mithalten können. Parallel zum Marx'schen Projekt einer sozialistischen Gesellschaftlichkeit müßte die Entwicklung zu einem freiheitlichen Individuum vorge-dacht sein; die Linie müßte sich darüber hinaus verlängern lassen in Richtung auf jenen perspektivischen Fluchtpunkt eines »neuen Men-schen« in einer »klassenlosen Gesellschaft«, in dem subjektive und gesellschaftliche Befreiung utopisch zusammentreffen.

Diesem enormen Anspruch wird die Freud'sche Psychoanalyse nicht gerecht. Eine zukunftsbezogene, utopische Dimension, auf die es für emanzipatorisches Handeln entscheidend ankäme, findet sich in seinem Werk nur da, wo es aus eigener Dynamik über die ihm von seinem Verfasser zugeschriebenen Begrenzungen hinausweist. Es überrascht daher nicht, daß sich mit dem Gespann Marx/Freud zwar erfolgreich vorherrschende Bewußtseinsstrukturen in ihrer gesell-schaftlichen Bedingtheit aufdecken und kritisieren ließen, daß aber alle Anläufe, darüber zu einer Theorie befreienden Handelns zu kom-men, stets eigentümlich kurzatmig verebbten. Die Studentenbewe-gung von 1968, die innerhalb kurzer Jahre ihren Anspruch einer Ver-bindung von politischer und persönlicher Emanzipation aus dem Blick verlor, ist dafür ein Beispiel. — Vielleicht liegt es auch »in der Natur der Sache«, nämlich der menschlichen Psyche, wenn die psy-choanalytische Anweisung auf inneres Handeln schwerer Gehör findet als Aufrufe zur äußeren Befreiung.

Indem Freud das Unbewußte (bzw. in seiner späteren strukturellen Lehre das »Es«) im wesentlichen als Reservoir abgesunkener Triebentbehrungen sah, gab er ihm eine überwiegend negative Wertung. Schon die Primärtriebe selber, wie Selbsterhaltung und Sexualität, betrachtete er eher skeptisch als bedauerliche anthropologische Gegebenheiten, denen man besser illusionslos gegenübertrete. Auch wenn Freud in seiner letzten Schaffensperiode einräumte, daß auch ethisch hochwertige Impulse und schöpferische Fähigkeiten Anteil am Unbewußten haben, so hielt er doch daran fest, daß für ihn »das Verdrängte ... das Vorbild des Unbewußten«[5] sei. Er selbst bekannte sich dazu, daß eine wissenschaftliche Anschauungsweise wie die seiner Psychoanalyse »wesentlich negative Züge, wie die Bescheidung zur Wahrheit, die Ablehnung der Illusionen«[6] trage.

Der therapeutische Akt bestand demnach darin, dieses Unbewußte soweit als möglich in Bewußtsein zu überführen und damit aufzulösen; Freud nannte das »eine Kulturarbeit wie etwa die Trockenlegung der Zuyder-See«[7]. In seinem emphatischen Ausruf: »Wo Es war, soll Ich werden« wird zum Programm erhoben, daß nicht etwa nur die Verdrängungen aufgelöst werden sollen, sondern das Unbewußte überhaupt. Der in der Freud'schen Tradition stehende Psychologe Peter Brückner hat diese Sicht des Unbewußten so kommentiert: »Das ›Irrationale‹ wird als modus deficiens gefaßt, sein Lebensanspruch infrage gestellt«; das laufe auf eine Emanzipation der Subjekte *von* ihrer Subjektivität statt »*in* ihrer Subjektivität«[8] hinaus.

Zwar glaubte Freud aufgrund seines tiefverwurzelten Skeptizismus und seines Wissens von der Macht des Unbewußten nicht daran, daß es möglich sei, das Unbewußte je vollends aufzulösen. Für erreichbar hielt er jedoch, das bewußte Ich vom Knecht des Unbewußten zu dessen Herrn aufsteigen zu lassen. »Das Ich entwickelt sich von einer Triebwahrnehmung zur Triebbeherrschung, vom Triebgehorsam zur Triebhemmung«[9]. Mit diesem Ziel der Triebbeherrschung erhält die ganze Freud'sche Lehre einen auf Herrschaft, Disziplin und Kontrolle orientierten Grundzug. Dabei handelt das kontrollierende Ich (in späteren Formulierungen auch: das Über-Ich) gleichsam als Gendarm der Realitätsanforderungen und Kulturnormen der umgebenden Gesellschaft. Das klingt bei Freud manchmal fast martialisch wie eine militärische Besetzung nach einem Feldzug gegen das eigene Unbewußte: »Die Psychoanalyse ist ein Werkzeug, welches dem Ich die fortschreitende Eroberung des Es ermöglichen soll«[10]. Alles psychisch Kranke hat seinen Ort in diesem Unbewußten, während das Intellektuell-Bewußte das psychisch Gesunde darstellt. Da Freud dem Es auch das »Lustprinzip« zuordnete, erhielt in seinem System alles Lustbetonte den negativen Beiklang von infantiler Unreife und Verantwortungslosigkeit.

Positiv zu bewertende Antriebe und Affekte kommen in diesem Es so gut wie nicht vor. Zwar vermerkt Freud: »Was wir unser ›Unbewußtes‹ heißen, die tiefsten, aus Triebregungen bestehenden Schichten unserer Seele, kennt überhaupt nichts Negatives, keine Verneinung«[11]. Gerade das aber macht er ihm zum Vorwurf, ist für ihn doch »die höchste psychische Leistung, die einem Menschen möglich ist, ... das Niederringen der eigenen Leidenschaft zugunsten und im Auftrag einer Bestimmung, der man sich geweiht hat«[12]. Gerade die Verneinung wertete Freud also positiv. Soweit er dem Unbewußten auch positive Impulse zuerkannte, waren es also solche Impulse der Versagung, die er vorwiegend im »Über-Ich« ansiedelte, also nicht für eine Hervorbringung der eigenen Subjektivität, sondern für einen aus der Außenwelt patriarchaler Normen kommenden sittlichen Oktroy hielt.

Zwar spielen in seiner Argumentation die schöpferischen Möglichkeiten des Unbewußten, wie sie in künstlerischen, kulturellen und ethisch-religiösen Gestaltungen zum Ausdruck kommen, eine wichtige Rolle. Sie werden jedoch nicht als originäre Hervorbringungen menschlicher Tiefenschichten anerkannt, sondern in einer gewalttätig anmutenden Abwertung zu Ersatzkonstruktionen des Ich erklärt, durch die das Bewußtsein den andrängenden Wünschen eine ersatzweise Befriedigung anbietet. Schöpferische Akte erscheinen dann nicht mehr als unverstellter Ausdruck menschlicher Kreativität, sondern gleichsam kopfunter als notgedrungene Sublimation gehemmter Triebe. In Freuds objektivierender Sicht des Unbewußten konnte es für solche schöpferischen Anteile keinen Platz geben: Ein Unbewußtes, das zu progressiven Neugestaltungen fähig wäre, reicht insoweit über die Fähigkeiten des Ich-Bewußtseins hinaus, kann also von diesem in keiner Weise mehr als Objekt oder als geringerwertig betrachtet werden.

Man tut Freud keine Unehre an, wenn man hinter diesen zwanghaft wirkenden Zügen seines Werks auch charakterliche Momente der dahinter stehenden Forscherpersönlichkeit vermutet — eröffnete doch gerade seine Lehre die Einsicht, daß solche persönlichen Strukturen in jede bewußte Leistung, erst recht auf dem Gebiet der Psychologie, hineinspielen. Dies wird beispielhaft deutlich bei seiner ausführlichen Interpretation der Moses-Figur des Michelangelo. Freud bekennt sich dazu, daß ihn die Begegnung mit dieser Plastik innerlich erregt habe; und in seiner Schrift wird diese Erregung noch überall deutlich — als Versuch, sie niederzuringen. Und so interpretiert er auch das Bildwerk: Es geht ihm um den lückenlosen Nachweis, die dargestellte Pose sei eine »unterdrückte Bewegung« zu dem Ziel, das drohende

Entgleiten der Gesetzestafeln (=Über-Ich) aus seinem Arm zu verhindern: »Er gedachte seiner Mission und verzichtete für sie auf die Befriedigung seines Affektes«[13]. Ist das eine Kurzfassung seines eigenen Lebensdramas?

So etwas wie ein positiver Reifungsimpuls, eine Selbstentfaltung zu einer eigenständigen Persönlichkeit ist in der Freud'schen Triebsphäre nicht angelegt. Die Persönlichkeit bildet sich ihm zufolge in Konfrontation mit der Außenwelt und unter dem Druck sozialer Normen. Psychische Reifung ist demnach tragische Entsagung und Dressur, nicht glückhafte Entfaltung und Freiheit. Überhaupt widerstrebte es seinem Lebenspessimismus, Momente von Glück und Erfüllung als legitime Möglichkeiten seelischen Erlebens anzunehmen. »Glück«, sagte er einmal, »ist dann anzunehmen, wenn das Schicksal nicht alle seine Drohungen gleich verwirklicht«[14].

Ausgehend von seinem Zentralthema der Sexualität hätte es nahegelegen, auf die Liebe als die positivste Möglichkeit menschlicher Emotionalität zu sprechen zu kommen. Statt dessen erscheint das Wort bei Freud fast synonym mit Libido oder dem Sexualtrieb als bloße physiologische Funktion. Von einer liebenden Zuwendung zweier Menschen in ihrer seelisch-körperlichen Ganzheit ist da nirgends die Rede[15]. Obwohl Freud wie kein anderer den heutigen Menschen die Augen dafür öffnete, in welchem Ausmaß ihr Leben von sexuellen Impulsen durchdrungen ist, und obwohl er zeitlebens deswegen in wüster Weise diffamiert wurde, teilte er mit seinen Kritikern durchaus die Grundeinstellung, wonach die Sexualität einen niederen Anteil der menschlichen Natur darstelle. So blieb die Psychoanalyse, obwohl sie ihre Erkenntnisse in fast biologistischer Weise auf körperliche Funktionen zurückführte, bis heute seltsam körperfern, fast körperfeindlich.

Freuds Widerwille gegen Sexualität und Körperlichkeit speiste sich nicht nur aus den Moralvorstellungen seiner Zeit, denen er sicherlich nicht entging, auch wenn er zum Vorkämpfer gegen deren Verlogenheit wurde. Dahinter stand ein Verhältnis der Abwehr gegenüber Natur schlechthin. Natur war für ihn der Inbegriff aller unheimlichen, vom Intellekt ungebändigten Mächte und der bedrohlichen Gegenkräfte zu Kultur und Zivilisation. Nur innerhalb der Kultur, also jenseits und im Widerstreit zur Natur, war Menschsein für ihn vorstellbar: »Es ist ja die Hauptaufgabe der Kultur, ihr eigentlicher Daseinsgrund, uns gegen die Natur zu verteidigen«[16]. Da er den gesellschaftlichen Zusammenschluß der Menschen dem vereinigenden Prinzip des Eros zurechnete, war in seinem Weltbild die Natur dem

Gegenprinzip Thanatos zugeordnet. Tendenziell, und sicher nicht ohne Ambivalenzen, standen damit Leben und Natur in Gegensatz zueinander. So mußten die unbewußten Triebe, Sexualität und Körperlichkeit, soweit sie Ausdruck von Natur im Menschen darstellen, für ihn die Tönung von todbringenden Chaosmächten behalten. Mit solchen Feinden kann es bestenfalls einen prekären Waffenstillstand geben; daher auch die kriegerischen Töne in Freuds Sprache. Menschlicher Fortschritt konnte dann nur heißen, daß man »als ein Mitglied der menschlichen Gemeinschaft mit Hilfe der von der Wissenschaft geleiteten Technik zum Angriff auf die Natur übergeht und sie menschlichem Willen unterwirft«[17].

Es überrascht nicht, daß diese latente Gewaltsamkeit gegenüber der Natur ausstrahlte auf Freuds Verhältnis zur Weiblichkeit. Ohne Umstände verglich er Penislosigkeit mit einem körperlichen Geburtsfehler: »Wie wir aus der analytischen Arbeit erfahren, betrachten sich Frauen als infantil geschädigt, ohne ihre Schuld um ein Stück verkürzt und zurückgesetzt, und die Erbitterung so mancher Tochter gegen ihre Mutter hat zur letzten Wurzel den Vorwurf, daß sie sie als Weib anstatt als Mann zur Welt gebracht hat«[18]. »In allen diesen sittlichen Erwerbungen«, schrieb er allen Ernstes, »scheint das Geschlecht der Männer vorangegangen zu sein, gekreuzte Vererbung hat den Besitz auch den Frauen zugeführt«[19]; daher dann auch »die unzweifelhafte Tatsache [ihrer] intellektuellen Inferiorität«[20]. In seinem patriarchal geprägten Weltbild konnte es für eine eigenständige weibliche Subjektivität keinen Platz geben. In der Sicht eines heutigen Psychoanalytikers wird deutlich, »daß Weiblichkeit als Ähnlichkeit mit und Abweichung von dem Männlichen erscheint, d. h. als Negativum, aber nicht als Positivum sui generis«[21]. Daraus ergibt sich, »daß Freud die Psychologie der Frau, vor allem ihre Sexualentwicklung, in ähnlicher Weise definiert wie das Unbewußte. Beides hat *Mangel- und Lückenhaftigkeit* als Konstruktionsprinzip«[22].

Indem Freud seine Theorie als »systematisch verallgemeinerte Biographie« (Dahmer[23]) einer normal verlaufenden bürgerlichen Triebentwicklung verstand, konnte ihr Ziel auch kein anderes als das bürgerliche Individuum seiner Zeit sein. Eine individuelle Entwicklung, die in kritischer Selbstgestaltung über die bürgerliche Form von Subjektivität hinausweisen könnte, hatte Freud nicht im Blick. In den Worten von Erich Fromm: »Tatsächlich stellt er sich dabei ein gut funktionierendes Mitglied aus dem Mittelstand zu Beginn des 20. Jahrhunderts vor, das sexuelle und ökonomische Potenz besitzt«[24].

Da für ihn das Unbewußte maßgeblich von der lebensgeschichtlichen Vergangenheit geprägt war, erhielt die Psychoanalyse in seiner Formulierung einen Grundton von Rückwärtsgewandtheit. Während Marx aufzeigte, *wozu* Menschen frei werden sollen, blieb Freud dabei stehen, *wovon* sie sich befreien müssen. Utopisches Denken, erst recht politischer Art, hätte Freud ähnlich wie die Religion als ein Ventil zur Abfuhr psychischer Spannungen gedeutet. — Derjenige Denker, dem diese Utopie-Fremdheit Freuds besonders scharf auffallen mußte, war natürlich Ernst Bloch: »Jede Psychoanalyse mit Verdrängung als Hauptbegriff«, schrieb er, »ist notwendig retrospektiv. (...) Demgemäß macht auch das Bewußtwerden dieses Unbewußten nur Gewesenes kenntlich; d. h. *im Freud'schen Unbewußtsein ist nichts Neues*«[25].

Vielleicht ist es treffender, Freuds Sichtweise nicht als rückwärtsgewandt, sondern als überhaupt außerhistorisch, also als statisch zu betrachten. Realität stellt sich ihm nicht als Prozeß, sondern als ein unabänderlicher Ist-Zustand dar. Zwar finden sich in seinen Schriften immer wieder kultur- und religionsgeschichtliche, ethnohistorische und phylogenetische Studien, die den Eindruck eines historischen Denkens erwecken, sich jedoch bei näherem Hinsehen als wissenschaftlich fragwürdige Spekulationen erweisen. Im Grunde handelt es sich um ein narratives Verfahren, in dem sich Muster der medizinischen Ätiologie mit solchen des Mythos verbinden; der gegenwärtige Zustand wird so gleichsam krankengeschichtlich aus der Vergangenheit begründet und — wie Hanna Gekle schreibt — »im Mantel der mythischen Ananke zur unerbittlichen Notwendigkeit hypostasiert«[26]. Mit anderen Worten, Freud versteht sich zwar sehr auf Geschichten, nicht aber auf Geschichte im Sinne des Entwicklungsprozesses gesellschaftlicher Strukturen und Machtverhältnisse. So sollte es nicht verwundern, daß Freud keine eigentliche Gesellschaftskritik gekannt hat, ja in seiner auf das Individuum zentrierten Welt deren Fehlen nicht einmal recht bemerkte. Alle Personenmehrheiten jenseits der Familie bezeichnete er unterschiedslos als »Masse«, nämlich als bloße Mehrheit von Individuen, auf die sich daher die Gesetzmäßigkeiten individuellen Verhaltens übertragen ließen. Solche »historisch-gesellschaftlichen Verkürzungen«, schreibt Peter Brückner, »nehmen einer Theorie, die sich an den wirklichen Verhältnissen der Menschheit engagiert, zugleich ein Stück Zukunftsperspektive«[27].

Sooft auf diesen unhistorischen Zug der Psychoanalyse verwiesen worden ist — und zwar »keineswegs nur von Gegnern der Psychoanalyse«[28] —, sooft wurde er auch zurückgewiesen unter Verweis auf

Freuds kulturkritische Schriften wie etwa seine berühmte Betrachtung über *Das Unbehagen in der Kultur*. Unbestritten besteht einer der großen Verdienste Freuds darin, die »Kulturheuchelei«[29], wie sie ihm im Wien des fin du siècle begegnete, aufzudecken. Wenn Freud jedoch von »Kultur« oder »Zivilisation« spricht, dann hat dies für ihn die Bedeutung jenes unhinterfragbaren Ist-Zustandes, dem sich die Triebentfaltung des Einzelnen unterzuordnen hat, weil anders menschliches Zusammenleben, ja Leben überhaupt nicht möglich ist. Als Entgegensetzung zur Natur bezeichnet Freuds Begriff von Kultur zunächst nur »die Außenwelt der Natur« (Gabriel[30]) und hat folglich wenig zu tun mit einem realhistorischen soziologischen Begriff von Gesellschaft, in den ihn wohlmeinende Schüler hinüberchangieren lassen möchten. »Es kann wenig Zweifel daran bestehen, daß Freuds Erörterungen über die Kultur eine transhistorische, um nicht zu sagen metaphysische Qualität besitzen«[31].

So stellt auch sein Essay vom »Unbehagen in der Kultur« im Grunde eine gedankenreiche Betrachtung zur *individual*psychologischen Spannung zwischen Es, Ich und Über-Ich dar, die er kurzerhand zum Massenphänomen erklärte. Gesellschaften waren für ihn »Großindividuen der Gesellschaft«[32] und daher wie diese mit psychologischen Kategorien verstehbar. »Denn auch die Soziologie, die vom Verhalten der Menschen in der Gesellschaft handelt, kann nichts anderes sein als angewandte Psychologie. Streng genommen gibt es ja nur zwei Wissenschaften, Psychologie, reine und angewandte, und Naturkunde«[33].

Mit der Vorstellung einer unveränderbaren Außenwelt geht eine defensive Grundhaltung einher: »Die Psychoanalyse sagt die Wahrheit über das menschliche Subjekt, das zum Objekt gemacht wird und sich dagegen sträubt« (Dahmer[34]). Subjekthaftes besteht also nur im Widerstand gegen überwältigende äußere Mächte, nicht im eigenen Gestalten.

All diese Begrenzungen hängen zusammen mit der Verabsolutierung des *Bewußtseins* als des einzig legitimen Trägers menschlicher Subjektivität, der so im einsamen Kampf gegen *alle* übrigen inner- und außermenschlichen Mächte gesehen wird. Dies folgte aus dem rationalistischen Weltbild, in dem Freud sich intellektuell gebildet hatte und dem er bis an sein Lebensende verpflichtet blieb. Er bekannte sich ausdrücklich zur Intoleranz gegenüber allen Erkenntnisweisen außerhalb der wissenschaftlichen — weil es solche seines Erachtens nicht geben könne. »Geist und Seele sind genau in der nämlichen Weise Objekte der wissenschaftlichen Forschung wie irgendwelche menschenfremden Dinge«, postulierte er kurz vor seinem Tod[35]. Nicht zufällig häufen sich in seiner psychologischen Begrifflichkeit Anklänge an die Welt der mechanischen Physik und besonders an die Hydraulik (»psychischer Apparat«, »Verdrängung«, »Verschiebung«, »Verdichtung«). Als Mediziner wollte Freud die Psychoanalyse als exakte Naturwissenschaft verstanden wissen; Wahrheit war für ihn demnach schlicht »Übereinstimmung mit der realen Außenwelt«[36].

In einem eigenartigen Widerspruch damit steht, daß Freud zur Benennung psychischer Phänomene immer wieder auf mythische Gestalten zurückgriff, ja sogar seine Grunderkenntnis der frühkindlichen Triebkonflikte in das Bild des Ödipus-Mythos brachte. Der Widerstreit zwischen »Eros« und »Todestrieb«, auf den er in seiner letzten Schaffensperiode alle nicht unmittelbar sexuellen Antriebe zurückführte, ist ein großartiges Mythologem. Widersprüchlich war auch sein Umgang mit den von ihm zitierten mythischen Sinnbildern: Teils versuchte er, sie als bloße poetische Benennung von mechanisch beschreibbaren Vorgängen dem rationalistischen Weltbild einzuordnen, teils rückte er sie als unerklärliche, überwältigende Mächte ganz außerhalb der Reichweite menschlichen Verstehens. — Wir werden auf diesen Widerspruch zurückkommen.

Rückblickend erscheint es als schwer begreiflicher Widersinn, daß der geniale Entdecker eines dem rationalen Denken entzogenen Unbewußten dieses doch wieder rational erfassen zu können glaubte. Freud warnte zeitlebens vor einer Überschätzung des Bewußtseins — und überschätzte es selbst. Dabei verfiel er bisweilen in einen Ton, der alle Züge des Zwanghaften an sich hat: »Es ist unsere beste Zukunftshoffnung, daß der Intellekt — der wissenschaftliche Geist, die Vernunft — mit der Zeit die Diktatur im menschlichen Seelenleben erringen wird. (...) Der gemeinsame Zwang einer solchen Herrschaft der Vernunft wird sich als das stärkste einigende Band unter den Menschen erweisen«[37].

Auch diese Vorstellung übertrug er ohne Umstände auf gesellschaftliche Verhältnisse und gelangte dabei zu Folgerungen, die einem emanzipatorischen Erkenntnisinteresse geradezu ins Gesicht schlagen:

»Ebensowenig wie den Zwang zur Kulturarbeit kann man die Beherrschung der Masse durch eine Minderzahl entbehren, denn die Massen sind träge und einsichtslos, sie lieben den Triebverzicht nicht, sind durch Argumente nicht von dessen Unvermeidlichkeit zu überzeugen und ihre Individuen bestärken einander im Gewährenlassen ihrer Zügellosigkeit. Nur durch den Einfluß vorbildlicher Individuen, die sie als Führer anerkennen, sind sie zu den Arbeitsleistungen und Entsagungen zu bewegen, auf welche der Bestand der Kultur angewiesen ist. Es ist alles gut, wenn diese Führer Personen von überlegener Einsicht in die Notwendigkeiten des Lebens sind, die sich zur Beherrschung ihrer eigenen Triebwünsche aufgeschwungen haben. Aber es besteht für sie die Gefahr, daß sie, um ihren Einfluß nicht zu verlieren, der Masse mehr nachgeben als diese ihnen, und darum erscheint es notwendig, daß sie durch Verfügung über Machtmittel von der Masse unabhängig seien«[38].

Trieb — Masse — Natur... Der unterschwellige Konnex ist unübersehbar.

Dennoch: Wenn alle Ansätze zu einer emanzipativen Theorie des Subjekts letztlich bei Freud zusammenlaufen, dann muß in seiner Psychoanalyse — wie verkapselt auch immer — eine befreiende Kraft enthalten sein. Es ging Freud darum, Zwänge durchschaubar und aufhebbar zu machen, die die Entfaltung des Einzelnen behindern: das ist in sich selbst eine emanzipatorische Absicht. Brückner sieht in der Psychoanalyse eine »antidogmatische Denkweise par excellence« und verweist auf die »ihr implizite Anweisungsstruktur auf veränderndes Handeln«[39]. In der Negativität von Freuds Lehre steckt so zugleich ihre größte, über die bloße Verneinung immer schon hinausweisende Kraft: die der durchdringenden Kritik falscher Subjektivität[40]. Ebenso hat auch ihre Rückwärtsgewandtheit in sich schon einen vorwärts gerichteten Impuls: Die Psychoanalyse wendet sich ja zu dem Zweck der Vergangenheit zu, um deren Herrschaft über die Gegenwart aufzudecken und damit auch zu brechen. Im Grunde hatte sie mit der Entdeckung der »Herrschaft des Vergangenen über das Subjekt«[41] alle Fäden für eine systematische Kritik von Entfremdung und Herrschaft in der Hand. Die Lehre Freuds weist damit ständig über sich selbst hinaus, unabhängig davon, wie weit der Blick des Autors reichte[42].

In der Nachfolge Freuds fehlte es nicht an Versuchen, diese emanzipatorische Latenz in seiner Lehre freizusetzen und auch theoretisch zu formulieren. Den umfassendsten und folgenreichsten dieser Versuche stellt bekanntlich die Kritische Theorie der »Frankfurter Schule« um Max Horkheimer und das Frankfurter Institut für Sozialforschung in den ausgehenden zwanziger und den dreißiger Jahren dar. Das zentrale Problem für diesen Kreis von Philosophen, Soziologen und Psychologen war die Frage, warum die Revolution von 1918 und danach die Weimarer Republik so kläglich scheiterten, und warum ein Teil des Proletariats im Widerspruch zu seinen Klasseninteressen dem Faschismus an die Macht verhalf. Von dieser Fragerichtung her ging es also mehr um die Behinderungen als um die Chancen emanzipatorischen Handelns. Was entstand, war ein außerordentlich differenziertes Instrumentarium zur Analyse und Kritik von bürgerlich geprägten Bewußtseinsformen. Als eine Theorie verändernden Handelns blieb die Kritische Theorie jedoch notwendig einbeinig und pessimistisch. In gewissem Sinne radikalisierte sie noch Freuds Skepsis gegenüber den Fähigkeiten des Bewußtseins, indem sie auch dessen Hoffnung auf die rettende Ratio begrub: Weil es keine vom Unbewußten unbeeinflußte Ratio geben kann, kann das Bewußtsein nur irren, wo es sich etwas Positives vorstellt und vornimmt. Die Vernunft ist nur noch dazu legitimiert, sich selbst zu beargwöhnen. Dieses Verbot bejahender Aussagen lastet bis heute auf dem Paradigma Marx/Freud. »Affirmation« ist innerhalb dieser philosophischen Tradition ein anrüchiges Wort; in der psychoanalytischen Praxis bezeichnet es die Befestigung von Widerständen, also Erkenntnis*verweigerung*. Statt die Psychoanalyse am Marxismus emanzipatorisch aufzuladen, endete die Kritische Theorie damit, auch den Marxismus seiner utopischen Dimension zu entkleiden.

Zwei Persönlichkeiten aus dem Kreis der »Frankfurter Schule«, Erich Fromm und Herbert Marcuse, haben später dieses Bejahungsverbot durchbrochen und sich nicht gescheut, emanzipatorische Utopien zu entwerfen. Bei genauem Hinsehen haben sie das Problem jedoch nicht theoretisch gelöst, sondern es durch einen Sprung aus der Theorie hinter sich gelassen: Sie nahmen ihre mitreißenden Bilder menschlicher Befreiung von überall her — vom jungen Marx, vom Alten Testament, aus ästhetischen Anschauungen und östlichen Einsichten, von Sartre und der Beat-Generation —, nur nicht aus ihrer eigenen psychoanalytischen Theorie des Unbewußten. Damit rekurrierten sie auf einen Schatz an psychologischem Wissen und menschheitlichen Bildern, der verdächtig an das »kollektive Unbewußte« nach C. G. Jung gemahnt — nur daß er dort seinen Platz *innerhalb*, nicht außerhalb der Theorie hat.

In der Nachkriegszeit war es insbesondere eine Gruppe jüngerer Psychologen und Sozialwissenschaftler um das von Alexander Mitscherlich geleitete Sigmund-Freud-Institut in Frankfurt, die sich um eine Aktualisierung und Weiterentwicklung der Kritischen Theorie bemühte. Auch ihnen ging — und geht — es wesentlich darum, über welche Instanzen sich die gesellschaftlichen Strukturen von Entfremdung und Herrschaft in die Psyche hineinvermitteln. Über die zentrale Sozialisationsinstanz Familie hinaus widmete sie insbesondere dem Medium der Sprache sowie den sekundären Sozialisationsinstanzen wie Schule und Ausbildung, Arbeitsleben und Medienindustrie systematische Aufmerksamkeit.

So sehr die »Kritische Theorie des Subjekts« dazu beigetragen hat, die Vielfalt der gesellschaftlichen Überformungen der Psyche deutlich zu machen und bis in ihre subtilen Grundformen zu verfolgen, so wenig hat sie jedoch die implizite Utopielosigkeit der Psychoanalyse grundsätzlich überwinden können. In gewisser Weise ist gerade durch ihr größtes Verdienst: die »kritische Durchdringung der *Beschädigung* der Menschen in gegenwärtigen gesellschaftlich-kulturellen Prozessen«[43], das Netz der Bejahungsverbote noch undurchlässiger geworden[44].

Zwar wird unter dem Einfluß von Wilhelm Reich, Herbert Marcuse und der antiautoritären Bewegung eine Lanze für Kreativität, Spontaneität, Emotionalität und eine erfüllte Sexualität gebrochen. Innerhalb der Theorie können solche positiven Impulse jedoch nie aus sich selbst, sondern nur reaktiv als Aufbegehren gegen hemmende Herrschaftsverhältnisse gedeutet werden. So kann sie auch nichts aussagen darüber, auf welchen Wegen psychischer Entwicklung sich diese Ziele verwirklichen lassen, sondern »nur« darüber, wie man gegen gesellschaftliche Hindernisse ankämpft. Mangels theoretischer Beglaubigung von positiven Funktionen des Unbewußten bleibt es letztlich ganz unemanzipativ bei der Freud'schen Trieberfüllung, der Auslauf zu verschaffen sei.

Um der Gefahr einer Psychologisierung der Gesellschaft zu entgehen, die der Mitscherlich-Kreis bei seinem Ahnvater Freud erkennt, wird nun tendenziell umgekehrt die Psyche vergesellschaftet — sehr zum Nutzen der Kritik, doch nicht der tätigen Emanzipation. Das geht in der Hochphase der marxistischen Neo-Orthodoxie nach der Studentenbewegung so weit, daß man sich fast der eigenen Wissenschaft, ja der Tatsache eines »subjektiven Faktors« schämt; so schreibt Helmut Dahmer im Jahr 1971 unter Rückgriff auf Adorno und Horkheimer:

»Kommt es unter den gegenwärtigen Verhältnissen, unter denen die einzelnen Menschen sich zwar als ›Individuen‹ verstehen, ihre formelle Selbständigkeit sich aber angesichts ihrer Ohnmacht vor Markt, Staat, Krise und Krieg als Scheinselbständigkeit erweist, auf die Subjekte und ihr Glück noch wenig an, so ist damit auch das relative Gewicht psychologischer und sozialökonomischer Erklärungen gesellschaftlicher Phänomene festgelegt: ›Die objektive Theorie der Gesellschaft, als eines den Lebendigen gegenüber Verselbständigten, hat den Primat über die Psychologie, die ans Maßgebende nicht heranreicht.‹ [Adorno 1969, T. E.] Psychologie kann demnach nicht ›Grundwissenschaft‹, sondern nur die ›freilich unentbehrliche Hilfswissenschaft der Geschichte‹ (Adorno) sein. Horkheimer formuliert (1932): ›Je mehr das geschichtliche Handeln von Menschen und Menschengruppen durch Erkenntnis motiviert ist, um so weniger braucht der Historiker auf psychologische Erklärungen zurückzugreifen (…)‹«[45].

Fazit: Psychologie ist im Kapitalismus noch nicht wichtig, im Sozialismus nicht mehr nötig.

Eine schöpferisch-gestaltende Funktion des Psychischen ist zwar zum Beispiel bei Alfred Lorenzer in der Konzeption sprachlicher Symbolproduktion analog menschlicher Arbeit angelegt. Mit dieser Analogie ist aber der Gedanke sogleich wieder an die Leine ökonomistischer Denkfiguren genommen, wonach das gesellschaftliche Sein stets den Vortritt gegenüber dem Bewußtsein habe: Psychische Symbolproduktion hat genauso wenig Autonomie gegenüber der Gesellschaft wie Lohnarbeit, sie kann immer nur Varianten dessen hervorbringen, was herrschaftlich von ihr gefordert wird. Lorenzer weist nach, daß soziale Verhältnisse bis in die Beziehung zwischen der werdenden Mutter und dem Embryo hineingreifen; aber ist es nicht etwas monoman, diese Beziehung ausschließlich als pränatale gesellschaftliche Sozialisationsinstanz zu begreifen?[46]

In neueren Arbeiten der kritischen Sozialpsychologie ist diese Kurzschließung zur Gesellschaftsanalyse wieder lockerer, der Erwartungshorizont an befreiender Veränderung aber zugleich wieder bescheidener geworden. Das Ziel ist allemal, Herrschaftsverhältnisse und deren Verschleierungsformen durchschauen zu lernen; wie diese Einsicht in veränderndes Handeln umgemünzt werden kann, bleibt ungeklärt.

Das 1986 erschienene, anregende Buch von Thea Bauriedl *Die Wiederkehr des Verdrängten* fällt insofern aus diesem Rahmen, als sie den Utopie-Verzicht nicht mitmacht. Sie spricht vom »dialektisch-emanzipatorischen Prinzip der Psychoanalyse«[47] und nimmt für die Analytiker in Anspruch: »Wir sind durch unsere Ausbildung Experten in der Wissenschaft, die eine Theorie der friedlichen Revolution entwickelt hat, einer Revolution, die zwar allen Beteiligten das Erleben von Angst nicht erspart, aber doch einen echten Befreiungsweg darstellt«[48]. Das sind neue Töne, und darauf wird zurückzukommen sein. Fragt man jedoch nach, wie dieser Befreiungsweg aussehe, dann erhält man das ehrliche Eingeständnis: Diesen Prozeß könne der Analytiker »nur begleiten, indem er sich auf das einläßt, was er in der Situation spürt, und darauf, welche Phantasien in ihm aufsteigen«[49]. Mit anderen Worten: Wo das Neue beginnt, endet die Wissenschaft; der Analytiker ist hier genauso seinem Unbewußten überlassen wie der Patient. — Eine Rezensentin schreibt über das Buch: »Bemerkenswert selten ist von Freude, von Spiel, von Glück und Erfüllung die Rede — bei einer Autorin, deren zentrales Anliegen die Lebendigkeit ist« [50].

So bleibt es in der Nachfolge Freuds dabei, das Unbewußte begrifflich als »modus deficiens« zu fassen. Ist bei Freud die Decke des emanzipatorischen Anspruchs schon mit dem (vermeintlich) autonomen bürgerlichen Individuum erreicht, so setzen die Frankfurter Schule und die Kritische Theorie des Subjekts das Stück bis zur Negation dieses Individuums darauf. Was darüber hinausginge, nämlich die Aufhebung bürgerlicher Subjektivität, übersteigt die Theorie. Wo soll es auch herkommen, wenn das Unbewußte mit Entfremdung gleichgesetzt bleibt?

Um Mißverständnissen vorzubeugen, sei betont, daß diese negative Sicht des Unbewußten seit Freud bezogen auf die gesellschaftlich verallgemeinerten Ausprägungen von Subjektivität nicht etwa falsch, sondern nur allzu berechtigt ist. Daß auf Selbstverwirklichung gerichtete Impulse unter heutigen Bedingungen von Entfremdung fast nur in ihr Gegenteil verkehrt als Zwang, Leiden und Entbehrung erfahrbar werden, weiß jeder zu bestätigen, der noch eine Wahrnehmung dafür bewahrt hat, was er oder sie alltäglich sich selbst und anderen antun. Die Frage ist, ob es dabei bleiben kann, daß diese entfremdete zweite Natur zur einzig möglichen erklärt und die Rückfrage auf eine unentfremdete erste Natur geradezu theoretisch verboten wird. Wo soll da noch die Vorstellung und die Kraft für emanzipatorische Veränderung herkommen? [51]

Individuation und Emanzipation

In Jungs System erscheint demgegenüber die Psyche nicht als Behältnis überwiegend negativ-verdrängter Trieberfahrungen, sondern als offener, zielsuchender, auf zunehmende Differenzierung angelegter Prozeß, dessen Schritte einer komplexen inneren Dialektik folgen. Mir scheint, daß ein solcher Begriff des Unbewußten potentiell offener ist für emanzipatorische Bearbeitung und dabei utopisches Denken nicht aus- sondern einschließt. Der Schlüssel ist dabei die Wegbeschreibung, die Jung mit seinem Begriff der *Individuation* gegeben hat, meines Erachtens in sich ein dialektisch-emanzipatorischer, zum utopischen Entwurf offener Begriff [52].

Was Jungs Analytische Psychologie im Ansatz von der Psychoanalyse Freuds unterscheidet, ist das weit umfassendere Bild vom Unbewußten, das nicht nur die irrational-negativen, sondern schlechthin alle Möglichkeiten des Menschen umfaßt, also auch gerade seine positiven schöpferischen, emotionalen und geistigen Fähigkeiten. Für Jungs Sicht des Unbewußten ist die Rückschau auf lebensgeschichtlich Verdrängtes nicht konstitutiv, sondern nur Teil eines therapeutisch notwendigen Durchgangs. An die Stelle der sexuell gefärbten Libido bei Freud setzte Jung eine allen seelischen Inhalten zugrundeliegende psychische Energie, die an sich gestalt- und inhaltlos und eben darum zu jeder Hervorbringung befähigt sei. Damit befreite er die Tiefenpsychologie aus ihrem Aschenputtel-Dasein als Neurosenlehre und erweiterte so die Lehre von den *Behinderungen* menschlicher Subjektivität zu einer Wissenschaft von dieser Subjektivität selbst.

Während nach Freud im Unbewußten außer biologischen Primärtrieben nichts zu finden ist, was nicht andere in es hineingelegt haben (wobei sie ihrerseits nur Anerzogenes ausleben), tritt mit Jungs Sicht des Unbewußten eine zum Handeln, nicht bloß zum Reagieren fähige Instanz auf den Plan. Mit Jungs Wahrnehmung einer Autonomie psychischer Prozesse, »welche meine Auffassung so prinzipiell von derjenigen Freuds unterscheidet«[53], nimmt das Psychische überhaupt erst Subjektcharakter an. Und erst mit seiner Lehre eines kollektiven Unbewußten, wonach der Einzelne in seinen psychischen Tiefen mit einem Fundus an Energien und Bildern verbunden ist, der seine Individualität weit übersteigt, wird verstehbar, woher Kräfte zur schöpferischen Neugestaltung kommen können, die verändernd auf den Einzelnen und sein soziales Feld zu wirken vermögen.

Demgegenüber sieht Freud die Psyche übergewichtig als Objekt, in dem es nichts Subjektives gibt als das bewußte Ich, dem das Unbewußte als Fremdes, ja Feindliches gegenübertritt. »Das Ich hat sich die Aufgabe der Selbsterhaltung gestellt, die das Es zu vernachlässigen scheint«[54], schreibt Freud; das heißt: vom Unbewußten droht der Untergang, das Ich ist der alleinige Retter aus der Gefahr. Kein Wunder, daß alle Subjekt-Begriffe auf Freud'scher Grundlage aus der Defensive nicht herauskommen. Das Ich-Bewußtsein führt demnach einen doppelseitigen Kampf gegen die rücksichts- und verantwortungslosen Triebanforderungen des Es im Innen und gegen den Anpassungsdruck der Gesellschaft im Außen, wobei dieses Außen sich in Gestalt des Über-Ich bereits eine »fünfte Kolonne der Gesellschaft innerhalb des Individuums« (Gabriel)[55] geschaffen hat. Bei Jung wirken dagegen potentiell das Ich-Bewußtsein und das Unbewußte zusammen bei der Herausbildung einer handlungsbefähigenden Subjektivität. Dabei wird dieses unbewußte Innen als ebenso grenzenlose Welt erfahren wie das Außen, auf das es trifft. Damit entsteht gedanklich allererst ein Subjekt, das jene Polspannung als Gegenüber zur Gesellschaft aufnehmen und durchhalten kann, in der Emanzipation sich nur zu vollziehen vermag.

Einem solchen Verständnis des Unbewußten liegt natürlich nichts ferner als die Freud'sche Vorstellung, man könne das Unbewußte »trockenlegen wie die Zuyder-See«, also möglichst weitgehend in Bewußtsein überführen. Das wäre schon gedanklich unmöglich und auch keineswegs wünschenswert: Sind es doch die Kräfte des Unbewußten, die die Entfaltung des Einzelnen zu dem ihm möglichen menschlichen Reichtum vorantreiben und lenken.

Darin ist auch ein Prinzip des Überschreitens enthalten, ohne das emanzipatorisches Denken und Handeln nicht auskommen kann. Während in Freuds Kulturtheorie die Vorstellung umgeht, der Einzelne müsse seine negativen Regungen abtrainieren oder sublimieren, um sich so der unveränderbaren gesellschaftlichen Realität anzupassen, verlangt der Prozeß der Individuation ein Hinausgehen über Bestehendes. Das kann auch ein Überschreiten bisheriger gesellschaftlicher Normen oder hergebrachter ethischer Gebote beinhalten. Auch in diesem Prozeß der Selbstgestaltung führt kein Weg vorbei an der »Schattenbegegnung«, der bewußten Auseinandersetzung mit den eigenen negativen und destruktiven Anteilen — aber nicht zu dem Ziel, sie zu »bezwingen«, sondern sie zu verwandeln in schöpferische Potenzen.

Mit anderen Worten: Erst bei Jung vermag ich die Umrisse eines Bildes vom Menschen zu erkennen, das die Gesamtheit seiner bewußten und unbewußten Kräfte in all ihren positiven wie negativen Möglichkeiten, seine Emotionalität und Körperlichkeit umfaßt und bejaht. Ich kann mir nicht vorstellen, wie eine Theorie menschlicher Emanzipation ohne ein solches auf Ganzheit zielendes Menschenbild, nur mit einem Bild vom *gehemmten* Menschen, wirksam werden soll. In Wahrheit setzt *jedes* mitmenschliche Handeln, erst recht emanzipatorisches, ein Menschenbild voraus, und der vorgebliche Verzicht darauf, ein solches Bild zu entwerfen, bedeutet nur, sich unbewußt von den Entwürfen anderer leiten zu lassen.

In einem Punkt greift Jungs psychologische Wahrnehmung allerdings kürzer als die Freud'sche: Beim Thema Sexualität, dem ureigensten Erkenntnisfeld der Psychoanalyse, ist diese unbestreitbar klarer, direkter, differenzierter. Wenn das Thema bei Freud bisweilen einen obsessiv überzogenen Platz einnimmt, dann bei Jung einen verdächtig abgeblendeten[56]. In der Sexualität steckt zuviel Kraft und an ihr wird zuviel gelitten, als daß sie auf eine bloß innerpsychische Auseinandersetzung mit den jeweils eigenen gegengeschlechtlichen Anlagen zurückgeführt werden könnte.

Stellt man die Sexualität aber in den weiteren Zusammenhang der Beziehung zwischen den Geschlechtern, so bietet wiederum die Analytische Psychologie das größere Verständnis. Das wird schlagend deutlich an der jeweiligen Einstellung gegenüber weiblicher Subjektivität. Bei aller patriarchaler Prägung, von der auch Jung nicht frei ist[57], hat sein Werk doch aufgrund der Bejahung des schöpferischen Unbewußten deutlich matriarchale Züge. Im kollektiven Unbewußten erscheinen Männliches und Weibliches vollkommen gleichrangig; Jung wäre daher nie auf die Idee gekommen, Frauen als »kastrierte Männer« zu betrachten[58]. Die Frage weiblicher Subjektivität ist nicht nur irgendein zusätzlicher Gesichtspunkt, sondern die eine Hälfte des gesamten Projekts der Emanzipation. Wahrscheinlich sogar mehr als die Hälfte, wenn man bedenkt, wie wichtig schon von der Begriffsgeschichte des Wortes »Emanzipation« her immer die Befreiung der Frau war, und wie notwendig gerade heute angesichts der Gefährdungen unserer männlich geprägten technisch-industriellen Welt die Entfaltung weiblicher Subjektivität und die Belebung matriarchaler Kulturformen ist.

Vor allem aber sagt Jung etwas über den Weg, der nicht nur heraus aus falscher, sondern von da aus hin zu echterer Subjektivität führt. Das hat viel mit Emanzipation zu tun. In dem Konzept der Individuation, so meine ich, sind wesentliche Merkmale und Schritte eines Erfahrungsweges benannt, ohne die ein befreiendes Handeln in Theorie und Praxis nicht auskommt.

Natürlich gilt auch für die Jung'sche Psychologie, was Thea Bauriedl innerhalb der Freud'schen sagt: »Einen Veränderungsprozeß, der neue, befriedigendere Konfliktlösungen ermöglicht, kann niemand *machen*, auch kein Psychoanalytiker«[59]. Auch bei körperlichen Leiden ist Heilung ja nicht etwas, das der Arzt »macht«, sondern ein Lebensprozeß. Der Arzt kann jedoch aus gesammelter Erfahrung dessen typischen Verlauf voraussagen und dem Patienten helfen, Hindernisse der Heilung aus dem Weg zu räumen und deren Bedingungen zu verbessern. Etwas anderes tut auch der Psychotherapeut nicht — das ist aber nicht wenig. Gerade bei einem so mit Angst und Ungewißheit verbundenen Prozeß wie dem der Selbstfindung kann ein wegerfahrener Begleiter entscheidend dazu helfen, Schwellen zu überwinden, dunkle Wegstrecken auszuhalten und Umwege abzukürzen. Dabei kann zurückgegriffen werden auf Wegbeschreibungen, die andere aus der Zusammenschau vieler Erfahrungen gewonnen haben. Eine solche Zusammenschau (griech. = theoria) ist Jungs Lehre von der Individuation.

Individuation zielt auf die Ausprägung der je besonderen Einzelpersönlichkeit; zu *diesem* Ziel ist nie zuvor jemand anders gelangt, und so kann auch der Therapeut es nicht kennen. Wohl aber kann er wissen, welche Anfangsschritte jedenfalls durchlaufen werden müssen, wie ein Mensch überhaupt den Weg zur eigenen Bestimmung erkennen und gehen lernt, nach welchen Prinzipien des Stirb und Werde, des Löse und Binde sich schrittweise psychische Verwandlung vollzieht, welche je besonderen Aufgaben diese einzelnen Schritte kennzeichnen und an welchen Symbolen des Unbewußten man sie erkennt. Auch mit einer solchen kundigen Wegführung ist Individuation alles andere als ein garantierter Königsweg — aber auch kein Tappen im Nebel.

Individuation ist ja keine Erfindung Jungs, sondern seine Beschreibung und Benennung für menschliche Lebensprozesse, die es schon immer gab. Etwas von diesem Prozeß steckt in jeder Biographie, soweit sie nicht nur mißlingt, und etwas von dem Wissen darum in jedem lebenserfahrenen Menschen. In der Freud'schen Psychoanalyse geht es nicht um etwas grundsätzlich anderes, sondern dasselbe unter anderen Bezeichnungen, Deutungen und Akzenten. Sie hat sich gewissermaßen auf das erste Wegstück, die Beseitigung von Hindernissen, spezialisiert. Wo die kausale Frage nach dem Woher übergeht in die finale Frage nach dem Wohin, bekennt sie ihr Nichtwissen (manchmal mit dem Unterton, was die Psychoanalyse nicht wisse, könne es auch nicht geben).

Aber wenn Thea Bauriedl schreibt, für diesen Aufbruch ins Neue müsse sich der Therapeut auf Gespür und Phantasie verlassen, dann heißt das ja, daß Deutungsmuster vorlogischer Art schon in ihm sind, auf die er sich dann auch verlassen kann. Solch ein »unbewußtes Wissen« (Erich Neumann) ist etwas ganz anderes als Nichtwissen; in der Freud'schen Theorie gibt es keinen Begriff dafür, in der Jung'schen heißt es das kollektive Unbewußte. Zu allen Zeiten haben Menschen sich um dieses Wissen, um Wege zum Selbst[60] bemüht. Was sie zusammengetragen haben, ist aufbewahrt in den großen Kunstschöpfungen der Jahrtausende, in Symbolen und Bauten, in Mythen, Philosophien und Religionen. Das ist nicht *kein* Wissen, sondern ein unermeßlicher Schatz an Wissen; und wenn es nicht in der Sprache der heutigen Wissenschaft und des kritischen Verstandes spricht, dann sagt das nur etwas über die Grenzen dieser Form von Erkenntnis und Mitteilung. Es fehlt aber auch nicht an Versuchen, dieses Wissen in die heutige Sprache zu übersetzen — und unter diesen Übersetzern ist Jung einer der wichtigsten.

Wer sich auf dem Buchmarkt umschaut, findet dort Erfahrungsberichte heutiger Menschen, die mit eigenen Erfahrungen, aber auch mit der theoretischen Wegbeschreibung Jungs verglichen werden können. Und wer sich durchfragt, findet auch heute Therapeuten, die sogar auf dem einsamsten Stück Wegs zur je einmaligen Besonderheit noch Begleiter zu sein vermögen, weil sie ihre Projektionen zurückgenommen haben und daher Spiegel sein können. Auch diese Meisterschaft des Alleinlassens im Gegenübersein hat eine alte Tradition, die nicht ungültig geworden ist, weil die technische Welt dafür keinen Begriff hat. Oder weil sie mißbraucht werden kann.

Ein solcher innerer Aufbruch findet nicht im stillen Kämmerlein, sondern im Zusammenleben mit anderen Menschen statt und hat sich hier, im mitmenschlichen Alltag, zu bewähren. Mit den Schritten zur inneren Befreiung erweitert sich auch die Kompetenz zu mitmenschlichem Handeln. Und dies wiederum ist die Grundlage für soziales und politisches Handeln. So knüpft sich der Bezug zum Thema der Emanzipation.

Blickt man zurück auf die theoretischen Versuche, Tiefenpsychologie und Marxismus zu einer Theorie emanzipatorischen Handelns zu verbinden, so könnte man sagen: Zu Marx als Kritiker der bestehenden bürgerlichen Gesellschaft paßt Freud, zu Marx als utopischem Vordenker einer befreiten Menschheit gehört Jung. Erst beide tiefenpsychologischen Schulen zusammen — jede für ihren Problembereich, aber mit vielfältigen Möglichkeiten der Überschneidung und Ergänzung — bieten die Grundlage zu einer umfassenden Theorie subjektiver Befreiung, die das Gegenstück, gleichsam die Innenseite zur Marx'schen Theorie gesellschaftlicher Befreiung böte.

Dieser Rückblick auf Marx versteht sich nicht als Aufforderung, sich nun in Theorieproduktion zu stürzen. Die heroischen Zeiten des Paradigmas Marx/Freud sind wohl für's erste vorbei, und vordringlich ist heute nicht die Frage, wie politisches Engagement und Selbstveränderung begrifflich zusammenpassen, sondern daß die Verbindung gelebt wird. So wie Politik heute »eine Nummer kleiner«, dafür aber unmittelbarer und praktischer verstanden wird, so haben Therapie und Selbsterfahrung heute ein Stück Alltäglichkeit auch für politisch Engagierte gewonnen. Und siehe da, in dieser lebenspraktischen Alltäglichkeit tun sich gegenseitige Bezüge und Offenheiten auf, um die auf der Ebene der Begriffe jahrzehntelang vergeblich gerungen wurde.

Von diesen früheren Anstrengungen des Begriffs wirkt aber die Denkgewohnheit nach, daß ein emanzipatorisches Engagement nur mit Freud und gegen Jung möglich sei. Warum, so fragt man sich, halten kritische Intellektuelle auf der Suche nach dem »subjektiven Faktor« so treulich zur Freud'schen Analyse, obwohl deren Begrenzungen als emanzipatorische Theorie spätestens seit den dreißiger Jahren bekannt sind? Man ahnt es: Diese Begrenzungen passen nur zu gut zu den eigenen Begrenzungen. Wenn die Psyche bei Freud wie ein Objekt erscheint, dann kommt das durchaus einem Denken entgegen, das die Welt seinerseits objektivierend wahrnimmt und gewohnt ist, sich soziale Subjekte als bloße Personifikationen materieller Gegenstände und Interessen vorzustellen. Freud wendet sich der Psyche zu, weil sie ihm unangenehm ist — nicht anders geht es traditionell der Linken. Kein Wunder, daß das Unbewußte dann in negativem Licht gesehen wird: »Wenn das Unbewußte in negativer Gestalt erscheint, so liegt das an der Angst vor ihm« (Jung[61]).

Intellektuelle in der Marx'schen Tradition verstehen sich als legitime Erben der Aufklärung, betrachten also ihre Weltsicht als Krönung menschlicher Rationalität. Gegenüber dem Unfehlbarkeitsanspruch dieser Ratio bedeutet die Annahme eines menschlichen Unbewußten eine schwere narzißtische Kränkung, und so hat es die überwiegende Zahl der Marxisten zu allen Zeiten vorgezogen, alle psychischen Fragen zu verdrängen. Die wenigen aufgeschlossenen Marxisten, die sich auf die Existenz eines Unbewußten überhaupt einließen, taten dies notgedrungen, auf der Suche nach einer Erklärung für die Frage, warum Menschen politisch so irrational handeln können. Zu dieser Fragerichtung paßte die Freud'sche Sicht des Unbewußten als Störfaktor und Gegenspieler der Ratio durchaus. In ein Weltbild, in dem alles Positive der Ratio vorbehalten ist, fügt sich ein negativ bewertetes Unbewußtes viel besser ein als die Vorstellung positiver und schöpferischer a-rationaler Kräfte. »Das Ich repräsentiert, was man Vernunft und Besonnenheit nennen kann ... [Das Ich] ist bestrebt, das Realitätsprinzip an die Stelle des Lustprinzips zu setzen, welches im Es uneingeschränkt regiert«[62]. Das klingt vertraut in linken Ohren, nämlich ganz wie das Verhältnis einer politischen Avantgarde zu den führungsbedürftigen Massen. Auf die schöpferischen Kräfte des Unbewußten bauen? Das wäre ja genauso wie: auf die Kräfte des Volkes vertrauen! Die Psyche als ein in den Griff zu kriegendes Objekt — das paßt zu einem Politikverständnis, dem es um

Macht geht statt um soziales Lernen. Und natürlich teilten Marxisten Freuds Wahrnehmung der Frauen als Restkategorie der Männer. So sucht die Linke weiter unter der Laterne »Freud«, wo der Schlüssel zur Emanzipation zwar nicht zu finden, aber wo es hell ist.

Diese Verkürzung des Marxismus um den lebendigen Menschen ist im *Kapital* von Marx schon angelegt. Indem er dort die immanente Gesetzmäßigkeit des Kapitals, also der vergegenständlichten »toten« Arbeit, darstellte, mußte er sich die gegenläufige Logik lebendiger Arbeit methodisch aus dem Blick rücken. Die zunehmende systematische Geschlossenheit, die Marx' spätere Werke auszeichnet, hatte so den Preis, die in den Frühwerken im Mittelpunkt stehenden subjektiven Fragen schrittweise auszublenden[63]. Es war übrigens Freud, der dieses psychologische Defizit des Marxismus früh und scharf sah:

»Man versteht überhaupt nicht, wie man psychologische Faktoren übergehen kann, wo es sich um die Reaktionen lebender Menschenwesen handelt, denn nicht nur, daß solche bereits an der Herstellung jener ökonomischen Verhältnisse beteiligt waren, auch unter deren Herrschaft können Menschen nicht anders als ihre ursprünglichen Triebregungen ins Spiel bringen, ihren Selbsterhaltungstrieb, ihre Aggressionslust, ihr Liebesbedürfnis, ihren Drang nach Lusterwerb und Unlustvermeidung.«[64]

Innerhalb des Marxismus haben wenige Denker diesen Verlust des Subjekts so deutlich gesehen wie Ernst Bloch (durch seine Brille, freilich). Daß innerhalb der kritischen Tradition diejenigen Fragen nach dem Fühlen, Wollen und Handeln von Menschen wieder gestellt werden, die einst den jungen Marx beschäftigten, danach aber unter der Last einer Objektwelt verschüttet wurden, ist auch Blochs Verdienst. Wenn heute nachgedacht wird über die Verbindungen zwischen Politik und Subjektivität, dann steht der Name Bloch für diejenige Richtung, in die von der Seite einer kritischen Gesellschaftstheorie die Linien möglicher Öffnungen und Verbindungen weisen. Wenn ich nun umgekehrt die Tiefenpsychologie Jungs für gesellschaftliche Fragen zu öffnen versuche, dann heißt das, daß ich — bildlich gesprochen — Bloch und Jung in einen Dialog miteinander zu bringen hätte. Wer je das *Prinzip Hoffnung* aufgeschlagen hat, weiß, wie unmöglich ein solches Unterfangen auf den ersten Blick erscheinen muß; das bleibt also für später.

Blochs Ziel war es, die *eine*, in sich geschlossene Theorie der Emanzipation zu schaffen; der Versuch ehrt ihn, und daraus haben viele vieles gelernt, selbst noch aus seinem unvermeidlichen Scheitern. So hat Bloch früh angemahnt, daß Politikformulierungen die menschliche Irratio nicht nur negativ in Rechnung stellen müssen, sondern daß gerade von daher die Impulse für utopisches Denken und emanzipatorische Aufbrüche kommen. Das brachte ihn zu der Kritik an Freud, daß dieser — wie Hanna Gekle schreibt — »die Produktionen des Unbewußten alles in allem unter die Kategorie der Regression subsumierte und den progressiven Aspekt nirgends systematisch erforschte«[65].

Gescheitert ist Bloch mit seinem Versuch, diese Sicht einer schöpferischen menschlichen Subjektivität von demselben Boden materialistischen Denkens her zu entwickeln wie die dazugehörige Gesellschaftstheorie; seine Klammeridee einer »vorantreibenden Prozeßmaterie«, in der beide gründen sollen, ist ein zu durchsichtiger Notbehelf. In der Umkehrung kann man daraus lernen: *Eine Theorie menschlicher Subjektivität, die auch die schöpferische Seite der Irratio einbegreift, kann materialistisch nicht begründet werden.* Was sich für eine materialistische Theorie des Subjekts hält, kommt über den Vorhof des Psychischen, nämlich die Widerspiegelung äußerer Objekte und Strukturen in der menschlichen Psyche, nicht hinaus. Daß die Aufräumarbeiten in diesem Vorhof beharrliche Arbeit erfordern, ist unbestritten (und dieses Wiederholen und Durcharbeiten nimmt auch in einer Jung'schen Analyse breiten Raum ein). Für eine emanzipatorische Absicht kommt es aber gerade auf jenes Andere in der Psyche an, das *nicht* schon materiell eingebunden ist. Welchen Nutzen könnten Subjektvorstellungen für eine Theorie verändernden Handelns überhaupt haben, die nicht gerade bei jenen qualitativ anderen psychischen Akten ansetzen, in denen das berechenbare Alltagsverhalten durchbrochen wird: die Akte kleinen Widerstands; die Räume selbstbestimmten, spielerischen Tuns; die schöpferischen Ideen, kurz: *sinnorientiertes* im Gegensatz zu *zweckbestimmtem* Handeln. Sinn aber ist immateriell.

Bei der Suche nach einer Verbindung zwischen einer Theorie des Subjekts und einer Theorie der Gesellschaft geht es also um die Verbindung von *Un*gleichartigem, nämlich von Immateriellem mit Materiellem. Gerade deswegen ist die Verbindung so nötig, aber auch so schwierig. Philosophisch gesprochen steht dahinter die alte Frage nach dem Zusammenhang von Geist und Materie. Das Begriffsgewand, das diese Frage innerhalb der politisch-gesellschaftlichen Dimension menschlicher Existenz heute annimmt, heißt: Emanzipation.

Eine Theorie befreienden Handelns, die diesen Namen verdient, muß also von einem Bruch in ihrem Denken durchzogen sein; die Unschärferelation zwischen ihren beiden Teilen beruht nicht nur auf der Verschiedenheit der Gegenstandsbereiche, sondern dahinter der Denksysteme. Weil Blochs Werk einer solchen Theorie befreienden Handelns so nahe kommt, ist es von eben diesem Bruch durchzogen. Weder hat er das Subjekt materialistisch vergesellschaftet noch erst recht die gesellschaftlichen Herrschaftsverhältnisse idealistisch verklärt. Es ist diese aufrechterhaltene Widerspruchsspannung, die sein Werk so erregend macht und vor Verwitterung schützt. Etwas von diesem durchgehaltenen Widerspruch, von der Erregung dieser Spannung muß mitschwingen in jedem gültigen Versuch, Politik und Psyche aufeinander zu beziehen.

Damit wird zugleich ein Sprachproblem deutlich: Die Begriffssprache, die der Analyse gesellschaftlicher Strukturen angemessen ist, kann nicht zugleich die Sprache für das menschliche A-Rationale sein. Das Unbewußte ist auch in dem Sinne ein Gegenüber des Intellekts, als es nicht in klaren Begriffen, sondern stets in mehrdeutigen Symbolen spricht und nicht den Gesetzen der binären Logik, sondern den Prinzipien der *Ana*logik folgt. Eine Theorie der Emanzipation kann also auch nicht bruchlos in wissenschaftlich-analytische Sprache gefaßt werden. Es müßte wissenschaftliche Poesie, poetische Wissenschaft sein (eine »fröhliche Wissenschaft«, wie es einer aus der Ahnenreihe dieses Denkens einmal nannte). Blochs bildreicher expressionistischer Stil ist also nicht nur eine persönliche Marotte, sondern inhaltliche Notwendigkeit: seine Weise, dieses Sprachproblem zu lösen. — Wir werden sehen, wie auch Jung, der sich das Thema der Emanzipation nicht vornahm, aber daran rührte, mit diesem Sprachproblem zu ringen hatte.

Freud versus Jung — heute

Damit sind wir schon mitten drin in den Beziehungsschwierigkeiten zwischen Denkwelten, Sprachformen, Schulen, Personen. Wenn Jung in befreiender Absicht aufgeschlossen werden soll, führt kein Weg daran vorbei, auch diese wechselseitigen Verdrängungen wieder einzuholen. Das gilt in erster Linie für den Gegensatz zwischen Psychoanalyse und Analytischer Psychologie. All die unermeßliche Arbeit, die seit den Lebzeiten Freuds in die gesellschaftskritische Bearbeitung seiner Lehre geflossen ist, kann ja nicht für Jung wiederholt werden. Seine potenzhaltigere Sicht des Unbewußten wird nur dann für gesellschaftsveränderndes Handeln fruchtbar gemacht werden können, wenn die Verbindung mit dem bereits vorhandenen Schatz an sozial-psychologischer Durchdringung gelingt, der in der Nachfolge Freuds erarbeitet wurde. Dafür müßten zuerst die gegenseitigen Berührungs-verbote durchlässig werden.

Wie kann das geschehen? Ich weiß es nicht, fühle mich auch für diese innerpsychologische Aufgabe nicht zuständig. Nicht genügen wird jedenfalls, Freud und Jung ihrerseits zu psychoanalysieren, so hilfreich und aufschlußreich die Durcharbeitung des affektiven Dramas hinter ihrem Bruch auch ist[66]. Mag sein, daß in der Dialog-verweigerung ihrer Nachfolger etwas enthalten ist von einem Kom-plex aus der Kindheit der Tiefenpsychologie; aber dieser Komplex hat sich längst verselbständigt und dabei aufgeladen mit anderen, weit objektiveren Gegensätzen des politischen und philosophischen Habitus.

Vielleicht hilft weiter, sich versuchsweise einmal nicht auf die offen-sichtlichen Unterschiede zwischen beiden Schulen zu fixieren — wie auch ich es in der holzschnitthaften Gegenüberstellung der vorange-gangenen Seiten getan habe —, sondern eine Aufmerksamkeit für Berührungspunkte zwischen beiden zuzulassen. Da würde zum Bei-spiel sichtbar, daß schon Freud selbst seinen Begriff des Unbewußten in seinen späteren Lebensjahren so weit angereichert hat, daß er strek-kenweise in erstaunliche Nähe zur Sichtweise von Jung gelangte. So ließ er zum Beispiel die Vorstellung einer notwendig sexuellen Ladung der Libido fallen, wodurch sich seine Vorstellung — wie er selber ein-gestand[67] — nur noch schwer von Jungs Annahme einer allgemeinen psychischen Energie unterscheiden ließ. Manche Themen haben beide Forscher parallel, aber in unterschiedlichen Terminologien behandelt, zum Beispiel das Thema des »unheimlichen Doppelgängers« bei Freud, das sich bei Jung im größeren begrifflichen Zusammenhang des »Schattens« findet. Wie Jung hat Freud unablässig an mythischem Material gearbeitet und dabei auch selbst mythische Bilder benutzt, angefangen beim »Ödipus-Komplex«, den der Freud'sche Analytiker Gabriel unumwunden den »archetypischen Mythos der Psychoana-lyse«[68] nennt. Halbernst hat Freud auch zugegeben, daß seine Annahme von »Trieben« als Primärenergie eher eine mythische als eine biologische Kategorie darstellt: »Die Trieblehre ist sozusagen unsere Mythologie. Die Triebe sind mythische Wesen, großartig in ihrer Unbestimmtheit«[69]. Eros und Thanatos, die beiden großen Gegenspieler in seiner späteren Lehre, sind nichts anderes als machtvolle Mythologeme und unterscheiden sich als Denkfigur nicht grundsätzlich von der Annahme psychischer Grundmuster, die Jung

Archetypen nannte. Natürlich tauchen die Themen Eros und Tod auch bei Jung unablässig auf.

Freud hat auch eingeräumt, daß die Inhalte des Unbewußten über das lebensgeschichtlich Erworbene hinausweisen können: »Es scheint, daß Traum und Neurose (...) uns mehr von den seelischen Altertümern bewahrt haben, als wir vermuten konnten«[70]. »Es ist z.B. von den Mythen durchaus wahrscheinlich, daß sie den entstellten Überresten von Wunschphantasien ganzer Nationen, den Säkularträumen der jungen Menschheit, entsprechen«[71]. Darüber noch hinausgehend hielt er »Niederschläge aus der Kulturgeschichte der Menschheit« für möglich, »die tiefer hinabreichen als alles, was uns durch seine Spuren im Mythos und in der Folklore erhalten ist«[72].

Ausdrücklich erkennt Freud an, daß Jung diese Forschungsrichtung eröffnet hat: »C.G. Jung wies zuerst nachdrücklich auf die überraschende Übereinstimmung zwischen den wüsten Phantasien der Dementia-Praecox-Kranken mit den Mythenbildungen primitiver Völker hin. (...) Es ergab sich später, daß Sprachgebrauch, Mythologie und Folklore die reichlichsten Analogien zu den Traumsymbolen enthalten. Die Symbole, an welche sich die interessantesten noch ungelösten Probleme knüpfen, scheinen ein Stück uralten seelischen Erbgutes zu sein«[73]. Ausdrücklich vermerkt er im Vorwort zu *Totem und Tabu*, daß diese Studie durch die Forschungen Jungs angeregt wurde und einen Versuch der Erwiderung darauf darstellt.

Die Formulierung »Säkularträume der jungen Menschheit« macht zugleich deutlich, worin Freud seine bleibende Distanz zu Jung wahrt: Die Kategorie, unter der Freud die Symbolik der Mythen seinem Denkgebäude nur eingliedern konnte, war die des Infantilen. Er stellte sie als »Einblicke in die phylogenetische Kindheit, in die Entwicklung des Menschengeschlechts«[74] auf eine Stufe mit lebensgeschichtlichen Kindheitserinnerungen und schob beide zusammen zu »verdrängten Wunschregungen und überwundenen Denkweisen der individuellen Vorzeit und der Völkerurzeit«[75]. Daß der Mythos eine dem wissenschaftlichen Denken gleichrangige Form der Realitätsbewältigung und keineswegs eine »überwundene Denkweise« sei, konnte Freud nicht zugeben. Er hatte zwar den Absolutismus der Ratio gestürzt; aber »etwa die Stellung eines konstitutionellen Monarchen, ohne dessen Sanktion nichts Gesetz werden kann«[76], wollte er dem Intellekt immerhin sichern. Die Zumutung, das Bewußtsein müsse sich das Haus demokratisch mit dem Unbewußten teilen, konnte er nicht an sich heranlassen.

Von daher auch seine Abwehr gegenüber Jungs Interesse an religiösen und parapsychologischen Fragen. Aber auch hier erweist sich die Grenze bei näherem Zusehen als sehr viel durchlässiger: Freud wehrte diese Erfahrungswelten ab, gerade weil sie zeitlebens auf ihn eine als bedrohlich empfundene Faszination ausübten. Er hat sich immer wieder mit der psychischen Bedeutung von Religion sowie mit Themen der jüdisch-christlichen Tradition befaßt, allerdings in einer seltsam verstellten Weise, die ihm sogar der Atheist Alfred Lorenzer als unangemessen ankreidet[77]. Freud schrieb einen langen Aufsatz über »Das Unheimliche«, in dem er zugestand, daß »gewisse Seiten des Seelenlebens einen dämonischen Charakter«[78] haben können. Im Alter soll er einmal gesagt haben, wenn er ein zweites Leben hätte, würde er dies der Erforschung parapsychologischer Phänomene widmen.

Unter den heutigen Schülern Freuds gibt es eine zunehmende Zahl von Analytikern, die das von ihrem Ahnvater verhängte Glücks- und Sinnverbot nicht länger hinzunehmen bereit sind. Zu den Wegbereitern gehörte hier Herbert Marcuse, der 1965 ausdrücklich gegen Freud gerichtet schrieb: »Wo die Religion weiterhin das kompromißlose Streben nach Frieden und Glück bewahrt, haben ihre ›Illusionen‹ doch einen höheren Wahrheitsgehalt als die Wissenschaft, die an der Ausschaltung dieser Ziele arbeitet. Der verdrängte und umgeformte Inhalt der Religion kann nicht dadurch befreit werden, daß man ihn der wissenschaftlichen Haltung ausliefert.«[79] Marcuse war zudem einer der ersten, der auf die vorwärtsweisende Bedeutung der Phantasie »in ihrer Weigerung, die vom Realitätsprinzip verhängte Beschränkung des Glücks und der Freiheit als endgültig hinzunehmen«[80], hinzeigte. Ausgehend von diesen Anstößen haben sich mehrere psychoanalytische Arbeiten der letzten Jahre darum bemüht, den Begriff des Unbewußten aus seiner einseitigen Bindung an das Verdrängte zu lösen und seine progressive Seite zu erschließen, »die zwar in der psychoanalytischen Praxis eine sehr wichtige Rolle spielt (!), aber in der klinischen Theorie unterrepräsentiert ist«[81]. Das Ei des Kolumbus hat Thea Bauriedl gefunden: Sie behält die Gleichsetzung des Unbewußten mit dem Verdrängten bei, faßt darunter aber nicht nur vergangene Entbehrungen, sondern auch uneingestandene Wünsche künftiger Verwirklichung. So öffnet sie sich den Weg, im Unbewußten auch alle schöpferischen Möglichkeiten zu erkennen: »Das Unbewußte als der bildlich vorgestellte Ort, der all diese verdrängten Veränderungswünsche enthält«, schreibt sie, »ist deshalb ein schier unerschöpfliches Reservoir an verändernder Kreativität und damit im weitesten Sinn auch an politischer Potenz«[82]. Wo aber kamen die Wünsche her, *bevor* sie per Verdrängung diesem »Reservoir« zugeleitet wurden?

In Wahrheit ist damit die Freud'sche Einengung des Unbewußten auf das Verdrängte ad acta gelegt. Auch Bauriedl kann nicht erklären, wie aus etwas *Verdrängtem*, und seien es auch Wünsche der Veränderung, die positive Fähigkeit zu deren Verwirklichung und damit zur schöpferischen Gestaltung eines Neuen hervorgehen kann. Verdrängt werden kann nur Vorhandenes, nicht Zukünftiges. So spricht Bauriedl im Buchtitel auch von »Wiederkehr« des Verdrängten — wie kann eine Neuschöpfung »wiederkehren«? — Andererseits wird an diesen Ungereimtheiten deutlich, wie kraftvoll hier an den Fesseln der Freud'schen Vorstellungswelt gerüttelt wird.

Gleichzeitig erscheinen heute Schriften, die das rationalistische Selbstmißverständnis der Psychoanalyse auflösen und »die Möglichkeit eröffnen [wollen], die Grundlegung der Psychoanalyse durch Freud nicht — wie sonst üblich — nur unter dem Aspekt der Aufklärung zu sehen, sondern innerhalb der historischen Dialektik von *Mythos und Aufklärung*«[83]. Das Zitat stammt aus der vieldiskutierten Schrift des Psychoanalytikers Rolf Vogt: *Psychoanalyse zwischen Mythos und Aufklärung*, in der dieser auch die Existenz von Archetypen nicht mehr grundsätzlich abstreitet. Zwar müsse »der Analytiker seine Aufmerksamkeit bis zuletzt darauf richten, jeden symbolischen Inhalt in der Lebensgeschichte seines Patienten zu verankern und nicht in der Zeitlosigkeit eines Archetyps. Trotzdem scheint es — wie Freud in der ›Traumdeutung‹ beschreibt, Jones es bestätigt und *die tägliche psychoanalytische Praxis zeigt* — Symbole zu geben, die gleichzeitig neben einem persönlichen Bedeutungsaspekt relativ konstante überindividuelle und transkulturelle Sinnbezüge aufweisen«[84].

In anderen Schriften wird »die divinatorische, die Zukunft verkündende Kraft des Traumes« entdeckt[85]; die Vorstellung eines »Selbst« ist kein Tabu mehr[86]; ein Autor weist auf die Ähnlichkeit von Freuds »gleichschwebender Aufmerksamkeit« mit Grundprinzipien der Meditation hin[87]; die Bedeutung des »Gegenaufklärers« Schopenhauer — und damit indirekt der indischen Philosophie — in Freuds Denken wird entdeckt[88]. In der therapeutischen Praxis finden sich zunehmend Analytiker, die unbefangen Nützliches beider Systeme miteinander kombinieren; mir persönlich sind drei heute praktizierende Analytiker bekannt, die Ausbildungsabschnitte in jeder der beiden Schulen durchlaufen haben.

Umgekehrt sind Jungianer dabei, die Wichtigkeit von Geschichte, Gesellschaft und Politik zu entdecken: In der Zeitschrift *Analytische Psychologie* sowie auf Fachtagungen tauchen Beiträge zu Zeitproblemen wie Atomrüstung, Kriegsangst und Feindbildprojektion,

Umweltzerstörung, neue Medien, Suchtkrankheiten usw. auf. Insbesondere im Berliner »Institut für Psychotherapie« hat das dort bewahrte Nebeneinander der verschiedenen psychoanalytischen Schulen die Jungianer frühzeitig für die politischen Defizite der eigenen Tradition sensibilisiert. In den vergangenen Jahren gab es dort Lehrveranstaltungen und Diskussionsabende unter Jungianern, die sich kritisch mit der Haltung Jungs gegenüber dem Nationalsozialismus auseinandersetzten. Unter den heutigen Ausbildungskandidaten und -kandidatinnen finden sich mehrere, die durch die Studentenbewegung geprägt wurden und jahrelang politisch aktiv waren. Eine von ihnen formuliert in einem Seminarpapier zum Thema »Der politische Mensch im analytischen Prozeß«:

»Im Gegensatz zu Freuds reduktiver Methode, die aus dem gleichen Geist stammt, der auch die Technik und die Ausbeutung der Natur hervorbrachte, indem er die Macht des Bewußtseins über Irrationales und Unbewußtes anstrebte (›Wo Es war, soll Ich werden‹), fußt Jungs Ansatz nicht auf Wille, Zweck, Macht und Beherrschung; er rührt an eine Stelle der Psyche, die in der ausschließlichen Ausrichtung auf rationalen Umgang mit der Welt eine Gefahr sieht für die ganzheitliche Reifung des Menschen. Deshalb übt Jung'sches Gedankengut wohl solche Faszination gerade jetzt aus, wo die Gefahren der Technik- und Wissenschaftsgläubigkeit immer deutlicher werden. Müßten daher nicht Jungianer aufgerufen sein, ihre Erfahrungen und Kenntnisse der unbewußten Dynamik einer größeren Öffentlichkeit verständlich zu machen und in *politische Aktivität* einmünden zu lassen?«[89]

Neuerdings finden sich solche Denkanstöße auch schon vereinzelt im Lehrangebot des traditionsreichen Züricher C.G. Jung-Instituts, wobei sich insbesondere Diskussionen innerhalb der feministischen Bewegung als Brücke erweisen[90].

So scheint es, daß beide Schulen bei der Suche nach Ausfüllung ihrer empfundenen Defizite sich beabsichtigt oder ungewollt auf die jeweils andere Denktradition zubewegen. Das Interessante dabei ist, daß dahinter *beiderseits* die Erwartung steht, durch dieses Komplement die emanzipatorische Kraft des eigenen Instrumentariums steigern zu können! Sollten Freudianer in der Jung'schen Denkwelt eine befreiende Potenz erspürt haben, von der die meisten Jungianer selbst noch nichts wissen?

Nüchtern betrachtet sind diese gegenseitigen Hospitationen bislang freilich Schwalben, die noch keinen Sommer machen. Obwohl intellektuell fragwürdig geworden, scheinen die alten Grenzmarken von ihrer *emotionalen* Virulenz bisher wenig eingebüßt zu haben. Der hier geschilderte kleine Grenzverkehr findet gleichsam *par contrebande* statt, ohne daß am Dogma der grundsätzlichen Unpassierbarkeit gerüttelt würde. Möglicherweise würden es die zitierten Freudianer entrüstet von sich weisen, wenn man ihnen die Annäherung ihres Denkens an die Lehren von C. G. Jung vor Augen führte. Noch immer gilt es unter Freudianern als unfein, den Namen Jung in den Mund zu nehmen. So wird er selbst da intensiv verschwiegen, wo sich seine Nennung geradezu aufdrängt, weil die angesprochene Thematik, die dazu geäußerten Thesen, ja selbst die benutzten Formulierungen aus seinen Werken unmittelbar hervortreten, in der Freud'schen Lehre dagegen trotz bemühter Zitierung schwer zu verorten sind. Ein Beispiel ist die oben zitierte Stelle von Rolf Vogt, in der er die Existenz von Archetypen anerkennt, sich dabei aber auf Freud und Jones statt auf Jung beruft. Drei weitere Beispiele:

a) Die titelgebende These von H. E. Richters bekanntem Buch *Der Gotteskomplex* findet sich — zwar in anderer Verarbeitung, aber doch mit identischem Grundgedanken — in allen Äußerungen Jungs seit 1928 zur psychologischen Situation des westlichen Menschen, so in dem 1944 erschienenen Buch *Psychologie und Alchemie*:

»Was war aber die Seele seit den Zeiten der Aufklärung und in den Zeiten des wissenschaftlichen Rationalismus? Sie war identisch mit dem Bewußtsein geworden. Seele wurde das, was ich weiß. (...) Ein aufgeblasenes Bewußtsein ist immer egozentrisch und nur seiner eigenen Gegenwart bewußt. Es ist unfähig, aus der Vergangenheit zu lernen, unfähig, das gegenwärtige Geschehen zu begreifen, und unfähig, richtige Schlüsse auf die Zukunft zu ziehen. Es ist von sich selber hypnotisiert und läßt darum auch nicht mit sich reden. Es ist daher auf Katastrophen angewiesen, die es nötigenfalls totschlagen. (...) Dieser besessene und unbewußte Zustand geht unentwegt weiter, bis es dem Europäer einmal ›vor seiner Gottähnlichkeit bange‹ wird«[91]. — Der Name Jung kommt in Richters Buch nicht vor.

b) Alfred Lorenzer wirft in seiner Philippika *Das Konzil der Buchhalter* dem Zweiten Vatikanum vor, durch die Abschaffung alter Rituale und Symbole einen Kahlschlag im kollektiven Bilderleben begangen und damit den Nährboden für kreative Phantasie verödet zu haben; die katholische Kirche habe sich damit derselben arroganten Mißachtung menschlicher Bedürfnisse schuldig gemacht wie seit je die Protestanten. Hätte es da nicht nahegelegen, folgenden Satz von Jung aus dem Jahr 1954 zu zitieren: »Die Entwicklungsgeschichte des Protestantismus ist ein chronischer Bildersturm ... Wir wissen, wie die jetzt herrschende, erschreckende Symbolarmut zustandekam. Damit ist auch die Kraft der Kirche geschwunden«[92].

Jung ist von allen Begründern der Tiefenpsychologie derjenige, der sich am beständigsten mit religiösen Riten und Symbolen befaßt hat; dennoch erwähnt Lorenzer ihn nur in einem Nebensatz, in dem er ihm »Pseudoreligiosität« vorwirft. Unklar bleibt, wie er dazu kommt, engagiert für den Erhalt von Symbolen einzutreten, denen er als Atheist keinen Inhalt zugestehen kann. Gibt es auch einen Pseudo-Atheismus?

c) Thea Bauriedl vertritt in ihrem erwähnten Buch *Die Wiederkehr des Verdrängten* eine These, die in der Psychoanalyse enthaltene emanzipatorische Kraft könne nur auf dem Weg der Selbstveränderung des Einzelnen wirksam werden. Das muß innerhalb der kritischen Sozialpsychologie Freud'scher Provenienz wie ein ketzerischer Subjektivismus wirken; es entspricht aber Jungs beständigem Reden, daß »die Wandlung nur beim Einzelnen anfangen kann«[93]. Die Autorin kehrt dabei immer wieder die progressiv-gestalterischen Möglichkeiten der Psyche hervor — eine Sichtweise, die sich dem Freud'schen Begriff des Unbewußten nur durch kühne Umdeutung anfügen läßt, dem Jung'schen aber einfügen würde. Dennoch widmet Bauriedl ihm nur eine Fußnote, in der sie ihn mit dem Hinweis auf seine nationalsozialistischen Anwandlungen erledigt.

Bauriedl hat ein weiteres Buch mit dem Titel »Das Leben riskieren« angekündigt. Man darf darauf gespannt sein, ob sie darin folgenden Satz von Jung zitiert: »Sie scheuen sich, ihr Leben um des Lebens willen zu riskieren«[94].

Ist dies eine bewußte Politik des Totschweigens? Oder sollten diese erfahrenen Tiefenpsychologen den nach Freud wirkmächtigsten Mitbegründer ihres Faches schlicht nicht gelesen haben? Blättert man die letzten zehn Jahrgänge der Zeitschrift *Psyche* durch, dann erwartet einen die ernüchternde Festellung, daß von den über fünfhundert in den Jahren 1977 bis 1986 veröffentlichten Beiträgen ganze dreizehn ein oder mehr Werke von Jung in ihrem Literaturverzeichnis aufführen. Fünf davon befassen sich mit Jungs Haltung gegenüber dem Nationalsozialismus — bleiben ganze 1,6 Prozent der Beiträge, die Jung seiner psychologischen Aussagen wegen zur Kenntnis nehmen, und auch diese meist in Gestalt weniger, einfacher Texte. Jung ist erfolgreich ins Unbewußte der Freud'schen Tradition verdrängt.

So erklärt sich auch jene wiederkehrende Übung in psychoanalytischen Schriften, zu Jung an irgendeiner Stelle einen abfälligen Halbsatz einzubauen. Diese Halbsätze offenbaren häufig neben ihrer

Absicht der Vernichtung zugleich eine schlagende Unkenntnis der Schriften des Attackierten, die sich der Verfasser bei keinem anderen Schriftenverweis erlauben würde — bis hin zu der Behauptung, Jung habe den Begriff des Unbewußten abgelehnt[95]. Mit Wissenschaft ist das nicht zu erklären — vielleicht mit Abwehr?

Daneben scheint dieser obligate Ausfall gegen Jung auch eine binnenstabilisierende Funktion zu haben: Er ist die Eintrittskarte zu jener Wir-Gemeinschaft, die allein dazu legitimiert ist, sich mit Altmeister Freud auch kritisch auseinanderzusetzen. Freudianer rechnen es sich zur Ehre an, daß es »kein ernstzunehmendes Argument gegen das Denken Freuds [gibt], das nicht schon *innerhalb* der Psychoanalyse vorgebracht und ausführlich erörtert worden wäre«[96]. Selbst die eigene »Hinwendung zu sektiererischen Verhaltensweisen«, durch die »die Psychoanalyse formal eher einer Religionsgemeinschaft als einer wissenschaftlichen Vereinigung gleicht«[97], bescheinigen Freudianer sich mit der an ihrem Ahnherrn Freud geschulten Unbestechlichkeit selber. Wenn aber dieselbe Kritik von einem Außenstehenden geäußert wird, trifft ihn die geschlossene Abwehr der Brüderhorde ... Es hat etwas Rührendes, aber leider auch sehr Störendes, wie hier das Trennungs-Trauma der Väter bis in die dritte Schüler-Generation nachgespielt wird. Die realen Differenzen wären schwierig genug.

Kapitel 4
Bannen durch Benennen. Kritik und Weiterentwicklung der Analytischen Psychologie C. G. Jungs

Im Zuge der zahllosen Versuche der gesellschaftspolitisch Interessierten unter Freuds Nachfolgern, die Psychoanalyse auf ein gesellschaftliches Engagement hin zu öffnen, hätte es nahe gelegen, dazu auch einmal das Werk des nach ihm bekanntesten und einflußreichsten seiner Schüler heranzuziehen. Dies ist nie geschehen. Es galt als abgemacht, daß das Jung'sche Werk für alles mögliche, bloß nicht für emanzipatorische Ziele tauge.

Von Anfang an hat sich die Aufnahme des Jung'schen Werkes in begeisterte Zustimmung einerseits, schroffe Ablehnung andererseits gespalten. Seiner Lehre haftet offenbar etwas Polarisierendes an, das eine kühl-abwägende Rezeption unmöglich macht. Dabei kann kein Zweifel sein, auf welcher Seite die politisch Aufgeschlossenen unter seinen Lesern standen. Während man sie auf der Seite seiner Befürworter mit der Lupe suchen muß[1], häufen sich auf der Seite seiner Kritiker so illustre Namen wie Martin Buber, Erich Fromm, Herbert Marcuse, Ernst Bloch und andere, von seinem verbitterten Ziehvater Freud ganz zu schweigen. Schwer anzunehmen, daß sie alle zu blinden Opfern eines »Vorurteilsbollwerks«[2] geworden sein sollen. Daß politisch engagierte Menschen sich für Jung interessieren, ist neu[3].

Das wirft Fragen in mehreren Richtungen auf. Die nächstliegende und vordringliche ist natürlich die, ob es nicht gute Gründe für diese fast einhellige Ablehnung Jungs durch die kritischen Köpfe seiner Zeit gab. Die weitere Frage wäre dann, ob das neuerwachte Interesse über bisherige Berührungsverbote hinweg ein Indiz dafür sein könnte, daß eine andere Lesart von Jung auf ihre Entdeckung wartet. Und schließlich die offenste Frage: Wieso stoßen sozial engagierte Menschen gerade jetzt auf ihn?

Die Jung-Kritik füllt inzwischen ganze Bibliotheken, und es ist unmöglich, alle substantiellen Kritiken auch nur zu kennen, geschweige denn im Rahmen dieses Versuches zu verarbeiten. So wie ich aus der Vielzahl der Jung-Kritiker einige repräsentative Autoren herausgreifen muß, so auch einige wesentliche Richtungen der Kritik. Ich lasse dabei zunächst alles beiseite, was nicht unmittelbar mit der gesellschaftspolitischen Bedeutung seines Werkes zusammenhängt, also insbesondere alle klinischen und im engeren Sinne therapeutischen Fragen. Von den verbleibenden Punkten habe ich einige, die mehr den Charakter von Mißverständnissen tragen, bereits oben bei der Darstellung von Jungs Konzeption des Unbewußten kurz angesprochen, andere wegen ihrer Wichtigkeit im folgenden zu selbständigen Kapiteln gemacht. In diesem Abschnitt soll es um diejenige zentrale Einseitigkeit seines Werkes (und seiner Persönlichkeit) gehen, aus der sich meines Erachtens seine antiemanzipatorischen Züge letztlich herleiten: *sein übermächtiger Zug zur Introversion, auf Kosten einer lebendigen Beziehung zur Außenwelt und zu einem konkreten mitmenschlichen Du.* Bezeichnenderweise wird dieser Kernpunkt Jung'schen Denkens von linken Kritikern meist übersehen; nicht zufällig ist die Kritik daran am deutlichsten von zwei Psychoanalytikern formuliert worden, die zeitweilig seine unmittelbaren Schüler waren und in seinem System dachten und arbeiteten, bevor sie sich kritisch von ihm absetzten: der 1949 gestorbene Schweizer Hans Trüb und der Berliner Analytiker John F. Rittmeister, der 1943 von den Nazis als Mitglied der Widerstandsgruppe »Rote Kapelle« hingerichtet wurde.

Zuvor muß jedoch auf die Kritik an Jungs Methodik eingegangen werden, wie sie zum Beispiel von Heinrich Balmer und Hedda Herwig formuliert worden ist. Würde es stimmen, daß Jungs Werk insgesamt den Bereichen der Poesie (Balmer[4]) oder der Ideologie (Herwig[5]) zuzurechnen wäre, dann würde sich eine begriffliche Auseinandersetzung mit seinen Kategorien von vornherein erübrigen. Meines Erachtens gehen diese Kritiken am Wesen der Analytischen Psychologie vorbei, können aber sensibilisieren für tatsächlich vorhandene immanente Schwierigkeiten und Brüche des Werkes, die es bei der kritischen Rezeption zu bedenken gilt. Abschließend will ich fragen, in welche Richtungen die Analytische Psychologie weiterentwickelt werden müßte, um sie aus ihrer innerpsychischen Einkapselung für Fragen der mitmenschlichen Außenwelt zu öffnen, und was davon durch Jungs Schüler, insbesondere Erich Neumann, bereits geleistet wurde.

Zur Methodik C. G. Jungs

Jungs Lehre von den unbewußten archetypischen Prägungen ist oft vorgehalten worden, sie sei begrifflich unklar, methodisch fragwürdig, nicht beweisbar, kurz: unwissenschaftlich. Eine der ersten Stimmen in diesem Sinne war die von Freud, der Jung vorwarf, seine Theorie sei »so unklar, undurchsichtig und verworren, daß es nicht leicht ist, Stellung zu nehmen. Wo man sie antastet, muß man darauf vorbereitet sein, zu hören, daß man sie mißverstanden hat, und man weiß nicht, wie man zu ihrem richtigen Verständnis kommen soll. Sie stellt sich selbst in eigentümlich schwankender Weise vor ...«[6]

In der Tat gibt es in Jungs Werk Stoff genug für solche Kritik vom Boden eines rationalistischen Wissenschaftsbegriffs aus. Man könnte solche Brüche zunächst schlicht auf die enorme Breite dieses Werkes zurückführen wollen, das in über fünfzig Jahren in einem Neuland des Wissens zusammengetragen wurde; gemessen daran ist es jedoch im Gegenteil erstaunlich einheitlich. Unverwandelt bleiben darin auch die methodischen Aporien: Jung bedient sich einer schweren und dichten, oftmals überladen wirkenden Sprache. Er wechselt freizügig — oft im selben Satz — die Ebenen zwischen Begriff, Bild, illustrierendem Exkurs und persönlicher Glosse. Seine Kategorien changieren in ihren Bedeutungsgehalten, Definitionsversuche widersprechen sich, ungenaue Relativierungen und Füllworte (»ziemlich«, »mehr oder weniger«, »eigentlich«) verwischen die Aussage[7].

Das Problem beginnt schon damit, in welchem Bereich menschlichen Denkens dieses weitläufige Gedankengebäude eigentlich angesiedelt ist und was daher die angemessenen Kriterien der Beurteilung sind: Ist es Naturwissenschaft? Geisteswissenschaft? Dichtkunst? Philosophie, Weltanschauung? Mystisches Erlebnis? Jungs vielfältige Selbstbezeichnungen als Arzt, Psychologe, Philosoph, Naturwissenschaftler, Romantiker, Phänomenologe, Gnostiker, Empiriker... helfen nicht weiter.

Es reicht auch nicht hin, Jung einen Eklektiker zu nennen. Er kombinierte nicht nur Bestandteile bestehender Theorien, vielmehr *schuf* er gemeinsam mit den anderen Pionieren der Tiefenpsychologie seiner Zeit ein Wissensgebiet, das die Grenzen der bisher bekannten Disziplinen sprengte. Auch der Freud'schen Psychoanalyse wurde (und wird vereinzelt bis heute) der gleiche Vorwurf gemacht, ein methodisch unhaltbares mixtum compositum von Empirie und Spekulation zu sein. Nur auf den ersten Blick wirkt Freuds System aufgrund seiner klaren Prosa und des durchgehaltenen rationalistischen Selbstverständnisses geschlossener; genauer betrachtet birgt es aber, dem gemeinsamen Gegenstand des menschlichen Unbewußten entsprechend, analoge innere Schwierigkeiten und Spannungen wie das Werk Jungs[8].

Nicht zufällig haben beide Forscher zeitlebens darauf bestanden, für exakte Naturwissenschaftler zu gelten, um Anerkennung in dem vom Positivismus des 19. Jahrhunderts geprägten wissenschaftlichen Milieu ihrer Zeit zu finden. Der heutige tiefenpsychologische Systematiker Dieter Wyss hat das treffend so kommentiert: »Freuds System, soweit es *positivistisch* orientiert ist, ist nicht weniger ›Weltanschauung‹ als das C. G. Jungs. Daß die Tiefenpsychologie sowohl bei Freud als auch bei Jung sich letzten Endes auf das Feld der Weltanschauung begeben mußte, darf als ein Scheitern, ein aber im Wesen der Psyche, der ›Sache‹ begründetes Scheitern ihres Anliegens, Naturwissenschaft sein zu wollen, angesehen werden.«[9]

Heute ist weitgehend unbestritten, daß die Psychoanalyse Freuds entgegen ihrem »szientistischen Selbstmißverständnis« (Habermas[10]) mit ihrem wesentlichen Gehalt der Geisteswissenschaft zuzurechnen ist und somit deren methodischem Grundprinzip, der Hermeneutik, unterliegt. »Diese Psychoanalyse war immer in erster Linie eine Kunst der Deutung«, sagte Freud einmal selber[11]. Was für die Psychoanalyse gilt, muß für die Tiefenpsychologie allgemein gelten: Auch wenn sie Elemente einer »erklärenden« naturwissenschaftlichen Methode, die nach Kausalitäten vorgeht, enthält, ist doch die ihr wesensmäßig eigene Methode die des »Verstehens«, die nach dem kontextualen Sinn fragt und damit auch finale Momente aufnimmt[12].

Die gleitenden Übergänge in Jungs Lehre zwischen Naturwissenschaft und Geisteswissenschaft sprechen also nicht gegen, sondern für sie; eine Psychologie, die — wie weite Teile der heutigen Experimental- und Verhaltenspsychologie — methodische »Reinheit« an den Tag legt, hat ihren Gegenstand verraten. Die Trennung zwischen Geistes- und Naturwissenschaften ist nur auf der Ebene der bereits eingetretenen Subjekt-Objekt-Spaltung sinnvoll — diese Spaltung ist aber im menschlichen Unbewußten nicht vollzogen. (Selbst die moderne Naturwissenschaft seit Heisenberg nimmt diese Spaltung wieder zurück.)

Die Paradoxien, in denen sich Jungs Aussagen bisweilen bewegen, sind daher nicht ohne weiteres Belege methodischer Fehler. Der kritische Rationalist Balmer erregt sich beispielsweise darüber, daß Jung die Archetypen einmal als »reine, unverfälschte Natur«, dann wieder als »das eigentliche Element des Geistes«[13] bezeichnet. Könnte es sein, daß diese Paradoxie kein Widersinn, sondern im Gegenteil einzig angemessene Aussage über jene Tiefenschicht im Menschen ist, in der die biologische Seite der menschlichen Existenz sich mit der psychischen berührt? (Auch die moderne Physik lebt mit Paradoxien, etwa indem sie das Licht als Welle und als Partikel zugleich betrachtet.)

Das eigentlich Irritierende an Jungs Werk sind nicht seine gleitenden Übergänge zwischen Wissensbereichen innerhalb der Wissenschaft, sondern zwischen dieser und dem Feld der Philosophie, unter Einschluß von weltanschaulichen und metaphysischen Fragen. Dabei bleiben diese philosophischen Ausblicke wiederum zu unausgeformt, um Jung insgesamt als Philosophen, jedenfalls im schulmäßigen Sinne, bezeichnen zu können. Auch dies hängt mit seinem Gegenstandsbereich, dem menschlichen Unbewußten, zusammen, das die Unterscheidung zwischen Wissenschaft und anderen Formen menschlicher Welterfahrung ebensowenig wie die zwischen Wissenschaftsdisziplinen macht. Jung selbst hat diese Schwierigkeit so beschrieben:

»Um aber die Dunkelheit durchdringen zu können, müssen wir alles aufbieten, was unser Bewußtsein an Erleuchtungsmöglichkeiten besitzt; wie ich schon sagte, wir müssen sogar spekulieren. Denn bei der Behandlung der seelischen Problematik stolpern wir beständig über prinzipielle Fragen, die von den verschiedensten Fakultäten als eigenste Domänen gepachtet sind. Wir beunruhigen oder ärgern den Theologen nicht weniger als den Erzieher, ja wir tappen sogar in das Arbeitsgebiet des Biologen und des Historikers. Diese Extravaganzen entstammen nicht unserem Fürwitz, sondern dem Umstand, daß die Seele des Menschen ein absonderliches Gemisch von Faktoren ist, welche zugleich auch Gegenstand ausgedehnter Wissenschaften sind. Denn aus sich und seiner eigenartigen Beschaffenheit hat der Mensch seine Wissenschaften geboren. Sie sind *Symptome* seiner Seele.«[14]

Seine Entdeckung des kollektiven Unbewußten stellte *alle* Bilder vom Menschen in Frage, die zu seiner Zeit die Vorstellungen prägten: Vom positivistisch-materialistischen Menschenbild unterschied ihn die Annahme *nicht-materieller* Wirkkräfte; vom idealistisch-individualistischen die Annahme *kollektiver* Prägungen; vom kollektivistischen umgekehrt seine Lehre einer *individuellen* Entfaltung dieser allgemein menschlichen Anlagen; vom theologischen schließlich der Gedanke einer *Mit- und Selbstschöpfung* des Menschen. Um seine tiefenpsychologischen Erkenntnisse sich selbst und anderen verständlich zu machen, war er gezwungen, das daraus folgende Menschenbild mit zu entwerfen. Daß dies weitgehend spekulativ und in einer für den Intellekt unbefriedigenden Weise geschah — wie Hedda Herwig mit einer aristotelischen Logik, die soeben geharnischt dem Haupte des Zeus entsprungen zu sein scheint, nachweist —, macht Jungs Versuch nicht ungültig; es beweist nur, daß der Intellekt sich im Unbewußten nicht zu erkennen vermag. Das aber war der Ausgangspunkt der Erkenntnisse von Freud und Jung. Auch für Werke der modernen Kunst — deren Beginn nicht zufällig in dieselben ersten beiden Jahrzehnte dieses Jahrhunderts fällt, in denen sich mit Einstein die Gewißheiten von Raum, Zeit und Materie auflösen und zugleich mit Freud und Jung das Bild des Menschen in diesem ungewiß gewordenen Kosmos zum Vexierbild wird — gilt, daß sie nicht logisch »auf den Begriff gebracht«, sondern nur in umkreisender Annäherung auf ihre Bedeutungsdimensionen befragt werden können.

Es ist wohl gerade das Ensemble der Gedankenwelt C. G. Jungs, der in gewisser Hinsicht »nichts Menschliches fremd« ist, dem sie ihre Lebendigkeit und Anziehungskraft für viele verdankt — freilich auch ihre Abstoßung auf andere. Bald erscheinen seine philosophischen Gedanken als bloße Exkurse, um die wissenschaftlichen Kernbereiche seiner Arbeit in einen verstehbaren Sinnzusammenhang zu bringen, bald wirken umgekehrt all seine wissenschaftlich-psychologischen Bemühungen als bloßes illustrierendes Unterfutter für seine Weltschau, der die eigentliche Leidenschaft des Autors gilt. Und in den kühnen Verbindungen, mit denen er die Teile seines Werkes zu einem eigenwilligen Gesamteindruck zusammenfügt, kann man durchaus auch ein Stück Dichtkunst — als Kunst der Verdichtung — am Werke sehen [15].

Auch darin ist Jung von Freud mehr dem Schein als dem Wesen nach getrennt: Auch Freud schwankte zeitlebens zwischen psychologischen und (wie er es nannte) metapsychologischen Fragen — und bezeichnete beides wenige Jahre vor seinem Tod als »lebenslangen Umweg« zurück zu jenen kulturphilosophischen Fragen, »die dereinst den kaum zum Denken erwachten Jüngling gefesselt hatten« [16]. Selbst metaphysische Fragen durchdringen sein Werk, wenngleich weitaus verhaltener, um nicht zu sagen: verdrängter. Der Goethe-Preis der Stadt Frankfurt, der ihm 1930 verliehen wurde, galt ausdrücklich auch dem *Schriftsteller* Freud.

Insgesamt liegen freilich solche spekulativ-philosophischen Elemente mit den damit verbundenen wissenschaftlich-methodischen Brüchen bei Jung weit offener als bei Freud. Das Changieren zwischen Sprachebenen, das Springen zwischen Allgemeinstem und Detailliertestem, die Verschiebungen der Realitätsebenen in seinem Werk haben tatsächlich bisweilen etwas Traumwandlerisches. Auch das noch hat mit seinem »Gegenstand«, eben den Träumen, zu tun.

Es ist umgekehrt eine sehr offene Frage, ob eine Sprache, die dem Anspruch wissenschaftlicher Klarheit und Eindeutigkeit gerecht wird, damit zugleich dem Erfahrungsbereich des menschlichen Unbewußten gerecht werden kann. Schon Freud hat unablässig auf die Bild- und Symbolsprache des Mythos zurückgegriffen; fragwürdig erscheint heute eher umgekehrt, das Unbewußte »aufklären« zu wollen in dem Sinne, es möglichst weitgehend in rationale Begriffssprache zu überführen. Ich lese jedenfalls mit gemischten Gefühlen jenen Kriterienkatalog, mit dem Rittmeister die Wissenschaftlichkeit Freuds lobend gegenüber Jung hervorhebt: »Die in Frage stehenden Kräfte mögen dieselben sein (!), aber sie werden hier nach dem Erscheinen gleichsam in ein Reagenzglas gebannt, ihres gefährlichen Giftes beraubt und mit Etiketten beklebt. (...) Daher lassen sich auch von der Freud'schen Richtung her gute Beziehungen zu der modernen Tierpsychologie und biologischen Physiologie herstellen, die auf Beobachtung, Experiment, Kausalität und Statistik beruhen.«[17]

Ein so eindeutiger Positivist war Freud zum Glück nicht. Auch bei ihm gibt es fließende Übergänge zwischen wissenschaftlicher und mythopoetischer Sprache. In dieser scheinbaren Vermischung drückt sich eine Doppelläufigkeit des inhaltlichen Anliegens aus, das jeder tiefenpsychologischen Betrachtung wesensmäßig ist und daher nur um den Preis einer Verkürzung sprachlich vereinheitlicht werden könnte. Es geht ihr einerseits um Kritik und Auflösung vorhandener Deformationen — dem ist eine analytische Begriffssprache angemessen —, andererseits um eine schrittweise seelische Integration mit dem Ziel einer eigenständigen psychischen Entfaltung, die sich eher in der Sprache mehrsinniger Symbole ausdrücken läßt. An dem jeweiligen »Mischungsverhältnis« beider Sprachebenen läßt sich geradezu ablesen, ob ein Autor sein Augenmerk mehr auf die Kritik des Falschen oder auf die Herausbildung eines Richtigeren lenkt. Streng wissenschaftlich kann ein tiefenpsychologischer Text nur dann sein, wenn er auf therapeutische Absichten verzichtet — so zum Beispiel eine kritische Sozialpsychologie, die sich ausschließlich mit der Aufdeckung gesellschaftlicher Zwänge befaßt. So läßt sich schon am Sprachduktus von Freud und Jung ablesen: Freud hat ein starkes Interesse an der Ätiologie psychischer Störungen, Jung am Prozeß zu ihrer Heilung.

Freilich hat Jung es seinen Lesern weit über diese unabdingbare Doppelsprache hinaus schwergemacht, die besondere Kompositorik seines Werkes mitzuvollziehen. Wer sich ihm nicht ebenso traumwandlerisch anheim gibt, muß immer wieder anecken. Seine eingestreuten methodischen Selbsterläuterungen widersprechen sich, und einige davon sind geradezu absichtliche Fehlspuren, mit denen Jung sich einerseits akademische Anerkennung zu verschaffen versuchte[18], andererseits aber auch (unbewußt?) unfaßbar machte. In erkenntnistheoretisch unhaltbarer Weise beharrte er immer wieder darauf, psychisches Erleben zu *objektiven Tatsachen* zu erklären und zum unhinterfragbaren Maßstab ihrer eigenen Wirklichkeit und Wahrheit zu machen[19]. Tiefenpsychologisches »Verstehen« geht jedoch auf subjektives »Erleben« zurück; in anderen Passagen seines Werkes hat Jung keine Schwierigkeiten, das deutlich zu sagen:

»Alles in dieser Psychologie ist, im Grunde genommen, Erlebnis, selbst die Theorie; auch da wo sie sich am abstraktesten gebärdet, geht sie unmittelbar aus Erlebtem hervor.« »Psychologisch besitzt man nichts, was man nicht wirklich erfahren hat ... Der Schatten, die Syzygie [animus-anima, T. E.] und das Selbst sind psychologische Faktoren, von denen man sich nur aufgrund einer mehr oder weniger vollständigen Erfahrung ein genügendes Bild machen kann. Wie diese Begriffe aus dem Erleben der Wirklichkeit hervorgegangen sind, so können sie auch nur wieder durch die Erfahrung verdeutlicht werden.«[20]

Indem tiefenpsychologische Hermeneutik auf subjektives Erleben zurückweist, geht die individuelle Subjektivität des Deutenden als konstitutives Element in die Deutung mit ein. Daß sein Werk auch etwas mit seiner Person zu tun hat, hat Jung bisweilen geleugnet[21], bisweilen zugestanden:

»Nie setzen wir der Welt ein anderes Gesicht auf, als unser eigenes, und eben darum müssen wir es auch tun, um uns selbst zu finden.« »Ich weiß zwar, daß hinter jedem Wort, das ich ausspreche, mein besonderes und bloß einmaliges Selbst mit seiner ihm spezifischen Welt und ihrer Geschichte steht, aber ich werde dem Bedürfnis, von mir selbst, in der Umhüllung angeblichen Erfahrungsmaterials zu sprechen, folgen. Damit alleine diene ich dem Ziel menschlicher Erkenntnis, dem auch Freud dienen wollte, und dem er trotz allem gedient hat. Die Erkenntnis beruht nicht nur auf Wahrheit, sondern auch auf Irrtum.«[22]

Jungs »persönliche Gleichung«

Kein Zweifel, daß Jungs Auseinandersetzung mit den Kräften des kollektiven Unbewußten zugleich *seine persönliche* Auseinandersetzung mit solchen als fremd und übermächtig empfundenen Kräften in der eigenen Psyche war. In seinen Lebenserinnerungen wird dies überdeutlich; der erste Satz lautet: »Mein Leben ist die Geschichte einer Selbstverwirklichung des Unbewußten.«[23] Jungs Werk ist ohne einen Blick auf die »persönliche Gleichung« seines Autors nicht zu verstehen.

So fragwürdig es sonst meist ist, ein Werk aus der Psyche seines Schöpfers »erklären« zu wollen, so wenig darf dieser Aspekt bei den großen Werken der Tiefenpsychologie außer Acht bleiben, schon deswegen, weil deren intensive Lektüre eine Übertragungssituation stiftet. Die Pioniere des Unbewußten haben eben jenes nicht durchlaufen, was heute zum selbstverständlichen Bestandteil einer Analytikerausbildung gehört: eine eigene Analyse. So sind ihre Werke *auch* Dokumente ihrer Selbstanalyse und Selbsttherapie. Das nimmt ihnen nichts von ihrer Größe (eher im Gegenteil), läßt aber die persönliche Lebensthematik des Autors hervortreten, die ein heutiger Nachfolger nicht zu repetieren braucht. Erich Neumann erinnert daran, »daß wir uns noch im ›heroischen Zeitalter‹ der Psychologie befinden, in dem die Persönlichkeit der Gründer in all ihrer Größe und Kleinheit notwendigerweise die Art dessen mitbestimmt, was ihnen an Aussagen über den Menschen gelingt«[24]. Der Freud'sche Analytiker Bernd Nitzschke schreibt anläßlich des Hamburger Kongresses der Internationalen Psychoanalytischen Vereinigung im Jahre 1985: »Das Thema des Kongresses, ›Die Identifizierung und ihre Schicksale‹, gibt mehrfach Grund zum Nachdenken, zumal über eine Wissenschaft, die — wie keine zweite — ihre Existenz und viele ihrer Inhalte dem Denken *eines* Mannes verdankt: Freud.«[25]

So gesichert Jungs Kindheit äußerlich in einem Pfarrerhaushalt in der Schweizer Provinz verlief, so wenig vermochte ihm sein Elternhaus seelisch eine Heimat zu bieten. Neben seinem Vater waren acht seiner Onkel protestantische Geistliche! Die formale, calvinistisch geprägte Frömmigkeit ohne echte Glaubenserfahrung und die damit einhergehenden engen und unaufrichtigen Moralvorstellungen erlebte der Knabe als bedrückend und bedrohlich. Die Ehe seiner Eltern war ohne Liebe und voll unterschwelliger gegenseitiger Ablehnung. Jung schreibt in seiner Autobiographie:

»Ich litt, wie meine Mutter mir nachträglich erzählte, an einem allgemeinen Ekzem. Dunkle Andeutungen über Schwierigkeiten in der Ehe der Eltern umschwebten mich. Meine Krankheit muß wohl in Zusammenhang gestanden haben mit einer temporären Trennung meiner Eltern (1878). Meine Mutter war damals während mehrerer Monate im Spital in Basel, und vermutlich war ihr Leiden die Folge ihrer Enttäuschung in der Ehe ... Die lange Abwesenheit meiner Mutter hat mir schwer zu schaffen gemacht. Seit jener Zeit war ich immer mißtrauisch, sobald das Wort ›Liebe‹ fiel. Das Gefühl, das sich mir mit dem ›Weiblichen‹ verband, war lange Zeit: natürliche Unzuverlässigkeit. ›Vater‹ bedeutete für mich Zuverlässigkeit und — Ohnmacht. Dies ist das Handicap, mit dem ich angetreten bin.« [26]

Als Antwort auf die Unmöglichkeit, seine Identität im familiären Umfeld zu finden, zog das Kind sich mit einem Teil seines Wesens, das er seine »Persönlichkeit Nr. 2« nannte, in ein inneres Reich der eigenen Phantasien, Bilder und Rituale zurück. Damit war der Grund gelegt für jene große Thematik der Selbstentfremdung und Persönlichkeitsspaltung, mit der Jung zeitlebens umging.

Während der Jahre seiner Ausbildung zum Mediziner und Psychiater gelang es Jung, diese Persönlichkeit Nr. 2 in den Hintergrund treten zu lassen und weitgehend aus seiner weltzugewandten, verstandesmäßigen »Persönlichkeit Nr. 1« zu leben; in diese Zeit fiel auch seine Freundschaft mit Freud [27]. Nach dem Bruch zwischen beiden brach jedoch der innere Konflikt mit aller Heftigkeit hervor. Wie Jung in seinen Erinnerungen schreibt, stürzte er nach der Trennung von Freud in eine existentielle Krise, die vier Jahre lang dauerte und ihn mehrmals hart an den Rand einer Schizophrenie brachte. Er erlebte einen Ansturm chaotischer innerer Bilderwelten, die ihn zu überschwemmen drohten.

»Es war ein unaufhörlicher Strom von Fantasien, ... und ich tat mein möglichstes, um die Orientierung nicht zu verlieren und einen Weg zu finden. Ich stand hilflos in einer fremdartigen Welt, und alles erschien mir schwierig und unverständlich. Ich lebte ständig in einer intensiven Spannung, und es kam mir oft so vor, als ob riesige Blöcke auf mich herunterstürzten. Ein Donnerwetter löste das andere ab. Daß ich es aushielt, war eine Frage der brutalen Kraft. Andere sind daran zerbrochen. Nietzsche und auch Hölderlin und viele andere. Aber es war eine dämonische Kraft in mir, und von Anfang an stand es für mich fest, daß ich den Sinn dessen finden mußte, was ich in den Fantasien erlebte. Das Gefühl, einem höheren Willen zu gehorchen, wenn ich dem Ansturm des Unbewußten standhielte, war unabweislich und blieb richtunggebend in der Bewältigung der Aufgabe.« [28]

Intuitiv ersann er sich eine Therapie, die es seinem Unbewußten ermöglichte, in die Kindheitsphase zu regredieren: Mit Kieselsteinen baute er Häuser, Burgen und Kirchen. Zur gleichen Zeit füllte er Hunderte von Blättern mit Mandala-förmigen Mustern, in denen er später ein Symbol der angestrebten Ganzheit erkannte.

Die Erfahrungen, die der etwa vierzigjährige Jung während dieser Lebenskrise machte, blieben bestimmend für sein restliches Leben und bildeten den Hintergrund für sein Verständnis des Unbewußten. Als Dreiundachtzigjähriger schreibt er im Rückblick:

»Die Jahre, in denen ich den inneren Bildern nachging, waren die wichtigste Zeit meines Lebens, in der sich alles Wesentliche entschied. Damals begann es, und die späteren Einzelheiten sind nur Ergänzungen und Verdeutlichungen. Meine gesamte spätere Tätigkeit bestand darin, das auszuarbeiten, was in jenen Jahren aus dem Unbewußten aufgebrochen war und mich zunächst überflutete. Es war der Urstoff für ein Lebenswerk. (...) Es hat mich sozusagen fünfundvierzig Jahre gekostet, um die Dinge, die ich damals erlebte und niederschrieb, in dem Gefäß meines wissenschaftlichen Werkes einzufangen.«[29]

Statt sich von den bedrohlichen inneren Bildern und Visionen abzuwenden, wandte er sich ihnen zu, blickte gewissermaßen der Gefahr ins Auge, ohne äußere Hilfe, ohne Kenntnis des Weges oder Gewißheit des guten Ausgangs. »Ich mußte es jedoch wagen, mich dieser Bilder zu bemächtigen; wenn ich es nicht täte, riskierte ich, daß sie sich meiner bemächtigten.«[30] Als Mittel, sich dieser unbewußten Kräfte zu bemächtigen, entdeckte er die *Sprache*, den Akt der bewußten Benennung. »Ich schrieb die Fantasien auf, so gut ich konnte.«[31] Dabei machte er die Erfahrung, daß die drängende Kraft der Erscheinungen nachließ, sobald er sie niedergeschrieben hatte. Bannen durch Benennen — so kann man diesen Vorgang bezeichnen; im Märchen vom »Rumpelstilzchen« hat er seinerseits seinen archetypischen Ausdruck gefunden[32].

Die lose beschreibende Niederschrift genügte Jung bald nicht mehr. »Es wurde mir bewußt, daß ich noch nicht die richtige Sprache sprach, daß ich sie noch übersetzen mußte.«[33] Da es letztlich auf den mit der Benennung verbundenen *Bewußtseinsakt* ankam, setzte Jung alles daran, bewußtseinsmäßig immer höher qualifizierte Benennungen zu finden. So verdichteten sich schrittweise seine Beschreibungen zu wissenschaftlichen Begriffen, seine Erfahrungen zur Theorie. Erst in den Kategorien eines wissenschaftlichen Werkes auf der Höhe seiner Zeit konnte Jung sicher sein, diejenigen Benennungen gefunden zu haben, deren bannende Kraft es mit den Mächten des Unbewußten aufnehmen konnte. »Meine Wissenschaft war das Mittel und die einzige Möglichkeit, mich aus jenem Chaos herauszuwinden. (...) Ich sah, daß so viel Fantasie festen Bodens bedurfte, und daß ich zuerst ganz in die menschliche Wirklichkeit zurückkommen mußte. Diese Wirklichkeit war für mich das wissenschaftliche Verständnis.«[34] »Mit der Erkenntnis der Archetypen ist ein bedeutender Schritt nach vorwärts getan. Die magische oder dämonische Wirkung des Nebenmenschen verschwindet damit, indem das unheimliche Gefühl auf eine definitive Größe des kollektiven Unbewußten zurückgeführt ist.«[35]

Ein letzter Schritt blieb noch zu tun, um die gefundene Benennung als »Archetypen« nagelfest zu machen: Der neue Name mußte sich auch in der wissenschaftlichen Welt bewähren, also beweisen, daß er ein Stück vom besten Bewußtsein der Zeit war. Daher Jungs Kampf um Anerkennung, die Gründung einer eigenen Schule, die unermüdliche Forschung, das gewaltige Werk.

»Es war mir von Anfang an klar, daß ich den Anschluß an die äußere Welt und die Menschen nur finden würde, wenn ich mich aufs Intensivste bemühte zu zeigen, daß die Inhalte der psychischen Erfahrung ›wirklich‹ sind, und zwar nicht nur als meine persönlichen Erlebnisse, sondern als kollektive Erfahrungen, die sich auch bei anderen Menschen wiederholen können ... Ich wußte, daß ich zu absoluter Einsamkeit verdammt wäre, wenn mir das nicht gelänge.«[36]

Und erkenntnistheoretisch fragwürdig, aber psychologisch verständlich postulierte er: »Psychologische Erkenntnis ist subjektiv, insoweit eine Idee nur in einem Individuum vorkommt. Sie ist objektiv, insoweit sie durch einen consensus gentium von einer größeren Gruppe geteilt wird.«[37]

Wenn sich so erweist, daß Jungs Lehre Züge eines aus persönlicher Not geborenen Bannzaubers enthält, muß dies dann nicht ihren wissenschaftlichen Anspruch disqualifizieren? Wer so dächte, hätte sich noch wenig Rechenschaft über das Wesen wissenschaftlicher Bemühungen abgelegt. Etwas von diesem Gestus des Bannens durch Benennen gehört zu den Antrieben jeder aufklärerischen Tat. Das gesamte Unternehmen der Aufklärung, angefangen bei seinem der Lichtmetaphorik entlehnten Namen, kann als ein solcher Versuch gesehen werden, die Herrschaft der Kräfte des Unbewußten zu bannen. Selbstverständlich war auch Freuds kühl-wissenschaftliche Sprache ein solcher Versuch, bedrohliche unbewußte Kräfte, darunter auch höchstpersönliche, in den Griff zu bekommen. Und auch er hat sein persönliches Drama der Verstrickung von Eros und Tod, für das er im Ödipus-Mythos den dichtesten Ausdruck fand, kurzerhand zur allgemeinen Neurose seiner Kulturepoche erklärt[38].

Insofern die wissenschaftlichen Werke der beiden Pioniere der Tiefenpsychologie auch den Charakter eines Schutzes vor den je persönlichen Dämonen hatten, gewinnt die Schärfe ihrer Auseinandersetzung noch eine zusätzliche Färbung: Solange der andere die Treffsicherheit der eigenen Benennung für die Kräfte des Unbewußten bestreiten konnte, war der Schutz vor der Wiederkehr der Dämonen nicht lückenlos. Mehr noch: Es waren gerade die höchstpersönlich bedrohlichsten Dämonen, die der jeweils andere wieder freikommen ließ. So hatte Freud die Geister seines Bruchs mit der religiösen Tradition des Judentums zu bannen, und sein Bannspruch lautete: Gott gibt es nicht, es gibt nur Neurosen; nun aber kommt Jung und verkündet, es gebe Gott doch. Während unter den Dämonen, die Jung zu bannen hatte, sicher auch diejenigen der Sexualität waren ...[39]

Inflation der Innenwelten

Entwirklichung der Außenwelt

Seine Entdeckung der allgemein-seelischen Grundlagen menschlichen Seins verdankte Jung jenem beharrlichen Ausschachten in der Tiefe seines eigenen Unbewußten, auf das er sich in seiner Lebenskrise einließ. Es überrascht daher nicht, daß in seiner Lehre später viel von dieser entscheidenden individuellen Erfahrung fortwirkte.

Alles war in dieser Krise aus seinem Unbewußten gekommen: die Bedrohung, die heilenden Gegenkräfte, die Richtung des Gesamtprozesses, die Lösung. Daher seine umfassende Konzeption des Unbewußten als bedrohlich-fremde, überwältigende sowohl wie als identitätsstiftende, schöpferische Kraft; daher sein therapeutisches Konzept einer sorgsamen Beobachtung des Unbewußten; und daher auch die Prozeßgestalt seines Begriffs der Individuation. Diese persönliche Schraffur nimmt der Entdeckung nichts von ihrer Größe. Auch Freud hat das Ödipus-Drama zuerst an sich selbst erkannt; wichtig war, daß die kühne Verallgemeinerung insgesamt *gelang*, er damit ins Schwarze der seelischen Verfassung seiner Zeit traf. Nichts anderes gilt für Jung, der — um im Bild zu bleiben — zusätzlich zum Schwarzen die übrigen Farben hinzuentdeckte.

Von Jung stammt die heute Allgemeingut gewordene Unterscheidung zwischen introvertierten und extravertierten Charakteren; es kann kein Zweifel sein, zu welchen der beiden Jung selber zählte. Zwar schreibt er: »In meinem Weltbild gibt es ein großes Außen und ein ebenso großes Innen, und zwischen diesen Polen steht mir der

Mensch, bald dem einen, bald dem anderen zugewandt, um je nach Temperament und Veranlagung bald das eine, bald das andere für die absolute Wahrheit zu halten und je nachdem das eine für das andere zu leugnen oder zu opfern.«[40] Treffende Worte — und nur allzu treffend auch für Jung selber. In seinem Leben wie in seinem Werk ist der introversive Zug stark überbetont, der Bezug zur Außenwelt dagegen ausgeblichen. Ein Großteil der Kritikpunkte, die an Jungs Werk angebracht worden sind, lassen sich auf diese Vernachlässigung der konkreten Weltbegegnung zurückführen, als Kehrseite jener enormen Fähigkeit zur Introspektion, aus der umgekehrt alle Größe des Werkes hervorgeht.

In der Außenwelt seines von allen wirtschaftlichen Sorgen enthobenen Daseins als Schweizer Bürger gab es nichts, was es an Virulenz und Erfahrungsdichte mit seinem innerpsychischen Drama aufnehmen konnte. Kein Wunder, daß Jung der Auseinandersetzung mit seiner »Persönlichkeit Nr. 2« einen größeren Wirklichkeitsgehalt zumaß als seiner konkreten Mitwelt. »Wirklich ist, was wirkt«[41], schreibt er mit Bezug auf diese Innenwelten. Weil realer, sind sie für ihn damit auch der *objektivere* Bezugsrahmen, während die Welt der äußeren Erscheinungen — in Umkehrung des üblichen Sprachgebrauchs — für ihn bloß *subjektiv* ist. Er nannte die Welt der archetypischen Wirkkräfte das »Objektiv-Psychische«, das »kraft seiner Autonomie eine Gegenposition zum subjektiven Ich«[42] bilde. Und weil objektiver, könne auch nur hieran *Wahrheit* gemessen werden, jenseits jeder Möglichkeit eines wertenden Urteils. »Die Idee ist psychologisch wahr, insoweit sie existiert … Die Wahrheit ist ein Tatbestand, kein Urteil«, definierte er seine Wahrheit[43]. Wie um diese Festung der Innenwelt uneinnehmbar zu machen, umschreibt er seinen Grenzbegriff des zuinnerst steuernden »Selbst« auch als den »Gott in uns«[44]; damit war die Ineinssetzung von Wirksamkeit, Wirklichkeit, Wahrheit und Unanfechtbarkeit sakramental besiegelt.

So verblaßte für ihn die Außenwelt der gesellschaftlichen Zusammenhänge und geschichtlichen Ereignisse zu unwirklichen Schemen, bloßen Kulissen und Epiphänomenen eines innerpsychischen Geschehens: »Wirklichkeit ist nur (!) das, was in der menschlichen Seele wirkt, und nicht das, was von gewissen Leuten als wirkend angenommen wird«[45], schreibt Jung, und an anderer Stelle: »Ich bin … der Meinung, daß die Psyche die mächtigste Tatsache in der Menschenwelt ist. Ja, sie ist die Mutter aller menschlichen Tatsachen der Kultur und des menschenmordenden Krieges.«[46] Selbst historische Ereignisse von weltgeschichtlicher Bedeutung sind für ihn kaum erinnerungswürdig. In seiner Autobiographie erwähnt er den Zweiten Weltkrieg gar nicht und den Ersten nur als Erfüllung eines vorausahnenden Traumes[47]. Seine Rangfolge des Wirklichen geht vom individuellen psychischen Geschehen über dessen Multiplikation in den »Massen« zur Materialisierung in der Außenwelt.

»Kriege, Dynastien, soziale Umwälzungen, Eroberungen, Religionen sind die alleroberflächlichsten Symptome einer geheimen seelischen Grundhaltung des Einzelnen ... Die großen Ereignisse der Weltgeschichte sind, im Grunde genommen, von tiefster Belanglosigkeit. Wesentlich ist in letzter Linie nur das subjektive Leben des Einzelnen. Dieses allein macht Geschichte, in ihm allein finden alle großen Wandlungen zuerst statt, und alle Zukunft und alle Weltgeschichte stammen als ungeheure Summation doch zuletzt aus diesen verborgenen Quellen des Einzelnen.«[48]

»Das Psychische ist eine Großmacht, die alle Mächte der Erde um ein Vielfaches übersteigt.«[49]

In seinen Erinnerungen bringt Jung diesen Wirklichkeitsentzug gegenüber der Außenwelt deutlich zum Ausdruck:

»Das Schicksal will es nun ... daß in meinem Leben alles Äußere akzidentell ist, und nur das Innere als substanzhaft und bestimmend gilt. Infolgedessen ist auch alle Erinnerung an äußere Geschehnisse blaß geworden, und vielleicht waren die ›äußeren‹ Erlebnisse auch nie ganz das Eigentliche oder waren es nur insofern, als sie mit inneren Entwicklungsphasen zusammenfielen. (...) Ich habe mit vielen berühmten Menschen meiner Zeit gesprochen, mit den Großen der Wissenschaft und Politik, mit Forschungsreisenden, Künstlern und Schriftstellern, Fürstlichkeiten und Finanzgrößen, aber wenn ich ehrlich bin, muß ich sagen, daß nur wenige solcher Begegnungen mir zum Erlebnis geworden sind. Wir waren wie Schiffe auf hoher See, die gegenseitig die Flagge senkten.«[50]

In seiner Typen- und Wahrnehmungslehre hat Jung den Typus des »introvertierten Intuitiven« in einer Weise beschrieben, die Tendenzen seiner eigenen Persönlichkeit gut trifft. Der introvertierte Intuitive mache »sich und sein Leben symbolisch, angepaßt zwar an den inneren und ewigen Sinn des Geschehens, unangepaßt aber an die gegenwärtige tatsächliche Wirklichkeit. Damit beraubt er sich auch der Wirksamkeit auf diese, denn er bleibt unverständlich. Seine Sprache ist nicht die, die allgemein gesprochen wird, sondern eine zu subjektive. Seinen Argumenten fehlt die überzeugende Ratio. Er kann nur bekennen oder verkündigen. Er ist die Stimme des Predigers in der Wüste.«[51]

Als einer der ersten hat Rittmeister 1937 diese Verunwirklichung der Außenwelt bei Jung klar benannt: »Der Akzent liegt mit Jung auf *subjektivem Erleben*, weit über das Maß hinaus, das jeder gewöhnliche Mensch an Verinnerlichungsprozessen erfährt. Hier ist das Objekt vielmehr ganz in die innere Tiefe hineingezogen (...) wo man ... *nicht den harten Gegenstand an sich, sondern sich selbst am Gegenstand erlebt.*«[52]

Konservatismus

So drängt in Jungs Welt auch nichts zu aktiver Umgestaltung der äußeren Welt — eher lädt sie zu einer passiv-beschauenden Haltung ein. Ausdrücklich vermerkt er, er habe

»keinerlei soziologische Absichten, weshalb ich auch die Welt der Tat völlig außer Betracht gelassen habe. Die Tat ist vom psychologischen Standpunkt aus gesehen eine äußerst komplizierte Angelegenheit. Sie kann nur zur Hälfte aus der Psychologie des Einzelnen erfaßt werden. Im übrigen ist sie irrationales Geschehen, das durch tausenderlei Zufallsbedingungen dermaßen kompliziert wird, daß eine wissenschaftliche Erforschung fast zur Unmöglichkeit wird. In der Regel kann der Psychologe nur die Beschaffenheit einer Einstellung feststellen; die Tat aber, die hervorgeht, fällt wegen ihres irrationalen Charakters der Historie anheim.«[53]

Jung ahnt offenbar, daß die geschichtliche Existenz des Menschen die zu seiner Psychologie hinzutretende andere Hälfte der menschlichen Wirklichkeit ausmacht, versteht sie aber so wenig, daß er sie nur als »irrational« abtun kann. In konsequenter Umkehrung ist dann für ihn das Innere und Unmittelbare »objektiv«, der größere gesellschaftliche Rahmen dagegen »Mythologie«:

»Ich kümmere mich nicht um ›die Welt‹. Ich kümmere mich um die Menschen, mit denen ich zusammenlebe. Die weitere Welt ist in den Zeitungen. Meine Familie und meine Nachbarn sind mein Leben — das einzige Leben, das ich erfahren und erleben kann. Was darüber hinausgeht, ist Zeitungs-Mythologie.«[54]

Hier spricht nicht nur ein Schweizer, hier spricht auch massive Abwehr. In der ersten Veröffentlichung seiner Schrift *Über die Psychologie des Unbewußten* von 1912 war ein Passus enthalten, der in der überarbeiteten Publikation von 1925 gestrichen wurde — und es ist kennzeichnend, was hier dem Rotstift des »gereiften« Jung zum Opfer fiel:

»Wer also die menschliche Seele kennenlernen will, ... [dem] wäre
zu raten, ... der Studierstube Valet zu sagen und mit menschlichem
Herzen durch die Welt zu wandern, durch die Schrecken der Gefäng-
nisse, Irrenhäuser und Spitäler, durch trübe Vorstadtkneipen, Bordelle
und Spielhöllen, durch die Salons der eleganten Gesellschaft, die Bör-
sen, die sozialistischen Meetings, die Kirchen, die Revivals und Eksta-
sen der Sekten zu gehen, Liebe und Haß, Leidenschaft in jeder Form
am eigenen Leibe zu erleben, und er käme zurück mit reicherem Wissen beladen, als ihm fußdicke Lehrbücher je gegeben hätten ..., und
er wird seinen Kranken ein Arzt sein können, ein wirklicher Kenner
der menschlichen Seele.«[55]

Wie kann es angehen, so möchte man fragen, daß jemand, der sich
mit solcher Ausschließlichkeit in die Tiefe der Einzelseele vergräbt,
dennoch von einem *kollektiven* Unbewußten spricht? Auch hier sind
wieder nicht konkrete Kollektive der geschichtlichen Außenwelt
gemeint, sondern etwas Allgemein-Menschliches, das also über alle
historisch-konkreten Kollektive gerade hinausgreift und von ihnen
nicht tangiert wird. Den Gedanken, daß dieses kollektive Unbewußte
zeitgeschichtlich mitgeprägt sein könnte, hat Jung zwar erwähnt, aber
nicht weiter verfolgt. Die Archetypen sind für ihn »kollektiv« nicht in
irgendeinem sozialen oder historischen Sinne, sondern so, wie die
menschliche Anatomie kollektiv ist: Teil der conditio humana.

Der bekannten Gefahr solcher anthropologischen Aussagen, artge-
schichtliche Konstanten kurzerhand der politischen Gegenwartsge-
schichte überzustülpen, ist auch Jung erlegen. Das Ergebnis einer solchen kurzschlüssigen Übertragung kann nur konservativ sein: Weil
die menschliche Seele unveränderlich ist, sind es auch die politischen
Verhältnisse. »Es ist mir aufgefallen«, schreibt er in einem Brief aus
dem Jahr 1942 an einen deutschen Analytiker, »wie Ihr Denken ungeheuer hineingerissen ist in den Welttrubel und in das zutiefst unlösbare Problem der Menschenmassen. Lösbarkeiten erscheinen mir nur
im Bereich des Mikrokosmos möglich. Die große Welt ist noch immer
und wird wohl immer der hoffnungslose Kampf eines Kosmos gegen
ein ewiges Chaos sein.«[56] Jenen Fortschrittsglauben, für den Menschen kämpften und starben, hielt er für einen Wahn, »statt daß man
sich bewußt wird, daß ein winziger Fortschritt in der sittlichen Natur
des Individuums alles ist, was sich wirklich vollbringen läßt«[57]. Nur
hieraus, aus der Veränderung des Einzelnen, könne auch gesellschaftliche Veränderung kommen: »Was beim Einzelnen geschieht, geschieht nach einiger Zeit durch natürliche Summation auch bei den
Völkern.«[58]

Stephan Marks[59] hat gezeigt, wie sich wesentliche Topoi konservativen Denkens bei Jung versammeln: der Gedanke vom Großen Einzelnen, der Autoritäts- und Elitedenken nahelegt; die Verachtung und Beargwöhnung der »Masse«; der Bezug auf eine »reine Natur« des Menschen, der gegenüber Gesellschaft unweigerlich als Abfall erscheint; damit einhergehend die Vorstellung einer naturgewollten Harmonie und die Psychopathologisierung sozialer Konflikte: »Wie beim Individuum der Zerfall der Bewußtseinsdominante einen Einbruch des Chaos im Gefolge hat, so geschieht es auch mit den Massen (Bauernkrieg, Wiedertäufer, französische Revolution usw.), und, wie bei ersterem ein Kampf aller Elemente entbrennt, so entfesselt sich bei letzteren die urweltliche Mordlust und der Blutrausch.«[60]

Wie Freud konnte auch Jung sich eine andere als die bürgerlich-individualistische Lebensweise nicht vorstellen. Alles, was gedanklich davon abwich, waren für ihn »Phobien und Obsessionen, wie überspannte Ideen, Idiosynkrasien, hypochondrische Vorstellungen und intellektuelle Perversitäten, die sich je nachdem sozial, religiös und politisch tarnen«[61]. Sowohl Freuds wie Jungs Vorstellung sozialer Kollektive war maßgeblich geprägt durch ihre Lektüre von Gustave LeBons *Massenpsychologie* aus dem Jahr 1895 — eine darüber hinausgehende soziologische Lektüre ist jedenfalls bei Jung nicht feststellbar.

Man kann Jung einen Konservativen nennen, aber das tut dem Grad seiner politischen Reflexion im Grunde zuviel Ehre an. Konservativ wirkte er dadurch, daß er apolitisch, geradezu prä-politisch dachte. Er nannte sich selbst einmal einen »Schweizer Spießbürger«[62]. Das lief natürlich, wie Rittmeister feststellte, »auf Anerkennung einer Außenwelt hinaus, und damit auch einer Gesellschaft, die ruht und in Ruhe gelassen wird«[63]. Ein solches Denken verführt auch dazu, mit der Erforschung äußerer Ursachen für psychisches Elend, darunter sozialer Faktoren, aufzuhören, lange bevor das Aufklärbare aufgeklärt ist. Das kann therapeutisch berechtigt sein — als denkerische, geschweige denn wissenschaftliche oder politische Haltung ist es das nicht.

Hans Trüb, der lange Jahre Schüler und Anhänger Jungs war, gibt in seiner Kritik an dessen »introversivem Rückzug aus der Weltbegegnung«[64] eine zusätzliche Erklärung. Er deutet ihn als Antwort auf die Gespaltenheit der damaligen Zeit, in der die Anpassung an eine sich krisenhaft verändernde Wirklichkeit zur Überlebensstrategie einer bedrohten bürgerlichen Welt wurde. Während bei Freud diese anpassungsfordernde Realität übermächtig gezeichnet sei, reagiere Jung mit einer opportunistischen Anpassung nach dem Motto »Gebt dem Kaiser, was des Kaisers ist«:

»Hier das Leben der autarken, sich selbst betonenden Individualität, dort das periphere Ich, das sich anpaßt — bis hin zu jener Maske der Anpassung, die als ›Persona‹ bezeichnet wird. (…) Auch Jung ging der Zeitsituation gegenüber einen Kompromiß ein, nur vornehmlich mit der anderen Seite: mit der *Kultur der Seele*. Er erstrebte, aufgrund seiner Entdeckung und Erforschung des Kollektiven Unbewußten, die ›Störungsfreiheit‹ mittels Introspektion und Introversion. Indem er den Menschen in jenem unermeßlich tiefen inneren Seelenbereich gründen läßt und ihn dort zentriert, kann er den äußern Bereich der Welt guten Gewissens weiter empfehlen, weil ja das ›eigentliche‹ Leben des introversiv ausgerichteten Patienten davon nicht mehr wesentlich berührt wird.«[65]

Man erinnert sich an die »Persönlichkeit Nr. 2«, in die Jung sich als Kind gegenüber der Gespaltenheit seines familiären Milieus zurückzog…

Beziehung, Liebe, Sexualität

Vor allem aber zeigt Trüb auf, wie die Entwirklichung der Außenwelt in der Wahrnehmung C. G. Jungs zu einer Entwertung der *mitmenschlichen Bezüge* in seiner Psychologie führt. Schon Rittmeister hatte kritisiert, »daß in der introvertierten Haltung mit der Außenwelt auch der andere Mensch und damit die Liebe ins Nichts zerrinnt«, und gefragt, »wo die aktuelle, gegenständliche und mitmenschliche Realität bleibt, wie wir sie alle denken, fühlen, schauen, schmecken, lieben und herbeisehnen«[66]. Die Auseinandersetzungen mit einem realen Du in der Außenwelt hat in Jungs Psychologie keinen konstitutiven Platz; sie folgt vielmehr als Abglanz und Nachvollzug der Begegnung mit dem eigenen Inneren.

Auch hier wieder das Vorbild der eigenen Schlüsselerfahrung: In seiner Lebenskrise begegneten ihm seine unbewußten Kräfte wie ein fremdes, überwältigendes Gegenüber, dem er allein auf sich gestellt standhalten mußte. Einem wirklicheren, für sein Leben und Empfinden maßgeblicheren Du ist Jung in Gestalt eines anderen Menschen nie begegnet. So ist für ihn das Modell einer Ich-Du-Beziehung das Verhältnis zwischen dem eigenen Ich-Bewußtsein und dem Unbewußten, nicht die Beziehung zu einem anderen Menschen. Auch die gegengeschlechtliche Begegnung erscheint bei ihm in erster Linie als inneres Geschehen von animus-anima, zu der dann die Beziehung zu einem realen gegengeschlechtlichen Partner im Außen wie als spätere

Illustration bloß hinzutritt. Alle konfliktive Auseinandersetzung mit der mitmenschlichen Umwelt erscheint bei ihm als bloßer Ausfluß der Auseinandersetzung mit dem eigenen Schatten. Selbst die Urbeziehung eines Menschen zu seinen Eltern nimmt er im wesentlichen wahr als eine Beziehung zu vorgeprägten inneren Bildern, denen sich die realen Eltern im Außen nur noch als beinahe austauschbare Personifikationen leihen. »Das Persönliche«, gestand er einmal in einem Gespräch mit Hans Trüb [67], »ist für mich etwas derart Irrationales und Zufälliges, daß ich damit einfach nichts anfangen kann — da kann ich mir nicht anders helfen: ich rücke es mir aus den Augen«.

Martin Buber, der Philosoph des »dialogischen Prinzips«, hat dieser Verkürzung von Jungs Menschenbild um jene »uneinseelbare Anderwelt« [68] entgegengehalten: »Nie ist eine Seele allein krank, immer auch ein Zwischenhaftes, ein zwischen ihr und anderem Seienden Bestehendes.« [69] Jungs Replik, man könne die innere Welt der Archetypen »als ein ›Du‹ bezeichnen« [70], wird Buber kaum befriedigt haben.

Auch das hat Bezug zu der besonderen »persönlichen Gleichung«, aus der Jungs Werk entstand: Er selbst stellt sich in seinen Lebenserinnerungen immer wieder als einen im Wesen einsamen Menschen dar:

»Vielleicht könnte ich sagen: Ich brauche Menschen in höherem Maße als andere und zugleich viel weniger. (…) Das Wissen um die Vorgänge des Hintergrundes hat meine Beziehung zur Welt schon früh vorgebildet. (…) Als Kind fühlte ich mich einsam, und ich bin es noch heute, weil ich Dinge weiß und andeuten muß, von denen die anderen anscheinend nichts wissen und meistens auch gar nichts wissen wollen. Einsamkeit entsteht nicht dadurch, daß man keine Menschen um sich hat, sondern vielmehr dadurch, daß man ihnen die Dinge, die einem wichtig erscheinen, nicht mitteilen kann … Die Einsamkeit begann mit dem Erlebnis meiner frühen Träume und erreichte den Höhepunkt in der Zeit, als ich am Unbewußten arbeitete. (…) Ich habe viele Leute vor den Kopf gestoßen; denn sobald ich merkte, daß sie mich nicht verstanden, war der Fall für mich erledigt. Ich mußte weiter. Ich hatte — außer bei meinen Patienten — keine Geduld mit den Menschen. Immer mußte ich dem inneren Gesetz folgen, das mir auferlegt war und mir keine Freiheit der Wahl ließ. (…) Viele erweckten bei mir das Gefühl lebendiger Menschlichkeit, aber nur wenn sie im Zauberkreis der Psychologie sichtbar wurden; im nächsten Augenblick, wenn der Scheinwerfer seinen Strahl woanders hin richtete, war nichts mehr vorhanden. Für manche Menschen konnte ich mich intensiv interessieren, aber sobald ich sie durchschaut hatte, war der Zauber verschwunden. So habe ich mir viele Feinde gemacht. Aber als schöpferischer Mensch ist man ausgeliefert, nicht frei, sondern gefesselt und getrieben vom Dämon ... Der Dämon und das Schöpferische haben sich bei mir unbedingt und rücksichtslos durchgesetzt.«[71]

Der letzte Satz seines Lebensrückblicks lautet: »Es kommt mir vor, als ob jene Fremdheit, die mich von der Welt so lange getrennt hatte, in meine Innenwelt übergesiedelt wäre und mir eine unerwartete Unbekanntheit mit mir selbst offenbart hätte.«[72]

Wo die innere Du-Beziehung als so fremd-bedrohlich erlebt wird, daß sie eine in sich ruhende Selbstliebe nicht erlaubt, und wo eine äußere Du-Beziehung nicht wirklich wird, da kann auch Liebe nicht wirklich werden. Das Mißtrauen, das Jung als Kind mit dem Wort »Liebe« zu verbinden gelernt hatte, begleitete ihn sein Leben lang. Liebe behielt für ihn den Charakter eines »fascinosum-tremendum«, von dem er zugleich angezogen und erschreckt wurde. Was er dazu in den »Späten Gedanken« in seinen Erinnerungen schreibt, gehört für mich zu seinen tragischsten Selbstaussagen: »Meine ärztliche Erfahrung sowohl wie mein eigenes Leben haben mir unaufhörlich die Frage der Liebe vorgelegt, und ich vermochte es nie, eine gültige Antwort darauf zu geben. Wie Hiob mußte ich ›meine Hand auf meinen Mund legen. Einmal habe ich geredet, darnach will ich nicht mehr antworten‹.«[73] Das Bild, das Jung hier mit der Liebe verbindet, ist das von Hiob, der angesichts der Zurechtweisungen eines gebieterischen Gottes seine Ohnmacht erkennt. Es gibt möglicherweise in der gesamten biblischen Schrift keinen ergreifenderen Ausdruck menschlicher Nichtigkeit gegenüber den unerforschlichen Kräften Gottes. Jung selbst interpretiert in seinem Hiob-Buch diese Stelle als den »Schreck beinahe völliger Vernichtung«[74]. Und ausgerechnet dieses Bild verbindet er mit — der Liebe!

Zwar erhält die Liebe in seinem Werk die überragende Rolle eines kosmogonen Prinzips; damit ist sie aber aus der konkreten mitmenschlichen Bezogenheit herausgenommen. Demgegenüber ist Freuds Verständnis von Liebe zwar auf sexuelle Libido verkürzt, aber an Konkretheit fehlt ihm nichts.

Bei Jung fragt man sich umgekehrt, welchen Niederschlag die von Freud erwiesene tiefenpsychologische Bedeutung des Sexuellen und insbesondere der frühkindlichen Triebererfahrungen in seinem Werk gefunden hat. Das Thema ist so verdächtig abgeblendet, daß man schon von einer Retabuisierung sprechen kann. Es liegt nahe, auch hier biographische Entsprechungen zu vermuten. »Mit Kinderstubenangelegenheiten beschäftigen wir uns nicht«[75], verordnete er mit verräterischer Apodiktik. (Ob die daraus abgeleitete therapeutische Richtschnur, das Augenmerk auf den Aktualkonflikt statt auf Vergangenheitskonflikte zu richten, nicht vieles für sich hat, steht auf einem anderen Blatt.) In seinen Erinnerungen stellt er es so dar, als sei die Welt der Sexualität für ein Landkind wie ihn vertraut und daher anders als für den Städter Freud uninteressant[76]. Daß dieses Bild seiner eigenen »Kinderstubenangelegenheiten« mehr verbirgt als enthüllt, zeigen seine späteren emotionsgeladenen Ausbrüche gegen Freuds Sexuallehre. Er, den Freud einst zum Hüter dieser Lehre ausersehen hatte, nennt sie später eine »schmutzige Adoleszenz-Phantasie«, die »alles und jedes in den infantil-perversen Sumpf einer obszönen Witzpsychologie hinunterreißt« und es unternehme, »im Innersten anständige(n) Menschen … hinterhältige Motive unterzuschieben und ihre natürliche Reinlichkeit auf unnatürlichen Schmutz zu verdächtigen«[77]. Herwig hat wohl recht mit der Vermutung: »Jung hat das Sexual-Tabu seines protestantischen Elternhauses treu bewahrt.«[78]

Inflation des Unbewußten

Und noch eine Tendenz seines Werkes kann wohl mit seiner »persönlichen Gleichung« in Zusammenhang gebracht werden: die Tendenz zur Abwertung des Bewußtseins. Indem Jung das kollektive Unbewußte als *objektive* Gegebenheit faßt, der gegenüber das Ich-Bewußtsein etwas Subjektives darstelle, war für ihn auch eine Rangfolge gegeben: Das Zentrum der psychischen Gestaltungsprozesse lag für ihn im Unbewußten, dem gegenüber das Bewußtsein eine bloß mitvollziehende und ausführende Rolle habe; er nannte es einmal — wie er es wohl in seiner Lebenskrise erlebt hatte — einen »erleidenden Zuschauer«[79]. Indem er die archetypischen Erscheinungen »reine, unverfälschte Natur«[80] nannte, enthob er sie zugleich jeder bewußten Bewertung von Gut und Böse. — So wie Freuds Lehre von der Negativ-Bewertung des Unbewußten durchzogen ist, so Jungs Lehre von dessen Inflation.

Die Evolution menschlichen Bewußtseins sah er demgegenüber vorwiegend als ein Herausgefallensein des Menschen aus der Natur. Zwar nannte er es an anderer Stelle eine »zweite Kosmogonie«[81] und erklärte es zum einzigen erkennbaren Sinn menschlicher Existenz. Gleichzeitig erlebte und erlitt er es als:

»eine naturlose Verlassenheit, wo wir zur Bewußtheit und zu nichts als Bewußtheit gezwungen sind. Wir können nicht anders, sondern müssen bewußte Entscheidung und Lösung anstelle des naturhaften Geschehens setzen. So bedeutet jedes Problem die Möglichkeit zu einer Erweiterung des Bewußtseins, zugleich aber auch die Nötigung, von aller unbewußten Kindhaftigkeit und Naturhaftigkeit Abschied zu nehmen ... Es ist *das Opfer des bloß natürlichen Menschen*, des unbewußten, naturhaften Lebewesens, dessen Tragik schon mit dem Apfelessen im Paradies begann. Jener biblische Sündenfall läßt das Bewußtwerden als einen Fluch erscheinen.«[82]

So grundlegend Jungs Erkenntnisse über die anordnenden und schöpferischen Funktionen des Unbewußten waren, so sehr lag im Überschwang dieser Entdeckung die Gefahr einer Unterbewertung des bewußten Ich mit seiner Aufgabe der wertenden Unterscheidung und verantwortlichen Entscheidung. Seine Biographin Aniela Jaffé schreibt dazu, Jung habe die volle Bedeutung des reflektierenden Bewußtseins als notwendiger Widerpart des Unbewußten »erst im Laufe der Jahre oder der Jahrzehnte erkannt. Zuerst vertraute er den schöpferischen Naturkräften des Unbewußten, dessen Paradoxie ihm noch nicht in ihrer ganzen Tiefe bewußt geworden war«[83]. Dies sei die vielleicht wichtigste Entwicklung in seinem sonst so bruchlosen Werk. Unter dem Eindruck der Konsequenzen von destruktiv gewendeten kollektiv-unbewußten Energien im Nationalsozialismus und im Zweiten Weltkrieg schrieb er:

»Der Inhalt des kollektiven Unbewußten, die Archetypen, ... sind immer bipolar, das heißt sie haben eine positive und eine negative Seite. Das Auftreten eines Archetypus ist stets eine kritische Sache, wobei man nicht von vornherein ausmachen kann, wohin sich der weitere Weg wenden wird. Das hängt in der Regel von der Art und Weise ab, wie das Bewußtsein sich dazu stellt.«[84]

Das Bewußtsein war damit gleichsam zum »Hüter der Schwelle« eines Gebäudes avanciert, dessen Inneres er freilich weiterhin dem Unbewußten vorbehielt. Noch in seinem Spätwerk *Aion* heißt es dazu:

»Das Bewußtsein des Menschen wurde geschaffen, damit es
1) seine Abstammung von einer höheren Einheit erkenne
2) diesem Quell die gebührende Achtung erzeige
3) dessen Aufträge intelligent und verantwortungsvoll ausführe
4) auf diesem Weg der eigenen Psyche in ihrer Gesamtheit ein Höchstmaß an Leben und Entwicklung zukommen lasse.«[85]

Das klingt so, als sei die zu hütende Schwelle die eines Allerheiligsten und das Bewußtsein der zu seinem Dienst berufene Priester. Und in der Tat tendierte Jung dazu, die Gestaltungskräfte des Unbewußten nicht nur für einen Ausfluß göttlicher Schöpferkraft, sondern für diese selbst zu halten. »Es kann nicht ausgemacht werden, ob die Gottheit und das Unbewußte zwei verschiedene Größen seien«[86], schrieb er aufgrund der Beobachtung, daß in Traumgestaltungen die Symbole des »Selbst« sich von jenen des Göttlichen nicht unterscheiden. — Hans Trüb hielt dagegen, ein von der Außenwelt abgelöster Individuationsweg könne »nur hinführen zur faszinierenden Schau jenes zentralen Symbols, in dem sich die im Selbst geeinte Seele dem isolierten einsamen Menschen *im Gleichnis verhüllt* darstellt. Hier aber droht uns, wenn wir länger verweilen, die sehr ernst zu nehmende Gefahr einer lähmenden Selbstbannung durch das virtuelle Bild, was schließlich — im Prozeß der Identifizierung — zur Selbst-Vergottung verleiten kann. (...) Der Psychotherapeut muß sich hier, auch wenn er bis eben hierher der wegkundigen Führung dieser Tiefenpsychologie mit Vertrauen folgen durfte, der Faszination eines Unternehmens entbinden, das aus der Psychologie Weltanschauung und religiösen Heilsweg zu machen die Tendenz hat.«[87]

Es beruht also nicht nur auf Unkenntnis oder der nicht idealen Wortwahl, wenn Jungs Grundkategorien des »kollektiven Unbewußten« und der »Individuation« oft mißverstanden werden. Im kollektiven Unbewußten steckt eben auch der Sog zurück in die Kollektivseele, und in der Individuation die Versuchung zum privatisierenden Individualismus. Gelingende Individuation ist eine Gratwanderung zwischen beiden Gefahren. Jung aber kann die Bedingungen für deren Gelingen nicht angeben, weil er sich auf die materielle Welt nicht einläßt und gerade dadurch ihrem Zugriff auf den psychischen Prozeß ohne Mittel der Abgrenzung gegenübersteht.

Was bleibt?

Um die Tendenz zum introversiven Rückzug bei Jung deutlich zu machen, habe ich auf den letzten Seiten alles aneinandergereiht, was in diese Richtung deutet. Dadurch wirkt die Tendenz kompakter, als sie in Wahrheit ist. Dagegenzuhalten wären die weltbejahenden Tendenzen, die sich in Jungs Leben und Werk auch finden: seine therapeutische Praxis; seine vielfältigen Kontakte und Begegnungen, die Gründung seiner »Schule« ... Nicht zuletzt ist sein enormes Werk ja eine weltzugewandte *Tat*, von der vielfältige praktische Anstöße ausgingen.

Dennoch ist der Gesamteindruck der Welt-Abkehr und -Abwehr unabweisbar; und so habe ich mich im Laufe der Arbeit an diesem Versuch mehr als einmal gefragt, ob ich meine These durchhalten könne, in der Analytischen Psychologie wichtige Ansätze für ein emanzipatorisches Verständnis von Subjektivität zu finden. Worin diese Ansätze trotz allem zu finden sind, soll an dieser Stelle Jungs Kritiker Rittmeister sagen: »Jung hat sicher sehr viel dazu beigetragen, um über Inspiration, schöpferische Vorgänge etc. Brauchbares zu eruieren (...) Besonders ist die Beschreibung des Lebensprozesses als eines dialektischen Ablaufs zweifellos etwas Neues.« »Richtig entwickelt und befreit von unproduktiven, traditionellen Klammern, kann [diese innere Welt] der unerschöpfliche Born von beglückender Phantasie, von weitgespannten Zielsetzungen und farbiger Fülle werden, — wenn nur die Blickrichtung auf menschliche Aufgaben eine realistische, menschen- und weltbejahende ... bleibt.«[88]

Dieser Schritt, in dem sich das Subjekt bereichert wieder einem Gegenüber zuwendet und dadurch erst vollends zum Subjekt wird, ist in der Fassung, in der Jung sein Werk hinterließ, noch nicht getan, aber — so meine ich — als große Chance enthalten. Wie könnte dieser Latenz zum Durchbruch verholfen werden?

Richtungen der Öffnung

Bei dem Bemühen, jene Gefahrenstellen in Jungs Werk zu verdeutlichen, die zu dessen so einmütiger Ablehnung in der Tradition emanzipatorischen Denkens geführt haben, ergab sich als Tenor: Vorsicht vor so viel Verinnerlichung! In der Auseinandersetzung mit berechtigten Einwänden kam ich so in die Situation, entgegen der Hauptrichtung meiner eigenen These zu argumentieren. Was ich mit diesem Versuch insgesamt vermitteln möchte, geht ja in die umgekehrte Richtung: daß die Weise, in der die allermeisten gesellschaftlich interessierten und politisch engagierten Menschen leben, denken und handeln, an *Veräußerlichung* krankt, und daß daher kompensierend ein Stück Verinnerlichung dringend gebraucht wird; daß mit der äußeren eine innere Emanzipation einhergehen muß; daß in unserem Unbewußten schöpferische Kräfte und Möglichkeiten aufzuschließen wären, die unsere Fähigkeit zum politischen Handeln enorm befruchten und qualifizieren könnten; und daß wir dazu Entscheidendes von C. G. Jung lernen können.

Wir können es, weil diese mangelnde Introspektion kompensatorisch bei Jung so überdeutlich verwirklicht ist — um den Preis der umgekehrten Einseitigkeit. Wahrscheinlich (und das gilt entsprechend auch für Freud) konnte ein so großartiges Werk wohl nur *in* der Begrenztheit und Gefährdung seines Autors entstehen. Niemand, der Ausweichmöglichkeiten gehabt hätte, wäre sonst freiwillig so tief ins Unbewußte hinabgestiegen. Was wir von ihm lernen können, verdanken wir seiner »Einseitigkeit«.

Das Dilemma ist: Diese Einseitigkeit macht es so schwer, sein Werk anders, nämlich offen für Außenwelten zu lesen. Und sie macht es extravertierten Zeitgenossen so leicht, sich die von diesem Werk ausgehende Forderung »Erkenne dich selbst!« vom Leibe zu halten. Wären wir doch schon an dem Punkt, wo ein Mehr an Introversion die Gefahr einer neuen Einseitigkeit schaffte statt die gegenteilige alte zu heilen!

Um meine Provokation noch zuzuspitzen: All jene Aussagen von Jung zum menschlichen Unbewußten, die ich im vorigen Abschnitt kritisch zitiert habe, sind keineswegs abwegig, sondern enthalten, soweit meine Einsicht und Erfahrung reicht, ungeheure *Wahrheiten* — sie *werden* bloß falsch dadurch, daß ihnen der nötige Rückbezug zur konkreten materiellen und mitmenschlichen Realität fehlt. So finde ich zum Beispiel in Jungs programmatischer Briefstelle: »Man muß nie hinsehen auf die Dinge, die sich ändern sollen. Die Hauptfrage ist, wie wir uns ändern«[89], den zweiten Satz richtig und wichtig, den scheinbar dazugehörenden ersten Satz falsch. Im Grunde ist der Ausdruck »Rückbezug« schon irreführend, da es nicht darum geht, etwas als »zweiten Schritt« anzuhängen; es geht vielmehr um die eine Seite einer dialektischen Beziehung, die *konstitutiv* mitgedacht, mitgesagt und mitgelebt werden muß. Der Weg der Individuation ist dann eben kein Heldenweg durch ein Phantasiereich von Feen, Dämonen und Schattenwesen, sondern durch den Alltag, in dem ich all diesen Fabelwesen zu Genüge in Fleisch und Blut begegnen kann und dafür sehr viel wirklicheren Heldenmut brauche. Der Schatz des Selbst ist nicht so sehr in einer inneren Drachenhöhle als vor allem im Acker vergraben.

Wenn die archetypischen Energien und Bilder die seelischen Grundlagen menschlichen Lebens darstellen, dann müssen sie doch auf Leben und Lebendigkeit bezogen sein. Jene brütende Selbstbeschaulichkeit, die oft mit Archetypen assoziiert wird, ist also nicht ihr Wesen, sondern ihr Widerspruch. Weltscheu ist Jungs Umgang mit den von ihm entdeckten Tiefenkräften, nicht diese Kräfte selbst sind es! Er ist es, der ihnen den Ausgang »durch trübe Vorstadtkneipen, Bordelle und Spielhöllen, durch die Salons der eleganten Gesellschaft, die sozialistischen Meetings, die Kirchen, [durch] Liebe und Haß, Leidenschaft in jeder Form«[90] sperrt.

Zu recht fragt Rittmeister, wieso Jung nicht erkannte, daß »die Symbole selbst gerade diejenige Widerspruchsspannung in sich enthalten, die auf reale Entäußerung drängt. (...) Wie kommt es, müssen wir fragen, daß immer wieder aus den erlebten, erdachten oder zeichnerisch vor sich hingestellten Wiedergeburts- und Polaritätssymbolen nicht die Konsequenz gezogen wird, die in ihnen selbst unzweifelhaft gelegen ist, nämlich über das nur passiv-kontemplative, die Außenwelt entwirklichende Erleben hinauszukommen? (...) Daß ›Einheit zur Zweiheit‹ wird ... wird hier nur in Symbolen angeschaut und erlebt, aber *nicht gelebt und getätigt*.«[91] Rittmeister selbst hat diesen Impuls von den Symbolen zur Außenwelt offenbar an sich selbst erfahren. In seinen biographischen Notizen schreibt er: »Da lernte ich auf Jungscher Basis Marx kennen.«[92] Mittels Jung zu Marx — wer hätte das für möglich gehalten?

Das ist jedoch so abwegig nicht: In den von Jung entdeckten transpersonalen Leitbildern, in seiner Entdeckung von Lebensprozessen als sinnsuchende dialektische Selbstschöpfung steckt eine innere Dynamik, die jede begriffliche Einkapselung sprengt. Er selbst sagt einmal, wie so oft in Widerspruch zu anderen seiner Äußerungen: Die Archetypen »wollen wieder ins Leben zurück als Erlebnis sowohl wie auch als Tat«[93]. Wie in Freuds Werk, so steckt auch in dem von Jung eine emanzipatorische Latenz, die über die Begrenzungen seines Autors weit hinausweist. So kann man über Jung zu Marx kommen, wie über Marx zu Jung. Es ist unsere Sache, uns diese Latenz aufzuschließen.

In welche Richtungen müßte das gehen? Dazu einige skizzenhafte Gedanken:

Kollektives Unbewußtes und Geschichte

Der entscheidende erste Schritt müßte wohl sein, das kollektive Unbewußte nicht mehr von Geschichte abgespalten zu betrachten. Jungs Feststellung, die Archetypen seien »reine Natur« und/oder »reiner Geist«, kann wohl nur als *Grenzvorstellung* betrachtet werden. Jedes reale archetypische Geschehen ereignet sich in einem konkret-geschichtlichen Menschen und ist eben darum nicht »rein«. Sobald eine archetypische Energie aus ihrer unanschaulichen gestaltlosen Form in eine erkennbare Bildgestalt übergeht, bedient sie sich der Bilder eines Erfahrungsschatzes von Außenwelt-Eindrücken, in die immer auch ein mitmenschliches, also auch ein gesellschaftliches und geschichtliches Moment eingeht. Den nur naturhaften oder rein geistigen Menschen vermögen wir nicht zu imaginieren — es gäbe in unserem Repertoir an Symbolbildern keinen Ausdruck dafür. Sogar solche Symbolbilder, die unmittelbar der Natur oder Geometrie entlehnt sind, haben in der Art ihrer Anschauung, erst recht in der nachfolgenden sprachlichen Deutung, eine geschichtliche Dimension. Denn freilich ist *Sprache*, ohne welche bewußte Deutung nicht möglich ist, durch und durch geschichtlich geprägt, von der Sprech*situation*, in der die Deutung stattfindet, ganz zu schweigen.

Schon Jung hat beschrieben, wie die archetypischen Inhalte auf bewußtseinsnäherer Ebene zeitgeschichtlich überformt sind[94]. Ausgehend von Freud hat Erich Fromm für diese Schichten den Begriff des »gesellschaftlichen Unbewußten« vorgeschlagen, und Herbert Marcuse hat solche gesellschaftlich verallgemeinerbaren Prägungen als Folge eines »Leistungsprinzips« angenommen, das Freuds überzeitliches »Realitätsprinzip« historisch konkretisiere[95]. Diese gesellschaftliche Überformung dürfte aber, wenngleich weniger augenfällig, bis in bewußtseinsfernere Tiefen des Unbewußten hinunterreichen. Eine Grenze zwischen einem gesellschaftsfreien und einem gesellschaftlich durchdrungenen Teil des Unbewußten gibt es nicht, sondern ein Kontinuum von geringerer zu stärkerer sozialer Überformung.

Offenbar wird eine solche Sicht in einer neuen Generation von Jungianern formulierbar; darauf weisen jedenfalls die Gedanken, die Arvid Erlenmeyer, Analytiker Jung'scher Richtung am Berliner Institut für Psychotherapie, im Anschluß an einen Auschwitz-Traum formuliert: Er wolle »über einige Schwierigkeiten berichten, in die mich das Auftreten eines zeitgeschichtlichen Bildes ... mit unseren geläufigen theoretischen Vorstellungen gebracht hat. (...) Habe ich nun unrecht, wenn ich behaupte, daß unsere theoretische und praktische Tradition ... eher dazu verführt, bei inneren Bildern eine Beziehung zum kollektiven archetypischen bzw. mythologischen Hintergrund zu suchen, als Hinweise auf die doch ebenfalls kollektive aktuelle oder vergangene Wirklichkeit zu sehen? (...) Hat in unserer Psychologie die uns gemeinsame Wirklichkeit als aktuelle, zur Zeitgeschichte und Geschichte werdende Gegenwart sowie als etwa verdrängte Geschichte und Gegenwart einen angemessenen theoretischen Platz? (...) Können wir die Zumutung ertragen, ... daß wir, als Teil dieser Wirklichkeit, gezwungenermaßen Unbewußtheit, Verdrängung einerseits mitherstellen — als Analytiker vielleicht durch unsere Theorie —, andererseits gleichzeitig selbst Opfer der kollektiven Unbewußtheit, des kollektiv Verdrängten sind? Und schließlich, räumen wir kollektiv verdrängten Aspekten dieser Wirklichkeit ein, daß sie ... auch in der gemeinsamen gesellschaftlichen Wirklichkeit auf Neuinszenierung, auf Wiederholung des Verdrängten dringen?«[96]

Die übervorsichtige Frageform läßt ahnen, welche Sprengwirkung für das herkömmliche jungianische Denken in der Vorstellung liegen muß, es könne ein kollektives Unbewußtes auch im Sinne eines gesellschaftlich Verdrängten geben, dem gar der Analytiker selbst unterliege und das er unbewußt mitproduziere. Zu eingefleischt ist die Vorstellung, es könne kein Agens außer den psychischen Tiefenkräften im Einzelnen geben. Aber jedes psychische Leiden ist zu einem Anteil ein Leiden an gesellschaftlichen Verhältnissen, und jeder Prozeß der psychischen Heilung muß daher eine Veränderung der Haltung zur gesellschaftlichen Außenwelt und dieser Außenwelt selber umgreifen. Dabei bleibt ja richtig, daß dieser Prozeß *therapeutisch* beim Einzelnen ansetzen muß[97]. Psychisches Leid mit gesellschaftlicher Revolution heilen zu wollen, wie eine sich materialistisch mißverstehende Kritische Psychologie will, kann nur zu psychischem *und* gesellschaftlichem Unheil führen. Der spiegelbildlich entsprechende Denkfehler *konservativer* Psychologie setzt da ein, wo diesem Ziel der persönlichen Heilung auch die gesellschaftliche zu- und damit nachgeordnet wird. Der Denkfehler ist insofern verständlich, weil Selbstverwirklichung tatsächlich, aber *indirekt* zur gesellschaftlichen Befreiung beiträgt und nötig ist. Gesellschaftsveränderndes Handeln hat jedoch ein eigenes Ziel, den Abbau von Herrschaft, und damit ihren eigenen, legitimen Ansatzpunkt im politischen Handeln — das seinerseits indirekt zur persönlichen Selbstverwirklichung beiträgt.

Anthropologische Konstanz und geschichtliche Veränderung

Ist erkannt, daß psychisches Tiefengeschehen innerhalb und nicht außerhalb gesellschaftlicher Realität stattfindet, dann wird auch jener verborgene Konservatismus entbehrlich, der mit der Illusion einer gesellschaftlichen Asepsis verbunden war. Es wird dann nämlich möglich, sich von der gedanklichen Verknüpfung von anthropologischen Konstanten mit gesellschaftlichem Stillstand freizumachen. Wie Lepenies/Nolte[98] gezeigt haben, gibt es einen konservativen wie einen fortschrittlichen Gebrauch von Anthropologie: Während der konservative die entdeckten anthropologischen Artmerkmale wie kompakte Materie betrachtet, sieht sie der fortschrittliche als *Gefäße*, die ihr Wesen gerade in ihrer Ausfüllungsbedürftigkeit und -fähigkeit haben. Im ersten Falle schließen sie gedanklich eine geschichtliche Varianz aus, im anderen Falle sind sie dessen Grundlage: Gerade indem ein *Rahmen* vorgegeben ist, kann sich innerhalb dessen vieles ereignen. Während eine konservative Anthropologie die unleugbaren Differenzen als bloß pausenfüllende Belanglosigkeiten abtun muß, sieht eine fortschrittliche gerade in ihnen das Wesentliche. Bezogen auf die menschliche Physis ist dieses Denken inzwischen selbstverständlich: So führt sich der genetische Code auf sehr wenige chemisch gleiche Grundsubstanzen, im letzten auf nur vier verschiedene Nukleotide zurück — dennoch waren unter Abermilliarden Menschen noch keine zwei sich gleich. Archetypen wären demnach als Gestaltungs- und Freiheitsräume aufzufassen, nicht als Festlegungen (geschweige denn als Entschuldigungen …).

Ein solcher Umgang mit Anthropologie befreit umgekehrt das politisch-gesellschaftliche Denken von dem spiegelbildlich entsprechenden Fehlschluß, die Existenz menschlicher Artgemeinsamkeiten leugnen zu müssen, um die Veränderbarkeit der Gesellschaft behaupten zu können. Das tat übrigens auch Marx nicht[99]; und Alexander Mitscherlich bekannte sich dazu, »Aggressivität als Artmerkmal anzuerkennen und der Geschichte die Aufgabe zuzusprechen, sie zu mildern«[100]. Lepenies/Nolte, die diese Zusammenhänge anhand von Marx und Freud differenziert untersucht haben, nennen »die vorausdekretierte Unmöglichkeit, anthropologische ›Konstanten‹ innerhalb des Entwurfs einer Theorie der Gesellschaft in kritischer Absicht zu berücksichtigen, (eine) Vermeidungsstrategie. (…) Eine Soziologie, die sich die anthropologische Fragestellung in der für Marx beschriebenen (flexiblen, experimentellen) Weise aneignet, wird also nicht leugnen, daß mit anthropologischen Konstanten zu rechnen ist, die gleichsam Rahmenbedingungen des Geschichtsprozesses festlegen, aber sie wird sich vor endgültigen Aussagen darüber hüten, wo die Grenze liegt zwischen den unaufhebbaren Naturgesetzen und — in den Worten von Marx — den historisch variablen Formen, in denen sie sich durchsetzen.«[101]

Individuation als Praxis

Daraus folgt, daß auch Individuation — jene Zentralvorstellung in Jungs Denken — nicht mehr als Königsweg zu einem vorgegebenen, nur noch zu entdeckenden Ziel zu verstehen ist, sondern als selbst- und mitweltgestaltende Praxis. Das verlangt von Jungianern, die ihnen so kostbaren ontologisch-eschatologischen Versicherungen hintan zu stellen und Individuation in erster Linie als *experimentellen Prozeß* zu sehen, der zwar nicht ziellos verläuft, bei dem jedoch das Ziel wesentlich darin besteht, *sich einen Weg zu schaffen*. Es geht um die beharrliche Aneignung von Subjekt-*Fragmenten*, bei der zwar weder »das« Subjekt herauskommt noch überhaupt je ein Endpunkt erreicht wird, wohl aber *bewußtes Werden*[102].

Solche Gedanken sind unter heutigen Jungianern zwar selten, aber nicht mehr unmöglich. So schreibt der Berliner Analytiker Blomeyer, »daß die Idee von der Individuation auf eine Utopie hinausläuft, aber auf eine wirksame Utopie, auf die wir nicht verzichten können und mögen. Schwierigkeiten entstehen überall da, wo die Idee konkretistisch mißverstanden wird, d. h., wo offen oder insgeheim der Anspruch besteht, sie zu verwirklichen. Es geht aber wie mit vielen großen Ideen — ich nenne als Beispiele die christliche und die marxistische —: sie lassen sich so, wie sie gemeint sind, nicht in die Wirklichkeit umsetzen. Alle Vernünftigen wissen es, alle Gläubigen leugnen es; und meistens sind auch die Vernünftigen im Grunde ihres Herzens Gläubige geblieben. Die Macht des Ergriffenseins ist zu groß.«[103]

Individuation als Begegnung

Das »Selbst« darf dann auch nicht mehr als weltabgeschlossene Festung des Individuellen verstanden werden. Es bleibt zwar das lebendige Symbol des unverwechselbar Eigenen, aber für eine unvermittelte Umsetzung in eine lebenspraktische Haltung sind solche Symbole nicht geschaffen. Zudem ist das Eigene überhaupt nicht denkbar ohne das Mitmenschliche, in das es hinausfließt und von dem es geprägt wird. Wie Hans Trüb schreibt: »In unserem Verständnis ist das menschliche Selbst als Personenmitte daraufhin angelegt, das dialogisch ansprechbare und antwortfähige Subjekt einer echten partnerischen Begegnung des Menschen mit seiner Welt zu sein. (...) Es zeigt sich schon jetzt, daß der künftige Psychotherapeut sein wissenschaftliches und auch sein therapeutisches Interesse nicht mehr mit derselben Ausschließlichkeit auf die komplexen innerseelischen Vorgänge und Befunde wird konzentrieren dürfen, wie dies unsere Pioniere [Freud und Jung, T. E.] aus guten Gründen und in beispielhafter Weise getan haben. Denn wir erleben und erkennen heute die ›Wirklichkeit der Seele‹ nicht mehr nur als in sich geschlossenen Eigenbereich des Individuums, sondern sie offenbart sich uns je länger je eindringlicher zugleich als *zwischenmenschliches* Phänomen im Raum des partnerisch gelebten Lebens. Hier erst, in den konkreten Begegnungssituationen mit der *Welt als Schöpfung und Geschichte* tut sich uns die menschliche Seele in ihrem wahren Seinsgrund auf, erschließt sie sich uns aus ihrer geheimnisvoll wirkenden Mitte.« [104]

Individuation und Gesellschaftskritik

Gesellschaft ist nicht nur hinderlich, sie ist zugleich unabdingbar nötig als Ort und Mittel der Subjektwerdung. Eine Individuation, die der Auseinandersetzung mit gesellschaftlichen Widerständen und Zwängen enthoben wäre, ist undenkbar und unmöglich. Das hat schon Rittmeister gesehen: Gegenüber einer Haltung, die an gesellschaftlicher Realität vorbei »zur Tagesordnung, nämlich zur Ewigkeitsordnung übergeht und dafür sorgt, daß die Seele realitätsfrei, anpassungsüberhoben im unendlichen Raum ausschwebt (…), lerne man jenen Anteil Unfreiheit und Vergänglichkeit, die recht eigentlich in die Unendlichkeit verschlungen ist, bewußt … anerkennen, und man wird die echte Freiheit gewinnen.« [105]

Der Gedanke ist auch bei Jung enthalten, freilich — wie immer — ganz ins Innerpsychische verlegt: Individuation sei die Auseinandersetzung mit der »persona«, die nur gelingen könne, wenn in einer ersten Lebensphase eine solche auf die Anforderungen der Gesellschaft bezogene Außenpersönlichkeit entwickelt werde. Hier könnte eine kritische Weiterarbeit bei Jung ansetzen.

Wiederum: Die Doppelläufigkeit von Kritik des Falschen *und* Herausbildung eines Richtigeren ist in der »Sache«, nämlich in jedem lebendigen Emanzipationsprozeß, enthalten und muß sich daher in jeder gültigen theoretischen Aussage dazu, wie verkapselt auch immer, wiederfinden. Wie Freud sein Werk nicht hätte schreiben können ohne einen latenten utopischen und bejahenden Impuls, so Jung das seine nicht ohne eine kritische Kraft. Jeder therapeutische Prozeß ist eine solche Kritik in praktischer Form, freilich am Individuum.

Eine unmittelbar auf Gesellschaft bezogene Kritik könnte zum Beispiel dem entpersonalierenden Gebrauch von Archetypen in Werbung, Kulturindustrie und Politik nachspüren[106]. Gerade über die Zeit des Nationalsozialismus ließe sich mit einem kritischen Bewußtsein von der Macht kollektiv-unbewußter Vorgänge noch vieles zutage fördern.

Von einer so dem Gesellschaftlichen aufgeschlossenen Analytischen Psychologie dürfte die Distanz zur Kritischen Theorie des Subjekts in der Nachfolge der »Frankfurter Schule« nicht mehr unüberbrückbar sein. Lorenzers Untersuchungen über Sprache als Symbolproduktion etwa könnten ein wichtiger Pfeiler für einen solchen Brückenschlag sein[107]. Der gegenseitige Lerngewinn wäre: hie die Lockerung eines allzu geradlinigen Gesellschaftsdeterminismus — da die Sensibilisierung für jene »Spur der gesellschaftlichen Machtverhältnisse, die sich nicht nur in die Intimität des individuellen Leidens eingraben, sondern auch dessen Erkenntnis als soziales Leid verhindern« (Wetzel)[108].

Psychologie und Weltanschauung

Auch in einem philosophischen Sinne müßte Jungs Psychologie der Begegnung geöffnet werden. Gerade weil sein Werk so reich ist an menschheitlichem Wissen, hat es immer gläubige Jungianer dazu verleitet, es als in sich geschlossene Weltanschauung zu betrachten. Während Freuds (äußerliche) Enthaltsamkeit in philosophischen und weltanschaulichen Fragen sein Werk so deutlich offen hält und eben darum die Suche nach Verbindungen zum Beispiel mit dem Marxismus geradezu magnetisch anzog, scheint das Bedürfnis bei Jung gedeckt[109]. Das ist es aber nicht. So kostbar Jungs Einsichten in Kernbereiche menschlicher Existenz sind, so unausgeführt bleiben sie bei genauem Zusehen sowohl nach der geistigen wie nach der materiellen Seite menschlichen Seins. — Wir werden darauf im übernächsten Kapitel zurückkommen. Man lese Jung als einen Schatz weltanschaulicher *Fragen*, nicht als deren Antwort.

Bewußtsein

Und schließlich — das ergibt sich aus allem Gesagten — darf das Ich-Bewußtsein nicht als bloßer Erfüllungsgehilfe des Unbewußten gesehen werden, sondern als echtes dialektisches Gegenüber. Es ist nicht nur das Unbewußte, welches das Bewußtsein prägt, das Bewußtsein wirkt vielmehr in vielfältiger Weise auf das Unbewußte zurück[110]. — Gerade in dieser Richtung haben Schüler von Jung entscheidende Schritte bereits getan.

Weiterentwicklung durch Schüler und Mitarbeiter, insbesondere Erich Neumann

Schon zu Jungs Lebzeiten und auch danach hat sich die Analytische Psychologie weiterentwickelt durch die Arbeit vieler Schüler und Mitarbeiter, die die Anstöße ihres Lehrers ausformuliert, systematisiert und weiter verfolgt haben. Wieviel davon geht in die angedeutete Richtung?

Den breiten Überblick, der für eine gesicherte Antwort notwendig wäre, habe ich nicht. Mein Eindruck ist, daß es unter den ausgebildeten Jung'schen Analytikern eine Minderheit gibt, die gedanklich in solche Richtungen experimentiert[111], und daß auch außerhalb der analytischen Zunft, etwa in der Ökologie-, der Friedens- und der Frauenbewegung, Gruppen an einer weltbezogenen Rezeption der Tiefenpsychologie nach Jung arbeiten. In der therapeutischen Praxis fordert ohnehin die dort vordringliche konkrete mitmenschliche Realität diesen Weltbezug immer wieder ein. So etwas wie einen generationellen Paradigmenwechsel in emanzipatorischer Absicht, wie er in der Freud'schen Tradition mit der »Kritischen Theorie« stattfand, hat es jedoch nicht gegeben.

Wenn ich dennoch eine Lesart für möglich halte, in deren Folge die Analytische Psychologie ihre angeborene Verkapselung in Innenwelten auswachsen kann, dann verdanke ich das vor allem dem Werk Erich Neumanns. Ich selbst habe Jung erst durch Neumann kennengelernt: Freunde legten mir seine Texte in die Hände, bevor ich eine Zeile von Jung gelesen hatte. Das führte dazu, daß mir die schroffe Ablehnung der Jung'schen Psychologie als »reaktionär« und »obskurantistisch«, die ich in meiner eigenen gesellschaftskritischen Denktradition vorfand, zunächst unverständlich war: Ich hatte ein ganz anderes Bild von Jung, nämlich eines, das von und durch Neumann geprägt war. Aus der Diskrepanz dieser Bilder entstand der vorliegende Versuch.

Es ist sicher ungerecht, Erich Neumann als einzigen aus der großen Zahl von Männern und Frauen hervorzuheben, die als Analytiker,

Therapeuten, Psychologen und Mythenforscher in der Nachfolge Jungs gearbeitet haben. Andererseits ist unbestritten: »Neumann war der *eine* wirklich originelle Psychologe der zweiten Generation unter Jungs Schülern.«[112] Der dies sagt, Gerhard Adler, gehört selbst dieser zweiten Generation an. Bei den Tagungen des Jung-Kreises im Haus Eranos bei Ascona hielt Neumann von 1948 bis 1959 alljährlich einen Vortrag und war in jener Zeit die zentrale Figur dieser Treffen.

Ein heutiger Psychologe, H.J. Wilke, schreibt: »Ich kenne kaum eine Examensarbeit aus unserem Fachbereich, die ohne Zitate von Erich Neumann auskam, und Publikationen zur Thematik des Schöpferischen, der Psychologie des Weiblichen, der Entwicklungspsychologie, der Archetypenlehre und viele andere Probleme gehen immer wieder von Neumanns grundlegenden Untersuchungen aus.«[113] Um so unfaßlicher, daß es bisher, von Rezensionen und wenigen Aufsätzen abgesehen, so gut wie keine Sekundärliteratur und keine Monographie über ihn gibt. Die einzige Buchveröffentlichung zu Erich Neumann ist meines Wissens die Festschrift zu seinem 75. Geburtstag mit dem Titel »Kreativität des Unbewußten«, die die Zeitschrift *Analytische Psychologie* als Sondernummer im Jahr 1980 herausgebracht hat. Es handelt sich dabei um eine Aufsatzsammlung von früheren Lebensgefährten, Freunden und Schülern Erich Neumanns. Seine beiden für das moderne Bewußtsein vielleicht aufwühlendsten Vorträge über »Die Psyche und die Wandlung der Wirklichkeitsebenen« und »Die Bedeutung des Erdarchetypus für die Neuzeit«, die in den schwer zugänglichen Eranos-Jahrbüchern 1952 und 1953 veröffentlicht wurden, sind nirgends sonst nachgedruckt worden. Könnte es sein, daß seine geglückte Verbindung von künstlerischer, wissenschaftlicher und auf unorthodoxe Weise religiöser Welterfahrung die enger gebahnten Wahrnehmungsgewohnheiten von Lesern und Verlagen überfordert?

Neumann wurde 1905 in Berlin geboren. Er befaßte sich zunächst hauptsächlich mit Literatur und Kunst, schien auch selbst zunächst eine schriftstellerische Richtung einzuschlagen. Seit seinem sechzehnten Lebensjahr schrieb er unaufhörlich, darunter auch immer wieder Gedichte. Diese hohe musische Begabung und sein künstlerisches Interesse schlugen sich in seinem späteren Werk in Studien zu verschiedenen Künstlerpersönlichkeiten (Leonardo da Vinci, Mozart, Kafka, Georg Trakl, Henry Moore, Marc Chagall[114]) sowie in einer klaren und einfühlsamen Sprache von hoher stilistischer Vollendung nieder. Mit dem Ziel, sich der Psychologie zuzuwenden, studierte er zusätzlich Medizin bis zum Staatsexamen im Jahre 1933.

1934 wanderte er nach Israel aus. Der Entschluß, sich dort niederzu-
lassen, war bei ihm schon vor dem Aufkommen des Faschismus entstanden; er sah in dieser Rückkehr zum »eigenen Boden« die einzige
Möglichkeit, seine Individuation als jüdischer Mensch zu vollenden.
Gewissermaßen »auf dem Weg« von Deutschland nach Palästina
machte er mehrere Monate Station bei C. G. Jung in Zürich. Aus dieser
relativ kurzen Lehrzeit entwickelte sich eine Freundschaft, die durch
die Treffen in Eranos und durch Briefe bis zu Neumanns frühem Tod im
Jahre 1960 — noch vor dem eine Generation älteren Jung — fortlebte.
  Seine erste größere Arbeit in Tel Aviv war eine unveröffentlicht
gebliebene Geschichte des jüdischen Bewußtseins, bei der er sich insbesondere mit Martin Bubers Interpretation der chassidischen Überlieferung befaßte. So wurde Martin Buber nach Jung zu seinem zweiten großen Lehrmeister. Vor einer im Selbstbezug verschlossenen Psychologie war Neumann somit gefeit.
  Auch die Rolle des Bewußtseins ist bei ihm weitaus offener und
aktiver gezeichnet als bei Jung. Während Jung zeitlebens um den Aus-
gleich zwischen den zur Selbstgestaltung drängenden Kräften des
Unbewußten und dem weltvermittelnden Bewußtsein ringen mußte,
erlebte Neumann als künstlerischer Mensch diesen Austausch als
lebendige gegenseitige Befruchtung. Nach Freud, bei dem gewissermaßen Kriegszustand zwischen »Es« und »Ich« herrscht, und nach
Jung, bei dem eine gespannte Koexistenz erreicht ist, setzt mit Neumann eine echte Dialektik gleichberechtigter Zusammengehörigkeit
ein, die er »Ich-Selbst-Achse«[115] nannte. Die Vorstellung, das
Bewußtsein müsse dem Unbewußten etwas entreißen oder es über-
wachen, verliert sich bei ihm zugunsten der Auffassung, daß sich
mit zunehmender persönlicher Differenzierung die Fähigkeiten des
Bewußtseins *und zugleich* die schöpferischen Möglichkeiten des
Unbewußten erweitern.
  Hinter Neumanns sehr viel heller getöntem Menschenbild stand
letztlich eine andere religiöse Erfahrung. In einem Brief an C. G. Jung
vom 5. 12. 1951[116] bekennt er sich dazu, daß seine persönliche Gottes-
vorstellung »die weibliche Sophia als höchste Instanz« ist — welch ein
Unterschied zu dem Bild eines demiurgischen Vatergottes, mit dem
Jung sich zeitlebens herumschlug! In diesem Brief merkt Neumann zu
Jungs Hiob-Buch an, »daß die Allgüte Gottes zwar begrifflich vorkommt, aber an keiner einzigen Stelle auch nur wirklich erscheint«[117].
Für ihn ist Gott in Gestalt der Sophia »eine Weisheit liebender Bezogenheit«[118] — welch ein Abstand zu einem »Eros«, mit dem Mißtrauen und Schrecken verbunden sind!

So liegt über seinem ganzen Werk eine andere, gleichsam hellere und in den wärmeren Spektralbereich verschobene Beleuchtung als bei Jung. Und vor allem: Die Türe zum Mitmenschen ist offen.

Alle seine wesentlichen Schriften — insgesamt nicht sehr viele — erschienen in einer kurzen Zeitspanne von nur zwölf Jahren, von 1948 bis zu seinem Tod. Die wesentliche Bereicherung, die Erich Neumann zu C.G. Jungs Tiefenpsychologie beigetragen hat, besteht in zwei großen systematischen Werken. Dadurch gelang es ihm, die Kluft zwischen dem verstehenden Bewußtsein und den Gestaltungen des Unbewußten zu verringern und deutlich zu machen, wieviel Ordnung in deren vermeintlichem Chaos in Wahrheit zu finden ist. Das erste dieser beiden systematischen Werke, die 1948 erschienene *Ursprungsgeschichte des Bewußtseins*, folgt einer evolutionären, also historisch-diachronen Systematik. Neumann zeigt auf, wie sich das mythische Material der Menschheit entsprechend bestimmten kulturellen und gesellschaftlichen Entwicklungsstufen in einer Abfolge von aufeinander aufbauenden Wachstumsschritten anordnet, und setzt dazu die Entwicklungsschritte im Reifungsprozeß des Individuums vom Säugling bis zum erwachsenen Menschen parallel. Dabei griff er die Idee des in der Mitte des 19. Jahrhunderts von dem Biologen Haeckel formulierten »biogenetischen Grundgesetzes« auf, wonach die ontogenetische Entwicklung wie eine geraffte Kurzfassung der phylogenetischen verlaufe. Diese Parallelisierung ist zwar nicht unproblematisch, Neumann gelingt damit jedoch eine differenzierte Darstellung der Abfolge von Entwicklungsschritten im Laufe eines Individuationsprozesses mit ihren jeweiligen Problemstellungen, typischen Umschlägen und konsequenten Aufeinanderfolgen.

Mit Neumanns Gedanken einer Evolution des Bewußtseins löst sich auch der konservative Grundzug, den die Archetypenlehre bei Jung hat. Dort klingt es so, als hätte allein das Unbewußte eine Art »Naturrecht« auf seiner Seite, dem gegenüber das Bewußtsein das Spätere, Abgeleitete, Künstliche und Störende sei. Indem nun Neumann die Entfaltung des Bewußtseins in der Linie einer Evolutionsgeschichte deutet, verwandelt sie sich von einem Oberflächenphänomen der Psyche zu deren Höhenlinie. Die Hervorbringung erscheint nun nicht mehr negativ als Verlust von Natürlichkeit, sondern positiv als die wesentliche Kostbarkeit, der der ganze Prozeß möglicherweise gilt. Nicht mehr nur die ungebändigten Kräfte des Unbewußten haben jetzt ein »Naturrecht« auf ihrer Seite, sondern erst recht jene Linie der Evolution zu höheren Formen von Bewußtheit, auf die dieser ganze Naturprozeß angelegt erscheint. In einem Brief an Jung vom

18. Februar 1959 schreibt Erich Neumann dazu: »Gerade weil die Psyche und die Archetypen mit ihrem Sinn-Inhalt sich innerhalb der Naturentwicklung entwickelt haben, ist dieser ihr Sinn nicht etwas der Natur Fremdes, sondern zu ihr von Anfang an Dazugehörendes — scheint mir.« [119]

Das zweite große systematische Werk ist seine 1953 veröffentlichte Untersuchung zu einem der großen archetypischen Felder, dem des Großen Weiblichen. Dieses Buch *Die große Mutter* ist nun nicht ein historischer Längsschnitt, sondern gewissermaßen eine synchrone Aufsicht auf die ganze Fülle der Ausgestaltungen und Wertigkeiten eines Grundmotivs. Hier vermag Neumann anhand von reichem mythischen Material zu zeigen, daß in der Kombination von Polaritäten wie positiv und negativ, verschlingend und gebärend, jung-ungeformt und alt-erstarrend usw. sich ein wahres Mandala von Sinnrichtungen ergibt. Das archetypische Geschehen verliert auf diese Weise viel von der unberechenbaren und überwältigenden Willkürlichkeit eines Naturgeschehens und wird erkennbar als geistiges Prinzip. Jung hat beide Aspekte des kollektiven Unbewußten erkannt und benannt; aber in seinem Werk liegt der Akzent auf der ersten, naturhaften Seite.

Die bloße Tatsache, 1905 als Jude in Berlin geboren zu sein und die Zeit des Nationalsozialismus bewußt, wenn auch von Palästina aus, miterlebt zu haben, bewahrte Neumann davor, die Realität zeitgeschichtlicher Ereignisse aus dem Blick zu verlieren. Er verstand tiefenpsychologisches Denken auch als »Leiden an der Zeit« und als den Versuch einer Antwort auf drängende zeitgeschichtliche Fragen. Seine erste, 1948 veröffentlichte Schrift *Tiefenpsychologie und neue Ethik* ist ein solcher Versuch einer Antwort auf die Schrecken des Zweiten Weltkriegs und der Judenvernichtung. Wir müssen lernen, so schreibt Neumann richtungsweisend für die ganze heutige Diskussion, das »Böse« nicht mehr auf andere zu projizieren, sondern als destruktive Anteile unseres eigenen Unbewußten zu erkennen, auszuhalten und in Verantwortung zu nehmen.

Aber auch das »Gute«, nämlich die Suche nach Sinn und Transzendenz, wolle anerkannt und gelebt werden, weil es sich sonst in der rationalistischen Verdrängung unbewußt und überwältigend auf lügenhafte Sinnangebote werfe. Nur aus denselben menschlichen Tiefenschichten, aus denen die Gifte des Faschismus und des Krieges gebraut wurden, könne auch die Medizin dagegen kommen. Diese Wahrheit, an deren Tabuisierung alle öffentliche »Bewältigung der Vergangenheit« bis heute scheitert, spricht ein Jude 1948 aus.

Auch Neumann denkt nicht geschichtlich im Sinne von gesellschaftlichen Strukturen [120]. Dennoch ist der entscheidende Durchbruch getan: Hier wird deutlich, daß die archetypischen Energien, wenn sie sich mit Bewußtsein und Verantwortung verbinden, bereichernd in mitmenschliches Leben überfließen und durchaus eine emanzipatorische Dynamik entfalten können [121].

Von Jungs sonstigen Schülern und Mitarbeitern waren mir insbesondere die Schriften von Aniela Jaffé (geb. 1903) entscheidende Hilfen, den Menschen C. G. Jung und sein Werk zu verstehen. In den Jahren 1955 bis 1961 war sie seine Sekretärin und schrieb in dieser Zeit mit ihm zusammen seine Lebenserinnerungen auf. Wie Neumann verfügt sie über eine klare und transparente Sprache. Ihr Buch *Der Mythus vom Sinn im Werk von C. G. Jung* ist die beste mir bekannte Darstellung des Menschenbildes, das sich aus der Analytischen Psychologie ergibt, damit zugleich eine vorzügliche philosophische Einführung in Jungs Werk. Auch sie läßt sich von einem Evolutionsgedanken leiten, der niemals nur konservativ sein kann.

Neben Neumann und Jaffé wäre in der zweiten Generation nach Jung eine Reihe von weiteren Persönlichkeiten zu nennen, die sein Werk mit eigenen Beiträgen ausdifferenziert und — im engeren Umkreis selbst schulenbildend — über dessen Erkenntnisse hinausgeführt haben. Dazu gehören in Zürich u. a. Marie-Louise von Franz, Jolanda Jacobi und Carl Alfred Meier, in Deutschland Gustav Richard Heyer (1890-1967) [122] sowie seit den sechziger Jahren Hans Dieckmann mit einer Gruppe von Lehranalytikern am Berliner Institut für Psychotherapie, in England Michael Fordham und Gerhard Adler, in den USA E. C. Whitmont und E. F. Edinger. Publikationsorgane sowie Ausbildungs- und Forschungszentren der Analytischen Psychologie gibt es heute in zahlreichen europäischen und außereuropäischen Ländern, von denen jedes in seinen thematischen Schwerpunkten, seinen Therapiekonzepten und Ausbildungsstoffen ein eigenes Profil entwickelt, z. T. auch in deutlichem Kontrast zu den Auffassungen anderer Zentren und Ländergruppen. Die Zahl der Ausbildungskandidaten an diesen Zentren ist in den letzten Jahren sprunghaft gestiegen, ebenso die Zahl der Mitglieder in der Internationalen Gesellschaft für Analytische Psychologie [123].

Eine Ahnung von der Breite der hier geleisteten Arbeit z. B. auf den Gebieten der Symbol- und der Traumforschung, der Diagnostik, Neurosenlehre und therapeutischen Methodik, der Typologie, der Kinder- und Gruppentherapie gibt beispielsweise der Überblicksartikel von H. Dieckmann und E. Jung in der Enzyklopädie *Die Psycho-*

logie des 20. Jahrhunderts[124]. Wesentliche Begriffe der Jung'schen Psychologie wurden dabei einer Revision unterzogen und aus zu starren Festlegungen gelöst. So zeigte sich, daß der Individuationsprozeß zwar erst nach der (gedachten) Lebensmitte in den Vordergrund des psychischen Geschehens tritt und dann auch erst den ihm typischen Bezug zu einer Sinnfrage entfaltet, daß er aber als Streben nach Eigenständigkeit und Ich-Behauptung auch alle früheren Lebensphasen seit der Geburt durchzieht. Schon die frühesten Kinderzeichnungen, ebenso die Träume von Kindern und Jugendlichen quellen geradezu über von archetypischer Symbolik; anders wäre auch die tiefe Wirkung von Märchen mit ihren archetypischen Gestalten, Verwicklungen und Lösungen in diesem Lebensalter nicht erklärbar. Alles spricht dafür, diese psychische Dynamik als die frühen Phasen eines lebenslangen Individuationsprozesses zu deuten, der schon hier Störungen wie — notfalls therapeutische — Förderung erfahren kann. So läßt sich auch die Herausbildung einer persona, die in den Anfängen der Jung'schen Psychologie als Vorspiel und Gegenstück, wenn nicht als Gegen*satz* zur Individuation verstanden wurde, besser als eine ihrer typischen Phasen einbegreifen[125]. Schrittweise wurden damit die Umrisse einer Jungianischen Entwicklungspsychologie erarbeitet, von der aus unschwer gegenseitige Übersetzungen zu Erkenntnissen der Freud'schen Psychoanalyse über frühkindliche Entwicklung möglich sind. — Aufgelockert wurde auch die allzu eindeutige gegengeschlechtliche Zuschreibung der Leitgestalten des Unbewußten, die Jung beim Mann »anima«, bei der Frau »animus« nannte. Heutige Frauen berichten von Figuren in ihren Träumen, die alle Züge einer anima haben; warum sollte auch die Psyche von Frauen, die jahrelang beruflich und intellektuell »ihren Mann gestanden« haben, nicht unbewußt-weibliche Komponenten enthalten? Und umgekehrt die Psyche von Männern, die sich als »softie« versucht haben, männliche?

Es gibt freilich auch jene andere Jung-Rezeption, die keine Anstalten macht, die Verkapselung der Jung'schen Welt zu öffnen, sondern sie eher noch enger faßt. Damit meine ich nicht so sehr die Verwendung der Analytischen Psychologie als »apolitische« therapeutische Heilkunst, obwohl auch daran Fragezeichen anzubringen wären. Bedenklich wird dies dann, wenn Jungs Begrenzungen von seinen Nachfolgern zu Tugenden umgedeutet und der Apolitizismus zur militanten Ideologie erhoben werden — was dann allerdings eine eindeutige politische Haltung ist. So schreibt Marie-Louise von Franz, »daß heute die eigentliche Befreiung des Menschen nur von einer see-

lischen Wandlung ausgehen kann ... Wenn der Mensch keinen Sinn
mehr im Leben sieht, dann ist es auch gleichgültig, unter welchem Regime des Ostens oder Westens er verkümmert — nur wenn er in der
Freiheit etwas Sinnvolles aufbauen kann, ist sie wichtig. Darum ist das
Finden eines inneren Lebenssinnes für den einzelnen wichtiger als alle
anderen Belange.«[126] Und an anderer Stelle: »Politische Meinungsverschiedenheiten sind letztlich Exteriorisationen von Konflikten, die
jeder einzelne zuerst in sich selbst lösen sollte.«[127] Das sind sie fraglos
auch, oder können es sein — falsch wird die Aussage durch ihren
Gestus des »nichts-als«. Zeitlebens hat Jung sich gewehrt gegen
»nichts-als«-Formulierungen, mit denen das innerpsychische Geschehen zur bloßen Verlängerung der bekannten Außenwelt erklärt wurde
— hier wird nun umgekehrt diese Außenwelt »letztlich« der Psyche
zugeschlagen. Eine so erfahrene Tiefenpsychologin wie v. Franz hätte
über ihre eigene Formulierung stutzen müssen: Bei jeder »nichts-
als«-Behauptung drängt sich bekanntlich der Verdacht auf, daß hier
eine richtige Teilaussage, die die eigene Disposition zu denken erlaubt,
abgedichtet werden soll gegen einen gegenläufigen anderen Teil, den
sie nicht zu denken erlaubt, durch den die Aussage aber erst »ganz«
würde. In diesem Fall: Die zu lösenden inneren Konflikte sind ihrerseits *auch* gesellschaftliche Introjekte.

Gibt es gegenüber einer solchen ausdrücklichen Entwirklichung
von Geschichte, Gesellschaft und Politik noch die Möglichkeit einer
Auseinandersetzung, so bleibt nur noch Achselzucken gegenüber
jener Beschäftigung mancher »Jungianer«, die in vermeintlich treuer
Ergebenheit gegenüber dem Meister und in geradezu automatisierter
Fortschreibung seiner Weise der Weltbewältigung (siehe oben: Bannen
durch Benennen) allen auftauchenden Gestaltungen des Unbewußten
die Etiketten der Jung'schen Begriffe aufheften und dadurch die
Chance des Neuen in die Sicherheit des Alten verwandeln. Zwar können dabei geistige Verbindungsmuster von hohem ästhetischen Reiz
entstehen, allerdings um den Preis jener harmonisierenden Blindheit
gegenüber konkreter Realität, die Rittmeister als »den Hochmut ...
esoterischer Ideenschau, oft haarscharf neben Irrtum und Ignoranz
gelagert«[128], geißelte. Hier gilt das Wort von Jung über jene »Nachfolger«, denen die lebendige Gestaltungskraft fehlt und die diesen Mangel
stets durch dogmatische Treue ersetzen« und sich »an Worte klammern, weil (ihnen) der lebendige Inhalt nicht gegeben ist«[129]. Die
Technik des Etikettenklebens eröffnet auch gerade dem Anfänger gute
Einstiegschancen, man kommt mit drei Begriffen aus und kann dabei
nicht irren, weil das Gegengeschlechtliche immer »animus« bzw.

»anima« und das Gleichgeschlechtliche der »Schatten« ist (für Fortge-schrittene auch mal der »Psychopompos«). Besonders unerträglich wird es, wenn solche Einsichten im gedämpft-bedeutungsvollen Ton besonderer Heiligkeit vorgetragen werden. Der Analytiker Blomeyer, einer der wenigen Jungianer mit der Fähigkeit zur Selbstironie, notiert dazu: »Unsere ›Archetypensuppe mit Mandala-Knödeln‹ schmeckt dann ein bißchen zu dick.«[130]

Politisch gefährlicher kann die umgekehrte Verkürzung werden, die nicht das Harmonistische, sondern gerade das Kämpferische des »Helden« auf seinem Individuationsweg heraushört. Verbunden mit der trotzigen Selbstverschließung des »Ich muß mit mir selber fertig werden« kann hier ein Elitedenken entstehen, das zwar äußerst wir-kungsvoll nach außen treten kann, aber in pervertierter Weise: Mit der Außenwelt und den Mitmenschen wird umgesprungen, *als ob* sie nur Bilder des eigenen Inneren wären. Verbunden mit einem ethischen Relativismus, der an die Stelle des alten nicht einen höheren, sondern schlicht den eigenen Machttrieb *als* Ethos setzt, wird jede Willkür möglich, ja geboten. Versteht sich, daß diese Lesart besonders in der Zeit des Nationalsozialismus »ankam«.

Politisch bedenklich, jedenfalls ärgerlich sind auch jene heutigen Verballhornungen der Jung'schen Tradition, die Bruchstücke daraus im Zuge der »Neuen Mythologie« als Medienereignis benutzen. Ich denke beispielsweise an die Inwertsetzung von Mythos und Mystik als Kassenmagneten für phantastische Filme oder für eine trivialisierte »Fantasy«-Literatur. Ich denke an männliche Größenphantasien à la »Krieg der Sterne« oder »Der Wüstenplanet« (in dem übrigens eine von Freud entlehnte Sexualsymbolik und ein bei Jung geborgtes Hel-denwegs-Pathos nahtlos ineinanderspielen). Nicht weniger peinlich, wenngleich weniger gefährlich, ist die Ausschlachtung weiblicher Symbolik in matriarchal sein wollendem Medienkitsch wie etwa der von Judy Chicago ersonnenen »Dinner Party«, bei der als Göttinnen, Hexen und Heilige verkleidete Frauen ein kabbalistisches Abendmahl veranstalten. Auch in Teile der als »New Age«-Bewegung bekannten Ausbreitung von Selbsterfahrungsgruppen, Meditationszentren, spiri-tuellen Kreisen, esoterischen Tagungen und Seminaren gehen biswei-len Versatzstücke Jung'scher Psychologie, Kommerz und unkritische Weltbejahung eine unheilige Allianz ein (»PSI für Manager, 1 Woche Lanzarote, alles incl. 1.950,— DM«)[131]. Leider werden gerade solche Abwege der Jung-Rezeption in den Medien bevorzugt aufgegriffen und prägen das Bild einer »Jung-Welle«, über die ernsthafte Jungianer alles andere als glücklich sind.

Für eine ins einzelne gehende, fundierte Einschätzung der in Jungs Nachfolge geleisteten Arbeit ist meine Kenntnis der Schriften heutiger Jungianer sowie der laufenden Diskussionen in ihren Instituten, Organen und Vereinigungen zu lückenhaft. Ein Großteil dieser Arbeiten bezieht sich unmittelbar auf das therapeutische Berufsfeld der Analytiker, auf dem ich keine Kompetenz besitze und auf das ich in diesem Essay auch nicht eingehe; ein weiterer gewichtiger Teil befaßt sich mit dem Gebiet der Traum- und Symbolforschung, das in meinem Text vorausgesetzt, aber nicht diskutiert wird. Ich bezweifle nicht, daß dabei wesentliche Beiträge zur Erweiterung und Öffnung der Jung'schen Psychologie, auch in einer mitweltlichen Richtung, erbracht wurden. Und daß sich daraus auch Ansätze für gesellschaftskritische Fragen gewinnen lassen, wird mir insbesondere aus den neueren Arbeiten im Umkreis des Berliner Instituts deutlich. Aber eine systematische Forschung, die »quer« zu den philosophischen, anthropologischen und politischen Prämissen Jungs nach Bezügen zur Tradition kritischen Denkens und politischen Handelns suchte, kann ich bislang nicht erkennen.

Versuche einer kritischen Aneignung: Ira Progoff, Stephan Marks, Gerda Weiler

Mir sind nur drei Bücher bekannt, die sich ausgehend von einem gesellschaftlichen Interesse kritisch mit der Analytischen Psychologie auseinandersetzen, ohne sie von vornherein pauschal zu verwerfen. Zugleich unterscheiden sie sich in ihren Ansätzen und Fragerichtungen so grundlegend voneinander und auch von meinem eigenen Versuch, daß von so etwas wie einer Forschungstradition auf diesem Gebiet nicht gesprochen werden kann. Eher macht jeder dieser Beiträge zunächst nur die enormen Anlaufschwierigkeiten einer solchen kritischen Annäherung deutlich. Zu recht spricht einer der drei Autoren, Stephan Marks, vom »Elend der Jung-Rezeption«[132], zwischen kritiklosem Nachbeten und pauschaler Ablehnung zu schwanken. Von solchem Schwanken sind auch diese Versuche, die sich um eine eigene Position bemühen, nicht frei.

Ira Progoff

Angesichts ihres Erscheinungsdatums von 1952 kann die Dissertation des amerikanischen Psychologen und Anthropologen Ira Progoff über *Jung's Psychology and its Social Meaning* als erstaunlich früher und sehr beachtlicher Versuch einer Verbindung von Analytischer Psychologie und historisch-gesellschaftlichen Fragen gelten. Jungs Archetypenlehre — so seine These — biete fruchtbare Ansätze zum Verständnis kollektiv-psychischer Dispositionen, wie sie in sozialen und politischen Prozessen, auch gerade der Gegenwart, zum Ausdruck kommen. Dabei klingen bei Progoff einerseits die bekannten existentialistischen Themen der Selbstentfremdung, der Angst und der Vermassung, andererseits auch hochaktuell wirkende Stichwörter wie Apokalypse und Neue Mythen an. Was Progoff damals, wenige Jahre nach Hiroshima, insbesondere in seinem dichten »Epilogue« zusammenbrachte, täte noch heute jedem Sammelband zum Thema ›Atomangst und Sinnkrise‹ Ehre an.

Die philosophisch-anthropologische Geschichtsbetrachtung, die die Stärke des Buches ausmacht, steckt aber zugleich auch dessen Grenzen ab. Kategorien wie Macht und Herrschaft, Arbeit und Interesse kommen nicht vor. Dabei beginnt Progoff nicht ohne kritische Distanz gegenüber der Geschichtsblindheit Jungs: »With regard to Jung's accomplishment in the field of social thought, we must realize that this contribution is still in the realm of hypothesis. (...) The test of value of Jung's work does not lie ultimately in Jung himself, but in the use that will be made of his ideas by thinkers who will come after him.« (S. 201) »Our own conclusion is that Jung's concepts have a ground-breaking power for the social sciences, but that they will make their impact fully felt only when they have been reformulated and redefined with reference to the specific problems of social study.« (S. 245)

Der methodische Grundgedanke, den Progoff selbst zu dieser Umformulierung beiträgt, scheint mir durchaus treffend: Die an sich gestaltlose archetypische Energie nehme, sobald sie in Symbolen bildhaft werde, Formelemente des jeweiligen kulturellen Zusammenhangs auf, der immer auch historisch geprägt sei. Zwischen dem überzeitlich-menschheitlichen und dem individuell-lebensgeschichtlichen Unbewußten nimmt Progoff also gleichsam eine mittlere Ebene von kulturgeschichtlich und gesellschaftlich verallgemeinerbaren Ausformungen an, die sich in allen Individuen der Epoche in größerem oder geringerem Maß artikulieren. Eine ähnliche Grundannahme trägt auch die kritische Sozialpsychologie im Anschluß an Freuds Kulturtheorie, wie sie etwa Fromm 1932 für die Frankfurter Schule formulierte[133]. Progoff weist dabei ausdrücklich darauf hin, daß solche »Ebenen« nur gedanklich voneinander getrennt werden können und es sich in Wahrheit um ein Kontinuum vom relativ unhistorisch Allgemeinsten bis zum historisch durchdrungenen Besonderen handelt.

Mit diesem Schritt ist in der Tat Jungs Abkapselung gegenüber der geschichtlichen Außenwelt aufgebrochen und der Weg frei zur Erforschung der zeitgeschichtlichen Ausprägungen des kollektiven Unbewußten. Progoff verweist hier auf das monumentale Werk des englischen Geschichtsphilosophen Arnold Toynbee, dessen zwölfbändige *Study of History* sich ausdrücklich auf C. G. Jung stütze.

Aber als hätte Progoff Angst vor der eigenen Courage, schreibt er diese historische Offenheit in anderen Passagen dem verehrten Meister selber zu. In offenem Widerspruch zu seiner eigenen vorzüglichen Darlegung der Grundzüge Jung'schen Denkens, die das Buch zu seiner Hälfte ausmacht und ihm im amerikanischen Sprachraum die vom Autor unbeabsichtigte Funktion eines Einführungstextes bescherte, unterschiebt Progoff dem Begriff des kollektiven Unbewußten bei Jung eine soziologische Absicht. »His conception of the unconscious is specifically sociological and his analysis of the phenomena of the unconscious is set in the context of history.« (S. 32) Redet Progoff von einem anderen Autor? »He sees the psychological problems of the individual as arising out of the broad historical movements.« (S. 126) Das Gegenteil ist der Fall.

Progoff kann wohl zu solchen Behauptungen nur kommen, weil er einen anderen Begriff des Sozialen hat: Es bezeichnet bei ihm nicht mehr als den jedem Individuum mitgegebenen Zusammenhang als zoon politikón, seine in kulturelle Formen gefaßte mitmenschliche Existenzweise. »Geschichte« ist für ihn Evolution, und »Soziologie« Kulturanthropologie. Letztlich ist es bei ihm ein Weltgeist namens Kultur, der die Einzelseelen, die Gesellschaften und die Geschichte gleichermaßen regiert und daher hin- und herchangieren, unter jener oder einer anderen Bezeichnung angesprochen werden kann. Und wie der Geist aus der Flasche kann dieser Weltgeist sich beliebig ausdehnen und zusammenziehen, um bald die gesamte Evolutionsgeschichte der Menschheit, bald nur die Jahre seit Hiroshima zu umfassen.

Ein kritisch-emanzipatorisches Interesse läßt sich mit einem so unspezifischen Instrumentarium freilich nicht mehr verfolgen. Und dennoch klingen gelegentlich emanzipatorische Töne an, bis hin zu jenem stolzen Satz: »Jung's conception of individuation is essentially a road of freedom.« (S. 249). Er bleibt wie ein erratischer Block unbehauen stehen in einer Umgebung, die von solchen emanzipatorischen Elementen nichts zu wissen scheint[134].

Stephan Marks

Die politisch-emanzipatorische Absicht ist dagegen für das 1982 abgeschlossene Buch von Stephan Marks *Hüter des Schlafes. Politische Mythologie* tragend. Programmatisch formuliert er die Doppelseitigkeit emanzipatorischen Handelns: »Therapie und Gesellschaftsverbesserung sind gar nicht voneinander zu trennen, da der ›richtige‹ Mensch in der alten Gesellschaft ebenso notwendig scheitern muß wie die ›richtige‹ Gesellschaft mit den alten Menschen.« (S. 267) Für den subjektbezogenen Teil versucht er, die Analytische Psychologie Jungs fruchtbar zu machen — insoweit ist sein Ansatz mit meinem identisch. Und so stößt er auch auf dieselben Hindernisse, an denen auch mein Versuch sich abarbeitet: einerseits das »Vorurteilsbollwerk« (S. 227) gegenüber jeder ernsthaften Befassung mit Jung, andererseits die Notwendigkeit, Jungs Psychologie erst kritisch »aufzuschließen« (S. 230).

Marks gebührt also die Anerkennung, sich als erster auf die Suche nach einer Verbindung zwischen Analytischer Psychologie und Kritischer Theorie begeben zu haben. Bei dem wackeren Aufbruch bleibt es dann auch: Mangels kategorialer Ausrüstung und einer philosophischen Übersichtskarte kann Marks die gesuchte Verbindung nicht finden, ja nicht einmal merken, daß die von ihm inaugurierte »Politische Analytische Psychologie« mit dem gesuchten Ziel so viel zu tun hat wie die Kanalinseln mit Westindien.

Offenbar angeregt durch Theweleits *Männerphantasien* trägt Marks ein reichhaltiges Bild- und Sprachmaterial über wiederkehrende Mythologeme in politischen Äußerungen insbesondere (aber nicht nur) des Nationalsozialismus zusammen. Er weist nach, daß *alle* politischen Ideologien — bürgerliche, faschistische, sozialistische — sich mythischer topoi wie Flut, Damm, Chaos, Sumpf, Krake, anima, Held, Teufel usw. bedienen. Dieser empirische Teil der Arbeit enthält eine Fülle von anregendem Material, um den Preis einer unhistorischen Addition und eines methodischen Freistils, den der Autor selbst im Vorwort als Collage bezeichnet.

Im nachgestellten theoretischen Teil wird deutlich, von welchen Grundgedanken der Autor ausging und wie er sich die gesuchte Verbindung von Gesellschaftskritik und C. G. Jung vorstellt. Es geht ihm um »Aufklärung über mythologische Elemente in politischer Ideologie« (S. 232). Ganz im vulgär-aufklärerischen Sinne hat dabei »Mythos« für ihn nur die Bedeutung des Unwahren; er sieht ihn »als Ersatzbefriedigung, als ›illusionäre Kompensation für reale Versagungen‹ … oder als ›Opium für das Volk‹« (S. 228). »Im Unbewußten sedimentiert sich, was im Fortschritt ins Zeitalter der Rationalität nicht mithalten durfte, was dem Zivilisationsprozeß, der ›Industrialisierung an Leib und Seele‹, zum Opfer fallen mußte. Diese Sedimente sind es schließlich, die im politischen Mythos sich als ›Ideenhimmel‹ abbilden. Der Mythos ist das Psychogramm des bürgerlichen Charakters.« (S. 61) Erstaunlich, daß dem Autor nicht die Frage nach dem vorbürgerlichen Ursprung der Mythen kommt und er seine eigene Mythenfeindschaft nicht unter den Verdacht stellt, ihrerseits Teil eines rationalisierenden Fortschrittsdenkens zu sein.

Auch Marks nimmt also verallgemeinerbare gesellschaftsbedingte Charakterstrukturen an, freilich mit der ausschließlich negativen Bedeutung eines gesellschaftlich Verdrängten. Dabei ist für ihn die »eigentliche Frage: auf welche Instanzen oder Bereitschaften im Einzelnen dieser Betrug (!) spekulieren kann« (S. 212). Das unterscheidet sich im Ansatz nicht von der Forschungsrichtung der Kritischen Theorie, wobei Marks' Weiterung darin besteht, zusätzlich die Analytische Psychologie Jungs zu Rate zu ziehen, wo es um den Nachweis mythologischer Motive geht. Was Marks mithilfe dieses Instrumentariums beispielsweise über Feindbildprojektionen, Abwertung der Frau, Unterdrückung der Natur im Menschen, Affinität des bürgerlichen Normalsubjekts zum (nationalsozialistischen) Sadismus usw. zu sagen weiß, ist durchaus treffend und zeigt, daß Jung'sche Erkenntnisse sich auch in kritischer Absicht nutzen lassen.

Verfehlt wird der Ansatz da, wo Marks seinen reduzierten Gebrauch von Jung zum einzig wahren erklärt und meint, Jung kurzerhand als verhinderten Mythen*kritiker* der Frankfurter Schule addieren zu können. Die »sozialwissenschaftliche Rezeption« (S. 227) läuft dann darauf hinaus, Jungs Grundgedanken in ihr Gegenteil zu verkehren: Jung sei bei seiner Mythenforschung nur versehentlich in die Faszination seines Objekts geraten, im Grunde sei es ihm um die Aufklärung dieses ganzen Spuks gegangen.

Eine solche Mißdeutung ist nur möglich, wenn auch der Charakter des kollektiven Unbewußten gründlich mißverstanden wird: »Faktoren wie Patriarchat, Sexualunterdrückung, ja Unterdrückung überhaupt … wirken in die Geschichte der Psyche und das ›überpersönliche‹ Unbewußte mit ein; im Unbewußten sedimentiert sich, was im

Sozialisationsprozeß nicht mithalten darf (unterdrückte Bedürfnisse, Impulse und Entwicklungsmöglichkeiten etc.). Diese Sedimente sind die sogenannten ›Archetypen‹.« (S. 245)

Marks setzt also die Archetypen gleich mit einem gesellschaftlich Verdrängten. Damit löst er den Begriff von der anthropologischen Wurzel, die für Jung maßgeblich war, und transportiert ihn auf die Ebene gesellschaftlich verallgemeinerbarer Deformierungen, die Jung nie im Blick hatte. *Solche* Archetypen können dann auch mit der Kraft der aufklärerischen Reflektion durchdrungen und in Nichts aufgelöst werden. Damit löst sich die Analytische Psychologie selbst auf, wie Marks konsequent und ohne zu stutzen vermerkt: »Als Kritik des Verhaftetseins des Menschen im Rückwärts hätte Jungs Theorie … mit voller Kraft daran mitzuarbeiten, sich selbst überflüssig zu machen. (…) Nur *insoweit* der Mensch im Rückwärts verhaftet ist, ist Jungs Ansatz aussagefähig; mit der Emanzipation des Menschen wird auch dieser Ansatz überflüssig, gegenstandslos.« (S. 275) Marks wird hier selbst zum blinden Opfer des Lichtbringer-Mythos der Aufklärung, den er in den politischen Äußerungen anderer kritisiert.

Kann dieser Autor so die gedankliche Tiefe des Jung'schen Werks nicht erfassen, so reicht sein Ansatz immerhin für eine brauchbare Kritik des »politischen« Jung: dessen Verhalten gegenüber dem Nationalsozialismus (S. 289 ff) und dessen kurzschlüssige Übertragung von Psychischem auf Politisches (S. 259 ff). »Denken hat sich seit je blamiert, wenn es von Geschichte und Gesellschaft geschieden war — so auch im Falle Jungs.« (S. 308) Richtig. Dasselbe gilt allerdings auch für ein geschichtliches Denken, das sich seiner Verwurzelung im »tiefer-als-Rationalen« (Progoff, S. 255) nicht mehr bewußt ist.

Trotz der abwegigen Fehldeutungen Jungs und zahlreicher methodischer Fragwürdigkeiten nötigt Marks' Versuch auch Respekt ab. Aus den biographischen Angaben, die der Verfasser für die Buchveröffentlichung nachträglich in seine Dissertation eingefügt hat, wird deutlich: Hier hat ein junger Mensch aufrichtig mit einem großen Thema gerungen, jahrelang, fast ohne Gesprächspartner. Darin zu unterliegen, ist keine Beschämung.

In einer dieser nachträglich eingefügten Passagen findet sich der Satz: »Erst nach Beendigung des Promotionsverfahrens … merke ich, daß mir das Prozeßhafte der Jung'schen Psychologie weitgehend entgangen ist, wie war das möglich?« (S. 160) Damit hebt sich seine Jung-Deutung auf, etwas Neues hätte zu beginnen.

Und offenbar begann es: Ein Jahr später legte Marks ein anderes Buch über *Neue Politik, Spiritualität, Aktionen* vor, das in poetischer

Form Gedanken und Erfahrungen aus der Friedensbewegung des Jahres 1983 zusammenfügt. Marks ringt hier nicht mit der Theorie, sondern schöpft aus Erlebtem. Statt Jung unablässig zu zitieren und ihm dabei ganz äußerlich zu bleiben, erwähnt dieses Buch Jung nur beiläufig — und ist ihm ganz nahe. Beim Durchblättern erweist es sich als ein Kaleidoskop von Anregungen dazu, wie eine emanzipatorische Politik aussehen könnte, die aus dem kollektiven Unbewußten schöpft (im letzten Kapitel werde ich darauf zurückkommen). So zeigt sich, wie sehr Marks trotz und durch seine Dissertation bei Jung in die Lehre gegangen ist, auch wenn er ihn kognitiv nicht erfaßte. Ein Beispiel dafür, daß Archetypen wirken, auch wenn sie nicht verstanden werden?[135]

Gerda Weiler

Aus anderem Holze ist Gerda Weilers Buch *Der enteignete Mythos. Eine notwendige Revision der Archetypenlehre C. G. Jungs und Erich Neumanns.* Hier ist nicht wie in den Dissertationen von Progoff und Marks ein junger Mensch auf der Suche nach seinem Standort, hier schreibt eine Frau auf der Höhe ihrer Lebenserfahrung, Kenntnisse und Überzeugungen. Bei der Auseinandersetzung mit diesem Werk stehe ich vor der Schwierigkeit, daß es mit großer Entschiedenheit für Frauen geschrieben ist und von Frauen gelesen werden will. Mir erschließt sich sicherlich nur ein Ausschnitt seines Bedeutungsgehaltes; aber da in dem Buch auch deutliche Aussagen über männliche Lebensprojekte gemacht werden, fühle ich mich berechtigt, zu diesem Bereich Stellung zu nehmen.

In meiner Wahrnehmung hat Weilers Buch ein doppeltes Anliegen: heutigen Frauen die Tradition des weiblichen Mythos wieder nahezubringen und sie zugleich davor zu warnen, die Analytische Psychologie nach C. G. Jung und Erich Neumann als eine Quelle hierfür zu betrachten. Der ganze Ansatz sei vom Geist des Patriarchats durchdrungen, es gehe Neumann — von Jung ganz zu schweigen — bei seinen Untersuchungen über das Große Weibliche keineswegs um weibliche Subjektivität, sondern um eine Komplettierung der männlichen, selbstverständlich zur Befestigung des patriarchalen Machtanspruchs.

Die Rebellion selbstbewußter Frauen dagegen, Entwürfe weiblicher Subjektivität von Männern zu beziehen, kann ich — soweit dies einem Mann möglich ist — nachvollziehen. Ich habe mich biographisch an dem spiegelbildlich umgekehrten Problem abzuarbeiten und ohne

123

daher, was es bedeutet, wenn die gegengeschlechtliche Rollenzuweisung nicht nur vom familiären Hintergrund, sondern darüber hinaus von der Macht der gesellschaftlichen Verhältnisse aufgenötigt wird.

Insgesamt gelingt Gerda Weiler der Nachweis, wie sehr Neumann durchgängig von der männlichen Psyche und für die männliche Psyche denkt, und daß er letztlich nicht darüber hinauskommt, Frauen als Gehilfinnen des Mannes zu sehen und ihnen einen Platz innerhalb des patriarchal geprägten Weltbildes anzuweisen. Und freilich kann sie auch zeigen, wie unbewußt Jung und Neumann gegenüber dem Phänomen der Macht waren, mit dem Ergebnis, männliche Macht unbewußt auszuüben und zu befestigen. Aufgrund ihres umfassenden mythologischen Wissens (das ich nicht nachprüfen kann) weist sie Neumann auch mehrere Verkürzungen bei der Interpretation mythischer Frauengestalten nach — stets zu Lasten von deren positiven Aspekten, zugunsten einer Betonung ihrer negativen Anteile. Das sind wichtige Ergebnisse, die für die Jung/Neumann-Rezeption festzuhalten sind. Die Geschichte und Symbolik der »Großen Mutter« muß von Frauen noch einmal neu geschrieben werden.

Natürlich ist es nicht Aufgabe von Frauen, gegenüber den Leistungen des Patriarchats »gerecht« zu sein. Und so läßt sich Gerda Weiler in ihrem Zorn keineswegs davon beeindrucken, daß in der Männerwelt unserer Zeit niemand so viel, so früh und so eindeutig zur Kritik patriarchalen Bewußtseins und zur Wiederentdeckung matriarchaler Traditionen beigetragen hat wie C. G. Jung und Erich Neumann. So mahnte Neumann schon 1953, als solche Gedanken noch keineswegs in aller Munde waren, in seinem Vortrag über »Die Bedeutung des Erdarchetypus für die Neuzeit« dazu, sich freizumachen von dem patriarchalen »Himmelsarchetypus, mit seinen überscharfen Bewußtseinsformen, denen wir zwar die wesentlichen Errungenschaften, aber auch die tödlichen Bedrohungen unserer Zivilisation verdanken«. Der Vortrag endet in folgender enormer Zukunftsvision: »Mit dem letzten Symbol aber, dem des Kindes der Sophia, das uns gerade noch am Rande unseres Horizonts sichtbar wird, wenn wir die Wandlung des Erdarchetyps in der Neuzeit, das heißt in uns selber, verfolgen, wird etwas geboren, dessen Bedeutung für den modernen Menschen überhaupt noch nicht abzusehen ist, nämlich nicht mehr und nicht weniger als ein ›heiliger Geist‹ der Erde.«[136] — Warum zitiert Gerda Weiler eine so wichtige Stelle, die ihren eigenen Entwürfen parallel geht, nicht?

Um dieselbe Zeit rang C. G. Jung in seinem Buch *Antwort auf Hiob* mit dem Vatergott. Er kritisiert dort den patriarchalen Monotheismus der jüdischen Tradition, der in der christlichen Trinität nicht wesentlich gemildert sei. Ausführlich geht er dann auf das kurz zuvor im Jahre 1950 von Papst Pius XII. verkündete Dogma von der »assumptio Mariae«, der Aufnahme Marias in die Trinität, ein. Daß damit das christliche Gottesbild weibliche Anteile erhalte, wertet Jung als enormen Fortschritt, geradezu als Erlösung[137]. In den »Späten Gedanken« seiner Lebenserinnerungen schreibt er inmitten einer düsteren Gegenwartsbeschreibung: »Ein einziger Lichtblick ist Pius XII. und sein Dogma.«[138] Mit anderen Worten: Jung hielt die Ergänzung des christlichen Gottesbildes um einen weiblichen Aspekt für den einzigen Hoffnungsschimmer in unserer Zeit! Es wirkt böswillig, wenn Gerda Weiler ihn zwar mit seinen Entgleisungen über die weiblichen Geschlechtsteile (»erbärmliche Nullität«) zitiert, nicht aber mit dieser Sehnsucht nach einer anderen Zivilisation im Zeichen einer mütterlichen Gottesliebe.

Vergleicht man in dieser Hinsicht Jung mit Freud, so ist offensichtlich, daß Jung ein mehr einfühlendes und verbindendes, »weibliches«, Freud mehr ein aggressives und trennendes, »männliches« Denken verkörpert (vielleicht setzt Gerda Weiler sich deswegen mit Freud gar nicht erst auseinander). Interessant ist auch, daß es im engsten Kreis der unmittelbaren Schüler von Freud — den »Wienern« und den »Zürichern« — keine einzige Frau gab, von dem Zwischenspiel der Lou Andreas Salomé abgesehen; die Jüngerschaft von Jung war dagegen weiblich dominiert und hat bis heute einen matriarchalen Zug[139].

Vehement verlangt die Autorin, Männer müßten dem Patriarchat abschwören und sich auf eine matriarchale Weltordnung einlassen. Wie aber sollen Männer auch nur in die Nähe dessen kommen, ohne zunächst ihre eigene weibliche Seite kennenzulernen und zu entfalten? Daß Jung und Neumann hierfür Entscheidendes geleistet haben, rührt Gerda Weiler nicht; sie waren dennoch Patriarchen, damit basta! Mich erinnert das an die Verteufelung des »Reformismus« in der dogmatischen Phase der Studentenbewegung, während derer Schritte in die richtige Richtung geradezu bekämpft wurden, weil sie noch nicht *den* Bruch mit den bestehenden Gewaltverhältnissen darstellten. Gerade seine Sensibilität gegenüber dem Weiblichen läßt ihr Erich Neumann als besonders gefährlichen Verführer erscheinen, der selbstverständlich nur auf männlichen Machterhalt aus ist und den es daher zu entlarven gilt.

Zu Recht wehrt Gerda Weiler sich gegen männliche Zuschreibungen vermeintlicher weiblicher Wesensmerkmale. Sie selbst hat aber keine Skrupel, Männern solche Eigenschaften generisch zuzuschreiben, zum Beispiel: »Kein Mann muß die Methode erst erlernen, die es ihm ermöglicht, sich der positiven weiblichen Kräfte zu versichern, sich aus dem unerschöpflichen Gefäß weiblichen Reichtums zu bedienen.« (S.105) Woher weiß sie das so genau? Sähe die Welt dann nicht anders aus? Jene *innere* Ergänzung, um die allein es bei Jung und Neumann geht, muß jeder Mann wohl erst lernen. Und der Widerstand gegenüber Zuschreibungen ist nicht nur eine Aufgabe von Frauen gegenüber Männern — das auch! —, sondern auch von Männern gegenüber Frauen [140].

Allzu einfach ist das Schwarz-Weiß-Bild, das dem Patriarchat alles Böse, dem Matriarchat alles Gute unterstellt. Es gibt in dem ganzen Buch keinen Anflug von Distanz oder Kritik gegenüber weiblicher Subjektivität (außer da, wo sie sich dem Männlichen anpaßt). Das Weibliche, so schließt die Leserin oder der Leser, sei von Natur aus heil und von diesem Naturzustand durch nichts als das Patriarchat getrennt. Wie recht hat Gerda Weiler damit, daß am Patriarchat Frauen *und* Männer leiden! Ihr Lösungsvorschlag aber ist eine allzu spiegelbildliche Umkehrung, um eine überzeugende Hoffnung auf weniger Leiden sein zu können. Die »gleichberechtigte Begegnung«, die sie in Aussicht stellt, soll statt im Patriarchat eben im Matriarchat möglich sein. Aber so wenig sich Frauen als Gehilfinnen im Patriarchat verwirklichen können, so wenig kommen Männer als Gehilfen im Matriarchat zu sich. Die Rolle des Jünglingsgeliebten der Großen Mutter kann für Männer bestenfalls ein lebensgeschichtliches Durchgangsstadium, aber kein kollektiv-psychisches Leitbild sein. Was die Autorin von den Männern fordert: Frauen in ihrer unaufhebbaren Andersheit anzuerkennen, gilt auch umgekehrt. Gleichberechtigung ist nur möglich als ständige Arbeit an dieser unaufhebbaren *Fremdheit* — sonst wäre sie auch gar nicht nötig.

Durch das ganze Buch zieht sich ein Protest gegen Geschiedenheit, ein Wunsch nach Ganzheit, der weiß Gott verständlich, aber diesseitig uneinlösbar ist. Wie »konkret« ist jene »utopische Phantasie« eines ungebrochenen lebensbejahenden Matriarchats zu verstehen, für welche die Autorin ausdrücklich das Bild des Paradieses beansprucht? (S.15) Wenn dann noch das Patriarchat und sonst nichts dafür verantwortlich gemacht wird, daß Brüche in der Welt sind, dann ist das von einer umgekehrten Sündenbock-Projektion nicht mehr weit entfernt. Da sind dann auch konservative Anklänge nicht weit, zum Beispiel wenn gesagt wird, die Weltbevölkerung müsse sich — nach »wissenschaftlicher Erkenntnis« (!) — auf maximal zwei Milliarden Menschen »gesundschrumpfen« (S.12).

Von solchen Ganzheits-Sehnsüchten scheint mir auch die Revision der Archetypenlehre berührt, die sie vorschlägt. Archetypen, so heißt es, seien bloße Begriffskonstrukte des männlich-zerteilenden Geistes, in Wirklichkeit gebe es nur Urbilder, und davon thematisch nur eins: das der Göttin [141].

Daß Gott kein Mann ist, ist inzwischen klar — für Gerda Weiler ist Gott aber ebenso klar Frau. Patriarchaler Geist ist also gott*ungehorsamer*, ketzerischer Geist. So schleicht sich in das Buch eine gefährliche schiefe Ebene ein: von der richtigen Feststellung, daß der vorherrschende patriarchale Geist lebensfeindlich ist, über die diskussionswürdige Gleichsetzung von Lebensbejahung mit Matriarchat zur bedenklichen Andeutung, was sich außerhalb des Matriarchats stelle, habe keine Lebensberechtigung. »Die Weisheit, die immer auf das Ganze bezogen ist, kann ihrem Helden, dem ›göttlichen Sonnensohn‹ nicht erlauben, sich als Logos abzuspalten und absolut zu setzen.« (S. 244) Ist das die geforderte Überwindung männlichen, zersetzenden Machtdenkens oder vielmehr der umgekehrte matriarchale Machtanspruch? Ich erlebe auch den Titel »Der enteignete Mythos« in seinem Eigentumsanspruch auf den Mythos schlechthin als unterschwellig machtbezogen.

Gerda Weiler hat sich, wie sie schreibt, über zehn Jahre mit dieser feministischen Kritik an der Archetypenlehre C. G. Jungs beschäftigt — damit aber auch mit dieser Lehre selbst. Hätte sie das getan, wenn darin außer patriarchalem Machtdenken nichts zu finden gewesen wäre? Die Schärfe ihres Verdikts läßt nicht mehr das abwägende Eingeständnis zu, wie viel die Autorin dem Kritisierten dennoch verdankt. Dabei denkt sie gleichzeitig in den Begriffen des tabuisierten Systems weiter mit, zum Beispiel was »Individuation« für Frauen ausmache. Wesentliche Gedanken ihrer Argumentation, etwa die Verarmung und Lebensfeindlichkeit der patriarchalen Weltordnung, die männliche Abwehr der eigenen Naturseite in der Gestalt der Frau, der Mechanismus der Sündenbock-Projektionen, vor allem aber die Notwendigkeit einer Wiederentdeckung matriarchaler Weisheit hat Erich Neumann vorgedacht. Bis in einzelne Wendungen hinein (»liebende Bezogenheit«) ist dessen Sprache Teil ihres Fundus geworden. Insgesamt scheint mir, daß dieses ganze Buch, gerade auch in seinen mythengeschichtlichen Teilen, viel eher eine feministische Weiterentwicklung von Neumanns Gedanken als eine diametrale Entgegensetzung ist. Aus der Auseinandersetzung mit C. G. Jung und Erich Neumann hat die Autorin selbst unendlich viel gelernt und sich zugeeignet. Warum tabuisiert sie nun mit dem Etikett »Gift!« den Gebrauch dieses Stoffes für andere Frauen, statt ihnen zu helfen, das für sie Verwertbare herauszudestillieren, wie sie es selbst tat? Statt zu zeigen, wie eine Begegnung mit Jung'schem Denken für Heutige aussehen könnte, muß nun Weilers Buch seinerseits erst wieder von Nachfolgenden auf die darin enthaltene Begegnung hin »aufgeschlossen« werden.

Kapitel 5
Schattenbegegnung. C. G. Jung und der Nationalsozialismus

Gegen Jung wurde und wird immer wieder der Vorwurf erhoben, er habe mit den Nationalsozialisten paktiert, ja er sei selbst ein Nazi und Antisemit gewesen. In gesellschaftskritischen Kreisen steht die Ineinssetzung von C. G. Jung mit Faschismus so unverrückbar fest, daß schon die Nennung seines Namens etwas Ungehöriges hat. Nichts hat den Zugang zu seinem Werk für linke oder grün/alternative Strömungen so vernagelt wie diese Brandmarkung als Nazi. Was ist dran an diesem Vorwurf?

Ich bin dieser Frage nachgegangen und habe mir die Quellen, soweit sie veröffentlicht sind, angesehen. Ich bin nicht Historiker und kann nicht beurteilen, ob weitere, unveröffentliche Quellen das Bild noch verändern würden. Ich gehe davon aus, daß die wesentlichen Fakten bekannt und auch nicht strittig sind — umstritten ist deren Wertung, und das wohl noch für lange Zeit.

Um mein Ergebnis vorwegzunehmen: Es stimmt, daß C. G. Jung mit den nationalsozialistischen Machthabern paktiert, sich ihnen zeitweilig sogar angebiedert hat. Im Rückblick kann man einige Gründe nennen, die sein Verhalten verständlicher machen — rechtfertigen kann man es nicht. Ein Nazi oder Antisemit war er persönlich nicht[1]. In gewissem Sinne war Jung als bürgerlich-konservativ disponierter Schweizer politisch schlicht zu ignorant, um überhaupt einer politischen Richtung zugeordnet zu werden. Aber gerade aufgrund dieser scheinbar apolitischen Haltung gegenüber dem Nationalsozialismus rückte er das Gewicht seiner *Figur* in der öffentlichen Wahrnehmung an die Seite der neuen Machthaber. Das macht Schwächen seiner Person und seines Denkens deutlich, die in der Auseinandersetzung mit ihm sorgsam bedacht sein wollen; es macht diese Auseinandersetzung jedoch nicht überflüssig.

Gleichschaltung der Psychotherapie?

Ein Teil des Vorwurfs bezieht sich darauf, daß Jung nach der Macht-ergreifung durch die Nazis den Vorsitz über den gleichgeschalteten psychotherapeutischen Berufsverband übernommen, ja an dessen Gleichschaltung mitgewirkt habe. Zum Zeitpunkt der Machtergrei-fung gab es in Deutschland zwei psychotherapeutische Berufsvereini-gungen: die »Deutsche Psychotherapeutische Gesellschaft« (DPG) der Analytiker Freud'scher Richtung und die 1928 gegründete »Allge-meine Ärztliche Gesellschaft für Psychotherapie« (AÄGP) unter Vor-sitz von Professor Ernst Kretschmer, in der Psychotherapeuten und Psychiater verschiedener Richtungen, darunter die Jungianer, versam-melt waren. Der Gesellschaft gehörten zahlreiche Mitglieder aus ande-ren europäischen Ländern an, darunter C. G. Jung, der 1931 zum Ehrenvorsitzenden gewählt worden war; die Deutschen waren jedoch in der Mehrzahl und hatten die wichtigsten Leitungsfunktionen inne. Angesichts des beginnenden Drucks der Nationalsozialisten auf die Gesellschaft trat Kretschmer im März 1933 zurück, worauf Jung den Vorsitz übernahm.

Dies wurde ihm oft so ausgelegt, daß er »von der neuen Situation seit 1933 profitierte«[2]. Er selbst stellt es in seinen Briefen aus diesen Jahren so dar, daß angesichts der unvermeidlichen »Gleichschaltung« des deutschen Zweigs der Gesellschaft sowie der drohenden Gefahr eines Verbots der Psychotherapie überhaupt führende Mitglieder der Gesellschaft an ihn herantraten und ihn im Juni 1933 — »ich darf wohl sagen, inständig«[3] — baten, den Vorsitz zu übernehmen, um durch seinen internationalen Ruf die Existenz der Gesellschaft und ein Stück innerverbandlicher Meinungsfreiheit zu sichern.

»Dadurch entstand für mich ein moralischer Konflikt ... Sollte ich mich als vorsichtiger Neutraler in die Sicherheit diesseits der Grenzpfähle zurückziehen und meine Hände in Unschuld waschen, oder sollte ich — wie ich wohl wußte — meine Haut zu Markte tragen und mich dem unvermeidlichen Mißverständnis aussetzen, dem keiner entgeht, welcher aus höherer Notwendigkeit mit den bestehenden politischen Mächten in Deutschland zu paktieren hat? Sollte ich das Interesse der Wissenschaft, der Kollegialität, der Freundschaft, die mich mit einigen deutschen Ärzten verbindet, und den lebendigen Zusammenhang der Geisteskultur deutscher Sprache meinem egoisti-schen Wohlbefinden und meiner andersartigen politischen Gesinnung zum Opfer bringen? (...) So blieb mir nichts anderes übrig, als mit dem Gewicht meines Namens und meiner unabhängigen Stellung für meine Freunde einzustehen. So wie die Verhältnisse damals lagen, hätte es eines einzigen Federstriches in den oberen Regionen bedurft, um die ganze Psychotherapie unter den Tisch zu wischen. Das mußte im Interesse der leidenden Menschen und der Ärzte und − last not least - der Wissenschaft und Kultur um jeden Preis verhindert werden.«[4]

Man darf wohl davon ausgehen, daß Jung den »aufgenötigten Vorsitz«[5] nicht nur als lästige Pflicht empfand. Im Jahr 1933 war er achtundfünfzig Jahre alt und hatte bis dahin unaufhörlich mit seiner Verfemung durch die akademische Wissenschaft zu kämpfen gehabt − in seinen Jugendjahren wegen seines Bekenntnisses zu Freud, danach wegen seines Bruchs mit ihm. Und nun erhielt er einen der höchsten Ehrenplätze der Zunft angetragen! Andererseits läßt sich sein Verweis auf die Machtverhältnisse und die Gefahr eines Verbots der Psychotherapie nicht einfach als Scheinbehauptung abtun. Er erhält Bestätigung durch die Weise, wie Jungs Rolle aus nationalsozialistischer Sicht wahrgenommen wurde. Der damals führende Psychiater Oswald Bumke schrieb 1938 in einer Streitschrift gegen die Psychoanalyse: »Noch andere aber haben ihre psychoanalytischen Behandlungsarten einfach getarnt. ... Sie haben mit allem, was jüdisch ist und von Juden stammt, nicht das geringste zu tun; es ist ein Alemanne, den sie bewundern, und was sie treiben, ist ›Deutsche Psychologie‹. Mit anderen Worten, diese Helden haben sich hinter Jungs breitem Rükken und hinter seinen umfangreichen Schriften versteckt.«[6]

Die in der DPG zusammengefaßten Freudianer schätzten damals die Situation offenbar nicht grundsätzlich anders als Jung ein. Jedenfalls vollzogen auch sie − mit passiver Duldung von Freud selbst − eine Anpassung an die bestehenden gesellschaftlichen Verhältnisse, um die Möglichkeit psychoanalytischer Tätigkeit zu retten. So legten sie 1935 ihren jüdischen Mitgliedern (etwa die Hälfte) nahe, die Gesellschaft »freiwillig« zu verlassen, um deren Auflösung zu verhindern[7]. Zu Recht haben heutige Freudianer diese »präventive Selbstgleichschaltung«[8] ihrer Vätergeneration kritisiert. Rückblickend kann man sich fragen, ob diese Selbstunterwerfung nicht ein zu hoher Preis für die Fortsetzung der psychotherapeutischen Arbeit war. Nicht bestreiten kann man, daß sie an ihrem praktischen Erfolg gemessen realistisch war: Sie ermöglichte, daß in dem Berliner Institut für Psychotherapie bis in die letzten Kriegsjahre hinein psychoanalytische Betreuung, Ausbildung und Wissenschaft zwar unter anderen Etiketten, aber ohne inhaltliche Konzessionen fortgesetzt wurde[9]. Bis 1938 hing in dem Institut das Bild des Juden Freud gegenüber einem Portrait Hitlers![10]

Bei Jung konnte allerdings damals der begründete Eindruck entstehen, daß er sich den Machtverhältnissen nicht nur notgedrungen, sondern aus Überzeugung anpaßte. Dieser Eindruck, der bis heute nachwirkt, kam zustande durch die Weise, wie er sich nach Übernahme des Vorsitzes der AÄGP in deren wissenschaftlichem Organ, dem *Zentralblatt für Psychotherapie*, als deren neuer Herausgeber präsentierte. Im Dezember 1933 sollte in einem nur zur Verbreitung in Deutschland bestimmten Beiheft der Deutschen Landesgruppe unter Leitung von Professor M.H. Göring (einem Vetter des Reichsmarschalls, persönlich relativ konziliant) eine Erklärung erscheinen, in der sich die Deutsche Sektion auf die nationalsozialistische Ideologie und auf Hitler verpflichtete. Jungs Biographin Aniela Jaffé schreibt: »Durch Nachlässigkeit oder durch Irrtum (nachträglich fragt man sich: war es Absicht?) erschien jenes ›Treuegelöbnis‹ nicht nur in dem Beiheft …, sondern auch in der regulären Nummer des Zentralblattes, ohne daß Jung vom Schriftleiter (Dr.W. Cimbal, Hamburg) davon in Kenntnis gesetzt worden wäre. Begreiflicherweise stellte eine von ihm als Herausgeber gezeichnete Ausgabe der Zeitschrift mit dem nationalsozialistischen Gelöbnis ein schweres Ärgernis dar.« [11] Jung selbst schrieb dazu 1934 in der *Neuen Zürcher Zeitung*: »Auf diese Weise ist mein Name unversehens über ein nationalsozialistisches Manifest gekommen, was mir persönlich alles andere als angenehm war. (…) Der Fall ist natürlich so gravierend, daß meine Herausgeberschaft dadurch ernsthaft in Frage gestellt ist.« [12] Faktisch begnügte er sich mit dieser Erklärung in der *NZZ* und mit milden Unmutsäußerungen in privaten Briefen [13]. Er sorgte lediglich dafür, daß sein Schweizer Assistent Dr.C.A. Meier neben Cimbal zum zweiten Schriftführer bestellt wurde. Als im Jahr 1936 die Deutsche Sektion im Gegenzug durchsetzte, daß M.H. Göring als Mitherausgeber des *Zentralblatts* neben Jung erschien, nahm Jung auch dies hin. Immerhin erreichten er und Meier, daß die Zeitschrift ein für damalige Verhältnisse relativ unpolitisches Fachblatt blieb, in dem weiterhin Artikel auch nichtdeutscher Psychologen sowie Besprechungen und Anzeigen von Büchern jüdischer Autoren erschienen.

In derselben Nummer des *Zentralblatts* vom Dezember 1933 erschien unmittelbar über diesem nationalsozialistischen Treuegelöbnis von M.H. Göring eine Grußadresse von Jung, mit der dieser sich als neuer Herausgeber der Zeitschrift vorstellte. Und wie um diese Nähe auch inhaltlich zu unterstreichen, schreibt Jung darin den fatalen, gegen Freud gerichteten, aber im antisemitischen Jargon der Zeit verfaßten Satz: »Die tatsächlich bestehenden und einsichtigen Leuten schon längst bekannten Verschiedenheiten der germanischen und der jüdischen Psychologie sollen nicht mehr verwischt werden«[14]. Daß dies damals als Ausdruck antisemitischer Gesinnung aufgefaßt werden mußte — ob zu Recht oder zu Unrecht, wird uns im nächsten Abschnitt dieses Kapitels beschäftigen —, ist naheliegend. In Verbindung mit dem unmittelbar darunterstehenden nationalsozialistischen Treuegelöbnis mußte beim Leser der unabweisbare Eindruck entstehen, daß Jung hier in der Tat als Zuchtmeister der Gleichschaltung auftrat. Jungs Geleitwort und Görings Manifest kommentierten einander in eindeutiger Weise.

Sein weiteres Verhalten als Vorsitzender der AÄGP spricht jedoch eine andere Sprache. Eine seiner ersten Amtshandlungen bestand darin, die Gesellschaft auch formal in eine überstaatliche Organisation umzuwandeln, die sich »Internationale Allgemeine Gesellschaft für Ärztliche Psychotherapie« nannte und deren Sitz er 1934 nach Zürich verlegte. Diese Internationale Gesellschaft war satzungsgemäß »politisch und konfessionell neutral« und setzte sich nunmehr aus verschiedenen Landesgruppen zusammen, von denen die deutsche unter Vorsitz Görings zwar die mitgliederstärkste, aber eben nur eine unter mehreren war. Daneben gab es eine schweizerische, dänische, holländische und schwedische Landesgruppe. So war erreicht, daß die nationalsozialistische Gleichschaltung der deutschen Sektion nicht die ausländischen Mitglieder kompromittierte. Zudem sicherte es dem Vorsitzenden eine politisch ungebundene Stellung.

Darüber hinaus setzte Jung 1934 eine Statutenänderung durch, wonach nicht nur Landesgruppen, sondern auch Individuen unmittelbar Mitglieder der Internationalen Gesellschaft werden konnten. Das lief den Zielen einer Gleichschaltung direkt zuwider, wie Jung im Jahr 1935 — sogar öffentlich — sagte: »Durch den Arier-Paragraphen sind die jüdischen Ärzte von der deutschen Landesgruppe ausgeschlossen. Ich habe aber den Internationalen Statutenentwurf, nach dem jüdische Ärzte individuell Mitglieder des Gesamtvereins werden können, durchgebracht.«[15] Auch persönlich hat er in allen folgenden Jahren immer wieder mit jüdischen Fachkollegen sowie mit Vertretern der Freud'schen und der Adler'schen Richtung zusammengearbeitet, solche Kollegen auch eingeladen zu Fachtagungen, die er selbst organisierte.

Die Kehrseite dessen war, daß er innerhalb Deutschlands seinen Namen als Kronzeuge einer »Arisierbarkeit« der als jüdisch verfemten Psychotherapie hergab. So umschrieb M.H. Göring im Jahr 1936 anläßlich der Umwandlung des traditionsreichen Berliner Psychoanalytischen Instituts in ein »Deutsches Institut für Psychologische For-

schung und Psychotherapie« unter seiner Leitung dessen Auftrag
dahingehend, »die jüdisch-marxistisch verseuchte Psychoanalyse und
die Adler'sche Individualpsychologie durch Verschmelzung mit der
Jung'schen Lehre zu einer an diesem Institut zu entwickelnden natio-
nalsozialistisch orientierten ›Deutschen Seelenheilkunde‹ zu ersetzen«[16]. In das Institut hatten sich die Vertreter sämtlicher Richtungen
einzugliedern. Überzeugte Nationalsozialisten waren unter den so
versammelten Psychotherapeuten und Psychiatern in der verschwin-
denden Minderzahl; zu ihnen zählten jedoch zwei Jungianer,
G. R. Heyer und R. Bilz[17].

Es ist interessant, Jungs Erklärung von 1934 in der *NZZ* noch einmal ausführlicher zu lesen, weil sie über den Anlaß hinaus einen Blick
auf sein Verhältnis zu politischen Fragen überhaupt eröffnet:

»Jeder, der auch nur eine Ahnung vom heutigen Deutschland hat,
weiß, daß es keine Zeitung, keinen Verein, nichts, rein gar nichts
geben kann, was nicht von der Regierung ›gleichgeschaltet‹ wäre ...
Darum müssen sie lernen, sich anzupassen. Protestieren ist lächerlich
— man protestiere gegen eine Lawine! Man sehe sich besser vor. Die
Wissenschaft hat kein Interesse daran, Lawinen herauszufordern, sie
muß auch unter veränderten Lebensbedingungen das Geistesgut
bewahren (...) In Deutschland *muß* gegenwärtig alles ›deutsch‹ sein,
... sogar die Heilkunst muß ›deutsch‹ sein, und dies aus politischen
Gründen. Es ist vom Standpunkt der Heilkunst aus unwichtig, ob sie
›deutsch‹ oder ›französisch‹ heißt, es ist aber vor allem wichtig, daß
sie lebt, und zwar auch unter unleugbar schwierigen Bedingungen ...
Die Heilkunst hat mit der Politik nichts zu tun (o hätte sie doch!),
darum kann und soll sie zum Wohle der leidenden Menschen unter
allen Regierungen ausgeübt werden. Hätten die Ärzte von Petersburg
und Moskau um meine Hilfe nachgesucht, ich hätte sie, ohne zu
zögern, gewährt ... und es hätte mich ebenso wenig gekümmert,
wenn ich dann — unvermeidlicherweise — als Bolschewist gebrand-
markt worden wäre ... Es hat gar keinen Sinn, wenn wir Ärzte die
nationalsozialistische Regierung konfrontieren, wie wenn wir eine
Partei wären. Wir sind als Ärzte in erster Linie Menschen, die ihren
Dienst am Mitmenschen ausüben, wenn nötig unter allen Erschwe-
rungen einer gegebenen politischen Situation. Wir sind weder verpflichtet, noch dazu berufen, aus unzeitgemäßer politischer Anwand-
lung Proteste zu erheben und dadurch die Ausübung ärztlicher Tätigkeit aufs Schwerste zu gefährden. (...) Ich rühme mich nicht, ein guter
Christ zu sein, aber ich glaube an das Wort: ›Gebet dem Kaiser, was
des Kaisers, und Gott, was Gottes ist.‹«[18]

Es ist erschreckend, wie naiv ein großer Denker hier dem Glauben an eine mögliche politische Neutralität huldigt — nicht etwa in der Schweiz, sondern im Nazi-Deutschland, und nicht etwa nur als Arzt, sondern als Verbandsfunktionär! Faktische Gewaltverhältnisse werden ihm zu normativen Gegebenheiten, denen man sich aus ethischer und religiöser Pflicht anzupassen habe. Mehr noch: Sie werden zu Naturereignissen (»Lawine«), denen gegenüber nach menschlicher Verantwortung nicht gefragt werden kann. Hier spricht zwar kein Nazi; aber hier spricht jemand, dessen Anpassungsbereitschaft durch nichts mehr begrenzt ist.

Wo aber jeder Rückhalt fehlt, wird Anpassung zur Anbiederung. Diese Grenze zur Liebe-Dienerei gegenüber dem Nationalsozialismus hat Jung eindeutig überschritten in einem Rundfunkinterview, das er anläßlich eines Seminars in Berlin am 26. Juni 1933 gab[19]. Da der Text dieses Interviews bisher nicht veröffentlicht ist und nur als Anhang einer hektographierten Niederschrift dieses Seminars in Bibliotheken existiert, habe ich ihn im Anhang dieses Buches vollständig wiedergegeben. Schon in der Ansage wird Jung vorgestellt als »bekannter Züricher Psychologe, der der zersetzenden Psychoanalyse Sigmund Freuds seine aufbauende Seelenlehre entgegengestellt hat«. Jung nimmt diese Tonart nicht nur hin, er liest vielmehr seinem Gesprächspartner förmlich jeden Wunsch von den Lippen ab, legitimiert Führertum gegen Demokratie, Ideologie gegen Kritik und erklärt die »Neugestaltung der deutschen Volksgemeinschaft« zum »naturnotwendigen Geschehen«. Und wie zum krönenden Abschluß *warnt* er ausdrücklich davor, der Stimme der Vernunft Gehör zu schenken. Hätte Jung bewußt als Propagandist der Nazis auftreten wollen, er hätte seinen Part nicht besser spielen können: Die Autorität des anerkannten Wissenschaftlers ausspielen, das Mäntelchen des neutralen Ausländers umhängen, deshalb auch nirgends den Nationalsozialismus ausdrücklich wie ein Parteimann unterstützen, aber jede Möglichkeit der Kritik daran abschneiden... Und wollte man umgekehrt ein Hörspiel darüber schreiben, wie ein großer Denker ganz unbewußt gegenüber den Versuchungen der Macht sein kann, man könnte wiederum den Dialog nicht treffender erfinden, als er tatsächlich stattgefunden hat. Hedda Herwig hat recht, wenn sie urteilt, hier werde »der Psychologe zum Zuhälter der Macht«[20].

Erst 1939 trat Jung vom Vorsitz der Internationalen Vereinigung und der Herausgeberschaft zurück, als im Kielwasser der deutschen Sektion drei weitere pro-nationalsozialistische Landesgruppen (Italien, Ungarn, Japan), ihre Aufnahme verlangten, was die Mehrheitsverhältnisse umgeworfen hätte. Ein Jahr später konnten auch Jungs Bücher in Deutschland nicht mehr erscheinen.

Jung und der Antisemitismus

Der Passus in Jungs Grußadresse als neuer Herausgeber des *Zentralblatts*, der seinen Ruf als Antisemit besiegelte, lautet im größeren Zusammenhang folgendermaßen:

»Es wird daher die vornehmste Aufgabe des ›Zentralblattes‹ sein, unter unparteiischer Würdigung aller tatsächlichen Beiträge eine Gesamtanschauung zu schaffen, welche den Grundtatsachen der menschlichen Seele in höherem Maße gerecht wird, als es bisher der Fall war. Die tatsächlich bestehenden und einsichtigen Leuten schon längst bekannten Verschiedenheiten der germanischen und der jüdischen Psychologie sollen nicht mehr verwischt werden, was der Wissenschaft nur förderlich sein kann. Es gibt in der Psychologie vor allen anderen Wissenschaften eine ›persönliche Gleichung‹, deren Nichtbeachtung die Ergebnisse von Praxis und Theorie verfälscht. Damit soll, wie ich ausdrücklich feststellen möchte, keine Minderbewertung der semitischen Psychologie gemeint sein.«[21]

Angesichts des Entrüstungssturms, den diese Zeilen auslösten, hat Jung selbst sie in mehreren Briefen und Aufsätzen so kommentiert:

»Ich bin ganz und gar nicht ein Gegner der Juden, wenn ich auch ein Gegner Freuds bin; denn ich kritisiere ihn wegen seines materialistischen und intellektualistischen und nicht zuletzt wegen seines irreligiösen Standpunktes, aber nicht deshalb, weil er ein Jude ist. ... Wäre Freud für die Ideen anderer etwas toleranter gewesen, so stünde ich heute noch an seiner Seite.«[22]

Vor dem Hintergrund seiner Biographie und seines Werkes erscheint es mir glaubwürdig, daß diese Äußerungen tatsächlich Ausdruck seiner persönlichen Fehde mit Freud und nicht eines generellen Antisemitismus sind. Aber das konnte die fatale Wirkung, die dieser Satz zum damaligen Zeitpunkt haben mußte, nicht mildern. In einer scharfen öffentlichen Entgegnung in der *NZZ* stellte der Züricher Analytiker G. Bally treffend fest: »Wer sich mit der Rassenfrage als Herausgeber einer gleichgeschalteten Zeitschrift vorstellt, muß wissen, daß sich seine Forderung vor einem Hintergrund organisierter Leidenschaften erhebt, der ihr schon die Deutung geben wird, die in seinen Worten implicite enthalten ist. Nein, der sie bereits gegeben hat.«[23]

Wenn Jung es schon nicht fertig brachte, sich in dieser Situation öffentlich mit Freud zu solidarisieren, so hätte er zumindest jede Anspielung auf »rassisch« begründete Unterschiede ihrer Auffassungen ab sofort unterlassen müssen. An diesem Punkt wird auch seine Schülerin und Biographin, die jüdische Emigrantin Aniela Jaffé, in ihrem sonst so wohlwollenden Aufsatz über »C.G. Jung und der Nationalsozialismus« eindeutig: »Die Tatsache, daß Jung mit der Betonung jüdischer Besonderheit an die Öffentlichkeit trat, da das Judesein eine Lebensbedrohung war, und daß er die psychisch-rassischen Unterscheidungen auf das Programm der Internationalen Gesellschaft setzte, muß als ein schwerer Fehler angesehen werden.«[24]

So mußten auch seine wiederholten Versicherungen, er habe keine generelle Minderbewertung der »semitischen Psychologie« beabsichtigt, zum damaligen Zeitpunkt eher kontraproduktiv wirken. Es ist nicht witzig, sondern deprimierend, wenn Jung im Jahre 1934 schreibt: »Seelische Unterschiede gibt es zwischen allen Nationen und Rassen, sogar zwischen Zürichern, Baslern und Bernern. (Woher kämen denn sonst all die guten Witze?)«[25] Daß mit dem Feuer des Antisemitismus, auf dem Jung sein Privatsüppchen mit Freud kochte, nicht zu spaßen war, konnte damals jeder wissen, auch wenn es sich erst später zum Brand des Holocaust ausweitete.

Jungs Beteuerungen, seine Unterscheidung zwischen jüdischer und germanischer Psychologie sei nicht antisemitisch gemeint, mußten aber auch deswegen wirkungslos bleiben, weil das Thema des Antisemitismus bereits seit langem in seiner Auseinandersetzung mit Freud mitschwang und seine Äußerungen daher bei Freund und Feind in die Raster fertiger Erwartungen fielen. Jung sagte später, Freud habe den Vorwurf des Antisemitismus in dem Augenblick zum ersten Mal gegen ihn erhoben, als er mit seinem Buch *Symbole und Wandlungen der Libido* von 1912 zum ersten Mal von Freuds Lehre abgewichen sei[26]. Das mag so sein — im Grunde war das Thema jedoch noch älter: Es lag bereits in der Luft, als Jung noch Freuds Lieblingsschüler war. Der Vorwurf des Antisemitismus war die negative Wendung des Spannungsverhältnisses Jude-Christ, in dem ihre Beziehung bereits vorher stand. Diese Spannung aber wurde von Freud her ebenso konstelliert wie von Jung. Letztlich reicht das Problem noch weiter zurück: Es ist Teil einer kulturgeschichtlichen Situation, in die eine im Positiven und dann im Negativen so intensive Beziehung zwischen einem Juden und einem Nicht-Juden, gar einem protestantischen Pastorssohn, zur damaligen Zeit unweigerlich geraten mußte.

Nur vor diesem Hintergrund ist zu verstehen, daß Freud selbst vor dem Bruch mit Jung immer wieder hervorhob, wie wichtig ihm die Anhängerschaft eines »Germanen, der leichter die Sympathien der Mitwelt kommandiert«[27], sei. So schrieb er 1908 in Briefen an K. Abraham: »Seien Sie tolerant und vergessen Sie nicht, daß Sie es eigentlich leichter als Jung haben, meinen Gedanken zu folgen, denn erstens sind Sie völlig unabhängig, und dann stehen Sie meiner intellektuellen Constitution durch Rassenverwandtschaft näher, während er als Christ und Pastorssohn nur gegen große innere Widerstände den Weg zu mir findet. Umso wertvoller ist dann sein Anschluß. Ich hätte beinahe gesagt, daß er durch sein Auftreten die Psychoanalyse der Gefahr entzogen hat, eine jüdische nationale Angelegenheit zu werden.« »Unsere arischen Genossen sind uns doch ganz unentbehrlich, sonst verfiele die Psychoanalyse dem Antisemitismus.«[28]

Schon in den Eifersüchteleien unter Freuds unmittelbaren Schülern zwischen der (überwiegend jüdischen) Wiener Gruppe und den Zürichern um Jung schwang das Thema des Antisemitismus mit. Ernest Jones, als Walliser einziger Nicht-Jude im engsten Wiener Schülerkreis, schreibt dazu in seiner Biographie: »Ihre Haltung wurde noch durch das allgemeine Mißtrauen des Juden gegenüber dem Nichtjuden mit dem fast nie ungerechtfertigten Verdacht des Antisemitismus gesteigert. Bis zu einem gewissen Grad teilte Freud selbst diesen Verdacht; im Augenblick war er aber durch die Freude, endlich von der Außenwelt anerkannt zu werden, überdeckt.«[29] Etwas später fügte er die eigene Beobachtung hinzu: »Es wurde mir natürlich dabei bewußt — und es wunderte mich ein wenig —, wie ungeheuer groß das Mißtrauen der Juden beim geringsten Anzeichen von Antisemitismus sein konnte und wieviele Bemerkungen oder Handlungen sich in diesem Sinne deuten ließen … Freud selbst war in dieser Hinsicht auch recht empfindlich.«[30]

Seine Arbeit *Totem und Tabu* hatte Freud teils angeregt durch Jungs Mythenforschungen, teils in Absetzung davon geschrieben. Als sie nach dem Bruch zwischen beiden erscheinen sollte, schrieb er am 13. Mai 1913 an Abraham: »Die Totem-Arbeit ist fertig … Vor dem Kongreß, im August-Heft der Imago, soll die Sache erscheinen und dazu dienen, alles, was arisch-religiös ist, reinlich abzuschneiden.«[31] Man kann nicht sagen, daß der aggressive Affekt, mit dem Jung zwanzig Jahre später die »jüdische Psychologie« abschneiden wollte, keine Entsprechung bei Freud hatte. Dem alltäglichen, latenten Antisemitismus der damaligen Zeit entgingen weder Jung noch Freud. Zu Recht spricht Marks von einem »strukturellen Antisemitismus«[32].

Mir ist nur eine private Äußerung von Jung bekannt, in der er sich darüber hinaus mit dem offenen, nationalsozialistischen Antisemitismus gemein macht — und das ist eine zuviel. In einem Brief vom 9. 2. 1934 schreibt er an seinen deutschen Schüler W. Kranefeldt, der damals überzeuger Nationalsozialist war:

»Gegen die Dummheit kann man bekanntlich nichts tun, aber in diesem Fall können die arischen Leute darauf hinweisen, daß mit Freud und Adler spezifisch jüdische Gesichtspunkte öffentlich gepredigt werden, und zwar, wie man ebenfalls nachweisen kann, Gesichtspunkte, welche einen wesentlich zersetzenden Charakter haben. Wenn die Verkündigung dieser jüdischen Evangelien der Regierung angenehm ist, so ist es halt eben so. Anderenfalls ist ja auch die Möglichkeit vorhanden, daß dies der Regierung nicht angenehm wäre ...«[33]

Dieses Schreiben ist in den Briefbänden nicht enthalten und bisher nur auszugsweise bekannt, an dem Sinn des zitierten Passus gibt es aber nichts zu deuten: Jung fordert Kranefeldt hier indirekt dazu auf, auf ein Verbot der Schulen von Freud und Adler hinzuwirken. — Der Münchener Analytiker Grunert beweist geradezu ein Höchstmaß an Verständnisbereitschaft, wenn er in der Zeitschrift *Psyche* schreibt: »Es ist kaum faßbar, was in Jung, einem fast sechzigjährigen, reifen Mann, vorgegangen sein muß, daß er zu einem Zeitpunkt des wildesten Antisemitismus und der Flucht vieler Juden aus Deutschland und Europa auf dieses in seiner Existenz bedrohte Volk aus dem sicheren Zürich derartig einschlug (...) Seit der Veröffentlichung des Briefwechsels Freud/Jung ist deutlich geworden, daß neben einer gehörigen Portion Opportunismus sicher auch einige charakter-neurotische Eigenarten für diese unverhohlene Parteinahme für die Nazis mit verantwortlich gemacht werden müssen.«[34] Der amerikanische Analytiker James Kirsch, jüdischer Emigrant, der Jung als »meinen persönlichen Lehrer und lebenslangen Freund« bezeichnet, urteilt schärfer: »Der Brief ist tatsächlich verheerend ...« Er deutet ihn sich als Ausdruck einer »Stimmung, die seinen negativen Gefühlen gegenüber Freud die Zügel schießen ließ«[35].

Man muß zur Kenntnis nehmen, daß es diese Seite bei Jung gab, und daß er bei allem, was an seinen Konflikt mit Freud rührte, »nicht Herr im eigenen Hause« war. Als Ausdruck seiner eigentlichen Gesinnung, die sich hier einmal unverstellt zeige, kann ich diesen Brief nicht sehen. Dem widerspricht beispielsweise, daß Jung zeitlebens Juden unter seinen engsten Schülern und Mitarbeitern hatte. Man denke an Erich Neumann oder an Aniela Jaffé, die in seinen letzten Lebensjahren seine Privatsekretärin war. Mehrere von ihnen bezeugten, daß er ihnen als Emigranten im Schweizer Exil persönlich geholfen habe[36]. Im selben Jahr 1934 schrieb er ein Vorwort zu dem Buch *Entdeckung der Seele* seines jüdischen Schülers Gerhard Adler und nahm einen Beitrag eines jüdischen Autors, Hugo Rosenthal, in sein Buch *Wirklichkeit der Seele* auf[37]. Wiederum im selben Jahr 1934, in dem er gegenüber Kranefeldt ein Verbot der Freud'schen Psychoanalyse nahelegte, trug er selbst durch die Statutenänderung der Internationalen Ärztlichen Vereinigung für Psychotherapie dazu bei, auch gerade jüdischen Kollegen Freud'scher Richtung die Weiterarbeit zu ermöglichen.

Vor allem aber beruht seine ganze Lehre vom kollektiven Unbewußten auf der Prämisse, »daß das Menschsein keine Prärogative des okzidentalen Typus und daß die weiße Rasse keine von Gott bevorzugte Spezies des homo sapiens ist«[38]. Sein ganzes Lebenswerk schöpft unaufhörlich auch aus der jüdischen Tradition, vom Alten Testament bis zu den Kabbalisten und Chassidim. Eine seiner Reisen führte ihn 1923 auch nach Palästina[39]. In einem Brief an M. H. Göring vom 16.11.1937 lehnte er es ab, eine Rezension von Alfred Rosenbergs *Mythus des 20. Jahrhunderts* im *Zentralblatt* veröffentlichen zu lassen, aufgrund der unqualifizierten Abwertung jüdischer Kultur in diesem Buch: »Ich möchte daher vorschlagen, daß wir diese Schrift mit Stillschweigen übergehen. Ich kann mit meinem Namen solche Entgleisungen nicht decken.«[40] 1936 sprach er sich in einem Brief gegen die Diskussion des Themas »Nationale Bedingtheit der Psychotherapie« auf einem Jahreskongreß der AÄGP aus, mit der Begründung: »Es käme ganz bestimmt zu einem nationalsozialistischen Ausbruch von verheerender Sterilität.«[41]

Und wiederum: selbst die Hochachtung der jüdischen Kultur ist bei ihm nicht davor gefeit, in seinen Konflikt mit Freud hineingezogen und zum Argument der Anpassung an den Nationalsozialismus umgebogen zu werden. Im Jahr 1934 schreibt er einen Aufsatz »Zur gegenwärtigen Lage der Psychotherapie«, der sich wie eine Generalabrechnung mit der Freud'schen Psychoanalyse im Moment des standespolitischen Triumphs der eigenen Schule liest. Er schreibt darin:

»Der Jude, als Angehöriger einer etwa dreitausendjährigen Kulturrasse, ist wie der gebildete Chinese in einem weiteren Umkreise psychologisch bewußt als wir. (...) Die jüdische Rasse als Ganzes besitzt darum nach meiner Erfahrung ein Unbewußtes, das sich mit dem arischen nur bedingt vergleichen läßt. Abgesehen von gewissen schöpferischen Individuen ist der Durchschnittsjude schon viel zu bewußt und differenziert, um noch mit den Spannungen einer ungeborenen

Zukunft schwanger zu gehen. Das arische Unbewußte hat ein höheres Potential als das jüdische; das ist der Vorteil und der Nachteil einer dem Barbarischen noch nicht völlig entfremdeten Jugendlichkeit. Meines Erachtens ist es ein schwerer Fehler der bisherigen medizinischen Psychologie gewesen, daß sie jüdische Kategorien, die nicht einmal für alle Juden verbindlich sind, unbesehen auf den christlichen Germanen oder Slawen verwandte. Damit hat sie nämlich das kostbarste Geheimnis des germanischen Menschen, seinen schöpferisch ahnungsvollen Seelengrund als kindlich-banalen Sumpf erklärt, während meine warnende Stimme durch Jahrzehnte des Antisemitismus verdächtigt wurde. Die Verdächtigung ist von Freud ausgegangen. Er kannte die germanische Seele nicht, so wenig wie alle seine germanischen Nachbeter sie kannten. Hat sie die gewaltige Erscheinung des Nationalsozialismus, auf den eine ganze Welt mit erstaunten Augen blickt, eines Besseren belehrt? Wo war die unerhörte Spannung und Wucht, als es noch keinen Nationalsozialismus gab? Sie lag verborgen in der germanischen Seele, in jenem tiefen Grunde, der alles andere ist als der Kehrrichtkübel unerfüllbarer Kinderwünsche und unerledigter Familienressentiments.«[42]

Solche Sätze sind schwer erträglich, und sie sind es nicht so sehr wegen ihres Wortlautes oder der Gesinnung, die bei Jung persönlich dahinterstand, sondern weil sie überdröhnt werden von den Bedeutungen, die sie aus dem zeitgeschichtlichen Kontext erhalten. Weil Jung glaubte, von der realen Außenwelt absehen zu können, hatte diese einen umso ungehinderteren Zugang zu ihm. Es ist deshalb im Grunde müßig, anhand des Wortlautes solcher Texte die persönliche antisemitische Gesinnung Jungs nachweisen zu wollen. Ebenso müßig ist es, zu seiner Verteidigung einzuwenden, an seinen Gedanken sei doch manches erwägenswert, schließlich müsse sich ein Tiefenpsychologe, Religionsphilosoph und Mythenforscher wie er doch Gedanken machen dürfen über den Unterschied zwischen jüdischer und christlicher Psychologie, zumal Freud zeitlebens dasselbe tat[43]. Was Freud als Jude vor 1933 in Österreich tun durfte, durfte ein Nicht-Jude nach 1933 in Deutschland nicht tun. Nach diesem Datum ist es unmöglich geworden, argumentativ zu klären, ob seine Äußerungen über das jüdische Bewußtsein antisemitisch sind oder nicht — sie werden es durch die Beleuchtung, die die Zeitumstände ihnen geben. Seit Auschwitz gibt es keine Möglichkeit, in der Auseinandersetzung mit Jung von diesen Zeitumständen abzusehen. Deswegen kann niemandem das Recht bestritten werden, die *Figur* von C. G. Jung antisemitisch zu nennen, auch wenn — wie ich anzunehmen bereit bin — die konkrete Person es nicht war. Es ist die Verantwortung jedes Einzelnen, ob seine Auseinandersetzung mit Jung damit endet oder beginnt.

Jungs Ausdeutung des Nationalsozialismus

Wie kam es, daß C. G. Jung sich im Nationalsozialismus täuschen konnte? Hätte nicht gerade er als Tiefenpsychologe erkennen müssen, was sich da zusammenbraute? Er erkannte es — und wieder nur halb.

Früher als andere sah Jung, daß dem Nationalsozialismus psychische Energien aus mythischen Bereichen zuflossen. Diese Entwicklung erschreckte und faszinierte ihn zugleich, war sie doch der schlagendste Beleg für seine Theorie des kollektiven Unbewußten. Das ganze Ausmaß der destruktiven Kräfte, die sich in diesem Unbewußten vorbereiteten, hat auch er weit unterschätzt. Aber auch als das Regime immer deutlicher seinen Charakter als Schreckensherrschaft offenbarte, verharrte Jung, wie er es als Therapeut gewohnt war, in einer nicht wertenden, kontemplativen Haltung, so als habe er es mit einem Traum oder einer sonstigen eindrucksvollen Hervorbringung des menschlichen Unbewußten zu tun.

Wie viele Menschen empfand Jung die Zeit seit dem Ersten Weltkrieg als eine Periode der Krise und des Übergangs, in der sich Neues vorbereitete. Früher und schärfer als andere erkannte er, daß dieses Neue auch apokalyptische Gestalt annehmen konnte. So schrieb er bereits 1918:

»Je mehr die unbedingte Autorität der christlichen Weltanschauung sich verliert, desto vernehmlicher wird sich die ›blonde Bestie‹ in ihrem unterirdischen Gefängnis umdrehen und uns mit einem Ausbruch mit verheerenden Folgen bedrohen. Diese Erscheinung findet als psychische Revolution beim einzelnen statt, wie sie auch als soziale Phänomene auftreten kann.«[44]

Konsequent deutete er die politischen Auseinandersetzungen der zwanziger Jahre von demselben Punkt des Brachliegens religiöser Impulse her:

»Die alten Religionen mit ihren erhabenen und lächerlichen, mit ihren gütigen und grausamen Symbolen sind nämlich nicht aus der blauen Luft, sondern aus der menschlichen Seele entstanden, wie sie auch in diesem Moment in uns lebt. Alle jene Dinge, ihre Urformen, leben in uns und können jederzeit mit vernichtender Gewalt auf uns hereinbrechen, nämlich in Form der Massensuggestion, gegen die der einzelne wehrlos ist. Unsere furchtbaren Götter haben nur den Namen gewechselt, sie reimen jetzt auf ›-ismus‹.«[45]

Seine Schülerin A. Jaffé kommentiert: »Wer aber nahm damals solche Warnungen ernst? Im entscheidenden Augenblick hatte Jung selbst sie vergessen.«[46]

In der Tat. Als der Umsturz in Deutschland kam, ließ auch Jung sich von der Massensuggestion berühren. Statt weiter vom Mangel echter Religiosität auszugehen, wollte er glauben. Nachträglich, in einem Rückblick aus dem Jahre 1946, rechtfertigte er sich damit, er habe zwar erkannt, daß sich hier eine Massenpsychose vorbereite, aber darauf vertraut, daß darauf eine Ernüchterung und Bewußtwerdung folgen werde. Gerade weil er die archetypischen Besetzungen der nationalsozialistischen Symbole erkannte, habe er darauf gebaut, die im kollektiven Unbewußten enthaltenen schöpferischen Kräfte würden sich durchsetzen.

»Jeder Archetypus enthält Tiefstes und Höchstes, Böses und Gutes und ist darum der gegensätzlichsten Wirkungen fähig. Es ist darum nie von vornherein auszumachen, ob er sich positiv oder negativ auswirken wird. Wenn ich mich damals abwartend verhielt, so geschah dies in Übereinstimmung mit meiner ärztlichen Einstellung solchen Dingen gegenüber: Sie verurteilt nicht von vornherein, sie will nicht a priori besser wissen, sondern sie will das geben, was der Engländer ›a fair chance‹ nennt. (…) Es gehört zum Beruf des Arztes, daß er auch unter unwahrscheinlichen Umständen einen Optimismus aufbringt, der zu retten versucht, was man möglicherweise noch retten kann. (…) Auch darf jetzt nicht außer Acht gelassen werden, daß Deutschland bis zur nationalsozialistischen Ära eines der höchst differenzierten Kulturländer der Erde und zugleich unser geistiges Hinterland war, an das uns Bande des Blutes, der Sprache und der Freundschaft banden. Ich wollte alles tun, was in meinen schwachen Kräften stand, um die Kulturverbindung nicht abreißen zu lassen, denn Kultur ist das einzige Mittel gegen die furchtbare Gefahr der Vermassung.«[47]

Seine Äußerungen aus den Jahren 1933/34 zeigen, daß sein »Optimismus« nicht nur therapeutisch war. Bot dieser Ausbruch nicht den besten Beweis für die Existenz eines kollektiven Unbewußten, wie er es seit zwei Jahrzehnten verfochten hatte? Fand hier nicht seine Lehre ihre großartigste Bestätigung? War der Triumph des Nationalsozialismus nicht zugleich sein Triumph über die Freudianer, wie er in dem oben wiedergegebenen Zitat aus dem Jahre 1934 hervortritt: »Hat sie die gewaltige Erscheinung des Nationalsozialismus, auf den eine ganze Welt mit erstaunten Augen blickt, eines Besseren belehrt?«[48] Mit dieser Faser seines Wesens konnte Jung jedenfalls nicht *gegen* den Nationalsozialismus sein. Ernst Bloch trifft diese Verführbarkeit Jungs, wenn er schreibt: »Selbstverständlich fließt Jungs Kollektiv-Unbewußtes im Hexenwahn dicker als in der reinen Vernunft.«[49]

Die Genugtuung, Recht behalten zu haben, schwingt auch noch mit in dem Aufsatz »Wotan« aus dem Jahre 1936. In ihm gibt er dem obskuren Wotan-Kult in Nazi-Deutschland eine tiefenpsychologische Deutung: Die zwiespältigen Charakterzüge, die in der germanischen Mythologie diesem Gott zugeschrieben würden, paßten tatsächlich auf eine Seite der »deutschen Seele«, die durch den Christengott nur unzureichend repräsentiert und daher bloß überlagert worden sei; diese ältere Gestalt unbewußter Welterfahrung breche sich nun Bahn.

Man hat diesen Aufsatz als ein Votum für den Wotan-Kult aufgefaßt. Das ist er jedoch nur insofern, als Jung überhaupt diesem Spuk die Ehre einer ernsthaften Betrachtung zum damaligen Zeitpunkt angedeihen läßt. Er bleibt dann der Erscheinung gegenüber aber in derselben bloß beobachtenden, nicht urteilenden Haltung, als hätte er es therapeutisch mit den psychotischen Phantasien eines Patienten zu tun. — Gerade dies, die unentschiedene, bloß betrachtende Haltung gegenüber dem Ungeist, macht die Lektüre dieses Textes heute so schwer erträglich[50].

Die Wertungen, die dennoch einfließen, sind durchweg negativ. Die Attribute, die er dem Komplex »Wotan« zuschreibt, sind alles andere als schmeichelhaft: Er nennt ihn einen »Unruhestifter«, einen »Entfessler der Leidenschaften und Illusionskünstler«, ja einen »Berserker« und »Gott der Wut und Raserei«, der »einem primitiven Niveau entspricht«[51]. Man könne hieran »einsehen lernen, aus welchen Fährnissen der Seele das Christentum den Menschen retten wollte«[52]. Er gebraucht in dem Artikel Wendungen, die im damaligen Deutschland als staatsfeindlich gegolten hätten; so spricht er offen von »Judenverfolgungen«[53] und tituliert Hitler als »sogenannten Führer«[54], über den er sagt: »Das ist aber gerade das Eindrucksvolle am deutschen Phänomen, daß einer, der offenkundig ergriffen ist, das ganze Volk dermaßen ergreift, daß sich alles in Bewegung setzt, ins Rollen gerät und unvermeidlicherweise auch in gefährliches Rutschen.«[55]

In diesem gleitenden Übergang von der Bewegung zum Rutschen befindet sich 1936 Jungs Haltung gegenüber dem Nationalsozialismus. Wie verstellt auch immer, ist dieser Aufsatz auch ein Dokument beginnender Desillusionierung und des Erschreckens gegenüber der ganzen Wucht des Irrationalen. Ganz hat er die Hoffnungen noch

nicht aufgegeben: Wotan sei auch der runenkundige Schicksalskünder:
»Das Wiedererwachen Wotans ist ein Rückschritt und Rückgriff; der
Fluß ist durch Rückstauung wieder in sein früheres Bett eingebrochen.
Aber ewig dauert die Rückstauung nicht ... Bestände dieser Schluß zu
recht, so wäre der Nationalsozialismus noch lange nicht das letzte
Wort, sondern es wären in den nächsten Jahren oder Jahrzehnten hin-
tergründige Dinge zu erwarten, von denen wir uns jetzt allerdings
noch schlecht eine Vorstellung machen können.« [56]

Aniela Jaffé hat wohl recht mit ihrer Deutung, daß Jung erst im
Erschrecken über die Entwicklung in Deutschland vollends zu
Bewußtsein gekommen sei, welche Abgründe sich auch in der von
ihm entdeckten Kollektivpsyche verbergen und wie wichtig daher das
urteilende Ich als bewußter Widerpart sei. Die Einseitigkeiten in Jungs
Psychologie, von denen im vorigen Kapitel die Rede war — hier treten
sie zutage. Er hatte das kollektive Unbewußte zur »reinen, unver-
fälschten Natur« verklärt, aus der nichts Krankhaftes kommen könne,
und hatte das Bewußtsein zum bloß passiv-bewundernden Zuschauer
herabgesetzt. Nun zeigte sich, daß reine Natur ohne Bewußtsein dann
auch von Individualität und Ethik nichts mehr weiß. Statt vollständigere Menschlichkeit hervorzubringen, wie Jung es seinem geistigen
Kind zugeschrieben hatte, erwies sich das kollektive Unbewußte nun
auch einer verschlingenden Kollektivität fähig, in der alles Menschliche sich auflöste [57]. Was konnte Jung tun, um diese Kräfte zu bannen,
die er bei ihren Namen gerufen hatte? Er mußte sie nochmals benennen, mit einem genaueren Namen, der auch diese Gefahren einschloß.
Dieser Name war »Wotan«. Damit war für Jung alles getan. Seine
Form der Weltbewältigung »Bannen durch Benennen« hielt ihn auch
in seinem Verhältnis zum Nationalsozialismus in ihrem Bann.

Man erinnert sich an jene unbeabsichtigte Selbstdarstellung, die
Jung in seiner Typologie des »introvertierten Intuitiven« gibt:
»Der Intuitive bleibt in der Regel beim Wahrnehmen ... Der reine
Intuitive, der das Urteil verdrängt oder ein solches nur im Banne der
Wahrnehmung besitzt, gelangt im Grunde genommen nie zu dieser
Frage (der persönlichen Aufgabe), denn seine Frage ist nur das Wie der
Wahrnehmung. Er findet darum das moralische Problem unverständ-
lich ... und verbannt darum das Denken über das Geschaute so viel wie
möglich. Anders der moralisch eingestellte Intuitive ... Sein Urteil läßt
ihn, allerdings öfters nur dämmerhaft, erkennen, daß er als Mensch, als
Ganzes irgendwie in seine Vision einbezogen ist, daß sie etwas ist, das
nicht bloß angeschaut werden kann, sondern auch zum Leben des Sub-
jektes werden möchte. Durch diese Erkenntnis fühlt er sich verpflich-

tet, seine Vision in sein eigenes Leben umzugestalten. Da er sich aber in der überwiegenden Hauptsache auf die Vision allein stützt, so gerät sein moralischer Versuch einseitig; er macht sich und sein Leben symbolisch, angepaßt zwar an den inneren und ewigen Sinn des Geschehens, unangepaßt aber an die gegenwärtige tatsächliche Wirklichkeit. Damit beraubt er sich auch der Wirksamkeit auf diese.«[58]

In den darauf folgenden Jahren wird sein Urteil über den Nationalsozialismus eindeutig — aber er äußert es fast nur in privaten Briefen. Nach der »Reichskristallnacht« schreibt er am 19.12.1938 an Erich Neumann: »Ich habe auch für Deutschland Schlimmes vorausgesehen, sogar ganz Schlimmes, aber wenn es dann eintrifft, so erscheint es einem doch unglaublich. Sozusagen jedermann hier ist aufs Tiefste erschüttert von dem, was in Deutschland geschieht. Ich habe sehr viel mit jüdischen Flüchtlingen zu tun und bin beständig damit beschäftigt, alle meine jüdischen Bekannten in England und Amerika unterzubringen.«[59] Am Tag nach dem Einmarsch der Wehrmacht in Polen schreibt er: »Hitler ist im Begriff, seinen Höhepunkt zu erreichen, und mit ihm die deutsche Psychose.«[60] Wenig später: »Wenn es jemals eine geistige Epidemie gegeben hat, dann ist es die gegenwärtige geistige Situation in Deutschland. Hitler selbst ist (nach allem, was ich gehört habe) mehr als nur halb verrückt.«[61] Nun klingt — in Worten — auch Kämpferisches an: »Natürlich hoffen wir, nicht in den Krieg hineingezogen zu werden, aber es herrscht in der Schweiz vollständige Einigkeit, daß, wenn es sein müßte, man auf Seiten der Alliierten stünde.«[62] Und nun erhebt sich auch das Christliche wieder: »Wir alle hoffen und beten für einen britischen Sieg über den Antichrist.«[63] Den Wotan-Kult nennt er nun sogar öffentlich eine »götzendienerische Hausreligion«[64].

In den ersten Nachkriegsmonaten schreibt Jung einen Aufsatz »Nach der Katastrophe«, in dem er die nationalsozialistischen Greuel nun unumwunden »das ungeheuerlichste Verbrechen aller Zeiten«[65] nennt. Hat auch er von der Maschinerie der Judenvernichtung, von dem Grauen der Konzentrationslager erst nach dem Sieg der Alliierten gehört? Jedenfalls äußert er erst jetzt das ganze Ausmaß seiner Ent-Täuschung über die deutsche Seele. Er nimmt sich dabei selber nicht aus: »Ich will es dem Leser nicht verheimlichen: noch nie hat ein Aufsatz mir solche moralische, ja menschliche Mühe gekostet. Ich hatte nicht gewußt, bis zu welchem Grade es *mich* angeht.«[66] Der Anblick der Konzentrationslager reiße zugleich einen Blick auf in die Abgründe der Psyche des sogenannten zivilisierten Menschen, von denen kein Zeitgenosse sich freisprechen könne:

»Dies ist nicht nur deutsches Schicksal, sondern auch europäisches. Wir alle mögen den Schatten erkennen, der sich hinter dem Menschen dieser Zeit erhebt. (...) Daß ein Glied der europäischen Kulturfamilie so weit wie die Konzentrationslager geraten konnte, wirft auf alle andern ein bedenkliches Licht. Denn wer sind wir schließlich, daß wir uns einbilden könnten, etwas ähnliches wäre bei uns völlig ausgeschlossen? ... Mit Schrecken sind wir gewahr geworden, was der Mensch alles kann, und was wir daher auch könnten.«[67]

Man hat Jung vorgeworfen, er habe in diesem Aufsatz einen erneuten Schwenk mit dem Zeitgeist zu einer undifferenzierten Kollektivschuld-These vollzogen. Das ist unrichtig. Das Kollektiv-Psychische, auf das er sich bezieht, reicht wesentlich tiefer als jene Ebene sittlicher Verwerflichkeit, strafrechtlicher Verantwortung und politischer Reparationspflicht, auf der damals die These der Kollektivschuld diskutiert wurde. Vor allem aber deutet er dabei nicht nur auf die Deutschen, sondern auch auf alle, die damals vom Ausland her über Deutschland urteilten, einschließlich seiner selbst. »Wir brauchen dem Deutschen die Teufelsfratze nicht vorzuhalten. Die Tatsachen reden eine vernehmbarere Sprache, und wer diese nicht versteht, dem ist überhaupt nicht zu helfen ... Es ist ja wirklich keine kleine Sache, um seine eigene Schuld und um sein Böses zu wissen.«[68] Der Europäer dürfe »nicht in den Wahn verfallen, daß alles Böse der Welt in Deutschland lokalisiert sei. Er muß sich vielmehr Rechenschaft davon geben, daß die deutsche Katastrophe nur eine Krisis der europäischen Krankheit überhaupt ist. (...) In Deutschland ist das, was überall mottet und glüht, nur zur lodernden Flamme emporgeschlagen. Das Feuer, das in Deutschland entbrannte, verdankt sein Entstehen gewissen seelischen Bedingungen, die sich überall finden.«[69]

In einem »Nachwort« zu der 1946 erschienenen Sammlung seiner *Aufsätze zur Zeitgeschichte* antwortete Jung auf die Vorwürfe, die ihm wegen seiner Äußerungen zum Nationalsozialismus gemacht worden waren. Er gestand zu, das ganze Ausmaß der drohenden Gefahr — wie die meisten seiner Zeitgenossen — weit unterschätzt zu haben. Vor der Gefahr als solcher aber habe er früher und beständiger als mancher gewarnt. Zum Beleg reiht er Zitate aus seinen Schriften seit 1918 aneinander, in denen er auf die Gefahren einer psychischen Vermassung und auf das Problem des unbewältigten Bösen in der modernen rationalisierten Gesellschaft hinwies. Gerade in der Zusammenschau dieser Zitate aber wird wieder die ganze Zwiespältigkeit dieses Werkes und seines Autors deutlich. Man kann Jung nicht bestreiten, sehr früh und sehr tief heutige Existenzprobleme benannt zu haben, die seitdem in Politik, Philosophie und Kunst nicht zur Ruhe kommen. In der Einseitigkeit aber, mit der er äußeres Geschehen als bloßen Ausfluß des Inneren betrachtet, sperrt er seine Einsichten selber in die bloße Innerlichkeit ein und raubt ihnen die Möglichkeit eines praktischen Einflusses auf menschliches Handeln. So vermochte er umgekehrt alle äußeren Ereignisse, einschließlich Nationalsozialismus, einschließlich Konzentrationslager, nicht in ihrer konkreten menschlichen Realität, sondern nur als Abbilder des inneren Geschehens aufzufassen. »Für dessen Wirklichkeit zeugen mir die geradezu teuflischen Taten unserer Zeit, die 6 Millionen ermordeter Juden, die ungezählten Opfer der Sklavenschinderei in Rußland und die Erfindung der Atombombe, um einige Beispiele der düsteren Seite zu nehmen.«[70] Die Bedeutungs-Richtung kehrt sich um: »So wahr es einen Buchenwald gibt, so wahr gibt es Dämonen.«[71]

Viele erwarteten nach 1945 von C. G. Jung, daß er nicht bloß allgemein über Teufel, Dämonen und die Krise des Abendlandes sprechen, sondern ein Wort der Selbstkritik zu seinen sehr konkreten Handlungen und Äußerungen finden würde, mit denen er dem Nationalsozialismus in dessen Anfangsjahren Vorschub geleistet hatte. Ob Jung diese Erwartungen an ihn überhaupt verstand? Möglicherweise war da für ihn gar nichts »zum Erlebnis geworden«, worauf er selbstkritisch hätte reflektieren können. Auf die Mächtigkeit des Unbewußten, die sich im Nationalsozialismus so eindrucksvoll bewiesen hatte, habe er doch vor, während und nach dessen Herrschaft unermüdlich hingewiesen ... Daß er dabei Hitler im Jahr 1933 ohne alle Anführungszeichen als Führer bezeichnete, 1946 dagegen als »Ratte« und »Randsteinschnüffler«[72], bedeutete ihm anscheinend nicht mehr als ein der dichterischen Freiheit unterliegender Wechsel der Bildmetaphorik. Nur in einem persönlichen Gespräch im Sommer 1947, so wird berichtet, hat Jung einmal in bezug auf seine anfängliche Haltung gegenüber den Nazis zugestanden: »Jawohl, ich bin ausgerutscht.«[73] Für Jung ist das viel — für jeden anderen zuwenig.

Zeitenwende — Wendezeit

Man würde jedoch in den umgekehrten Fehler verfallen, würde man Jungs anfängliche Sympathien für den Nationalsozialismus ausschließlich daran messen, was uns nachträglich an Wissen über dessen realhistorische Entwicklung zur Verfügung steht. Ein solcher Maßstab ist zwar vordringlich, soweit es darum geht, damaliges Verhalten als Lehrstück für heutiges zu begreifen. Um aber der konkreten Person gerecht zu werden, muß auch bedacht werden, was »man« in diesen Jahren wissen konnte und welche sozialpsychologischen Stimmungen damals umgingen. C. G. Jung war wahrhaftig nicht der einzige denkende Mensch seiner Zeit, der dem Nationalsozialismus anfangs Erwartungen entgegenbrachte.

Der anthroposophische Historiker Christoph Lindenberg hat in seinem Buch *Die Technik des Bösen* ein eindringliches Bild jener Erlösungshoffnungen zusammengetragen, die damals in geistigen Kreisen des Bürgertums (darunter Anthroposophen) im Schwange waren. Man glaubte zu spüren, daß eine »Zeitenwende« bevorstünde, die unter Führung einer Mana-Persönlichkeit aus der Situation der Entfremdung und Gespaltenheit in ein neues »Reich« münden werde. Deutschnationale Großmachtträume, Romantik der Jugendbewegung, aber auch soziale und politische Ressentiments im Gefolge des verlorenen Krieges, des sozialen Umbruchs und der Weltwirtschaftskrise mischten ihren Teil hinzu. Eine Mischung von Schwindel, Ekel und Faszination ergreift einen, wenn man heute in jenen Entwürfen einer zu heilenden Welt aus dem Ende der zwanziger, Anfang der dreißiger Jahre liest[74].

Diese Erwartungen machten sich die Nationalsozialisten teils zunutze, teils flossen sie ihnen freiwillig zu. Für weite Teile eines idealistisch geprägten Bildungsbürgertums muß es damals sehr schwer gewesen sein, sich dem Sog dieser Erfüllungshoffnungen zu entziehen; vereinzelt ließen sich sogar Juden davon mitreißen[75]. Auch sehr integre, auch nüchtern denkende Menschen waren nicht davor gefeit. So sind etwa von Viktor v. Weizsäcker, einem der Begründer der Psychosomatik und Lehrer Alexander Mitscherlichs, Äußerungen mit schlimmem nationalsozialistischen Zungenschlag aus dem Jahre 1933 überliefert[76]. Von Martin Heidegger ist bekannt, daß er zeitweilig das ganze Gewicht seiner Persönlichkeit in die Waagschale des Nationalsozialismus warf[77].

Ein weiterer Name ist der von Arnold Bergstraesser, der nach dem Krieg als geachteter liberal-konservativer Politikwissenschaftler zu einem der »Väter« der demokratischen Staatsneugründung wurde und wesentlichen Anteil daran hatte, der Politikwissenschaft in Deutschland zur Anerkennung als akademisches Fach zu verhelfen. Von ihm gibt es einen Brief, den er am 15. März 1933 als junger Privatdozent an eine Doktorandin in Frankreich schickte. Darin schreibt er unter anderem:

»Gerade darin ist der Nationalsozialismus dem republikanischen System unendlich überlegen, daß er nicht eine vernunftmäßige, sondern eine glaubensvolle Beziehung des Volkes zum Staate herstellt, und die außerordentlich starke Wirkung der letzten Rede Adolf Hitlers in Königsberg ist auf ihren religiösen Grundton zurückzuführen. (...) Was Sie von Feiern, Umzügen, Fahnenhissungen hören, ist der sichtbare Ausdruck eines solchen stoßweisen inneren Umschwungs, der, in seiner reinsten Intention genommen, dem Menschlichen gegenüber dem Materiellen zum Siege verhelfen will. (...) Hier finden Sie Glaubensbereitschaft, der große Vorbilder gezeigt werden können, Treue und Kameradschaft, Opferwilligkeit, Aufhebung sozialer Distanzen und Sinn für Erhaltung menschlichen Ranges — aber all dies eben bei notwendiger Verwendung der massenorganisatorischen Großformen der modernen Politik und mit den aus ihnen herrührenden Fehlern in der Durchführung. (...) Die Stellung dieses Staates zum deutschen Geist bedeutet gleichzeitig die Entscheidung über die Fruchtbarkeit der menschlichen Ansätze in ihm. Ob der Nationalsozialismus die geistigen Kräfte, die seit Jahrzehnten die edelsten Bildungen menschlichen Lebens für das deutsche Volk bereithalten, in dem von ihm beherrschten Staat zur Wirksamkeit kommen lassen wird, ist nicht nur für diesen Geist und die ihm anhängen, sondern für die Zukunft von Staat und Volk entscheidend, das jetzt die Vereinigung von Geist und Politik endlich — wenn auch in intensivster Arbeit — erfahren könnte. (...) Der geistig verantwortliche Mensch ist mit Recht verletzt von der Brutalität und Achtlosigkeit einer Revolution. Er hat den Sinn für alle feineren Werte des Daseins diesem Treiben entgegenzuhalten, aber nicht aus Ablehnung, sondern in Anerkennung der positiven Grundkräfte, die hier wirksam sind und aus Liebe zu ihnen.«[78]

Da der Brief bisher nicht veröffentlicht ist, gebe ich ihn im Anhang vollständig wieder. Bergstraesser trat damals in den Straßen Heidelbergs mit »deutschem Gruß« auf und riet Doktoranden, in die SS einzutreten. — Zwei Jahre später, 1935, emigrierte er enttäuscht in die USA.

Ich erwähne diesen Fall nicht in der Absicht, Bergstraesser herabzusetzen, und es ist auch eher zufällig, daß mir ein solches Dokument gerade von ihm vorliegt. Es geht mir vielmehr darum, den Äußerungen Jungs aus der damaligen Zeit eine vergleichbare Äußerung aus anderer Quelle zur Seite zu stellen, nicht um ihn zu entschuldigen, wohl aber, um den zeitgeschichtlichen Kontext zu verdeutlichen, an dem sie gemessen werden können. Daraus darf nicht das umgekehrte

Argument werden, »man« habe es damals im bürgerlichen Milieu nicht besser wissen können. Ein Gegenbeispiel ist der Theologe und Soziologe Paul Tillich, dessen biographischer Hintergrund sich nicht grundsätzlich von dem Bergstraessers unterscheidet (bürgerlich-liberales Elternhaus, Jugendbewegung). Dennoch legt er im selben Jahr 1933 eine klarsichtige Analyse der aufkommenden Gewaltherrschaft vor, die sich souverän freihält von Illusionen, wie Bergstraesser und Jung sie anfänglich hegten; von dieser Schrift wird im folgenden Kapitel noch die Rede sein.

Andererseits fällt bei solchen Vergleichen auch auf, wie bereitwillig anderen Persönlichkeiten nach 1945 ihre anfängliche Begeisterung für den Nationalsozialismus nachgesehen wurde, und wie wenig man Jung seine im Verhältnis dazu eher zögerlichen Avancen verzeiht. Heidegger zum Beispiel hat sich ungleich eindeutiger mit dem Nationalsozialismus identifiziert, aber niemand findet es heute ungehörig, sein Werk zu zitieren und zu diskutieren. Das Ausmaß, in dem der Faschismus-Vorwurf auf C. G. Jung »sitzt«, ist mit seinem tatsächlichen Verhalten allein nicht erklärlich. Die Vermutung liegt nahe, daß die politische Kritik, so berechtigt sie ist, nur die oberste, sichtbarste Schicht von tieferreichenden Konfliktlinien und Berührungsängsten darstellt, weshalb sie als politische auch nicht vollends aufzuarbeiten ist.

Dazu gehört sicher — noch und wieder — die Fehde zwischen Jung und Freud, die ja ihrerseits über einen bloßen Schulenstreit weit hinausreicht. Während sich beispielsweise heutige Psychoanalytiker der Freud-Schule im Umkreis der Zeitschrift *Psyche* mit großem Ernst um ein ungeschminktes, aber differenziertes Urteil gegenüber dem Verhalten ihrer Vorgänger (angefangen bei Freud selber) in der Zeit des Nationalsozialismus bemühen, ist von einer solchen Differenzierung in bezug auf Jung nichts zu spüren. Die Verdammungsurteile seiner damaligen Kritiker werden kommentarlos wiederholt, so als könne heute noch unbesehen gelten, was damals cum ira et studio gegen ihn geschleudert wurde, und als sei mit dem Nachweis seiner politischen Fehler sein wissenschaftliches Werk gleich miterledigt[79].

Aber die Abwehr gegenüber Jung findet sich nicht nur bei Freudianern, muß also noch tiefere Gründe haben. Einer davon scheint mir zu sein, daß die Befassung mit ihm an ein Stück »unbewältigte Vergangenheit« rührt, das noch immer tabuisiert ist. Die verbotene Frage lautet: War alles schlecht, was der Nationalsozialismus für sich ausschlachtete?

Alexander Mitscherlich hat früh das Wort von der »Unfähigkeit zu trauern« geprägt. Er bezog es hauptsächlich auf den plötzlichen Verlust der Führer-Figur. Was aber ist mit der Trauer um jene Hoffnungen auf ein erfüllteres Leben, auf Gemeinschaft, auf Leitbilder und Werte, die dem Nationalsozialismus in seinen ersten Jahren zuflossen? Und was ist umgekehrt mit jenen Macht- und Unterwerfungsgelüsten, jenen Zerstörungstrieben, jenen heidnischen Ersatzgöttern, die zum Teil eng verschlungen mit den genannten Erfüllungshoffnungen in biederen Alltagsmenschen zutage traten und aus denen die Nazis ihre Gewaltherrschaft errichteten?

In der Nachkriegszeit galt als Antwort unangefochten die Gleichung: a-rational = irrational = Nationalsozialismus. Wenn es gelang, das A-Rationale zu tabuisieren, war damit auch die Gefahr des Nationalsozialismus gebannt; und umgekehrt glaubte man, daß mit politischen Sicherungen gegen den Nationalsozialismus auch alle Probleme des A-Rationalen bewältigt seien. So richtig die Schärfe der Abgrenzung in diesen Jahren war, so sehr verselbständigte sie sich zum Selbstschutz eines rationalistischen Weltbildes, das für Wirtschaftswunder und Westintegration gebraucht wurde. Was aber gleichzeitig und seitdem an Antikommunismus, Feindbildprojektion und Fremdenhaß entstand, zeigt, daß die irrationalen Kräfte keineswegs »bewältigt« sind. Wie sollten sie auch? So schnell ändern sich psychische Grundstrukturen nicht.

Vor 1933 sprach man von einer Zeitenwende. Heute wird von »Wendezeit« geredet. Politische, gesellschaftliche, spirituelle Suchbewegungen sind im Gange und greifen teilweise zu jenen a-rationalen Inhalten, die auch in den Jahren des heraufziehenden Faschismus Menschen beschäftigten. Die Angst vor einer Eigendynamik unbewußter Kräfte ist daher berechtigt. Aber die Chance, ihnen nicht noch einmal so bewußtlos zu erliegen, kann nicht darin gründen, sie zu dämonisieren und zu verdrängen — gerade durch die Verdrängung dämonisieren sie sich hinterrücks! Die Aufgabe kann nur darin bestehen, sich ihnen wieder, aber diesmal bewußt, zuzuwenden und den Umgang mit ihnen zu erproben. Beispielsweise: das eigene Böse kennenlernen; persönliche Bedürfnisse und politisches Engagement nicht voneinander abspalten; darüber nachdenken, was der richtige Abstand von Sinnversprechen und Politik ist, wenn deren Gleichsetzung falsch war, die völlige Trennung aber den verdorrenden Boden bereitet für die nächste politische Erfüllungshoffnung.

Eine so unverdächtige Zeugin wie Margarete Mitscherlich-Nielsen schreibt: »Im Namen von Idealen können, wie wir es im ›Dritten Reich‹ erlebten, unvorstellbare Grausamkeiten begangen werden ... Dennoch wäre es aufgrund solcher schlechter Erfahrungen sinnlos, das Kind mit dem Bade auszuschütten und auf die seelischen und kulturellen Möglichkeiten zu verzichten, die sich mit Phantasien, Idealen und Utopien in einer langen Geschichte und im Leben des einzelnen, insbesondere in der Entwicklung des Jugendlichen, verbinden. Diese Gefahr besteht aber, wenn mit der gefühlsmäßigen Abwehr der jüngsten Vergangenheit auch eine auf Phantasie und Innerlichkeit beruhende deutsche Tradition vergessen und verdrängt wird.«[80]

Auf diese psychischen Tiefen, aus denen der Nationalsozialismus sein Gift gebraut hat und aus denen allein daher die Medizin dagegen kommen kann, hat Jung in seinem Werk wie kein anderer hingewiesen. Das Tabu gegenüber diesen Kräften trifft ihn unweigerlich mit. Ich vermute also, daß die Schärfe der Abwehr gegen ihn nicht so sehr darauf zielt, worin er damals irrte, sondern darauf, worin er recht hatte und hat. Jung rührt an jenes Stück unbewältigte Vergangenheit, in dem zu bewältigende Zukunft steckt. Gerade deswegen kann die Wunde seiner Verquickung mit dem Nationalsozialismus sich so schlecht schließen.

Kapitel 6
Dialektik der Gegenaufklärung. Philosophische Durchquerungen bei C. G. Jung

Kurze Vergewisserung des Wegs: Die Ausgangsthese in Kapitel 2 und 3 lautete: Bei Jung ist eine emanzipatorische Latenz freizulegen. Im folgenden Kapitel 4 ging es um die Frage, wodurch diese Latenz in Jungs Theorie verstellt ist und in welcher Richtung sie »geöffnet« werden müßte. Das Kapitel 5 führte vor, welche fatalen Folgen die introversive Abkapselung haben kann und in Jungs Leben hatte. Nachdem also in den letzten beiden Kapiteln mehr von der Behinderung emanzipatorischer Gehalte als von diesen selbst die Rede war, soll nun versucht werden, die Ausgangsthese selbst weiter zu entfalten. Aber auch das geht nur auf dem Umweg der »Arbeit an Widerständen«.

Wenn von emanzipatorischer Latenz die Rede ist, dann genügt es nicht, auf Chancen individueller therapeutischer Erweiterung von Handlungsmöglichkeiten zu verweisen, so sehr diese subjektiv als »Befreiung« empfunden werden mögen und so notwendig solche Akte individueller Selbstentfaltung zum emanzipatorischen Prozeß dazugehören. Geistesgeschichtlich ist »Emanzipation« das Projekt der Aufklärung — das setzt philosophische Maßstäbe. Gefordert ist der Nachweis, ob und wie Jungs Menschenkunde sich mit den geistigen Strömungen der Aufklärung verbinden läßt.

Dem ersten Anschein nach muß dieses Unterfangen abwegig wirken, etwa so, als wolle man Marx mit Mystik zusammenbringen. Steht nicht die völlig einhellige Meinung aller aufgeklärten Geister dagegen? Für Ernst Bloch ist C. G. Jung ein »Erzreaktionär«[1] und »Faschist«[2]. Herbert Marcuse wirft ihm »verdunkelnde Pseudo-Mythologie«[3] vor. Erich Fromm nennt ihn einen »romantischen Obskurantisten«[4]. Auch die heutigen politischen Philosophen der Linken rechnen ihn der Gegenaufklärung zu: Oskar Negt etwa[5] oder Jürgen Habermas mit dem Etikett des »metaphysischen Obskurantismus«[6]. Die Liste der apodiktischen Urteile von Vordenkern einer freiheitlichen Tradition ließe sich fortsetzen. Jede Möglichkeit eines Brückenschlags zwischen Jung und emanzipatorischem Denken scheint danach von vornherein ausgeschlossen.

Wer etwas anderes behaupten will, muß gute Gründe nennen. Es ist also nötig, sich die geistigen Quellen und Querverbindungen bei Jung genau anzusehen. Darüber hinaus ist zu fragen, warum und wie er heute rezipiert wird. Das ist Arbeit für mehr als einen, schon gar einen philosophischen Laien wie mich. Wenn ich mich im folgenden auf den Versuch einer eigenen vorläufigen Orientierung einlasse, dann nur notgedrungen, weil es die umfassende geistesgeschichtliche Studie zu C. G. Jung, die mich davon entlasten könnte, bisher nicht gibt. Was ich dazu gefunden habe, wird der Aufgabe jeweils nur in Ausschnitten gerecht und ist entweder ohne kritischen Abstand geschrieben[7] oder im Gegenteil auf Totalkritik festgelegt. Die anspruchsvollste mir bekannte Studie ist die Dissertation von Hedda Herwig, die zwar durch ihre pointierte Gegenposition zu Jung wichtige Fragerichtungen eröffnet, für ein umfassendes Verständnis seiner Anthropologie aber letztlich unfruchtbar bleibt, weil sie dem »psychischen Autismus«[8] von Jung nur einen ebenso undurchdringlichen intellektualistischen Autismus entgegensetzt, ohne sich auf die »Erfahrungskomplexe«[9] bei Jung ernstlich einzulassen. Zudem ist die Arbeit vom antignostischen Affekt ihres Lehrers Eric Voegelin durchzogen, ohne daß die Sünden der Gnosis überzeugend expliziert und an Jungs Werk festgemacht würden[10].

Bei der Durchsicht der vorhandenen Ansätze wird allerdings auch deutlich, warum es eine umfassende geistesgeschichtliche Untersuchung zu Jung bisher nicht gibt: Zu weitläufig und heterogen sind die Quellen, aus denen er schöpfte, zu eigenwillig und ambivalent sein eigenes Werk, zu vielfältig und widersprüchlich seine Bezüge zu den modernen gesellschaftlichen, wissenschaftlichen und künstlerischen Tendenzen seiner Zeit. — Vielleicht ist eine schulphilosophische Unbeschwertheit wie die meine nicht die schlechteste Voraussetzung, sich diesem gordischen Knoten überhaupt zu nähern.

Lösen kann ich ihn freilich so nicht, und so geht der Anspruch des folgenden nicht darüber hinaus, mit einer gewissen Chance des Richtigen erste Hypothesen zu wagen. Sie verdichten sich zu der Vermutung: So wenig wir heute den Mythos mehr als Gegenbegriff zur Emanzipation verstehen können, so wenig geht Jungs Werk in Gegenaufklärung auf. Es hat vielmehr teil an jenem vorrationalen Existenzwissen, das als das »Andere der Vernunft« auf dem Weg zur instrumentellen Ratio abgespalten und ins Irrationale verdrängt wurde, und mit dem das Projekt der Aufklärung sich heute dringend versöhnen muß, um der selbstgeschaffenen Ungeheuer Herr zu werden.

Die Höhenströmung: Lebensphilosophie, Existentialphilosophie

Die Schwierigkeit einer philosophischen Zuordnung beginnt schon mit der Vielzahl von Denkern, die Jung im Lauf seines langen Lebens gelesen hat und auf die er sich in seinem Werk irgendwann bezieht, ohne sich mit einem von ihnen stärker zu identifizieren. Er macht auch keinen Versuch, die Widersprüche zwischen diesen verschiedenen Denkrichtungen zu bearbeiten, geschweige denn sie in ein geschlossenes eigenes System zu überführen. So bleiben die verschiedenen Filiationen assoziativ wie ein unendlicher Zitatenschatz nebeneinander stehen, alle radial bezogen auf die eine Frage, die Jung allein interessiert: die nach den unbewußten Wirkkräften im Subjekt.

Nur eine Traditionslinie kommt in diesem Zitatenschatz so gut wie nicht vor: diejenige, die vom logisch und empirisch rezipierten Aristoteles über die Scholastik, dann über Galilei, Descartes und Bacon zur europäischen Aufklärung und von dort über den Hegel'schen Idealismus zum Materialismus und Positivismus des 19. Jahrhunderts führt. Es fehlt also genau jene Höhenlinie einer selbstmächtigen Vernunft, in der das emanzipatorische Denken im gängigen Verständnis seine Traditionslinie sieht. In seinen Lebenserinnerungen gibt Jung selbst eine Darstellung seiner philosophischen Lektüre, die gleichfalls das Etikett der Gegenaufklärung zu bestätigen scheint:

»Erst in Meister Eckhart fühlte ich den Hauch des Lebens, ohne daß ich ihn ganz verstanden hätte. Die christliche Scholastik ließ mich kalt ... Hegel schreckte mich ab durch seine ebenso mühsame und anmaßende Sprache. Er kam mir vor wie einer, der in seinem eigenen Wortgebäude eingesperrt war und sich dazu noch mit stolzen Gebärden in seinem Gefängnis erging. Der große Fund meiner Nachforschungen aber war Schopenhauer ... hier war endlich einer, der den Mut zur Einsicht hatte, daß es mit dem Weltengrund irgendwie nicht zum Besten stand ... Schopenhauers düsteres Gemälde der Welt fand meinen ungeteilten Beifall, nicht aber seine Problemlösung ... wobei ich in zunehmendem Maße von seiner Beziehung zu Kant beeindruckt wurde. Ich begann daher die Werke dieses Philosophen, vor allem die ›Kritik der reinen Vernunft‹ mit vielem Kopfzerbrechen zu lesen ... Kants Erkenntnistheorie [bedeutete] für mich eine womöglich noch größere Erleuchtung als Schopenhauers ›pessimistisches‹ Weltbild.«[11]

Goethes *Faust* beeindruckte ihn tief, die Lektüre von Nietzsche zögerte er hinaus, »es war eine geheime Angst, ich könnte ihm vielleicht ähnlich sein, wenigstens in dem Punkte des ›Geheimnisses‹, das ihn in seiner Umwelt isolierte«[12]. Die Lektüre des *Zarathustra* wird ihm zur Selbstbegegnung:

»Das war, wie Goethes ›Faust‹, ein stärkstes Erlebnis. Zarathustra war der Faust Nietzsches, und [meine Persönlichkeit] Nr. 2 war mein Zarathustra, allerdings mit der angemessenen Distanz des Maulwurfshügels vom Mont Blanc; und Zarathustra war — das stand mir fest — morbid. War Nr. 2 auch krankhaft? Diese Möglichkeit versetzte mich in einen Schrecken, den ich lange Zeit nicht wahrhaben wollte, der mich aber trotzdem in Atem hielt und sich immer wieder zu ungelegener Zeit meldete und mich zum Nachdenken über mich selber zwang ... wie mir der ›Faust‹ eine Türe öffnete, so schlug mir ›Zarathustra‹ eine zu, und dies gründlich und auf lange Zeit hinaus.«[13]

Der Student Jung spürt, daß die Verabsolutierung des Subjekts hier eine Grenze zum nicht mehr Menschlichen überschritten hat, die auch ihm gefährlich werden kann.

Als alter Mann wirft er Nietzsche in seinen Erinnerungen vor, daß er seinen ›Übermenschen‹ »in gefährlichste Nähe des diesseitigen Menschen rückte«[14] und damit dem totalitären Kollektivismus des 20. Jahrhunderts Vorschub leistete. In Jungs Werk taucht Nietzsche öfters als Seitenblick auf, fast stets mit dem Beiklang der Warnung, wohin man philosophisch und persönlich *nicht* gelangen dürfe.

Wollte man *einen* Philosophen nennen, dessen Weltsicht in Jungs Werk immer wieder mitschwingt und in dessen Gestalt er seine eigene Problematik ein Stück weit wiedererkannte, so wäre dies zweifellos Nietzsche in seiner Verklammerung von Anti-Illusionismus mit Anti-Rationalismus.

Nietzsche und Schopenhauer weisen zurück auf die romantische Wende im deutschen Idealismus. Und in der Tat finden sich im Werk Jungs Parallelen und Verweise zu Fichte, Schleiermacher, Schlegel und Schelling. Unter den Selbstbezeichnungen Jungs findet sich auch diese:

»Der Parallelismus mit meinen psychologischen Auffassungen rechtfertigt es, meine Ideen als ›romantisch‹ zu bezeichnen. Eine entsprechende Untersuchung in philosophischer Hinsicht würde diese Bezeichnung ebenfalls rechtfertigen, denn jede Psychologie, welche die Seele als *Erlebnis* kennt, ist im Sinne der Geschichte ›romantisch‹

... Unterhalb der Erlebnisstufe ist aber meine Psychologie auch wissenschaftlich-rationalistisch, was ich den geneigten Leser nicht zu übersehen bitte.«[15]

Der Nachsatz ist bezeichnend und im übrigen nicht unbegründet: Der rationalistische und positivistische Geist des ausgehenden 19. Jahrhunderts hat in Jungs Schaffen deutlichen Niederschlag gefunden. Die Haltung des unermüdlichen wissenschaftlichen Forschens, das Bemühen um empirische Überprüfbarkeit, der Entwurf eines kategorialen Systems sind bei ihm mehr als nur widerwillige Anpassungen an den akademischen Zeitgeist.

Die großen Geister der anti-rationalistischen »Rückseite« der jüngeren europäischen Geistesgeschichte sind also versammelt. Aber sie sind nicht unter sich: Von der »Vorderseite« mengen sich Kant'sche Erkenntniskritik und methodischer Positivismus dazwischen. Selbst zum Idealismus Hegels gibt es Berührungsflächen, insbesondere in der Weise, wie ideelle, zur Erkenntnis drängende Wirklichkeiten der äußeren Realität vorgeordnet werden.

Von der gegenaufklärerischen Traditionslinie radikalisiert Jung jedoch nicht den vernunftfeindlichen Aspekt, und er verabsolutiert auch nicht Emotion und Intuition als Wege der Wirklichkeitserfahrung: Ihm geht es um die Energetik des Psychischen, letztlich also um *Leben*. Das verknüpft ihn mit der Naturphilosophie Goethes, mit der Lebensphilosophie von Carus und Eduard von Hartmann. »Meine Konzepte haben viel mehr mit den Begriffen von Carus als mit denjenigen Freuds gemeinsam«, sagt Jung in einem Gespräch[16].

»Lebensphilosophie« als jener große, auch von Schopenhauer und Nietzsche wesentlich mitgetragene Strang des Denkens im 19. und beginnenden 20. Jahrhundert ist vielleicht diejenige philosophische Strömung, die sich am ehesten als Jungs unmittelbare philosophische Herkunft bezeichnen läßt. Die gemeinsame Grund-Gestimmtheit der darunter gefaßten, untereinander sehr heterogenen Ansätze zielt darauf ab, die Einheit und Ganzheit des Lebens gegen die »Auflösung des Menschen« durch das mechanistische Weltbild, die daraus hervorgehende Technik und die analysierenden Wissenschaften zu behaupten. Dem Leben zugeschriebene Eigenschaften werden im Zuge dieses Denkens ontologisch überhöht und zum Modell des Welträtsels gemacht; dazu gehören seine Schöpferkraft, die ihrerseits unerschöpflich aus unerkannten (unbewußten!) Quellen fließt, sein Beruhen in der Bewegtheit, aber auch seine Freiheit, neue organische Formen zu finden und alte zu zerbrechen. An die Stelle, die in der klassischen Ontologie das Sein innehat, tritt bei ihr das Werden. Grundlage der

Erkenntnis ist nicht das geistgeborene Denken, sondern das »Erleben« samt seiner intuitiven und emotionalen Beiklänge. Anstelle der unglaubwürdig gewordenen zivilisatorischen Maßstäbe und Werte werden neue im Leben selbst gesucht. Hinter den »Objektivationen des Lebens«, deren typische Formen und Gestalten sie untersucht, bemüht sich die Lebensphilosophie, dem »Wesen« des Lebens auf die Spur zu kommen.

All dies findet sich auch bei Jung — freilich wiederum in so durchbrochener und selektiver Weise, daß nur von Indizien generischer Verwandtschaft statt von Zugehörigkeit die Rede sein kann. So nimmt er die von Dilthey vertretene geistesgeschichtliche Richtung der Lebensphilosophie nicht wahr, ebenso wenig die soziologische mit Georg Simmel. Sehr anerkennend äußert er sich dagegen als junger Mann über den Vitalismus des von der Biologie kommenden französischen Lebensphilosophen Henri Bergson:

»Man könnte sich [für ›Libido‹] auch des Bergson'schen Begriffs des ›élan vital‹ bedienen, wenn dieser Ausdruck nur weniger biologisch und mehr psychologisch wäre. (…) Ich bin mir wohl bewußt, daß ich den Ansichten Bergsons parallel gehe … Ich beschränke mich aber aufs Psychologische und auf praktische Arbeit. Als ich vor anderthalb Jahren [geschrieben 1908, T. E.] Bergson zum erstenmal las, fand ich zu meiner Freude alles das, was mir bei meiner praktischen Arbeit wegleitend war, in vollendeter Sprache und in wunderbar klarer philosophischer Fassung wieder.«[17]

Innerhalb der Ästhetik war es vor allem der Jugendstil mit seiner florealen Ornamentik, seinem Individualismus und seinem deistischen Weltempfingen, in dem sich lebensphilosophische Gestimmtheit ausdrückte. Als bekannte Dichterpersönlichkeiten gingen Stefan George (geb. 1868), Rainer Maria Rilke (geb. 1875, wie C. G. Jung) und Hermann Hesse (geb. 1877) aus dieser Strömung hervor. Bei aller Verschiedenheit untereinander gibt es zu jedem dieser Dichter deutliche Verbindungen bei Jung. Er erwähnt Stefan George mehrmals anerkennend[18]. Hermann Hesse und Jung kannten und schätzten sich auch persönlich[19]. Jungs frühe Tagebücher sowie der mystisch-pathetische Text *Septem Sermones ad Mortuos* aus der Zeit seiner psychischen Krise[20] lehnen sich stilistisch an den Jugendstil an. In der Malerei entsteht in diesen Jahren vor allem in Frankreich die Strömung des Symbolismus, die zum Teil bereits die neuen tiefenpsychologischen Erkenntnisse von Freud aufgreift und verarbeitet — und dabei oft zu Bildmetaphern gelangt, die sich mit Jungs gleichzeitiger Entdeckung archetypischer Symbolgestalten treffen.

Noch gesteigert wird dieser Bezug auf subjektives Erleben im nachfolgenden Expressionismus. Die sinnlich wahrnehmbare Wirklichkeit wird hier zur bloßen Metapher für die eigentliche, innere Wirklichkeit, die Begegnung mit der Welt also zur Selbstbegegnung — durchaus in Analogie zu Jungs Welterleben. Und hier wie da die Ambivalenz zwischen pessimistischer Zeitdiagnose und Erneuerungshoffnung aus schöpferischen Tiefenkräften.

In der lebensphilosophischen Zeitströmung ist also zunächst alles enthalten: von Weltverzweiflung bis zu hoffnungsvoller Gläubigkeit, von beißender Gesellschaftsanalyse bis zum selbstverliebten Ästhetizismus, vom kulturumstürzenden Relativismus bis zum aristokratischen Archaismus des George-Kreis. Von hier führen Wege zum Nationalsozialismus ebenso wie zu Sartre. Zwischen alledem, und mit Berührungen nach allen Seiten, formt sich Jung.

Sein Ort in den philosophischen Strömungen seiner Zeit wird deutlicher, wenn man seine Lebensdaten (1875-1961) einmal einreiht in die anderer geistesgeschichtlicher Gestalten seiner Epoche. Daraus erhellt auch, woran man C. G. Jung überhaupt messen kann. Die Lebenszeiten prägender Persönlichkeiten des 19. Jahrhunderts ragen noch in seine Kindheit hinein, darunter Darwin (1809-1882), Richard Wagner (1813-1883), Marx (1818-1883) und Nietzsche (1844-1900). In dem Jahrzehnt vor Jungs Geburtsjahr sind unter anderem folgende Persönlichkeiten geboren:

Stefan George	1868-1933
Mahatma Gandhi	1869-1948
Rosa Luxemburg	1870-1919
W. I. Lenin	1870-1924
Friedrich Ebert	1871-1925
Ludwig Klages	1872-1956
Ernst Cassirer	1874-1945

Jahrgangsgleich mit Jung sind:

Thomas Mann	1875-1955
Rainer Maria Rilke	1875-1926
Albert Schweitzer	1875-1965
Maurice Ravel	1875-1937

In dem Jahrzehnt nach Jungs Geburtsjahr folgen unter anderem:

Konrad Adenauer	1876-1967
Hermann Hesse	1877-1962
Martin Buber	1878-1965

Paul Klee	1879-1940
Albert Einstein	1879-1955
Robert Musil	1880-1942
Oswald Spengler	1880-1936
Pablo Picasso	1881-1973
Franz Kafka	1883-1924
Ernst Bloch	1885-1977

Aus dieser Aufstellung wird deutlich: Jung steht an einer Schwelle. Unmittelbar nach ihm folgen Namen wie Einstein, Klee, Picasso und Kafka, mit denen die Schwelle zum 20. Jahrhundert eindeutig überschritten ist. Die zeitgeschichtlichen Umwälzungen, die dieser geistesgeschichtlichen Schwelle entsprechen, sind der Erste Weltkrieg und die Russische Revolution. Bei Jung fällt dieser Einschnitt zudem mit seiner persönlichen Lebenskrise zusammen.

Mit dem Zusammenbruch der alten Ordnung findet eine zeitkritische und kulturpessimistische Strömung innerhalb der Lebensphilosophie ihre Bestätigung, wie sie etwa von den »drei großen Baslern« Bachofen, Burckhardt und Nietzsche, an denen auch Jung sich orientierte, vertreten wurde. Diese skeptische Grundhaltung wird nun durch den Ersten Weltkrieg beherrschend und zur existentiellen Verunsicherung gesteigert. Damit aber kommt die Lebensphilosophie insgesamt an ihr Ende und geht über in die verschiedenen Richtungen der Existentialphilosophie. Alles Vertrauen auf den nährenden, strömenden Grund des Lebens ist im Grauen des Krieges zerronnen, menschliches Dasein erscheint nun vielmehr ungesichert und grundlos. In der Kunst kennzeichnet der Sprung vom Jugendstil zum Expressionismus diesen Umbruch.

Jung selbst beschreibt diesen Bruch so: »Die Skepsis des modernen Bewußtseins in dieser Hinsicht erlaubt keinen politischen oder weltreformatorischen Enthusiasmus mehr ... Durch diese Skepsis wird das moderne Bewußtsein auf sich selbst zurückgeworfen; und indem es zurückflutet, werden durch den Gegenstoß subjektive seelische Phänomene bewußt.« [21] Er beschreibt damit auch seine eigene introversive Wendung; man erinnert sich an jenen vitalistischen Aufruf zum Ausbruch aus der Studierstube in die Vorstadtkneipen in seiner Frühschrift von 1912, den er in der Folgeauflage von 1925 streicht. Durch seinen Bruch mit Freud löst er sich auch ein Stück weit von dessen biologistischen Grundlagen; seine eigene Tiefenpsychologie, die er nunmehr begründet, hat demgegenüber eine stärker philosophischontologische Begründung. 1921 veröffentlicht er das Buch *Psychologi-*

sche Typen, in dem seine Lehre vom kollektiven Unbewußten erstmals ausgeführt ist; weitere Hauptwerke folgen im Jahr 1928. Gegenüber der existentialistischen Wendung in der Geistesgeschichte dieser Jahre ist Jung nicht mehr, wie noch gegenüber der Lebensphilosophie, in der Haltung des Lernenden; er steht mitten in dieser geistesgeschichtlichen Entwicklung und prägt sie mit.

Die Fragen, die nun von Philosophen wie Heidegger und Jaspers, später Sartre und Camus aufgeworfen werden, entspringen menschlichen Grunderfahrungen wie Angst, Tod, Schuld, Endlichkeit und Scheitern, Zweifel und Sinnlosigkeit, angesichts einer von allen metaphysischen Vergewisserungen entkleideten Welt. Bei allen Verschiedenheiten untereinander ist ihnen gemeinsam, den Bezugsrahmen menschlicher Existenz radikal vom Menschen selbst her zu denken und dessen Möglichkeiten der Welterfahrung und Selbst-Gestaltung zum Kriterium der Wahrheit zu machen. Dabei ist jedoch zunächst eine bloß scheinhafte, »uneigentliche« Existenzweise zu durchdringen (Heidegger: das Man; Jung: persona); der Blick auf die innere, »eigentliche« Existenz wird frei in »existentiellen Erlebnissen« oder »Grenzerfahrungen«, in denen das bloße Sein zum Selbst-Sein kommt. Hierin, in verwirklichter Existenz, die sich in der Begegnung und in der Entscheidung bewährt, finde der Mensch seinen Sinn — in sich selbst.

Von den Fragen um die Bedrohtheit des Menschen geht auch Jung aus; und auch die Antworten, die er gibt — der in dem Menschen auffindbare Seinsgrund, die Durchbrechung der Scheinhaftigkeit, die Selbstgestaltung — laufen den existentialphilosophischen Antworten parallel, teilweise bis in Einzelheiten hinein[22].

Ein gewichtiger Unterschied bleibt allerdings darin, daß Jung sich nicht scheut, weiterhin von »Gott« zu sprechen und mit seiner Grenzkategorie des »Selbst« eine menschliche Essenz anzunehmen, die seiner Existenz noch vorgängig ist. Der Unterschied relativiert sich jedoch: Einerseits verlagert Jung diese Transzendenz in existentialistischer Weise in den Menschen selbst hinein (davon wird noch zu sprechen sein). Andererseits kommen auch die Existentialphilosophen nicht umhin, sich der Frage von Bedingungen menschlichen Seins zu stellen, die diesem Sein selbst vorausgesetzt sind. Wenn beispielsweise der späte Heidegger formuliert, der Mensch müsse in einer wartenden Haltung auf den »Zuspruch des Seins« hören und sich als »Lichtung« für dessen »zugeschickte Wahrheit« offenhalten, dann kommt das Jungs Haltung gegenüber dem Unbewußten nahe. Wenn Jaspers von »Chiffren der Transzendenz« in der Wirklichkeit spricht, erinnert das an die unstofflichen Ordnungsprinzipien, die Jung im Menschen wie in der außermenschlichen Natur wirken sieht.

In der modernen Naturwissenschaft ist die Annahme solcher unstofflichen Ordnungsprinzipien heute nichts Ungewöhnliches mehr. So weisen insbesondere die Entdeckungen auf dem Gebiet subatomarer Prozesse erstaunliche Entsprechungen zu Jungs Darstellung der archetypischen Energetik auf: Materie erweist sich als Erscheinungsform unstofflicher und nur noch *symbolisch* vorstellbarer Energieströme, für die die Gesetze der Logik und der Kausalität nur noch eingeschränkt gelten. Nicht zufällig fällt der Übergang von der mechanischen zur quantenmechanischen Physik in dieselben zwanziger Jahre, in denen die Existentialphilosophie ihren Ausgang nimmt und C. G. Jung seine Lehre vom kollektiven Unbewußten begründet. In heutigen mathematischen Modellen unterscheiden Kernphysiker bereits zwischen kausalen und akausalen Verbindungen und berechnen das Einwirken von raumzeitlich »nicht lokalen«, also allgegenwärtigen Faktoren. All dies ist mit einem cartesianischen Weltbild unvereinbar, während Jungs Begriff der »Synchronizität« für akausale Sinnentsprechungen zwischen geistigen Symbolen und Ereignissen der äußeren Wirklichkeit eine mögliche Modellvorstellung dafür bietet[23]. Auf diese Entsprechungen zwischen Kernphysik und Analytischer Psychologie ist immer wieder hingewiesen worden[24]; Jung selbst schreibt in einem seiner letzten Werke dazu:

»Früher oder später werden sich Atomphysik und Psychologie des Unbewußten in bedeutender Weise annähern, da beide, unabhängig voneinander und von entgegengesetzter Seite, in transzendentales Gebiet vorstoßen ... Psyche kann kein ›ganz anderes‹ sein als Materie, denn wie könnte sie dann den Stoff bewegen? Und Stoff kann der Psyche nicht fremd sein, denn wie könnte er sie dann erzeugen? Psyche und Materie sind ein und derselben Welt, und eines hat am anderen teil, sonst wäre Wechselwirkung unmöglich. Man müßte daher, wenn die Forschung nur weit genug vorstoßen kann, zu einer letzthinnigen Übereinstimmung physischer und psychologischer Begriffe gelangen.«[25]

Auch in Bereichen der Biologie, der Medizin und hier vor allem der Psychosomatik finden sich zahlreiche Querverbindungen zu Jung[26].

So steht Jung durchaus inmitten des Denkens seiner Zeit, freilich auch mit all den Brüchen, die dieses Denken selbst durchziehen. Dazu gehört auch, daß seine Einsichten im Verhältnis zu seiner Gegenwart des beginnenden 20. Jahrhunderts zu Teilen ein »Noch«, zu Teilen ein »Schon« bedeuten. Neben und unterhalb der Zuordnungen zu den geistigen Strömungen seiner Zeit, die alle etwas Plausibles haben und von denen keine ganz passen will, geht in Jungs Werk etwas um, was diese Gegenwartsbezüge durchdringt und unterläuft.

Die Tiefenströmung: Gnosis

Die Unmöglichkeit, Jung einer der philosophischen Strömungen seiner Zeit vollends zuzuordnen, verweist auf eine Wurzel in seinem Denken, die über die Antinomien seiner Zeit weit hinausreicht, ja aus der diese sich ihrerseits in mancher Hinsicht herleiten. Diese langwellige »Tiefenströmung« in Jungs Denken, zu der die zeitbezogene »Höhenströmung« mit ihrer lebens- und existentialphilosophischen Hauptrichtung im lockeren Rapport einer zeitgeschichtlichen Umkleidung und Aktualisierung steht, speist sich letztlich aus metaphysischen Fragen.

Jungs philosophische Grundorientierung ist oft als »gnostisch« bezeichnet worden. Was ist darunter zu verstehen? Das Lexikon »Religion in Geschichte und Gegenwart« gibt folgenden Aufschluß: »Bei der Gnosis (gr.: Erkenntnis) ist das Erkennen nicht nur ein gedankliches Erfassen im Sinne der Erkenntnistheorie, sondern zugleich ein Schauen oder Einswerden mit dem Gegenstand der Erkenntnis. Dieser ist Gott und bzw. oder die von ihm ausgehenden (mit ihm identischen) Zwecke und Gesetze der Welt und des menschlichen Lebens. Sie zu wissen, bedeutet Sein und Handeln in ihnen und damit letztlich, in Abstimmung auf das vorausgesetzte Welt- und Menschenbild, Erlösung. In diesem allgemeinen Sinne haben viele geistige Systeme eine gnostische Komponente (u. a. Mystik, Idealismus, Chassidismus, Sufismus), namentlich in Indien. Als gnostisch muß man auch die Grundlage aller jener Versuche charakterisieren, welche die Einheit aller Religionen sowie die von Religion und Philosophie proklamieren (s. a. Anthroposophie, Christengemeinschaft). Hier ist Gnosis ein Ausdruck des allgemeinen menschlichen Bedürfnisses nach der Einheit von Glaube und Wissen; Mensch, Gott, Erde und Kosmos; kreatürlichem Sein und ethischem Sollen; historischen Erscheinungen und allgemeiner Gültigkeit. Insofern ist Gnosis ein elementares religiöses Verhalten, das seine Tiefe in der schmerzenden Empfindung des Auseinanderfallens jener Pole verrät, die es zur Einheit zusammenführen möchte.«[27]

Das trifft in der Tat einen Grundzug in Jungs Auffassung von

Wesen und Sinn menschlicher Existenz. Viele Gedanken und Begriffe Jungs lesen sich wie eine Übersetzung gnostischer Welterfahrung in die heutige Sprache der Psychologie. Das beginnt bei der Grunderfahrung der Entfremdung, die er als einen Sinn- und Transzendenzverlust deutet. »Die Psychoneurose ist in letztem Verstande ein Leiden der Seele, die ihren Sinn nicht gefunden hat.«[28] Diese Gespaltenheit ist mit dem Wesen menschlicher Existenz zwischen Materialität und Spiritualität mitgegeben, entsteht also nicht erst als ein »Unbehagen an der Kultur«. Die besonderen Formen von Entfremdung und psychischer Erkrankung, denen Jung bei sich selber und bei seinen Patienten begegnet, sind demgegenüber »nur« die besondere historische Ausgestaltung und Zuspitzung dieser Grundproblematik.

Diese historisch aktualisierte Erscheinungsweise begreift Jung als das Auseinandertreten von Bewußtsein und Unbewußtem; vor diesem gedanklichen Hintergrund wird klar, daß das Unbewußte damit auch Träger der wiederzuentdeckenden transzendentalen Dimension wird, der sich das Bewußtsein wieder zuwenden muß. In den Worten von Aniela Jaffé: »Das Erlebnis des Sinnes beruht auf dem Innewerden einer transzendentalen oder geistigen Wirklichkeit, die zur äußeren Wirklichkeit des Lebens tritt und mit ihr ein Ganzes bildet.«[29] Der Weg zu dieser »wissenden Schau« führt nach gnostischer Vorstellung über eine schrittweise Erkenntnis der in der Tiefe menschlicher Existenz hindurchscheinenden Transzendenz. Dieser Weg folgt bestimmten Regeln und kennt typische Stadien — nicht anders versteht Jung den »Individuationsprozeß«.

Als Ausdruck einer menschlichen Grunderfahrung sind gnostische Strömungen unabhängig voneinander zu den verschiedensten Zeiten und in den unterschiedlichsten Kulturen entstanden. Kaum eine Hochreligion, zu der es nicht eine in diesem allgemeinen Sinne »gnostische« Neben- oder Gegenbewegung gab: in Indien, gegenüber der Erstarrung des Brahmanentums, die yogische sowie die buddhistische Bewegung; in China den Taoismus; im Judentum als kabbalistische und als chassidische Strömungen; im Islam als die Tradition des Sufismus. Im Christentum leben solche Erfahrungswege zunächst in der frühchristlichen Gnosis, dann in der daraus hervorgehenden jahrhundertelangen Tradition der Alchemie, in verschiedenen »Ketzer«-Bewegungen sowie in der Mystik des Mittelalters. Auch in der Naturphilosophie Herders, Goethes und Schellings finden sich gnostische Züge. Viele der spirituellen Suchbewegungen seit dem Ende des vorigen Jahrhunderts bemühen sich bewußt oder unbewußt, gelungen oder mißlungen um Anschluß an diese Tradition.

Die Gnosis im engeren, historischen Sinne war eine in der Spätantike und dem frühen Christentum im gesamten Mittelmeerraum verbreitete religiös-philosophische Grundgestimmtheit, innerhalb derer sich jedoch so viele divergierende Richtungen auftaten, daß von *einer* Gnosis kaum gesprochen werden kann. Mit Schwerpunkten insbesondere in Kleinasien, Alexandria, Griechenland und Rom stellten gnostische Strömungen während der ersten nachchristlichen Jahrhunderte die wichtigste »Konkurrenz« zum entstehenden Christentum dar, mit dem sie sich andererseits in vielfältiger Weise verbanden. In dieser Auseinandersetzung mit dem Christentum war die Gnosis in ihren besten Vertretern eher der Exponent einer »aufgeklärten« Geisteshaltung, in der das Erbe der antiken Philosophie und Wissenschaft fortlebte; direkt daneben blühte freilich auch in vulgarisierten Versionen der buntscheckigste Eklektizismus und absonderlichste Aberglaube. Im Laufe seiner staatskirchlichen Befestigung trat im Christentum das patriarchale Moment in den Vordergrund, während in der Gnosis Frauen als Priesterinnen eine große Rolle spielten.

In Jungs Werk finden sich, neben der durchgehenden Nähe zu gnostischem Weltverständnis, auch direkte Anleihen bei der historischen Gnosis. In dem erwähnten Beschwörungs-Hymnus *Septem Sermones ad Mortuos* zum Beispiel zeichnet der Verfasser apokryph mit dem Namen des Basilides, dem Haupt der alexandrinischen Gnosis. Im Alter kommentierte er diese Schrift so:

»Ich habe darin gewisse psychologische Einsichten in ›gnostischem‹ Stil ausgedrückt, weil ich damals begeistert die Gnostiker studierte. Mein Enthusiasmus gründete sich auf der Entdeckung, daß sie anscheinend die ersten Denker waren, die sich (auf ihre Art) mit den Inhalten des sogenannten kollektiven Unbewußten beschäftigten.«[30]

Der wesentliche Berührungspunkt zwischen Jung und der Gnosis liegt in dem Gedanken einer persönlichkeitsimmanenten Transzendenz, der in der Gnosis eine zentrale Rolle spielt. Sie wird dort als »göttlicher Funke« (scintilla) in jedem Menschen beschrieben, der aus der unendlichen Fülle des Lichts (pleroma) in die Materie »gefallen« ist und danach strebt, wieder in der Einheit des Ursprungs aufzugehen. Jung erwähnt diese scintillae als eine philosophische Umschreibung dessen, was er psychologisch als das Selbst und die daraus hervorgehenden Archetypen bezeichnet hat[31]. — Daneben bezieht Jung sich gelegentlich auch auf die von Plotin begründete Schule der Neuplatoniker, die vom dritten bis fünften Jahrhundert die letzte große Entfaltung antiker Philosophie darstellte. Wie die Gnosis verstand er die Neuplatoniker als eine dem sich ausbreitenden Christentum parallel laufende Bewegung, in der kompensatorisch solche Wissenstraditionen und Erfahrungsanteile weitergetragen wurden, die in der christlichen Theologie keinen Platz fanden.

So ist Jungs »Tiefenströmung« über historische Gnosis und den Neuplatonismus auch mit der klassischen antiken Philosophie verbunden. Öfters beruft sich Jung unmittelbar auf Plato, dessen Lehre von vorgegebenen Inbildern er als ersten philosophischen Ausdruck dessen verstand, was er psychologisch als Archetypen bezeichnete[32]. Aristoteles bleibt ihm insgesamt ferner, mit Ausnahme des an Platos »eidos« unmittelbar anknüpfenden Gedankens einer allen Dingen innewohnenden Entelechie.

Wie aus Jungs Erinnerungen hervorgeht, begegnet er diesen gnostischen Strömungen nicht primär in Gestalt einer philosophischen Überlieferung, sondern zunächst im eigenen psychischen Erleben, und fand sie dann in vielfältigster Form und Mischung im Traummaterial seiner Patienten wieder.

»Mein Tatsachenmaterial scheint von allem etwas zu enthalten, Primitives, Westliches und Östliches. Es gibt kaum ein Mythologem, das nicht gelegentlich angetönt wird, und keine Ketzerei, die nicht etwas von ihrer Absonderlichkeit beimischt. So muß wohl die kollektive Tiefenschicht der menschlichen Seele beschaffen sein. Darüber mag sich der glaubensfrohe Intellektualist und Rationalist wohl entsetzen und mich des ruchlosen Eklektizismus anklagen, wie wenn ich die Tatsachen der menschlichen Natur- und Geistesgeschichte erfunden und daraus ein widerliches theosophisches Gebräu hergestellt hätte.«[33]

Erst ausgehend von diesem Erfahrungsmaterial machte er sich daran, Parallelen in religionsgeschichtlichen und mythologischen Überlieferungen früherer Zeiten und anderer Kulturen zu suchen. Daß seine Zitate mythologischen Materials so unsystematisch wirken, liegt daran, daß diese Grunderfahrungen so »unsystematisch« an den verschiedensten Zeiten und Orten auftauchen, freilich auch daran, daß es Jung auf das wiederkehrend Gemeinsame, nicht das je historisch Verschiedene ankam.

Besonders intensiv hat Jung sich zeitlebens mit der Alchemie befaßt, die eine Variante gnostischer Weltsicht darstellt und auch historisch, insbesondere über die alexandrinische Schule der hermetischen Philosophie, aus der spätantiken und frühchristlichen Gnosis hervorgeht. Sein Buch *Psychologie und Alchemie* gilt als eines der Standardwerke zum Verständnis der Alchemie.

Obwohl es nicht mehr nötig sein sollte, sei für Uninformierte wiederholt: Mit Aberglauben und Abrakadabra hat Alchemie nichts zu tun. Sie gehört vielmehr zu den höchstentwickelten Traditionslinien europäischer Philosophie und damit auch zu den direkten Vorläufern der Aufklärung. Ihre letzten philosophischen Vertreter, die Freimaurer, waren vielfach auch persönlich im siècle de lumières und politisch in der republikanischen Bewegung engagiert. Von Ernst Bloch erfährt man: »Das Lichtpathos selber, ... als der fortschreitende ›Prozeß‹ des Lichts (Golds), kommt aus der Alchymie her: ›Aufklärung‹ selbst ist ursprünglich ein alchymischer Begriff, genauso wie ›Prozeß‹ und sein ›Resultat‹.«[34]

Die Tradition der Alchemie reicht vom ersten nachchristlichen Jahrhundert ununterbrochen bis ins 18. Jahrhundert, begleitet also das gesamte christliche Abendland bis zur Aufklärung. Es war die Alchemie, die die Erinnerung an die Philosophie, Naturwissenschaft und Mathematik der Antike durch die Regressio des Mittelalters hindurchtrug. Im Frühmittelalter hielt die Alchemie die Verbindung zu der damals geistig-wissenschaftlich überlegenen arabischen Welt, die eine eigene alchemische Tradition ausbildete (wie übrigens auch Indien und China). An dem ungeheuren geistigen und technologischen Sprung der Gotik war die Alchemie mit beteiligt. Die »Wiedergeburt« des antiken Menschenbildes in der Renaissance wurde von der alchemistischen Philosophie übermittelt. Erst die Ausbreitung der experimentellen, exakten Naturwissenschaft brachte historisch ihre Aufhebung — aber selbst sie ging aus den Labors der Alchemisten mit hervor. Und just in dieser Zeit ihres Untergangs als Naturwissenschaft findet sie als Philosophie ihren abschließenden geistigen Ausdruck — in Goethes *Faust*.

Manches von dem, was Alchemisten über akausale Verbindungen zwischen Subjekt und Objekt, zwischen Energie und Materie *vor* dem Siegeszug des Kausalgesetzes zu formulieren wußten, liest sich wie Vorahnungen dessen, was die Quantenphysik und die heutige Biologie über Wirkzusammenhänge *jenseits* des Gültigkeitsbereichs der Kausalität aussagen. Ist das Signalwort »Autopoiesis«, mit dem sich ein aus Kybernetik und Systemtheorie herausgewachsener aktueller Denkansatz in den Naturwissenschaften kennzeichnet, etwas anderes als ein neuer Name für die alchemische Grundannahme eines Subjekt- und Prozeßcharakters der Materie? Ein Vertreter kritischen Denkens wie Oskar Negt kommt heute zu der Frage, »ob wir, wenn wir mit hohem Objektblick der Natur gegenübertreten und uns die Arroganz erlauben, abschätzig von den alchemistischen Goldsuchern zu reden, auch nur begriffen haben, was diese ›vorwissenschaftlichen‹ Experimentatoren mit der ›Qual der Materie‹, mit Natur als einem offenen und geheimnisvollen subjekthaften Prozeß des Produzierens meinten, also mit natura naturans. Ob wir schließlich, wenn wir uns so stolz geben, die Ökologiefrage neu entdeckt zu haben, schon einmal darüber nachgedacht haben, auf welche riesigen Natur-Laboratorien wir uns stützen könnten, um das, was unmittelbar aktuell ist, als etwas Uraltes zu erkennen, was wir nur aus unserer Erinnerung getilgt haben.«[35]

Grundprinzipien der Alchemie wie ihr Denken in Polaritäten und ihre Prozeßbeschreibung als »Löse und Binde« sind Vorläufer sowohl der Dialektik wie der wissenschaftlichen Grundverfahren von Analyse und Synthese. In der Homöopathie verlängert sich alchemische Theorie und Praxis — den meisten Anwendern sicher unbewußt — in unsere Industriegesellschaft hinein.

Natürlich gab es im Umfeld der Alchemie auch Scharlatane und Betrüger — wie bei jeder großen geistigen Strömung (einschließlich Marxismus, einschließlich Psychoanalyse). Zu ihrem Verruf trug nicht zuletzt die Goldgier der Feudalherren bei, die ihre Hof-Alchemisten auf Goldmacherei festlegten. Dennoch ist es insgesamt eher erheiternd als deprimierend, wenn eines der führenden englischen Lehrbücher der Psychiatrie über Jung schreibt: »Sein Interesse an östlichem Aberglauben und an Alchemie verrät seine Indifferenz wissenschaftlicher Haltung gegenüber.«[36]

In seinen Studien zur Alchemie zeigt Jung, daß die stoffliche Verfeinerung von der »prima materia« bis zum »Stein der Weisen«, die die Alchemisten in ihren Labors zu erzielen versuchten und in ihrer theoria beschrieben, einem Prozeß der psychisch-geistigen Reifung des alchymischen Adepten parallel lief. In einer psychisch-physischen Analogie, die hermetischem Denken entspricht, ging es bei der »Entmischung« der feineren aus den gröberen Stoffen gleichzeitig um eine »Er-lösung« des metaphysischen Selbst aus der Weltverhaftung. Dabei kann Jung nachweisen, daß die von den großen Lehrmeistern der Alchemie verwendete Symbolik für die aufeinander folgenden Stufen dieses alchymischen opus Entsprechungen findet im Traummaterial bei Individuationsprozessen heutiger Menschen. So werden psychische Abläufe, die in ihren Widersprüchen, Stockungen und plötzlichen Umschlägen mit kausalem Denken allein nicht zu begreifen wären, vor dem Hintergrund alchemischen Denkens als folgerichtig verständlich. — In den verschiedensten Richtungen der Psychotherapie gehören heute auch außerhalb der unmittelbar Jungianischen Tradition solche Abfolgen zum Grundwissen, ohne daß ihre gnostisch-alchemischen Vorläufer oder Jungs Beitrag zu deren »Übersetzung« noch reflektiert würde.

Die andere große Gegenbewegung zur mittelalterlichen Scholastik war die Mystik, die in Persönlichkeiten wie Meister Eckhart, Franz von Assisi, Hildegard von Bingen, Joachim di Fiore und anderen ihre höchsten Exponenten hatte. Manche Mystiker standen zugleich in der Tradition der alchemistischen Lehre, so zum Beispiel Jakob Böhme.

Auch die Mystik sucht *Erkenntnis*, wobei für sie Ziel und Gegenstand der Erkenntnis die verstandesmäßig nicht faßbare Einheit von menschlicher Existenz, Schöpfung und Schöpfer war. Anders als die Gnosis suchte sie diese Erkenntnis nicht auf dem Wege langwieriger Prozesse läuternder Annäherung, sondern der unmittelbaren Schau auf dem Wege der inneren Versenkung. Die so erfahrbare Ganzheit jenseits von Denken und Sprache faßte sie bisweilen in Paradoxa wie »unendliche Fülle und äußerste Leere«.

Ganz im Gegensatz zu einem heutigen alltagssprachlichen Gebrauch, der »Mystik« mit Realitätsflucht und Verschleierung verbindet, ging es ihr um äußerste Wahrheit jenseits aller Illusionen. Die Mystik verstand die ekstatische Schau daher keineswegs als Gegensatz zur scientia, sondern als deren Krönung. Erich Fromm sagt dazu, »daß im Gegensatz zur populären Ansicht die Mystik keine irrationale Art religiöser Erfahrung ist, sondern daß sie ... die höchste Entwicklungsform des Rationalismus im religiösen Denken ist«[37]. Und er zitiert Albert Schweitzer (im selben Jahr wie Jung geboren), der sagte: »Das zuende gedachte Denken führt also irgendwo und irgendwie zu einer lebendigen, für alle Menschen denknotwendigen Mystik.«[38]

Zu den Illusionen, die es schmerzvoll zu opfern galt, gehörte für die Mystiker die Welt der äußeren Bilder, darunter als hartnäckigste Illusion die eines bloß kreatürlichen, von Gott getrennten Ich-Bildes; die Nähe zu Jungs Begriff der »persona« und zu der von ihm gewiesenen introversiven Blickrichtung springt ins Auge.

Bei Meister Eckhart findet sich eine Stelle, die auf erstaunliche Weise Jungs Vorstellung eines »Selbst« sowie der Archetypen als zunächst gestaltlose, dann durch die Berührung mit der Außenwelt ins Bild tretende Kräfte vorwegnimmt:

»Wir nehmen ... das Wort, das da lautet: ›Mitten im Schweigen ward mir eingesprochen ein verborgenes Wort.‹ (Weish. 18,14) Ach, Herr, wo ist das Schweigen und wo ist die Stätte, darein dieses Wort gesprochen wird? ... es ist im Lautersten, das die Seele zu bieten hat, im Edelsten, im Grunde, ja, im Sein der Seele, d. h. im Verborgensten der Seele; ... dahinein kam nie eine Kreatur noch ein Bild noch kennt die Seele da Wirken oder Erkennen noch weiß sie da von irgendeinem Bilde, sei's von sich selbst oder von irgendwelcher Kreatur.

Alle Werke, die die Seele wirkt, die wirkt sie mittels der Kräfte: Was sie erkennt, das erkennt sie mit der Vernunft; wenn sie etwas erinnert, so tut sie's mit dem Gedächtnis; soll sie lieben, so tut sie's mit dem Willen; und so also wirkt sie mittels der Kräfte und nicht mit dem Sein. All ihr Wirken nach draußen haftet immer an etwas Vermittelndem. (...) Im Sein aber gibt es kein Werk; denn die Kräfte, mit denen sie wirkt, die fließen [zwar] aus dem Grunde des Seins; in diesem Grunde [selbst] aber schweigt das ›Mittel‹, hier herrscht nur Ruhe ..., auf daß Gott der Vater dort sein Wort spricht. Denn dies ist von Natur für nichts empfänglich als einzig für das göttliche Sein, ohne alle Vermittlung. (...) Niemand berührt den Grund in der Seele als Gott allein. Die Kreatur kann nicht in den Grund der Seele, sie muß draußen bleiben in den Kräften. (...) Wenn die Kräfte der Seele in Berührung kommen mit der Kreatur, so entnehmen und schöpfen sie ein Bild und Gleichnis von der Kreatur und ziehen das in sich hinein. Dadurch erkennen sie die Kreatur. Näher vermag die Kreatur nicht in die Seele zu kommen, und [wiederum] nähert sich die Seele niemals einer Kreatur, wenn sie nicht zuvor willig deren Bild in sich aufgenommen hat ... denn Bild ist etwas, das die Seele mit ihren Kräften von den Dingen schöpft.

Wenn aber der Mensch auf solche Weise ein Bild empfängt, so muß es notwendig von außen durch die Sinne einkommen. Darum ist der Seele nichts so unerkannt wie sie sich selber. So denn sagt ein Meister, die Seele könne von sich selbst kein Bild schöpfen oder abziehen. Darum kann sie sich selbst mit nichts erkennen. Denn Bilder kommen immer nur durch die Sinne ein; deshalb kann sie von sich selber kein Bild haben. Daher kennt sie alle anderen Dinge, sich selbst aber nicht. Von keinem Ding weiß sie so wenig wie von sich selbst.«[39]

Bei aller Innerlichkeit, die in solchen Gedanken spürbar wird, war die Mystik in gesellschaftlich-politischer Hinsicht ursprünglich alles andere als neutral. Ihre Lehre vom persönlich-unmittelbaren Zugang zur Gotteserkenntnis unabhängig von Klerus und Dogmen enthielt zur damaligen Zeit einen ausgesprochen antiautoritären Zug. Hinzu kam, daß ihre Gotteserfahrung einer gestaltlosen Ganzheit jeder herrschaftlichen Vorstellung eines himmlischen Throninhabers widersprach. So wurde die Mystik zu einem Ausgangspunkt für alle späteren sozial fortschrittlichen Bewegungen, angefangen mit den Bauernkriegen. Quietismus und Pietismus, die heute mit Mystik assoziiert werden, sind nur deren denaturierte Überreste infolge der Niederlage all dieser Bewegungen. Geistige Wurzeln in der Mystik haben also nicht nur Introvertierte und Idealisten wie Jung, sondern zu unterschiedlichen Anteilen alle: Freud, Fromm, Bloch, Rosa Luxemburg, Walter Benjamin, die »Frankfurter Schule«… Auch die Verbindung von Marx mit Mystik, die zu Anfang dieses Kapitels nicht ohne Hintersinn als »abwegig« hingestellt wurde, ist keineswegs abwegig, sondern unabdingbare Voraussetzung für ein vollständiges Verständnis von Marx[40].

Jungs Denken hat also weit ältere Wurzeln als die Antinomie »Aufklärung — Gegenaufklärung«. Diese Tiefenströmung bei Jung folgt jener Linie kompensatorischer Gegenbewegungen, die als »Rückseite« der europäischen Geistesgeschichte die jeweils herrschende »Vorderseite« begleitete. Während sich in den jeweils herrschenden Strömungen — von der christlichen Patristik über die Scholastik bis zur Aufklärung — die Suche nach Wissen stets mit dem Interesse an Beherrschbarkeit verband, lebte in diesen Gegenströmungen auch gerade das Wissen um Nicht-Beherrschbares in der menschlichen Existenz. Der jeweils herrschende Diskurs, zuletzt Rationalismus und Positivismus, hat dieses »Wissen vom Nicht-Wissbaren« als Unwissen verfemt und nach Kräften verdrängt. Tatsächlich aber zieht sich ein enormer Drang nach Erkenntnis und eine Auflehnung gegen geistige Bevormundung durch diese »apokryphe Linie« (Habermas) der abendländischen Geistesgeschichte, ohne die auch die Aufklärung undenkbar wäre. In mancher Hinsicht sind Aufklärung und Französische Revolution ihr Sieg; sie wird damit selbst vorherrschend, verfällt dem herrschaftlichen Gebaren und spaltet nicht-beherrschbare Erfahrungsbereiche aus ihrem Wissen ab.

Auch darin unterscheidet sich die »zweite Linie« durchgängig von den jeweils herrschenden Diskursen, daß sie den ihr angemessenen Ausdruck nicht in systematischer Begrifflichkeit, sondern im symbolischen Bild und der mythischen Metapher findet. Gerade weil dieses Erfahrungswissen sich dem intellektuellen Zugriff entzieht, kann es immer nur unvollkommen in Begriffe übersetzt werden. Die Erfahrung des Transzendenten, die Dynamik des Lebens, die Welt der Gefühle und Empfindungen gehorchen nicht der aristotelischen Logik; die scheinbar ungenauen assoziativen, doppelwertigen Bedeutungsfelder von Sinn-Bildern sind für sie der in Wahrheit genauere Ausdruck. Paul Tillich hat es einmal so formuliert: »Unsymbolisch über das Sein-Selbst zu sprechen, wäre unwahr.«[41] Diese Sprache der Symbole hat C. G. Jung zwar nicht entdeckt, aber doch (mit anderen) für die heutige Zeit *wieder*entdeckt.

Und so, wie diese »zweite Linie« ihre eigene Sprache spricht, so verlangt sie auch eine eigene Weise des Zuhörens und Zuschauens;

auch das ist durch alle Zeiten immer wieder erfahren und gelehrt worden. Wie der fixierende Blick nur die Oberfläche sieht, so greift der Begriff nur die Teile (»fehlt leider, nur, das geistige Band«). Der Zugang öffnet sich eher im Modus des meditativen Lassens, von dem Bloch sagt: »Seit altersher wird diese nachdenkliche Muße als eine keineswegs müßige angesehen.« [42] Jung spricht von einer »Schau, die sich ergibt, wenn man absichtlich mit halb geschlossenen Augen und etwas tauben Ohren Gestalt und Stimme des Seins zu sehen und zu hören unternimmt« [43]. — Seine neunmalkluge Kritikerin Herwig zitiert diese Stelle als Beleg für »Apperzeptionsverweigerung«! [44]

In Jungs Denken klingt also etwas an von der unerfüllten Sehnsucht nach einem ungeteilten Wissen vom Menschen, die sich durch die gesamte abendländische Geistesgeschichte seit Sokrates in wandelnden Formen hindurchzieht und gerade auch zu seiner Zeit als leidvolle Gespaltenheit erfahren wird. Auch Jung »hat« dieses ungeteilte Wissen nicht (obschon manche seiner Jünger dies glauben möchten); er läßt sich aber durch die in seiner Zeit (und weitgehend bis heute) herrschenden Überschreitungsverbote der Denktraditionen und -disziplinen nicht davon abhalten, nach diesem Zusammenhang zu suchen. Gerade in der Bruchstückhaftigkeit seines Denkens, den wiederholenden Umkreisungen und den Widerspruchsspannungen ist die gesuchte Einheit »durch ihre Vermissung repräsentiert« (um mit Bloch zu sprechen). So wird verständlich, warum Jung in keinem der philosophischen »Lager« seiner Zeit vollends zuhause ist, von allen Kritik erfährt, aber auch in alle hineinwirkt.

Analytische Psychologie und religiöse Erfahrung

Es ist immer wieder angeklungen: Durch Jungs Denken zieht sich eine religiöse Frage, von der seine Psychologie nicht abzutrennen ist [45]. Welche Religiosität ist das? Und wie steht sie zu Jungs Psychologie? — Viele Bücher sind darüber geschrieben worden. Ich kann hier nur von meiner Sichtweise sprechen.

Einen Zugang bietet auch hier wieder Jungs persönliche Erfahrung, wie er sie in seinen Lebenserinnerungen in großer Offenheit schildert. Daraus wird deutlich, daß er schon von kleinster Kindheit an sich lebhaft mit geheimnisvollen übernatürlichen Kräften beschäftigte und mit ihnen wie mit anderen Lebenstatsachen umging. »Damals wurde mir klar«, schrieb er, »daß Gott, für mich wenigstens, eine der allersichersten unmittelbaren Erfahrungen war.«[46] Sein ganzes Leben über begegneten ihm innere Bilder mit religiösem Gehalt. Diese Bilder hatten keineswegs nur tröstliche Inhalte. Er erlebte mit, wie sein Vater als calvinistischer Pastor an der Auszehrung seines Glaubens auch menschlich zerbrach, und empfand als Kind dessen Welt formaler Frömmigkeit als unheilvolle Bedrohung. Mit dieser beängstigenden Seite des Religiösen, dem negativen Gottesaspekt, setzte Jung sich sein Leben lang auseinander. Als alter Mann brachte er seine Gotteserfahrung auf die Formel: »Man kann Gott lieben und muß ihn fürchten.«[47]

Auch hierin wurde ihm die Krise seiner Lebensmitte zur Schlüsselerfahrung. Die Kräfte des eigenen Unbewußten, aus denen sowohl die existentielle Bedrohung wie deren Heilung kamen, erfuhr er in ihrer Autonomie und Gestaltungskraft wie transzendentale Kräfte. Einen wirkungsvolleren Eingriff metaphysischer Mächte in sein Leben hat er nicht erlebt. Diejenige Rückverbindung, die sich für ihn als die notwendende erwiesen hatte, war danach die mit den eigenen unbewußten Tiefenkräften. In dem Maße, wie er ähnliche Tiefenschichten auch bei anderen Menschen und in der Mythologie fand, verallgemeinerte er diese Erfahrung. Diese Tiefe sei der »Ort im Menschen«, aus dem *alles*, damit auch seine religiösen Gestaltungen, hervorgehen und die daher selbst in höchstem Maße numinos sei. In der Tiefe des »Selbst« berühre menschliche Existenz sich mit dem Mysterium des Lebens schlechthin.

»Wie das Auge der Sonne, so entspricht die Seele Gott. Unser Bewußtsein umfaßt die Seele nicht, und es ist daher lächerlich, wenn wir in gönnerhaftem oder verkleinerndem Ton über die Dinge der Seele sprechen ... Es wäre eine Blasphemie zu behaupten, daß Gott sich überall offenbaren könne, nur gerade nicht in der menschlichen Seele.«[48] Der unmittelbarste, ja der einzig »wahre« Weg der Begegnung mit dem Göttlichen sei diese innere Begegnung mit dem eigenen Selbst.

Jung sah sein religiöses Erleben auch als paradigmatisch für die Suche nach einer Überwindung der Gespaltenheit seiner Zeit: Die Orientierungslosigkeit und das psychische Leiden deutete er im Wesen als Sinn-Verlust, als »ein Leiden der Seele, die ihren Sinn nicht gefunden hat«[49]. Psychische Heilung und Sinnfindung waren für ihn verbunden, Psychotherapie daher nicht nur ärztliche Kunst, sondern im ursprünglichsten Sinne »Seelsorge«[50].

Angesichts der Vielgestaltigkeit der religiösen Symbole, die ihm im Traummaterial seiner Patienten entgegentrat, hütete er sich, eine bestimmte Religion als *den* Sinn-Bezug vorzugeben. Wichtig schien ihm allein, daß Religiosität nicht als Glaubensdogma übernommen, sondern aus persönlicher Erfahrung geschöpft werde. »Wir Modernen sind darauf angewiesen, den Geist wieder zu erleben, d.h. Urerfahrung zu machen.«[51]

Wegen dieser Verknüpfung von Psychologie und Transzendenz ist Jung immer wieder kritisiert worden, angefangen bei Freud und seinem Kreis, für die Psychologie geradezu der Gegensatz zu einer als Illusion aufgedeckten Religiosität war. Jung antwortete, »daß man die Psyche nicht behandeln kann, ohne ans Ganze und damit an Letztes und Tiefstes zu rühren«[52].

»Man wirft mir deshalb Mystizismus vor. Ich erkläre mich aber nicht verantwortlich für die Tatsache, daß der Mensch immer und überall natürlicherweise religiöse Funktionen entwickelt hat, und daß daher die menschliche Seele seit Urzeit durchtränkt und durchwebt ist von religiösen Gefühlen und Vorstellungen. Wer diesen Aspekt der menschlichen Seele nicht sieht, ist blind.«[53] »Man hat mir ›Vergottung der Seele‹ vorgeworfen. *Nicht ich — Gott selbst hat sie vergottet.*«[54]

Über der Tür seines Hauses in Küsnacht stand eingemeißelt der lateinische Satz »Vocatus atque non vocatus Deus aderit« (Angerufen oder nicht angerufen wirkt Gott mit).

Es konnte nicht ausbleiben, daß diese Verbindung von Psychologie und Religiosität von *beiden* angesprochenen Disziplinen immer wieder angegriffen wurde, da beide die jeweils andere als anrüchigen Grenzbereich beargwöhnen. Psychologen haben ihm Mystifizierung der Psyche, Theologen Psychologisierung des Religiösen vorgeworfen. Mit beiden Seiten hat er sich zeitlebens auseinandergesetzt. Die mit Abstand längsten Briefe seiner edierten Korrespondenz richten sich an Theologen — Ausdruck eines Bemühens um Vermittlung, aber auch der Selbstvergewisserung[55]. Umgekehrt haben Theologen aller Glaubensrichtungen durch Jungs Werk wesentliche Anstöße für eine lebendigere Beziehung zu ihrer Religion gefunden.

Auch hierin wieder hat Jung es seinen Lesern schwer gemacht, seinem Denken und Empfinden auf die Spur zu kommen. An ungezählten Stellen macht er ganz unmittelbare Aussagen über das Wesen des Göttlichen. Dann wieder spricht er relativierend nur von dessen Widerspiegelung in menschlichen Gottes*bildern*. Schließlich zieht er sich bisweilen in die Rolle des Empirikers und Phänomenologen zurück, der ganz ohne eigenes Interesse oder Zutun genötigt sei, sich mit der religiösen Symptomatik seiner Patienten zu befassen:

»Ich bin und bleibe ein Psychologe. Ich beschäftige mich nicht mit dem, was den psychologischen Gehalt der menschlichen Erfahrung transzendiert. Ich gehe nicht einmal der Frage nach, ob eine solche Transzendierung überhaupt möglich ist, denn dies gehört nicht mehr zum Bereich der Psychologie. Aber im Bereich des Psychischen habe ich mit religiösen Erfahrungen zu tun, die eine Struktur und Symbolik haben, welche man interpretieren kann. Für mich ist eine religiöse Erfahrung etwas Wirkliches, eine Wahrheit.«[56]

Martin Buber, der in seinem Buch *Gottesfinsternis* ein ganzes Kapitel dem »führenden Psycholog unserer Tage« Jung gewidmet hat, weist mit einer Fülle von Zitaten nach, daß dieser sich an diese phänomenologische Selbstbeschränkung nicht hält, von seinem ganzen Anspruch her auch nicht halten kann[57].

Ernst Cassirer hat als *den* wesentlichen Unterschied zwischen Logos und Mythos herausgearbeitet, daß ersterer sich auf Empirie, letzterer auf Offenbarung beruft. Bei Jung fließen beide Berufungsgrundlagen ineinander: Er beruft sich auf *empirisch* feststellbare, typisch wiederkehrende Gestaltungen des Unbewußten, die einen numinosen, selbstevidenten Gehalt, also Offenbarungscharakter haben. Genau hierin wurzelt im letzten Verständnis der methodische Vexierbild-Charakter seines Werkes. Ist eine solche *Empirie der Offenbarung* möglich? Ist sie legitim? Das hieße, hinter die Spaltung von Mythos und Logos zurück- oder über sie hinausgehen. Daß ihm Metaphysiker die Empirie, Empiriker die Metaphysik ankreiden, spricht noch nicht dagegen. Könnte es sein, daß Jung in eine Tiefe menschlicher Weltverbundenheit eingedrungen ist, in der beide Erkenntnisweisen in der Tat noch nicht oder nicht mehr geschieden sind? Und war mit dem alten Begriff »Gnosis« = Erkenntnis in seinen besten Ausprägungen vielleicht gerade ein solches ungeschiedenes Zusammenhangswissen gemeint?

Zweifellos besaß Jung jedenfalls darin eine Affinität zur Gnosis, daß deren Vorstellung einer schrittweisen, innengeleiteten Auszeugung der jedem Menschen innewohnenden Transzendenz seinen wissenschaftlichen Erkenntnissen von psychischen Prozessen parallel lief. Diese wissenschaftliche Grundlegung war ihm andererseits keineswegs nur äußerlich, und er wurde nicht müde, darin den wesentlichen Unterschied seiner Analytischen Psychologie zu unmittelbar religiösen Suchbewegungen seiner Zeit herauszustellen[58]. Eine Gemeinsamkeit mit ihnen erkannte er jedoch darin, als Kompensation zum Christentum seiner Zeit aufzutreten: Die Christusgestalt wirke — jedenfalls in ihrer damaligen theologischen Interpretation — vereinseitigend, weil sie übergewichtig die geist-himmlisch-lichte und »männliche« Seite Gottes betone, dagegen die erdhaft-naturbezogene und »weibliche«, aber auch die dunkle Seite der Schöpfung abspalte[59].

Eine Würdigung der religionsphilosophischen Anteile in Jungs Werk kann ich mir nicht zur Aufgabe machen. Dennoch muß ich einen eigenen Standpunkt dazu umreißen, weil alle übrigen Aussagen von daher eine Beleuchtung erhalten. Wichtig an Jung ist mir, daß er Wege zu jener eigenen Tiefenschicht eröffnet hat, aus der heraus die geistig-transzendente Dimension menschlicher Existenz mit den ihr eigenen Wirkgesetzen erfahrbar wird. Bei seinem Gang in die Tiefe der menschlichen Psyche hat Jung eine Region erschlossen, in der Geist und Materie sich zu berühren und in eine übergeordnete Einheit aufzugehen scheinen. Mich beeindruckt die Analogie zur heutigen Naturwissenschaft, die, von der materiellen Seite kommend, im Mikrobereich an entsprechende Berührungen mit geistigen Prinzipien gelangt und die dabei ist, im mathematischen Modell die Trennwand zum Metaphysischen zu durchstoßen. Eine solche »Aufhebung« des Gegensatzes von Geist und Materie ist für mich, der ich von einer rationalen Weltdeutung her komme und sie für die materielle Seite dieser Welt weiterhin für unverzichtbar halte, eine Chance, die Möglichkeit anderer Dimensionen des Seins als die rational erfaßbare für möglich zu halten und mich erprobend auf sie einzulassen.

Für mein Empfinden hat Jung durch seine Erforschung der archetypischen Energien und Ordnungsprinzipien ein Stück Existenzwissen erarbeitet. Im Ausschnitt, im Vorgriff wird hier unter Bergen von Teilwissen ein Stück Ganzheit sichtbar und erfahrbar, und zwar nicht nur negativ in der Vermissung, sondern positiv als ein Stück ungeteilten Wissens vom Menschen, wie winzig und flüchtig auch immer. Das gibt Hoffnung.

Worin ich ihm dann nicht mehr folgen kann: Jung bleibt, wenn ich ihn richtig wahrnehme, an diesem Begegnungspunkt stehen, spricht zu ihm »Verweile doch ...«, gerät damit in die Selbst-Bannung. Daß er sein eigenes Leben der Erforschung dieser menschlichen Tiefen gewidmet hat, ist sein großes Verdienst — die Kehrseite dessen ist, daß er sie auch für andere zum alleinigen Zielpunkt menschlicher Erfahrung erklärte, ohne Rückreise in die gebrochene Außenwelt. Die Dimensionen des Geistigen und des Materiellen erschöpfen sich aber nicht in ihrem Berührungspunkt, sondern entfalten ihre je eigene Wirklichkeit und Differenzierung gerade erst in dem Maße, wie sie in die Spaltung gehen und sich von diesem Kreuzungspunkt entfernen. Das kommt im Bild des Mandala zum Ausdruck: Einerseits kreist alles um den Mittel-Punkt, andererseits aber ist dieser an sich indifferent — das Bild entsteht erst durch seine Auffächerung in Gegensätze nach allen Seiten. Die nächste Ganzheit ist dann erst wieder — das durch alle Spaltungen hindurchgegangene vollendete Ganze. Religiös gesprochen wäre dies: das neue Jerusalem. So kostbar die Ganzheit des Ursprungs ist, so wenig darf man zu ihr zurückkehren, in ihr verweilen wollen.

Deshalb täuschen sich meines Erachtens diejenigen Anhänger Jungs, die glauben, bei ihm den Gegensatz von Geist und Materie behoben zu finden, und die sich daher zusammen mit der Mühe auch den Wunsch abnehmen lassen, die Bereiche des Geistig-Religiösen einerseits, der materiellen Gegebenheiten andererseits noch leibhaftig auszuschreiten. Wer glaubt, in Jung seine Heimat gefunden zu haben und sich außerhalb dieses Schutzbezirks um Gott und die Welt nicht mehr kümmern zu müssen, der täte gut daran, jenes Traumfragment eines Patienten von Jung in *Psychologie und Alchemie* zu lesen, in dem eine erhabene Stimme sagt: »Wehe denen, welche die Religion als Ersatz für eine andere Seite des Lebens der Seele gebrauchen; sie sind im Irrtum und werden verflucht sein. Kein Ersatz ist die Religion, sondern sie soll als letzte Vollendung zur andern Tätigkeit der Seele hinzukommen. Aus der Fülle des Lebens sollst du deine Religion gebären…!«[60]

Nachvollziehen kann ich Jungs Nähe zur gnostischen Vorstellung einer alle personhaften Gottesbilder übersteigenden Einheit, von der die individuelle menschliche Seele der allernächste, dennoch nur durch langwierige Annäherung zu erreichende Zeuge ist. Nicht zu folgen vermag ich ihm da, wo er die Begegnung mit dem Transzendenten *nur noch* in dieser Weise der innerpsychischen Selbst-Begegnung zuläßt. Mit Martin Buber, der in seiner erwähnten Auseinandersetzung mit Jung gerade diese Auslöschung Gottes als außermenschliches Gegenüber kritisiert, ist Gott in meiner Vorstellung nicht nur mein Innerstes, sondern in einem paradoxen Zugleich auch die Gesamtheit dessen, was außerhalb meiner existiert, und in diesem Sinne ein großes DU; unpersönlich und zugleich Person schlechthin.

Das erinnert an die Dialektik von Innen und Außen, von der im Kapitel 4 die Rede war. Ich sehe hier eine Parallelität: Wie Jung die physische Außenwelt verunwirklicht, so auch die metaphysische; mit der analogen Gefahr, daß das Ausgegrenzte in negativer Gestalt umso unkontrollierter zurückkehrt. Liegt in Jungs Unvermögen, Gott als Gegenüber des Menschen anzusprechen, ein Schlüssel dafür, daß er sich zeitlebens umso heftiger mit diesem Gegenüber in dessen dunkler Gestalt auseinandersetzen mußte?

Als Kehrseite dessen, daß Jung einen unmittelbaren, innermenschlichen Zugang zum Religiösen eröffnete, rückte er es zugleich »in gefährliche Nähe des diesseitigen Menschen« (wie er vor Nietzsches Ideal eines Übermenschen warnte). Jung steht mit seiner Suche nach einer echten religiösen Erfahrung mit einem Bein noch im 19. Jahrhundert und dessen ganz unspiritueller Ich-Vergottung. So ist der Vorwurf, Jung habe das »Selbst« vergottet, haarscharf auf der Grenze zwischen treffend und falsch; es kommt sehr darauf an, wer ihn ausspricht, welche Tiefe des »Selbst« angesprochen ist, und ob er sich gegen die Kategorien von Jung samt der bei ihm dahinterstehenden Erfahrung richtet oder gegen den Gebrauch, den andere davon machen (können).

Beide Gefahren, die Weltflucht wie die überhebliche Ich-Vergottung, sind übrigens historisch mit dem gnostischen Denken als dessen möglicher Kehrseite immer schon verbunden gewesen. So verleitet die gnostische Vorstellung eines in die Finsternis der Materie gefallenen göttlichen Funkens dazu, die konkrete Welt zu entwerten und Erlösung *aus* statt *in* der Geschöpflichkeit zu suchen. Da es dabei auf menschliche Erkenntnis (= Gnosis) ankommen soll, ist eine Kategorie wie die der Gnade entbehrlich — die Philosophie ist als solche zugleich der Heilsbringer. Und die dabei unterschiedenen Einweihungsstufen: von der Masse der im »Fleisch« befangenen »Sarkiker« über die seelisch erweckten »Psychiker« zu den durchgeistigten »Pneumatikern«, hat schon in den gnostischen Bewegungen der Spätantike zu elitärer Überheblichkeit und sektenhafter Abschottung in esoterischen Geheimzirkeln geführt.

In einer Variante des gnostischen Gottesbildes, das auch in der christlichen Mystik bei Meister Eckhart und deutlicher noch bei Angelus Silesius anklingt, sieht der Mensch nicht nur sich selbst als erlösungsbedürftig, sondern auch Gott: Er ist gleichsam ein notwendiges Instrument Gottes zu dessen Selbstverwirklichung, ja geradezu der bewußte Mitschöpfer des Kosmos, indem er der als undifferenzierte Potenz gedachten Göttlichkeit zum Bewußtsein ihrer selbst verhilft. In dieser These vom »unbewußten Gott«, die C. G. Jung in seinem Buch *Antwort auf Hiob* vertritt, liegt die Versuchung nahe, die Gottesebenbildlichkeit zu einem gottgleichen Übermenschentum zu überhöhen, das dann auch in seinem Schöpferauftrag über Gut und Böse erhoben ist [61].

Die Mystik macht mit ihrer Reflexion auf das Verhältnis von »vita activa« und »vita contemplativa« genau *den* Unterschied gegenüber der Gnosis, daß sie das Wirken in der Außenwelt nicht als Gegensatz zur inneren Versenkung versteht, sondern als deren notwendige Ergänzung. Könnte es sein, daß Jung gerade deshalb weniger aus der Mystik als aus der Gnosis geschöpft hat, weil ihm diese Dialektik philosophisch fremd blieb? — Lebenspraktisch hat er freilich viel »vita activa« verwirklicht: Man denke, wie gesagt, an seine ärztliche Berufsausübung, seine unermüdliche wissenschaftliche und publizistische Tätigkeit, den Aufbau seiner tiefenpsychologischen Schule und seine ausgedehnte Korrespondenz.

An der Tatsache als solcher, daß Jung die Grenzen zwischen wissenschaftlicher Psychologie und Religion durchlässig machte, habe ich keine Kritik. Über Jahrhunderte gehörten Theologie, Philosophie und Psychologie zusammen; erst im 19. Jahrhundert haben sie sich voneinander getrennt. Sollte dieses Diktum des positivistischen Jahrhunderts unanfechtbar gelten? In allen anderen Kulturen außer unserer abendländischen, und auch in dieser erst seit der Aufklärung, gilt Religiosität nicht als Gegensatz, sondern als Summe der Wissenschaft. Sollte tatsächlich die Geistesgeschichte erst mit der Aufklärung begonnen haben und alles andere Vorgeschichte gewesen sein? Eine Psychologie, die ihren Namen verdient, kann meines Erachtens die Frage nach der Transzendenz, die seit Menschengedenken als wesentliche Dimension des Seelischen gilt, nicht ausklammern.

Wer glaubte, in dem Agnostiker und Religionskritiker Freud einen Gegenbeweis zu haben, wäre über den Aufklärer Freud wenig aufgeklärt. Freuds antireligiöser Affekt ist viel zu emotionsgeladen, um sich nicht als das abgewehrte Gegenteil zu verraten. Freuds Weltbild hatte schon vor der Einführung der großen mythischen Antagonisten Eros und Thanatos transzendentalphilosophische Züge, die auf Schopenhauer und über diesen auf Indien zurückverweisen[62]. Vor allem aber war seine Identitätsfindung als jüdischer Mensch unweigerlich von religiösen Themen durchdrungen. »Die spezifisch jüdische Natur in meiner Mystik«, von der er einmal scherzhaft in einem Brief an Jung sprach[63], reichte in Wahrheit viel tiefer, als ihm selbst bewußt und lieb war[64]. Bei seinem Schüler und Biographen Ernest Jones liest man: »Der Name Freud selbst war eine Übersetzung des hebräischen ›Simcha‹ (Freude), eine fromme Anspielung auf den Festtag Simchath Torah (Freude an der Lehre). Freud hieß also auf hebräisch Schlomo (= Salomo) Simcha, das heißt ›der weise Mann, der sich an der Lehre freut‹.«[65] Sein Großvater, der kurz vor seiner Geburt starb und nach dem er so genannt wurde, wurde noch als Rabbi angeredet[66]. Bei aller Liberalität seines Elternhauses und seiner eigenen Lebenspraxis war Freud keineswegs frei von Schuldgefühlen, wenn er sich »an infidel jew« nannte[67].

Wie kommt es, so fragt man sich, daß jemand, der seine wissenschaftliche Weltsicht für die endgültige Überwindung der religiösen Welt hält, sich dennoch unablässig mit religiösen Themen beschäftigt, Mythologeme benutzt und selbst neue stiftet? Zeitlebens hat Freud sich geradezu obsessiv mit der Figur des Moses, dem Begründer jüdischer ethnisch-religiöser Identität, beschäftigt; er selbst sagte, das Thema »quälte mich wie ein unerlöster Geist«[68]. In seinem Buch *Der Mann Moses* (das als späte Auseinandersetzung mit ungelösten religiösen Fragen eine biographische Analogie darstellt zu Jungs *Hiob)* erklärte er Moses in freier Geschichtsspekulation zu einem Ägypter, verstieß ihn also aus der jüdischen Ethnie und ließ ihn obendrein von dieser ermorden. Man kann sich des Eindrucks nicht erwehren, daß die ganze Thematik des Vatermordes, die sich durch seine geschichtsphilosophischen Schriften hindurchzieht und auf die er in *Totem und Tabu* ja auch alle Religion zurückführt, zutiefst verwoben ist mit *seinem* »Mord« an dem mosaischen Gesetz, also dem geistigen »Vater« jüdischer Identität. Vielleicht erklärt sich daraus der Widerspruch, daß Freuds Bekenntnisse zur Wissenschaft als Weltanschauung eher resignativ klingen, er sie aber dennoch erbittert verteidigte, gerade auch gegen Jungs Zuwendung zum Religiösen. Wer schließlich einwenden wollte, wenigstens darin hebe Freud sich doch von Jung ab, daß er sich nicht wie dieser mit okkultem und parapsychologischem Spuk befaßt habe, der lese die 37 Seiten, die in der Freud-Biographie von Jones dem Thema »Okkultismus« gewidmet sind[69].

So unterscheiden sich Freud und Jung nicht in dem *Ob*, sondern nur in dem *Wie* der Beziehung von Psychologie und Religion: Jung ließ die Verbindung zu, Freud kämpfte gegen sie an. »Eine rationalistische und vielleicht analytische Anlage«, so gestand er, »sträubt sich in mir dagegen, daß ich ergriffen sein und dabei nicht wissen soll, warum ich es bin, und was mich ergreift.«[70]

Freud sprach bisweilen — nicht ohne Stolz — von den drei narzißtischen Kränkungen, die die Menschheit in der Neuzeit erfahren habe: die kosmologische durch Kepler, daß die Erde nicht der Mittelpunkt des Universums sei; die biologische durch Darwin, daß der Mensch seine Ahnenreihe mit den Tieren teile; und die psychologische durch ihn, Freud, daß das Bewußtsein nicht »Herr im Hause« sei. Jung fügte dieser Kränkung eine weitere, nun auch Freud kränkende hinzu: daß dem Bewußtsein diese ungeteilte Hausherrschaft auch gar nicht zukomme, weil es nicht die höchste und einzig wertvolle Instanz im menschlichen Leben sei. Jung rührte damit, aufs Geistige bezogen, an dasselbe Tabu der Endlichkeit des Menschen, an das Freud, bezogen aufs Physische, mit der Thematisierung des Todes gerührt hatte[71]. Diese Tabuverletzung Jungs konnte Freud wiederum nicht ertragen, war für ihn doch die potentielle Unendlichkeit der Ratio das einzige Gegengewicht zur biologischen Endlichkeit.

Das Vergil-Zitat, das Freud seiner *Traumdeutung* als Motto vorangestellt hat: »Flectere si nequeo superos, Acheronta movebo«, und das oft als Wahlspruch seines ganzes Lebens und Werks verstanden wird, wird meist nur in seinem zweiten, stolzen Halbsatz wahrgenommen: »Ich werde die (Götter der) Unterwelt bewegen«. Der erste, längere Halbsatz mit dem Eingeständnis des Unvermögens: »Da ich mir denn die oberen (olympischen Götter) nicht geneigt machen kann«, fällt dabei wie als Floskel unter den Tisch. Zu unrecht: Man kann diesen Satz auch einmal unter dem Gesichtspunkt des Mangels so lesen: »Wenn mir denn das Überirdische nicht zugänglich ist, dann wende ich mich dem Unterirdischen zu.«[72]

C. G. Jung hat sich und sein Werk gern mit einem Wort Augustins gleichgesetzt: »Noli foras ire, in interiore homine habitat veritas«[73] (Gehe nicht nach außen, im Menscheninneren wohnt die Wahrheit). Auch diesen Satz könnte man unter dem Gesichtspunkt des Mangels lesen ... — Wieviel vom Wesen dieser beiden Pioniere des Unbewußten, ihren Gemeinsamkeiten und Verschiedenheiten wird allein in diesen beiden Wahlsprüchen deutlich!

Analytische Psychologie und »Dialektik der Aufklärung«

Muß nicht bei solcher Rückverbindung von Wissenschaft mit Religion, erst recht bei der Behauptung ganzheitlichen Wissens jene Warnleuchte aufbrennen, die Theodor Adorno auf die Kurzformel brachte: »Das Ganze ist das Unwahre«[74]? Liegt der Verdacht nicht nahe, daß hier nur wieder fortbestehende Brüche regressiv und repressiv geleugnet werden? Von der Antwort auf diese Frage hängt ab, ob Jungs Psychologie tatsächlich, wie behauptet, für emanzipatorisches Denken fruchtbar werden kann. Daß sie mit dem Rationalismus einer selbstherrlichen Vernunft unvereinbar ist, liegt auf der Hand. Die Frage kann nur sein, ob und wie sie sich verbinden läßt mit jenem Projekt einer Aufklärungskritik in aufklärerischer Absicht, das durch den klassischen Essay von Max Horkheimer und Theodor Adorno aus dem Jahr 1944 *Dialektik der Aufklärung* seine entscheidenden Impulse erhielt. An dieser Selbstbesinnung kritischen Denkens muß Jungs Anthropologie sich bewähren, wenn in ihr ein emanzipatorisches Potential stecken soll.

Als Annäherung seien diejenigen Stellen in Erinnerung gerufen, in denen Horkheimer/Adorno davon sprechen, daß die Angst der Aufklärung vor dem Mythos ihrerseits bereits alle Züge des Mythischen angenommen hat; sie machen etwas von jenen über Kritik weit hinausgehenden Abwehrreaktionen gegenüber C. G. Jung unter kritisch-rational denkenden Menschen verständlich:

»Rein natürliche Existenz, animalische und vegetative, bildete der Zivilisation die absolute Gefahr. Mimetische, mythische, metaphysische Verhaltensweisen galten nacheinander als überwundene Weltalter, auf die hinabzusinken mit dem Schrecken behaftet war, daß das Selbst in jene bloße Natur zurückverwandelt werde, der es sich mit unsäglicher Anstrengung entfremdet hatte, und die ihm eben darum unsägliches Grauen einflößte. Die lebendige Erinnerung an die Vorzeit, schon an die nomadischen, um wie viel mehr an die eigentlich präpatriarchalischen Stufen, war mit den furchtbarsten Strafen in allen Jahrtausenden aus dem Bewußtsein der Menschen ausgebrannt worden. Der aufgeklärte Geist ersetzte Feuer und Rad durch das Stigma, das er aller Irrationalität aufprägte, da sie ins Verderben führt. (...) Das mythische Grauen der Aufklärung gilt dem Mythos.«[75]

Die Diagnose, die Horkheimer/Adorno der herrschenden Vernunft stellen, ist bekannt: In dem Drang, sich aus dem Zustand angstbesetzter Abhängigkeit von Unbekanntem zu befreien, verselbständigt sich die Ratio zu einem Instrument der Herrschaft über innere und äußere Natur. Dadurch verfehlt sie aber gerade ihr Ziel: Indem ihr der instrumentelle Zugriff auf das Einzelne immer präziser gelingt, gerät ihr das menschheitlich Gesamte aus dem Blick; sie erliegt dem Unbegriffenen nur um so tiefer. In Katastrophen wie Krieg und Faschismus macht das unbegriffene Ganze sich dann zerstörerisch geltend. So schlägt eine auf Herrschaft über »Natur« abzielende Vernunft in Knechtschaft von »Natur« zurück.

Diese Selbstkritik aufklärerischen Denkens ist härter und präziser als das meiste, was ihm von Denktraditonen außerhalb seiner selbst je vorgeworfen wurde. So ist es auch nur scheinbar erstaunlich, daß die Aufklärungskritik eines Denkers wie C. G. Jung *in der Diagnose* mit der von Horkheimer/Adorno konstatierten »Selbstzerstörung der Aufklärung«[76] weitgehend übereinstimmt. Was Jung im selben Jahr 1944 über das europäische Bewußtsein schreibt, freilich in seiner psychologischen Sprache, läßt sich meines Erachtens Punkt für Punkt mit der *Dialektik der Aufklärung* parallelisieren:

Verkürzung des Verstands zur instrumentellen Vernunft	»Was aber war die Seele seit der Zeit der Aufklärung und in der Zeit des wissenschaftlichen Rationalismus? Sie war identisch mit dem Bewußtsein geworden. Seele wurde das, was ich weiß. (...)
Herrschaft über das Einzelne = Verlust des Überblicks über das Ganze	Ein aufgeblasenes Bewußtsein ist ... nur seiner eigenen Gegenwart bewußt. Es ist unfähig, aus der Vergangenheit zu lernen, unfähig, das gegenwärtige Geschehen zu begreifen, und unfähig, richtige Schlüsse auf die Zukunft zu ziehen. Es ist von sich selbst hypnotisiert und läßt dann auch nicht mehr mit sich reden.
Katastrophische Folgen	Es ist daher auf Katastrophen angewiesen, die es nötigenfalls totschlagen.
Aufklärung schlägt in Mythologie zurück	Inflation ist paradoxerweise ein Unbewußtwerden des Bewußtseins. (...) Dieser besessene unbewußte Zustand geht unentwegt weiter, bis es dem Europäer einmal ›vor seiner Gottähnlichkeit bange‹ wird.«[77]

Daß so konträre Denker in der Diagnose ihrer Zeit so weitgehend übereinstimmen, läßt sich vielleicht mit der zugespitzten Eindeutigkeit der Zeitsituation selbst erklären. Das Maß der Verschiedenheit muß sich demgegenüber an den *Auswegen* erweisen, die sie jeweils aufzeigen. Bei Jung ist er im letzten Absatz mit dem Faust-Zitat bereits angedeutet: Mit seinem Allmachtsanspruch habe das aufgeklärte Bewußtsein sich selbst in die Rolle jenes Unverfügbaren eingesetzt, das seit jeher mit dem Gottesnamen bezeichnet wird; der so überspannte Verstand könne nur zur Vernunft kommen, indem er seine unaufhebbare Abhängigkeit vom Unverfügbaren eingestehe. Jung weist als Ausweg also eine Retranszendentalisierung des Denkens, wobei er das unverfügbare »Jenseits« mit der inneren Natur im Subjekt identifizierte.

Man sollte meinen, daß sich die Aufklärer Horkheimer/Adorno von einer solchen metaphysischen Richtungsweisung scharf unterscheiden. Um so erstaunter liest man, das Maximum erreichbarer Freiheit sei nicht durch gesteigerte Herrschaft über Natur zu gewinnen, sondern durch den »Gedanken, der aus dem Banne der Natur heraustritt, indem er als deren eigenes Erzittern vor ihr selbst sich bekennt«, »der Mana versöhnte, indem er vor dem Schrecken, der so hieß, erschrak«.

»Durch die Bescheidung, in der [der Geist] als Herrschaft sich bekennt und in Natur zurücknimmt, zergeht ihm der herrschaftliche Anspruch, der ihn gerade der Natur versklavt.«

»Durch solches Eingedenken der Natur im Subjekt, in dessen Vollzug die verkannte Wahrheit aller Kultur beschlossen liegt, ist Aufklärung der Herrschaft überhaupt entgegengesetzt.«

»Aufklärung vollendet sich und hebt sich auf, wenn ... die von der herrschaftlichen Wissenschaft verkannte Natur als die des Ursprungs erinnert [wird].«[78]

Wesentliche Gedanken von Jung finden sich hier wieder: der Verzicht auf den Omnipotenz-Anspruch; die unaufhebbare Abhängigkeit vom Unverfügbaren (»Natur«); daher auch die Unaufhebbarkeit von Angst, die nicht verdrängt, sondern bewußt gemacht werden soll (»als Erzittern sich bekennt«). Das Denken selbst ist eine Hervorbringung des Unverfügbaren (»deren eigenes Erzittern«), es gewinnt seine mögliche Freiheit nur im Eingeständnis dieses Ursprungs. Die unverfügbare Natur ist nicht nur außen, sondern auch innen (»Eingedenken der Natur im Subjekt«). Selbst der religiöse Einschuß dieser Wegweisung ist ganz unbemäntelt benannt (»Mana«).

Auch noch die Richtung, in der heutiges Denken aus der Aporie einer selbstzerstörerischen Vernunft hinausgelangen kann, wird also sehr ähnlich gesehen. Die Wege trennen sich — soweit ich das erkennen kann — erst bei der Bestimmung des *Wie*. Bei Jung ist dies beschrieben als *Individuation*, also ein schrittweiser Prozeß der Rückverbindung verselbständigten Bewußtseins mit dem Unbewußten. Für Horkheimer/Adorno gibt es einen solchen Weg praktisch nicht, obwohl sie ihn theoretisch weisen. Sie bleiben auf dem Kreuzweg der so bezeichneten Aporie stehen, bewältigen sie nur *denkerisch*, nicht lebenspraktisch. Die Selbstfesselung, in die sie sich damit begeben, bringen sie selbst in das Bild des an seinen Mast gefesselten Odysseus, der das Lied der Sirenen (Jung würde sagen: das kollektive Unbewußte) zwar hört, aber ihm nicht folgen kann noch darf. Es bleibt bei der philosophischen Reflektion, zu dem Ziel, »die Herrschaft bis ins Denken hinein als unversöhnte Natur zu erkennen. (...)

Nimmt Aufklärung die Reflexion auf dieses rückläufige Moment nicht in sich auf, so besiegelt sie ihr eigenes Schicksal. Indem die Besinnung auf das Destruktive des Fortschritts seinen Feinden überlassen bleibt, verliert das blindlings pragmatisierte Denken seinen aufhebenden Charakter, und darum auch die Beziehung auf Wahrheit.«[79]

Mit dieser Konsequenz einer bloß denkerischen Selbstreflexion, die damit auch im Bereich des Bewußtseins verbleibt, ist der Essay innerhalb der Tradition kritischen Denkens rezipiert worden. Daß an seinem Ende ein darüber hinaus weisender Ausweg, nämlich das »Eingedenken der Natur im Subjekt«, angedeutet ist, blieb außerhalb der üblichen Wahrnehmung des Textes. Habermas etwa attestiert ihm eine sich selbst verschlingende, ausweglose Rationalitätskritik[80]. Könnte das damit zusammenhängen, daß sie alle, die Gründer wie die Nachfolger der Kritischen Theorie, zuviel von jener »unversöhnten Natur« in sich trugen, um sich einen Ausweg aus der Allzuständigkeit des Denkens noch praktisch vorstellen zu können, ganz abgesehen von dem »mythischen Grauen« davor? Horkheimer jedenfalls hatte noch ein Jahrzehnt zuvor in ungebrochen herrschaftlicher Manier »Natur als Inbegriff der jeweils noch unbeherrschten Faktoren, mit denen die Gesellschaft es zu tun hat«[81], definiert.

Kein Zweifel: Zwischen der »Negativen Dialektik« eines Adorno, der diese Aporie der Ratio zum denkerischen Prinzip erhebt, und der bejahenden Philosophie eines Jung mit seiner Zuwendung zum A-Rationalen liegen Welten. Dazu kommt der für die Kritische Theorie konstitutive soziologisch-politische Anteil, der bei Jung fehlt. Bei allen unvermuteten Parallelen bleibt eine große Kluft. *So*, in unbearbeiteter Lesart, ist C. G. Jung an die »Dialektik der Aufklärung« nicht anzuschließen. Und *so*, in der ungebrochenen Allzuständigkeit des Bewußtseins einschließlich der eigenen Selbstbegrenzung, sind umgekehrt Horkheimer/Adorno mit Jung nicht zu versöhnen.

Sollen beide Denkansätze aufeinander bezogen werden, dann müssen sie neu ausgemessen werden. Dafür bedarf es eines Maßstabs außerhalb von beiden. Dieses Dritte, auf das beide zu beziehen wären, hätte bei einer solchen vergleichenden Denkoperation üblicherweise die eigene Philosophie des Autors zu sein. Nun ist gerade die *Suche* nach einer solchen Philosophie, ihr *Fehlen* also, der Anlaß dieses ganzen Versuchs, und was mir inzwischen an Vermutungen und Fragmenten zu Gebote steht, darf sich nicht zum Schlichter über C. G. Jung und die Kritische Theorie überheben. Woran also messen?

Die gesuchte Philosophie gibt es nicht, ich möchte sagen: gibt es hoffentlich nie, weil ihr Abschluß auch ihr Ende wäre. Aber es hat immer wieder Menschen gegeben, die in dieser selben Richtung einer Verbindung von mythischem mit rationalem Denken, von lebendiger Subjektivität und strukturgewordener Geschichte gesucht haben. Unter diesen Vorläufern des beabsichtigten Grenzgangs scheint eine geistige Persönlichkeit besonders geeignet als Mittler zwischen Jung und der Kritischen Theorie: Paul Tillich. Die Gründe sind rasch genannt:

1) Paul Tillich (1886-1965) war in den zwanziger und dreißiger Jahren einer der führenden Köpfe einer Gruppe von Intellektuellen, die ihre protestantische Tradition mit einem undogmatisch-sozialistischen Denken zu verbinden bemüht waren. Diese »religiösen Sozialisten« gehören damit zu den Vorläufern der verschiedenen heutigen Versuche einer Verbindung zwischen einem religiös bezogenen Menschenbild und gesellschaftskritischem Engagement, die im weitesten Sinne auch der Bezugsrahmen des vorliegenden Versuchs sind. Tillich hat sich selbst als Grenzgänger empfunden und seinen autobiographischen Aufzeichnungen den Titel *Auf der Grenze* gegeben [82].

2) Tillich ist wohl die einzige bekanntere Persönlichkeit, die biographisch Beziehungen sowohl zu Horkheimer und Adorno wie auch zu Jung hatte. 1928 wurde er an die Universität Frankfurt auf den Lehrstuhl für Philosophie und Soziologie berufen, wo er für Horkheimer und Adorno zum Lehrer und Freund wurde. Adorno hat sich bei ihm habilitiert, Horkheimer verdankte ihm seine Professur [83]. Die Freundschaft blieb über die Jahre der Emigration bis zu Tillichs Tod bestehen. — Bereits in den zwanziger Jahren hatte sich Tillich — für sein protestantisches Milieu durchaus ungewöhnlich — mit Freuds Psychoanalyse befaßt und war darüber auf den abweichenden Ansatz von Jung aufmerksam geworden. In seiner eigenen Theologie der religiösen Symbolik stützt er sich wiederholt auf Jung. Im Jahr 1936 erlebte er seinen fünfzigsten Geburtstag bei einer Tagung des Jung-Kreises im Haus Eranos bei Ascona, und 1954 war er dort selbst einer der Vortragenden. Persönlich begegnet ist er Jung nicht; dieser schrieb dazu in einem Brief vom August 1956: »Es war immer mein Wunsch, Professor Tillich kennenzulernen, doch bot sich nie eine Gelegenheit.« [84]

3) Im Januar 1933 — gerade rechtzeitig für die Scheiterhaufen der Nazis — veröffentlichte Tillich eine Schrift *Die sozialistische Entscheidung*, in der er das drohende Unheil im letzten Moment durch eine doppelte Kritik aufzuhalten versuchte: einerseits an einer rückwärtsgewandten »politischen Romantik« [85], die er im aufziehenden Faschismus am Werk sah, andererseits aber auch an einem rationalistisch verkümmerten Sozialismus. In ihrer Kritik an der geistigen Kultur der

Linken läuft die Schrift mit vielem parallel, was Bloch zwei Jahre später in *Erbschaft dieser Zeit* schrieb; in ihrer Analyse einer abgespaltenen Rationalität kann sie als direkte Vorläuferin der *Dialektik der Aufklärung* gesehen werden. Mehrere Gedankenführungen ihres Lehrers haben Horkheimer/Adorno in ihren Essay unmittelbar übernommen[86]. Indem der Text sich nach beiden Seiten hin absetzt und mit erstaunlich klarer, ganz aktuell wirkender Sprache eine eigene Verbindung von Anthropologie und Geschichte entwickelt, entsteht eine Grenzbestimmung, an der der Abstand zu Jung auf der einen, zur Kritischen Theorie auf der anderen Seite gemessen werden kann.

4) Darüber hinaus gibt es direkte wechselseitige Kritiken, die den Abstand aus der eigenen Sicht der Beteiligten benennen.

Die Schrift beginnt mit dem Entwurf einer philosophischen Anthropologie in politischer Absicht. Menschliche Existenz sei in sich gedoppelt als *Sein*, das von sich selbst *Bewußtsein* habe. Beide Seiten gehörten unverzichtbar zum menschlichen Wesen, somit auch dasjenige Stück Seinsentfremdung, das dem Bewußtsein erst den Abstand der Reflexion verschaffe. Über das Sein sei der Mensch mit jenen vegetativen und animalischen Grundlagen verbunden, die als »Natur« das menschliche Leben trügen; dazu komme das mitmenschliche Kollektiv als weitere immer schon vorgefundene Lebensbedingung. Diese unverfügbaren Grundlagen des Seins mit ihren ewig gleichen Gesetzen von Geburt und Tod, Notwendigkeit und Überlebenskampf habe der Mensch seit jeher in der Form von Ursprungsmythen angeschaut. In diesem Sein sei jedoch als spezifisch menschliche Möglichkeit das reflektierend gegenübertretende Bewußtsein mit angelegt, mit dessen Hilfe der Mensch sich Ziele setzen und sie gestalterisch verwirklichen könne. Dadurch entstehe ein Neues, das den bloßen Kreislauf des Gleichen überschreite. Während im ursprungsmythischen Denken der *Boden*, damit der *Raum* das vorherrschende Prinzip sei, dem sich die Zeit in zyklischer Vorstellung als bloße Variation des Raums einfüge, werde mit dem überschreitenden Denken die linear gedachte *Zeit* bestimmend, womit allererst *Geschichte* entstehe. Eine Existenzweise, die sich in ursprungsmythischer Rückwendung diesem zielbezogenen Aufruf zum Neuen verweigere, sei ebenso sehr eine Verfehlung des menschlich Gemeinten wie ein überschreitendes Vorwärtsstreben, das sich seiner Seinsgrundlagen nicht mehr bewußt ist. Im *Sein* sei menschlich das *Überschreiten* immer schon gemeint, jedes von beidem nur in der Ergänzung durch das andere heilsam.

Tillich korreliert hiermit eine historische Bewußtseinsgenese: Innerhalb einer noch ungebrochenen Ursprungsbindung sei die höchste erreichbare Gemeinschaftsform die der patriarchalen Stammesverbände, in denen allerdings durch den Forderungscharakter der patriarchalen Normen dem Sein bereits ein Sollen gegenübertrete. Den entscheidenden Umschlag von der Vorherrschaft des Seins zu der des Sollens, damit den historischen Bruch der ursprungsmythischen Bindung, sieht Tillich in der Auseinandersetzung der jüdischen Propheten mit der priesterlich-königlichen Tradition:

»Es ist die Bedeutung der *jüdischen Prophetie*, den Ursprungsmythos und die Raumbindung ausdrücklich bekämpft und überwunden zu haben. Auf dem Boden eines kräftigen sozialen Ursprungsmythos hat sie die soziale Forderung bis zur Sprengung der Ursprungsbindung radikalisiert. (...) Positiv bedeutet das die Erfassung der Zeit in ihrer wesenhaften Selbständigkeit und die *Erhebung der Zeit über den Raum*. Die Zeit bekommt eine Richtung; sie geht auf etwas zu, das nicht war, sondern sein wird ... Die Erwartung eines ›neuen Himmels und einer neuen Erde‹ bedeutet die Erwartung eines Seins, das der Seinsstruktur nicht unterworfen, das ontologisch nicht zu fassen ist. (...) Der Polytheismus ist gebrochen durch den Monotheismus der geschichtsmächtigen Gottheit und der geschichtragenden Gemeinde. [... Es bleibt] die *Funktion des jüdischen Geistes*, in Judentum und Christentum den prophetischen Protest gegen jede neu entstehende ursprungsmythische Bindung zu erheben, der Zeit, der unbedingten Forderung, dem Wozu zum Sieg zu verhelfen gegen den Raum, das bloße Sein und das Woher.«[87]

Seitdem, so folgert Tillich, sei der Ursprungsmythos nur noch als gebrochener legitim, nämlich als Lebenssubstrat des gestaltenden Bewußtseins — das umgekehrt in diesem Ursprung mit seinen widerstrebenden Kräften weiterhin seine Quelle erkennen muß.

Diese Anthropologie, für die er sich ausdrücklich auch auf Jung beruft[88], wendet Tillich dann politisch, indem er die geistig-politischen Strömungen seiner Zeit als Haltungen gegenüber diesem Widerstreit deutet. Er unterscheidet dabei als Hauptströmungen das bürgerliche, das sozialistische und das politisch-romantische Denken, wobei er den Nationalsozialismus als wichtigstes Sammelbecken des letzteren sieht. Indem er jede dieser Hauptströmungen in ihren jeweiligen inneren Antinomien entfaltet und so zu einem Geflecht punktueller Querverbindungen zwischen ihren Unterströmungen kommt, kann er die zerklüftete politische Landschaft am Ende der Weimarer Republik erklären. Von daher gelingt ihm auch eine scharfsichtige Analyse der inneren Widersprüche der nationalsozialistischen Bewegung und der Scheidewege, an die sie kommen müsse (Ausschaltung des sozialistischen Anteils, Verbindung mit der Großindustrie, destruktive Wendung des Nationalen). Seine Konsequenz einer »sozialistischen Entscheidung« zielt darauf ab, die sozialistischen Strömungen aus ihrer Verhaftung im bürgerlichen Positivismus zu lösen und ihnen eine Wiederaufnahme der abgespaltenen Ursprungsenergien in ihr Menschenbild, ihre Programmatik und ihre Aktionsformen zu ermöglichen.

Bei der Frage, wo eine solche Verbindung theoretisch vorgedacht sei, verweist Tillich ausdrücklich auch auf die damals neuen Versuche einer Verbindung von Marxismus und Psychoanalyse. Mit erstaunlicher Klarsicht schreibt er:

»Diese Versuche sind wichtig und begrüßenswert. Aber die Psychoanalyse hat ein doppeltes Gesicht. Sie ist einerseits in das 19. Jahrhundert gewendet und arbeitet mit Begriffen und Vorstellungen, die der mechanisch-dinglichen Weltauffassung des bürgerlichen Prinzips gemäß sind. Wird diese Seite der psychoanalytischen Forschung in den Mittelpunkt gestellt, so ergibt sich zwar eine Verbesserung, aber keine grundsätzliche Wandlung der vulgär-marxistischen Menschenauffassung. *Die Triebpsychologie wird verfeinert, aber die Auffassung des Menschen nicht verändert.* Die Psychoanalyse hat aber noch ein anderes Gesicht. Sie entthront das Bewußtsein und erschüttert den Glauben an seine Herrschaft. Sie weist die Kräfte der seelisch-vitalen Mitte auf, die das Bewußtsein auch da bestimmen, wo es glaubt, bei sich selbst zu sein und in Freiheit entscheiden zu können. Sie eröffnet Zugänge zu Schichten, deren Aufdeckung die mechanistische Psychologie grundsätzlich erschüttert. Vor allem weist sie auf Zusammenhänge zwischen vitalem Sein und geistigen Formen, die der marxistischen Geschichtsauffassung in ihrem echten, bürgerlich nicht verdorbenem Sinn entgegenkommt. Die Dinge sind hier im Fluß. Wichtig ist, daß mit der Wendung zur Psychoanalyse auch im radikal-marxistischen Lager das Ringen um eine neue Menschenauffassung beginnt.«[89]

Ich kann Tillichs Entwurf eines auf ein unverkürztes Menschenbild bezogenen Sozialismus hier nicht ausführlich wiedergeben, so interessant eine Auseinandersetzung damit heute noch und wieder wäre. Im Rahmen dieses eigenen Versuchs habe ich Tillich lediglich »instrumentell« als Geometer der Grenze zwischen C. G. Jung und der Kritischen Theorie eingeführt. Vertreten durch seine Position ist diese Grenze nunmehr absehbar, bis zu der beide Denktraditionen sich zu bewegen hätten, damit eine Verbindung zustande käme.

Kein Zweifel, daß der übermächtige Zug in Jungs Werk in Richtung der Rückverbindung auf jene Seinsgrundlagen geht, die Tillich die ursprungsmythischen nennt. Daß diese archetypischen Kräfte unabdingbarer Teil der menschlichen Existenz sind, daß und wie sie sich in den Gestaltungen des Unbewußten ausprägen und wie sie dadurch schicksalhaft die Lebensverwirklichung jedes Einzelnen beeinflussen, gerade dies ist ja die große Forschungsleistung Jungs. Auch Tillichs Grundannahme, an der sich alles Weitere entscheidet, findet sich bei Jung (von dem er dies u. a. gelernt hat): daß nämlich diese Grundlagen menschlichen Seins immer schon gedoppelt, durch Bewußtsein gebrochen sind, und eine Rückkehr zu einem vermeintlich ungebrochenen Ursprung daher unmöglich und unwahr wäre. Aber: Unüberhörbar trägt Jung diese Einsicht im Ton der Trauer um die verlorene Einheit vor. Das Heimweh nach der unwiederbringlichen Heimat des Ursprungs ist bei ihm stärker als das nach der unerreichbaren Heimat des Ziels. Er nennt Bilder seelischer Ganzheit (Mandala, Selbst, chymische Hochzeit), ohne genügend klar zu machen, daß es sich dabei um eschatologische Symbole handelt, deren Evidenz sich diesseitig nur in höchst seltenen Grenzerfahrungen eröffnet. Indem er sie »in gefährlichste Nähe des diesseitigen Menschen rückte«, nährt er die Illusion, der von ihm beschriebene Weg der Individuation könne lebenspraktisch und planmäßig diese Ganzheit (wieder-)herstellen. Alle, die diese Versuchung zum vermeintlich Ungebrochenen heraushören wollen, können sie bei Jung heraushören.

Manche problematischen Züge in Jungs Werk, mit denen wir uns in vorigen Abschnitten dieses Versuchs auseinandergesetzt haben, erhalten vom Stand dieser Grenzbestimmung Tillichs nochmals schärfere Konturen, zum Beispiel:

Auflösung der Zeit:	»Ontologie steht auf dem Boden des Ursprungsmythos, der Raumgebundenheit. Sie muß auch die Zeit räumlich machen. (...) Damit ist der Ontologie soviel Recht zugesprochen wie der Ursprungsbindung überhaupt, d.h. sie hat Recht nur, sofern sie geschichtsphilosophisch gebrochen ist.« [90]
Introversiver Rückzug aus Geschichte:	»Da die prophetische Erwartung zum Grundbestand des christlichen Glaubens gehört, so war es der politischen Romantik nicht leicht, sie völlig zu beseitigen. (...) Darum mußte sie den Versuch machen, das prophetische Element, ohne es zu beseitigen, umzubiegen. Das geschah und ist von jeher geschehen

durch den Versuch, *die Enderwartung auf das Schicksal der Einzelseele zu beziehen* und von dem historischen Schicksal, der Umwandlung der Welt, fernzuhalten. Der einzelne erwartet unmittelbar sein Ende und seine Erfüllung als neue Kreatur. Die Bewegung des Ganzen aber wird nicht ernsthaft in die Erwartung eingeschlossen. (...) Darum muß, folgert man, jede Erwartung, deren Inhalt Gestaltung der Wirklichkeit ist, enttäuscht werden. Im Leben des einzelnen wie im politischen Leben walten irrationale Mächte, denen man sich unterwerfen muß, da sie aus der irrationalen Tiefe des Göttlichen selber stammen. Eine Empörung gegen solche Mächte und ›Obrigkeiten‹, auch wenn sie noch so zerstörerisch sind, dürfe es nicht geben. Das Neue liege jenseits der Geschichte, in der Geschichte selbst sei keine Wandlung möglich.«[91]

Methodische Widersprüchlichkeit:

»Die politische Romantik ist also die Gegenbewegung gegen Prophetie und Aufklärung auf dem Boden einer Geistes- und Gesellschaftslage, die durch Prophetie und Aufklärung bestimmt ist. Dadurch ist sie ... gezwungen, die rationale Analyse als Mittel ihrer Begründung zu gebrauchen, z. B. historische, soziologische, psychologische Untersuchungen, und eben damit sich auf das zu berufen, dem sie als ursprungsfremd grundsätzlich mißtraut.«[92]

Andererseits ist die Überschreitung eines nur ursprungsmythischen Denkens in der Anthropologie von Jung immer schon enthalten, ja *ihr eigentliches Thema*. Sein ganzes Werk kreist um jene »Doppelung des Seins im Bewußtsein«, die Tillich zum Kriterium des »eigentlich Menschlichen«[93] macht. Wie Tillich lehrt Jung, daß dieses Heraustreten des Bewußtseins aus den vorbewußten Tiefenkräften in diesen selbst schon angelegt sei. Tillich verweist hier auf den »Mythos vom Sohn«, der die patriarchale Kollektivnorm durchbricht und damit den Aufbruch zum Neuen vollzieht[94]. Eben das ist bei Jung mit »Individuation« gemeint: Die Schicht des kollektiven unbewußten Selbst drängt zur Verwirklichung im Einzelnen, also *hinaus* aus dem Ungeschieden-Kollektiven. Der Sinn, der sich hinter dem scheinbar willkürlichen Widerstreit der archetypischen Kräfte verbirgt, ist die Hervorbringung von reflektierendem Bewußtsein. Freilich nicht eines Bewußtseins, das von diesem seinem Ursprung nichts mehr weiß und nichts mehr wissen will; ein solches Bewußtsein wäre (siehe die *Dialektik der Aufklärung)* nur vermeintlich frei von diesen mythischen Kräften, ihnen in Wirklichkeit aber unbewußt verfallen. Gerade die *Befreiung* des Denkens erfordert gegenüber einem solchen verselbständigten Denken die Rückbesinnung auf den Ursprung — als wiederaufzunehmendes Moment, nicht als Ziel.

Es wird nun deutlich, warum Jungs Lehre so umstritten ist, *sein muß*, und warum dieser Streit so geladen, fast als Glaubensstreit ausgetragen wird. Es geht tatsächlich ums Ganze. Weil Jung dieses Ganze im Menschen anspricht, schafft er die Versuchungssituation, seine Grenzbegriffe zunächst für Begriffe und dann für Fakten zu nehmen. Eben dadurch wird alles unwahr: das »Selbst« präsentiert sich dann als erreichbares Ziel, »Individuation« als Programm zur Wiedervereinigung mit diesem verlorenen Seinsgrund. Richtig gelesen ist »Individuation« das genaue Gegenteil, nämlich sprachliches Symbol für den fortdauernden Aufbruch aus mythischer Ungeschiedenheit. Ein Ziel dafür läßt sich nicht benennen, außer mit jenem Namen, den man dem Ziel der menschlichen Existenz und der Geschichte überhaupt zu geben bereit ist. Individuation verläuft nicht von der Gespaltenheit zur Ganzheit, sondern unaufhebbar *innerhalb* jener Gespaltenheit, die Menschsein ausmacht. Sie verläuft deshalb lebenspraktisch auch innerhalb der Geschichte, nicht neben oder hinaus aus ihr. Mehr als eine Differenzierung dieser Gespaltenheit, ein vollständigeres Bewußtsein davon, ist menschlich nicht möglich. Die Bewegung dorthin kann man als Ergänzung bezeichnen, und mehr kann »Ganzheit« im menschlichen Maße nicht bedeuten — aber auch nicht weniger.

Wer den Menschen die Richtung zu ihrer so verstandenen Ganzheit weist, redet prophetisch. Schon immer gab es haarscharf neben den richtigen auch die falschen Propheten, die — um nochmal mit Tillich zu sprechen — »Heil verkünden, wo kein Heil ist«[95], nämlich im Woher statt im Wohin menschlicher Existenz. Der Glaubensstreit um C. G. Jung geht im Kern darum: Ist Jung ein richtiger oder ein falscher Prophet? Wie der Ursprung selbst, den er beschreibt, ist er zweideutig. Vor der Gefahr der Mißdeutung und des Irrtums ist niemand gefeit, der sich in die Nähe dieser Grenze begibt (das war übrigens auch Tillich nicht). Jungs eigenes Ringen, dem Unbewußten ein Bewußtsein gegenüberzustellen, hat der Leser gegenüber Jungs Werk fortzusetzen. Im Lesen, nicht im Werk, entscheidet sich, ob Jung zum richtigen oder zum falschen Propheten wird. —

Tillich selbst hat die verbleibende Distanz zu dieser Zweideutigkeit bei Jung anläßlich seines Vortrags über »Das Neue Sein als Zentralbegriff einer christlichen Theologie« dem versammelten Jung-Kreis bei der Eranos-Tagung 1954 so mitgeteilt: »Ich halte diesen Begriff des Neuen Seins deshalb für so wichtig, weil er eine Grenze gegen eine Mystik zieht, die den Prozeß des Seins selbst verwirft und die Wiederherstellung in der Verneinung des Prozesses sieht.«[96]

Und welche Distanz bleibt zwischen der durch Tillich gekennzeichneten Grenzlinie und den Autoren der *Dialektik der Aufklärung?*

Auch sie wissen um die Macht des mythischen Bewußtseins. Daß diese Macht aber als gebrochene eine unaufhebbare Seinsberechtigung neben dem aufklärerischen Bewußtsein hat, ja daß »dessen Kräfte aus der Fülle und Tiefe des Seins strömen, die es ans Licht hebt« (Tillich[97]), können sie nur allzu zögerlich zugeben. Das Mythische ist für sie überkommenes Bewußtsein, damit überholtes, das aber »noch« umgeht und mit dem gerechnet werden muß, weil es *gefährlich*, nicht auch heilsam ist. Etwas von dem »mythischen Grauen vor dem Mythos«, das sie selbst diagnostizieren, geht in ihnen selber um. Sich diesem alten Denken ungeschützt zu nähern, heißt von ihm unweigerlich verschlungen zu werden; nur in der Selbstentfremdung der Negation, wie Odysseus am Mast, darf man dem Lied der Sirenen lauschen.

Aber: Gibt diese Furcht dem ursprungsmythischen Denken nicht geradezu *mehr* Macht als ein Bewußtsein, das sich — seiner selbst bewußt — vor der Annäherung nicht zu fürchten brauchte? Steht hinter dem Affirmationsverbot nicht eine heimliche Deifizierung des Ja, das deshalb nicht ausgesprochen werden darf, weil es allzu vollkommen gedacht wird? Horkheimer/Adorno selber führen diesen Gedanken aus: »In der jüdischen Religion, in der die Idee des Patriarchats zur Vernichtung des Mythos sich steigert, bleibt das Band zwischen Namen und Sein anerkannt durch das Verbot, den Gottesnamen auszusprechen. Die entzauberte Welt des Judentums versöhnt die Zauberei durch deren Negation in der Idee Gottes. Die jüdische Religion duldet kein Wort, das der Verzweiflung alles Sterblichen Trost gewährte. Hoffnung knüpft sie einzig ans Verbot, das Falsche als Gott anzurufen, das Endliche als das Unendliche, die Lüge als Wahrheit.«[98] Daß es auch ein Ja-nach-menschlichem-Maße, ein gebrochenes, experimentelles, melancholisches Ja, eines zur Ergänzung statt zur Ganzheit geben könnte, das dann auch ausgesprochen werden dürfte — dieser Gedanke bleibt ihnen fremd. Ist er ihnen denkerisch zu unrein? oder schon zu trostverdächtig?

So können sie nur in der Form der *Negation*, allenfalls noch in der ästhetischen Umkleidung eines Kunstwerks anerkennen, daß es ein »Anderes der Vernunft« gebe; direkt angesprochen, müssen sie es leugnen. In einer Erinnerung an Tillich nach dessen Tod hat Adorno diese Differenz klar benannt: Tillich habe »von Ursprungsmächten geredet, als ob es so etwas wirklich gäbe. Wir sind gerade darüber heftig aneinander geraten, daß er in diesen Dingen das Ideologische nicht entfernt so heftig ablehnte, wie ich es gewünscht hätte. (...) Er hat sich noch unmittelbar vor Ausbruch des 3. Reichs durch das Buch ›Sozialistische Entscheidung‹ aufs äußerste exponiert. (...) Er hat in diesem Buch den Ursprungsmythos mit aller Energie abgelehnt, aber er hat ihn abgelehnt — ich möchte fast in einer Tillich naheliegenden Sprache sagen — wie eine Seinsweise des Seins, wie eine Möglichkeit; nicht, wie ich und die mir nächststehenden Menschen, wie Horkheimer etwa es taten, einfach wegen seiner Unwahrheit, — sondern, wenn Sie wollen, als Kierkegaardianer, weil er sich dagegen entschieden hatte. Das ist eine ganz andere Gestalt der Ablehnung als die unsere, die wir, auch aufgrund der Gegebenheiten, uns nicht viel zu entscheiden brauchten.«[99]

Mit aller Genauigkeit ist hier der Abstand aus der umgekehrten Blickrichtung benannt, in dem Tillich zur Kritischen Theorie steht. In dieser Spannung stehe auch ich zu ihr; sie war einer der Antriebe zu diesem Essay.

Wie steht es nun am Ende dieses Durchgangs mit Adornos Diktum »Das Ganze ist das Unwahre«? Ich möchte antworten: Nicht das Ganze ist unwahr, wohl aber jeder *Begriff*, den wir uns davon machen. Der Intellekt ist als Organ der Unterscheidung zur Wahr-Nehmung von Ganzheit ungeeignet; wo er Ganzheit postuliert, hat er einen Teil totalisiert. Das muß man beim Umgang mit Jungs Begriffen wissen[100].

Und dennoch sind sie nicht schlechthin unwahr in dem Sinne, daß nichts Seiendes ihnen entspricht. Als Grenzbegriffe, Metaphern und Symbole können sie angenommen werden im Sinne von Hinweisen auf jene Ganzheit, die Ursprung und Ziel menschlicher Existenz umfaßt. Von Adorno stammt auch der Satz, »daß der Gedanke, der sich nicht enthauptet, in Transzendenz mündet«[101].

Analytische Psychologie und »Neue Mythologie«

Und heute? Was bedeutet jener verbreitete Rückgriff auf mythische Motive in Literatur, Malerei, Massenmedien und Politik, der als »Neue Mythologie« bezeichnet wird und in dessen Zusammenhang die heutige C. G. Jung-Rezeption unübersehbar steht? Wohin fährt der Dampfer, auf dem ich gewollt und ungewollt mit einem Essay wie diesem zu dieser Zeit mitfahre? Dazu ist in den letzten Jahren viel gesagt und geschrieben worden [102]. Was ich dazu anläßlich Jung beizutragen hätte, ergibt sich unmittelbar aus dem vorigen Abschnitt über die Dialektik der Aufklärung. Denn um deren Fortsetzung geht es.

Es geht, noch und wieder, um die Fröste der Freiheit, in die die Aufklärung den abendländischen Menschen ausgeschickt hat. Heute begegnen sie uns als Utopie-Verlust der technisch-rationalen Zivilisation. Was heute im Namen der »Vernunft« und des »Fortschritts« auftritt, wird von den meisten Menschen nicht mehr mit Hoffnungen verbunden, sondern mit dem Selbstlauf lebensfeindlicher »Sachzwänge«, die sich an die Stelle der alten verschlingenden Mythen gesetzt haben. Es geht um die Frage, wie man den Blick von dem versteinernden Antlitz dieser instrumentellen Vernunft (»Beton«, »Packeis«, »no future«) freibekommen kann für die Suche nach Alternativen.

Zum Wesen des Mythos gehört seine unendliche Uminterpretierbarkeit, seine ständigen Gestaltwandlungen, ohne daß die in ihm umgehenden Fragen und Anrufe je zu einem Abschluß kämen. In diesem Sinne ist die Neue Mythologie selbst ein Mythos. Nicht nur daß die in ihr verwendeten Mythologeme uralt sind, der Ausdruck »Neue Mythologie« ist selbst eine Wieder-Holung, aus der Frühromantik nämlich, mit der auch sonst die heutige Neue Mythologie Gemeinsames hat. Etwas ist damals nicht zuende gekommen, was uns heute noch, wieder beschäftigt. Manfred Frank, der diesen Bogen zur Frühromantik deutlich gemacht hat [103], schreibt: »Wenn seit 200 Jahren mit einer Inständigkeit, die schwerlich ein anderes Thema erreicht, wenn auch nicht immer exakt in diesen Worten, in der und von der Dichtung der Ruf nach einer ›Neuen Mythologie‹ ergeht, dann, scheint mir, hat das bereits eine sozialpsychologische Evidenz: Es sagt etwas aus über die Großwetterlage der Herzen im technischen Zeitalter. Der aus der geschleiften Festung der Theologie/Religionswissenschaft ausgetriebene Gottes-Wunsch kehrt als Verdrängtes wieder in den Krankenberichten der sog. Seelenärzte (die, wie der Name behauptet, für etwas zuständig sind, das es angeblich gar nicht mehr gibt: für ›Seelen‹).« [104]

Was damals wie heute gesucht wird, ist ein Verhältnis zu den anthropologischen Grundlagen, auf denen so etwas wie Vernunft überhaupt erst entstehen kann. Das sind ontische und ethische Bezüge, an denen sie ihre Maßstäbe findet. All dies ist seinerseits vorrational, entzieht sich der zweiwertigen Logik. Es geht um Sinn, der sich in Sinn-Bildern ausdrückt — eben der Sprache der Mythen. Irrational, also selbstschädigend, werden die vorrationalen Erfahrungsbereiche nur dadurch, daß sie verdrängt werden. Um die gute Weise des Umgangs mit diesen Voraussetzungen der Vernunft mußte zu jeder Zeit gerungen werden, auch heute wieder. Nicht nur die Vernunftkritik, auch die Mythenkritik will dabei ernst genommen werden. Aus den Sackgassen einer halbierten Vernunft führt nicht die Un-Vernunft heraus. Gerade in unserer reichen Ein-Drittel-Welt wäre es abwegig, sich blind zu machen für die alltäglich gewordenen Annehmlichkeiten der technischen Rationalität und sich auf etwas einzulassen, was nur entfernt Vernunft*feindschaft* wäre[105]. Seit der *Dialektik der Aufklärung*, die allen heutigen Versuchen der Rationalitätskritik im Stammbaum steht, ist klar, daß es nur um eine »Aufklärungskritik im Dienste der Aufklärung« gehen kann, durch Besinnung auf deren ursprüngliche Triebfeder, nämlich die Verlockung einer auf Selbstverwirklichung und Solidarität zielenden Seinsweise. Das Ziel kann auch heute nur die Freisetzung von schöpferischer Phantasie für veränderndes gesellschaftliches Handeln sein.

Bewußte Wiederzuwendung zum Mythos: das wäre ein Widerspruch in sich, gäbe es noch »den« Mythos. Wo der Mythos noch nicht vom reflektierenden Bewußtsein gebrochen ist, kann sich niemand von ihm abkehren, also auch nicht auf ihn zubewegen, geschweige denn auf einem Markt der Mythen-Angebote etwas Ansprechendes aussuchen und dazu ein zuträgliches Maß an Nähe und Distanz bestimmen. Wo der Mythos ungebrochen ist, kann er noch nicht einmal als solcher benannt werden: Er ist das Unbezweifelbare, nicht Umgrenzbare, Mana. Er ist Geschehnis und Geschichte in eins, der Mensch ist im Mythos, wie er in der Welt ist. — Wo der Mythos als Gegenüber, als subjektive Gestaltung der Welterfahrung erkennbar wird, ist er bereits Ausdruck von Gespaltenheit und Nicht-Identität. Um keinen anderen als einen so gebrochenen Mythos kann es heute gehen.

Das heißt nicht, daß es nicht auch heute undurchschaute, daher Zwang ausübende Sinnstifter gäbe, die Erfindung und Realität zugleich sind, die unsere Lebensprojekte bis in den Alltag durchdringen und für die unsere Gesellschaft ohne Zögern Hekatombe um

Hekatombe als Opfer dahinschlachtet. Die heutigen Götzen heißen: Technik und Wissenschaft, Wachstum und Sicherheit, Privateigentum und Leistung, Auto, Computer, Unterhaltung, nicht-krank, nicht-alt, nicht-sterblich, und, als heiligstes Paar in diesem Götterhimmel, Profit und Konkurrenz [106]. Nur daß diese Mythen von der Bestimmung des Menschen nichts mehr wissen, weil es Mythen von Dingen, nicht von Menschen sind. Es sind die Selbstdarstellungen der aus verselbständigter Rationalität hervorgegangenen, in die Undurchschaubarkeit des Mythos zurückgeschlagenen Dingwelten. *Der richtige Gebrauch der alten, gebrochenen aber echten Mythen bestünde darin, mit ihrer Hilfe die neuen, ungebrochenen aber falschen Mythen zu brechen.*

Eine solche Verbindung von Mythos und Emanzipation widerspricht gewohnten Zuordnungen, wonach Rationalitätskritik die Domäne konservativer Strömungen, Rationalität dagegen das Banner der Linken sei. Diese Zuordnungen haben so noch nie gestimmt. Auch die neue Linke in der Bundesrepublik hat seit der Studentenbewegung von 1968 ausgiebigen Gebrauch von mythischen Motiven gemacht, leider nur zu oft unbewußt. Und die konservative Rationalitäts- und Kulturkritik erwies sich meist als bloße Krokodilstränen, die die herrschende Klasse vergoß, während sie gleichzeitig effektvoll eine instrumentelle Vernunft kapitalistisch ins Werk setzte. Für den heutigen, seichtesten Aufguß, die Weichmacher-Humanität seit der »Wende«, gilt nichts anderes.

Die politische Spitze in der Kontroverse um die Rehabilitierung des Mythos ist klar: Hier wird an das Tabu gerührt, das nach 1945 über den Mythos verhängt wurde. Wie überzeugend ist die Erwartung, der Rückgriff auf Mythisches habe mit einer Verlebendigung autonomer Subjektivität zu tun? Liegt nicht umgekehrt der Verdacht nahe, daß sich hier angesichts einer lähmenden Übermacht von undurchschaubaren Problemen die nächste Massenflucht aus der unerträglich gewordenen Eigenverantwortung ankündigt? Die Angst vor dem Mythos, der heute manche Wächter der Vernunft zum Alarm blasen läßt [107], ist also nicht unbegründet. Ebenso begründet ist aber die Skepsis gegenüber der Vernunft, die sich da bedroht fühlt. Wie im Mythos, so steckt auch in der Vernunft die Ambivalenz von Herrschaft und Befreiung. Herrschaftliche Vernunft und zwingender Mythos stehen sich so — wieder mythisch gesprochen — wie Scylla und Charybdis gegenüber, und mündige Subjektivität ist nur in der Durchfahrt zwischen beiden zu erhoffen.

Mit dem Mittel wahlloser Provokationen gegen die Vernunft, wie manche »postmodernen« Philosophen zu glauben scheinen, wird diese Durchfahrt nicht zu schaffen sein. Die Attitüde des »anything goes« stellt die herrschende Logik von Macht und Markt gerade nicht in Frage, beläßt ihr also auch die Kompetenz, das gesellschaftlich Allgemeine und damit auch die »herrschende«, nämlich die beherrschte Subjektivität zu definieren.

Einen ersten Test emanzipatorischer Verwendbarkeit erfuhr der Rekurs auf Mythisches in den Themenbesetzungen und Ausdrucksformen der Friedens-, Frauen- und Ökologiebewegungen, die seit der Mitte der siebziger Jahre die politische Kultur der Bundesrepublik veränderten. Ein Ausdruck dessen ist die neuentstandene Partei der Grünen, die übrigens mit einem farbsymbolischen anstelle eines sachprogrammatischen Namens die Fünf-Prozent-Hürde übersprang. Als soziales Substrat dieser Mobilisierungen bildete sich gleichzeitig jener Archipel von eigen-sinnigen Lebens- und Denkformen, die verallgemeinernd als grün/alternative Bewegungen bezeichnet werden und in denen in unterschiedlichen Mischungsverhältnissen die Suche nach handlungsbefähigender Subjektivität und die Inwertsetzung mythischer Phantasie zum Selbstverständnis gehört. Dabei entstand freilich auch reiches Anschauungsmaterial dafür, wie vielschichtig und widersprüchlich die Dialektik von subjektiver Progressio und Regressio unweigerlich verläuft. Wer solche Suchbewegungen jedoch pauschal als »Öko-Sozio-Psycho-Obskuro-Konglomerate« [108] abtut, weil sie sich nicht über den Leisten von widerspruchsbereinigten Teiltheorien schlagen lassen, der verkennt, daß es um nichts anderes geht als um »theoria« in jenem alten Sinne, den »Zusammenhang der Erscheinungen« (Grimm's Wörterbuch) zu ergründen.

Es ist also kurzschlüssig, aus der Wiederbelebung mythischer Motive in der heutigen Kulturszene und in den neuen sozialen Bewegungen »auf deren Rechtsdrall zu schließen. Zum einen: der Kontext hat sich eindeutig verändert. Es sind Protestbewegungen im Gefolge der Apo von 1968, die sich heute die rechten Topoi und Gegenstände aneignen. Dabei wird alles aufgesogen, was nahrhaft zu sein verspricht, ohne daß ein entsprechendes Unterscheidungsvermögen ausgebildet wäre. Wer da nur auf die Inhalte schaut, auf die Herkunft der Motive, auf ihren klassischen Kontext, der sieht an dem tatsächlichen politischen Prozeß völlig vorbei. Hier wird nicht nach rechts abgedriftet, sondern umgekehrt sind ganz unterschiedliche soziale Bewegungen und Schichten dabei, der Rechten wegzunehmen, was die Linke in der Krise an sich vermißt.« [109]

Die Auswahl an Mythentheorien, die bei der Ausbildung des in diesem Zitat von Dieter Hoffmann-Axthelm angemahnten Unterscheidungsvermögens hilfreich sein könnten, ist begrenzt. Daß dabei auch auf die Tiefenpsychologie von Jung zugegangen wird, ist nicht erstaunlich — eher, wie *wenig* dies bisher geschieht. Befreit von den Verstellungen, die ihre Verbindung zur Tradition aufklärerischen Denkens bisher behindern, könnte sie für viele der heutigen Fragen, auch gerade im politischen Alltag der sogenannten grün/alternativen Bewegungen, plastische Antworten geben. Ich kenne keine andere Theorie, die jenen gesuchten Grund mythischen Existenzwissens so systematisch für ein heutiges Bewußtsein zugänglich gemacht hat und die zugleich Schritte zur eigenen Erfahrung weist, durch die solches Wissen seine Evidenz erhält. »Ein nicht gedeuteter Traum ist wie ein nicht geöffneter Brief«, sagt eine chinesische Spruchweisheit. Was ist dann erst eine ganze unbewußt belassene Tiefenschicht? — eine unbetretene Bibliothek?

Gleichzeitig könnte in der Auseinandersetzung mit Jung viel von dem Unterscheidungsvermögen gelernt werden, auf das es in der Tat bei solchen Grenzgängen zwischen Bewußtsein und Unbewußtem ankommt. An einer solchen Auseinandersetzung führt mit oder ohne Jung kein Weg vorbei, wenn versucht werden soll, Abstand von einer automatisierten Rationalität zu gewinnen, ohne andererseits in die Fallstricke des Mythos zu geraten. »Nur wer sich dem Irrationalen stellt, wird rational sein können, denn zur Vernunft gehört ein klares Bewußtsein der Unvernunft.« (H. P. Duerr [110])

Kapitel 7
Kellergeruch und Morgenluft. Ernst Bloch versus C. G. Jung

Ernst Bloch war derjenige marxistische Denker, der am weitesten vom Boden einer materialistischen Gesellschaftstheorie aus vorgearbeitet hat in Richtung auf eine nicht bloß negatorische Theorie menschlicher Subjektivität. Gerade er fällte das denkbar schärfste Verdammlungsurteil über C. G. Jung und sein Werk. Muß man nicht in der Nachfolge Blochs von einer grundsätzlichen Unvereinbarkeit zwischen Jung und der Tradition emanzipatorischen Denkens ausgehen? Tatsächlich hat Bloch die Türe vor Jung mit solcher Wucht zugeschlagen, daß sie seitdem wie mit einem Tabu versiegelt ist.

Der Verweis auf die Zeitumstände und auf Jungs politische Haltung wäre zu einfach. Auch wenn sich damals für Bloch an der Einstellung zum Faschismus *alles* entschied, so hat er gegenüber den pro-faschistischen Anwandlungen anderer Denker aus dem bürgerlichen Lager doch nicht eine vergleichbare Unversöhnlichkeit bis ans Lebensende bewahrt[1]. Im übrigen stammen seine ersten kritischen Äußerungen zu Jung aus dem Jahre 1927[2], er war also schon gegen ihn, bevor er ihn — obendrein — Faschist nennen konnte.

Auffällig an Blochs Polemik ist zunächst nicht so sehr die Ablehnung als solche, für die es gute Gründe politischer und inhaltlicher Verschiedenheit gab, sondern vielmehr der emotionale Überschuß, mit dem er von allen konservativen Zeitgenossen ausgerechnet C. G. Jung verfolgte. Wie kommt gerade Jung zu der Ehre, in *Prinzip Hoffnung* zum meistgeschmähten Gegner aufgebaut zu werden? Wie erklärt sich die erlesene Wut, mit der Bloch eine Schmähformulierung nach der anderen für ihn erfindet? »Faschistisch schäumend«[3] und »erzreaktionär«[4] ist noch das Nüchternste. Jungs Werk sei eine »Phantasmagorie«[5], eine »vergangen brütende Mondscheinwelt«[6], »Dilettantismus«[7] und »Abrakadabra«[8], »romantisiertes Diluvium«[9] und »magisches Wischiwaschi«[10], »Somnambule«[11], »wie Timbuktu in Zürich«[12]. Und noch in seinem letzten Werk schleudert der neunzigjährige Bloch dem längst verstorbenen Feind ein »diluvialer Restaurateur, Archaik vergötzend«[13] nach. Tut man die Ehre eines solchen Hasses jemandem an, der einem nur fremd ist? Könnte es sein, daß die Schärfe der Ablehnung nicht so sehr in den offensichtlichen Verschiedenheiten beider Denker gründet, sondern eher in verborgenen Gemeinsamkeiten?

Kritik und Gegenkritik

In etwas längerem Zusammenhang zitiert liest Blochs Kritik sich folgendermaßen: »Im Freud'schen Unbewußtsein ist nichts Neues. Das wurde noch klarer, als C. G. Jung, der psychoanalytische Faschist, die Libido und ihre unbewußten Inhalte gänzlich auf Urzeitliches reduzierte. Im Unbewußten sollen danach ausschließlich stammesgeschichtliche Ur-Erinnerungen oder Ur-Phantasien wohnen, fälschlich ›Archetypen‹ genannt; auch alle Wunschbilder gehen in diese Nacht zurück, meinen lediglich Vorzeit. Jung hält die Nacht sogar für so bunt, daß das Bewußtsein vor ihr verbleicht; er setzt es, als Verächter des Lichts, herab.«[14]

Es ließen sich eine Reihe ähnlicher Stellen zitieren. Sie laufen alle auf den Vorwurf hinaus, Jung sei ausschließlich rückwärts der Vergangenheit zugewandt, seine Lehre von den Archetypen kenne keine andere Richtung als die Regression ins Unbewußte, er gehöre zu jenen Gegnern und Zerstörern der Vernunft, die dem Faschismus vorgearbeitet hätten. — Schweres Geschütz! Stimmt es, daß Jungs Lehre vom kollektiven Unbewußten nichts anderes als Regression meint?

Was Jung an den archetypischen Erscheinungen faszinierte, ist nicht ihre Archaik, sondern ihre Autonomie, und zwar im Hier und Jetzt: ihre Fähigkeit, durch alle individuellen Besonderheiten hindurch Grundmuster des Lebens zum Ausdruck zu bringen, die dem Bewußtsein und dem Willen entzogen sind. Um die Existenz dieser autonomen Wirkkräfte nachzuweisen, verglich Jung das Bildmaterial heutiger Menschen, wie es ihm zum Beispiel in den Träumen seiner Patienten entgegentrat, mit den psychischen Gestaltungen von Menschen anderer Kulturkreise, die mit der westeuropäischen Gegenwart keine Berührung haben konnten. Niemand hätte methodisch anders vorgehen können. Der historische Abstand blieb ihm dabei ebenso äußerlich wie der geographische. Er häufte all dieses Material vielmehr wie in einer geschichtslosen Allgegenwart zusammen. Es stimmt, daß ihn an all diesem Material (das er ja gefunden und nicht erdacht hatte) vor allem der Aspekt des Gleichbleibenden und Wiederkehrenden interessierte. Aber dazu gehörte für ihn auch, »daß das Unbewußte ein Prozeß ist«[15] und die archetypischen Wirkkräfte sich in ständiger dialektischer Spannung befinden, also keineswegs statisch sind.

Jung hat immer hervorgehoben, daß ein archetypisches Geschehen mit sehr verschiedenen Wertigkeiten auftreten kann. Der primitiv-archaische Aspekt, der die Psyche im Vorbewußten festhält, gehört ebenso dazu wie der vorwärtsweisende, zur Reifung und Differenzierung treibende Aspekt. Es ist schlicht falsch, wenn Bloch behauptet, Jungs Begriff des kollektiven Unbewußten weise nur in die Vergangenheit, sei zur Zukunft hin vermauert, ja *wolle* vermauern. Gerade als ein Unterschied seiner Konzeption zu jener von Freud, nach der die Trauminhalte wesentlich von der lebensgeschichtlichen *Vergangenheit* geprägt sind, hebt Jung den antizipierenden Charakter von Träumen und die Möglichkeit ihrer prospektiven Deutung hervor. Dabei benutzt er Formulierungen, die denen von Bloch nahe kommen: Das Unbewußte umfasse auch »alles Zukünftige, das sich in mir vorbereitet und später erst zu Bewußtsein kommen wird«[16]; was ist dies anderes als Blochs Noch-Nicht-Bewußtes? Jung lehrt, »daß alles ursprünglich Seelische ein doppeltes Gesicht hat. Das eine schaut vorwärts, das andere zurück«[17]. Oder an anderer Stelle: »Das Symbol enthält auch eine Zukunft. Es genügt nicht, nur die Vergangenheit zu untersuchen, um es zu deuten, denn Keime der Zukunft sind in jeder wirklichen Situation auch mitenthalten.«[18] Der folgende Abschnitt klingt wie von Bloch gegen Jung geschrieben, stammt aber von Jung selber:

»Es wird wohl kaum ernstlich Anstoß erregen, wenn man annimmt, daß die menschliche Psyche Stockwerke besitzt, die unter dem Bewußtsein liegen. Daß es aber ebenso gut Stockwerke geben könnte, die sozusagen oberhalb des Bewußtseins liegen, scheint eine Vermutung zu sein, die an ein ›crimen laesae maiestatis humanae‹ grenzt. Nach meinen Erfahrungen kann das Bewußtsein nur eine relative Mittellage beanspruchen und muß es dulden, daß es gewissermaßen auf allen Seiten von der unbewußten Psyche überragt und umgeben ist. Es ist durch unbewußte Inhalte rückwärts verbunden ... es ist aber auch nach vorwärts antizipiert.« So »bestimmt der Archetyp die Art und den Ablauf der Gestaltung mit einem anscheinenden Vorwissen oder *im apriorischen Besitz des Zieles*.«[19]

Der ganze Begriff der Individuation, den Jung selbst den zentralen Begriff seiner Psychologie nennt, ist eine durch und durch prospektive Konzeption. Es geht um die schrittweise Verwirklichung des Projekts einer Persönlichkeit in einem Prozeß, dessen Telos das »Selbst« ist: »Das Selbst ist auch das Ziel des Lebens.« «Der Weg zum Ziel ist zunächst chaotisch und unabsehbar, und nur ganz allmählich mehren sich die Anzeichen einer Zielgerichtetheit. Der Weg ist nicht geradlinig, sondern anscheinend zyklisch. Genauere Kenntnis hat ihn als *Spirale* erwiesen«[20]. Ist diese Vorstellung einer spiralförmigen Entwicklung der bisweilen allzu geradlinigen Teleologie Ernst Blochs nicht geradezu überlegen?

Die gesamte Welt der Archetypen ist nach Jung auf Individuation angelegt, diese aber auf Wachstum, Differenzierung, Bewußtwerdung. Das hat Jung nie anders gesehen und gesagt: »Der Archetypus aber ... ist psychologisch ein geistiges Ziel, zu dem die Natur des Menschen drängt; das Meer, zu dem alle Flüsse ihre gewundenen Wege bahnen.«[21] Etwas Dynamischeres kann man sich kaum vorstellen. — Daß in jedem psychischen Reifungsprozeß auch Elemente des Wieder-Holens und der Regression enthalten sind, ist heute psychologisches Allgemeinwissen. Das weiß auch Bloch: »Das Versinkende enthält das Auffahrende, kann es enthalten.«[22]

Wie wäre es sonst auch möglich, daß Bloch den Begriff des Archetypus übernimmt und in sein auf Befreiung zielendes Denken einbaut? Entweder wohnt den als Archetypen bezeichneten Gestaltungsimpulsen eine befreiende Kraft inne, dann tut sie das auch bei Jung. Oder es handelt sich um regressive Kräfte, dann könnte Bloch sie nicht verwenden. Etwas gewaltsam versucht er, diesen Zusammenhang zu durchschneiden. Fast widerwillig gibt er zunächst Jungs Vaterschaft des Begriffs zu: »Wohl stieß Jung hierbei auf einen ... nicht unwichtigen Phantasiebestand, auf den der Archetypen«[23]. Diese Berührung mit Jung ist ihm jedoch unangenehm, er hätte den Begriff lieber von Freud bezogen: »Sie scheinen in stammesgeschichtliche Tiefen zu gehen, in eine, wie bemerkt, auch Freud und seiner engeren Schule nicht fremde, *um von C. G. Jung zu schweigen*«[24]. Freud hätte sich für diese ihm übertragene Vaterschaft bedankt! Er hat sich nur widerwillig und — wie er im Vorwort zu *Totem und Tabu* ausdrücklich vermerkt[25] — als Reaktion auf Jungs Entdeckungen mit diesen »stammesgeschichtlichen Tiefen« befaßt.

Weil Bloch den Archetypus in seiner vorwärtstreibenden Kraft nutzen will, behauptet er einfach, diese Seite seines Wirkens erst selber entdeckt zu haben, während Jung nur die rückwärtsgewandte Seite gesehen und gewollt habe. Nicht Jung vermauert die Zukunft, Bloch vermauert sie ihm. Die Richtung nach vorwärts will er für sich, also muß im Jetzt-Punkt wenn schon nicht ein begrifflicher Abbruch, so doch ein Umbruch stattfinden, eine »Umfunktionierung, welche sich auf Befreiung der archetypisch eingekapselten Hoffnung versteht. (...) Utopische Funktion entreißt diesen Teil der Vergangenheit, der Reaktion, auch dem Mythos; jede dermaßen geschehene Umfunktionierung zeigt das Unabgegoltene an Archetypen bis zur Kenntlichkeit verändert«. »Das Subjekt wittert hier keinen Kellergeruch, sondern Morgenluft«.[26] Bloch nimmt also den Begriff förmlich mit spitzen Fingern aus der »kosmoanalytischen Abfallgrube«[27], schüttelt alles Chthonisch-Urweltliche von ihm ab und setzt ihn in sein Reich ein. »Das Utopische an Archetypen ist zuletzt überhaupt nicht in Archaik fixierbar, es wandert vielmehr höchst tauglich durch die Geschichte«[28]. Der so zur Sonne, zur Freiheit gewendete Archetypus ist dann eigentlich gar nicht mehr Jungs Entdeckung, erst durch die befreiende Umfunktionierung Blochs wird er aus der Höhle des reaktionären Unbewußten erlöst und findet zu seinem eigentlichen Begriff.

Was dazu zu sagen wäre, sagt Bloch selber: »Wäre Archetypisches völlig regressiv, gäbe es keine Archetypen, die selber nach der Utopie greifen, während die Utopie auf sie zurückgreift«[29]. Und nur nebenbei sei erwähnt, daß ein Begriff des Archetypischen, von dem alles Archaisch-Erdhafte, alles Finstere und auch Destruktive abgeschüttelt wäre, damit auch einen Gutteil seiner Tiefe verloren hätte. Bloch definiert die Archetypen als »situationshafte Verdichtungskategorien, vorzüglich im Bereich poetisch-abbildlicher Phantasie«, und »konzise Ornamente«[30], womit sie zum ästhetischen Objekt werden. Von der Wucht jenes von Jung angesprochenen psychischen Tiefengeschehens, das sowohl lebenserhaltend wie lebenszerstörend sein kann, ist da nichts mehr zu spüren; für Bloch liegt der »ungeheure Kraftbehälter ... auf dem Gipfel unseres Bewußtseins«[31].

Hanna Gekle[32] hat in ihrer Dissertation über das psychologische Denken bei Bloch im Verhältnis zu Freud nachgewiesen, daß Regression und Progression im psychischen Prozeß komplizierter miteinander verwoben sind, als Bloch es mit seiner Vorstellung eines eindeutigen evolutiven Vorwärts und Rückwärts wahrnehmen konnte. Das muß natürlich erst recht für sein Verhältnis zu Jung gelten, der die Verflechtung von Regression und Progression in einen größeren, transpersonalen Rahmen stellt. Gäbe es eine entsprechende Untersuchung über das psychologische Denken von Bloch und Jung, so würde sich — dies vermute ich — in mancher Hinsicht eine größere Affinität zum Menschenbild von Jung als zu dem von Freud ergeben[33].

Und dennoch hatte Bloch nicht einfach unrecht mit seiner Kritik. Jung stand dem Gedanken eines Fortschritts, von dem Blochs ganzes Werk durchdrungen ist, zeitlebens skeptisch bis verständnislos gegenüber. Seine Analytische Psychologie ist zwar in ihrem kategorialen System keineswegs rückwärts gewandt. Aber es kann kein Zweifel sein, daß Jung persönlich einen brütend-grüblerischen Zug hatte und in diesem Sinne rückwärtsgewandt, besser in sich gekehrt war, erst recht, wenn man ihn an Bloch mißt. Bloch hat also in seinem Engagement Jung zwar falsch gelesen, aber doch richtig *gedeutet*, wenn er ihn trotz aller vorwärtsweisenden Äußerungen als vergangenheitsselig empfindet. Falsch wird seine Kritik erst durch ihren Überschuß und durch die Bedenkenlosigkeit, mit der er Jung um der eigenen höheren Ehre willen zum Popanz umfunktioniert.

Das gilt auch für seinen Vorwurf, Jung sei ein Feind der Vernunft. Wiederum trifft Bloch zwar nicht das Werk von Jung als solches, wohl aber die besondere Beleuchtung, die es aufgrund der Persönlichkeit ihres Schöpfers erhielt. Tatsächlich tendierte Jung unter dem Eindruck der Schlüsselerfahrung seiner persönlichen Lebenskrise anfangs dazu, das Unbewußte als übermächtig im Verhältnis zum Bewußtsein darzustellen. Nicht zuletzt unter dem Eindruck des Nationalsozialismus hat er diese Sichtweise später korrigiert und auf die Wichtigkeit der wahrnehmenden, urteilenden und entscheidenden Instanz des Ich hingewiesen. »Es wäre wohl manchem zu wünschen«, schreibt er, »daß er sich noch im rechten Moment ... des vielbescholtenen Intellekts entsänne. Wer diesen beschimpft, steht im Verdacht, noch nie jenes erlebt zu haben, das ihm zeigen könnte, wozu der Intellekt gut ist, und warum die Menschheit mit unerhörter Anstrengung diese Waffe geschmiedet hat«[34].

Man darf davon ausgehen, daß Jung bei dieser Stelle Ludwig Klages im Auge hatte, der mit seinem Werk *Der Geist als Widersacher der Seele* im Nationalsozialismus zum Kronzeugen des Anti-Rationalismus wurde. Bloch, der Jung seinerseits im Irrationalismus verhaften möchte, schiebt ihn in seiner Polemik mit Klages zusammen, so als seien die »Jungs und Klages«[35] identisch oder Klages der Hausphilosoph von Jung. Tatsächlich aber zitiert Jung ihn in seinem Werk nur dreimal, und nie ohne einen Ton der Kritik an dessen Vernunftfeindschaft: »Nach Klages sind Logos und Bewußtsein die Zerstörer des schöpferischen vorbewußten Lebens. Bei diesen Schriftstellern erleben wir die Anfänge einer stufenweisen Verwerfung der Wirklichkeit und eine Ablehnung des Lebens, so wie es ist. Dies führt schließlich zu einem Kult der Ekstase, der in der Selbstauflösung des Bewußtseins im Tode gipfelt«[36]. Jung kritisiert also Klages in ganz demselben Sinne wie Bloch, freilich nicht mit derselben Schärfe und mit dessen politischer Intention.

Jung nennt das »Wunder des reflektierenden Bewußtseins« eine »zweite Kosmogonie. (...) Soweit wir zu erkennen vermögen, ist es der einzige Sinn der menschlichen Existenz, ein Licht anzuzünden in der Finsternis des bloßen Seins«[37]. Kann man jemanden, der Bewußtwerdung zum einzigen Sinn menschlicher Existenz erklärt, einen »Verächter des Lichts« nennen?

Daß auch Jung seine dunklen und unbewußten Seiten hatte, ist nicht zu leugnen. Anders wäre seine anfängliche Liebedienerei gegenüber dem Nationalsozialismus nicht zu erklären. Andererseits hat er die tiefenpsychologische Seite dieser Bewegung früh gesehen und benannt. Ihn deshalb einen Wegbereiter des Faschismus zu nennen, hieße den Boten für die Botschaft zu bestrafen. Nicht in Jungs Lehre vom kollektiven Unbewußten, sondern in diesem Unbewußten selbst hatte der Faschismus seinen Nährboden. Daß die Antwort darauf nicht sein kann, diese Welt des mythischen Unbewußten zu verdrängen, hat gerade Bloch deutlich ausgesprochen.

Berührung und Abstoßung

Nicht auf Klages, wohl aber auf den Lebensphilosophen Henri Bergson hat Jung sich wiederholt mit uneingeschränkter Zustimmung bezogen. Nun hatte Bloch selbst enge Verbindungen zur Lebensphilosophie, die seine Studienjahre wesentlich beeinflußte. In den Jahren 1908 bis 1911 gehörte er in Berlin zum Privatkolloquium Georg Simmels, der wesentlich dazu beigetragen hatte, Bergson in Deutschland bekanntzumachen, und der selbst einer der Hauptrepräsentanten der Lebensphilosophie war. Auf Bergson hatte Bloch sich selber anerkennend, ja für seine Verhältnisse geradezu enthusiastisch bezogen[38]. Der Expressionismus, der den Sprachgestus von Blochs Werk bis an sein Lebensende prägte, ist wesentlich von lebensphilosophischer Welt- und Selbsterfahrung getragen.

Die älteren geistesgeschichtlichen Traditionslinien, aus denen er sein Werk entwickelte, sind keine grundsätzlich anderen als die von Jung: jüdisch-christliche und griechische Mythologie, Gnosis und Neuplatonismus, Alchemie, christliche und jüdische Mystik, Romantik[39]. Zweifellos befragt er diese geistige Tradition ganz anders als

Jung, nämlich auf ihre messianisch-apokalyptischen und sozial-revolutionären Gehalte. Er konvergiert jedoch mit Jung in einem gemeinsamen Interesse an Eschatologie, dem Wiedereinswerden mit einem verlorenen Seinsgrund. Bloch nennt sein Eschaton »Heimat«, Jung das seine »Selbst«. Ohne Schwierigkeit könnte man dem das Marx'sche Eschaton des freien Vereins freier Menschen zur Seite stellen; bei Freud würde man vergeblich Entsprechendes suchen.

Ganz im Sinne der für Jung so prägenden Gnosis sieht auch Bloch die alles entschlüsselnde Genesis entelechetisch vom Ende statt vom Anfang des Weltprozesses her wirken. Was in der Gnosis die schrittweise Wiederannäherung an den reinen Geist aus dem »Exil« der materiellen Welt ist, das wird bei Bloch zu »Exodus«, bei Jung zu »Individuation«. Und gemeinsam sehen sie in der *Erkenntnis* das Mittel dieser (Wieder-)Annäherung an das Eigene. Bloch selbst zählt die Gnosis ausdrücklich zu den »Befreiungsmythen«[40]. Anton Christen, der die gnostischen Einflüsse bei Bloch ausführlich untersucht hat, weist insbesondere Bezüge zur alexandrinischen Schule um Valentinus und Basilides nach. Mit eben diesem Basilides identifizierte sich einmal Jung, indem er ihm die Verse seines 1916 apokryph geschriebenen Hymnus *Septem Sermones ad Mortuos*[41] in den Mund legte. Beide zitieren ausgiebig Meister Eckhart, Joachim di Fiore, den Kabbalisten Isaak Luria, Paracelsus, Jakob Böhme usw.

Die philosophische Ahnenreihe trennt sich im Grunde erst mit dem deutschen Idealismus: Während Bloch der »lichten Linie Hegel — Feuerbach — Marx« folgt, ist Jung stark von Schopenhauer und Nietzsche beeinflußt. Aber diese »dunkle« Linie ist auch Bloch keineswegs fremd. Einer seiner frühesten Texte aus dem Jahr 1906 ist ein Aufsatz über Nietzsche. Die von Karola Bloch herausgegebene Zeitschrift *Spuren* schreibt: »Im Inneren auch des Bloch'schen Textes ist eine Philosophie von Intensitäten bedeutet, die … Nietzsche verpflichtet ist und nicht Marx, Schelling und nicht Hegel, Böhme und nicht Descartes«[42].

In seinem ersten großen Werk *Geist der Utopie* (erschienen 1918), das die religionsphilosophischen Quellen des jungen Bloch widerspiegelt, finden sich viele Gedanken und Formulierungen, die fast wörtlich von C. G. Jung sein könnten. Was Peter Zudeick über dieses Werk schreibt, würde man eher mit Jung als mit Bloch assoziieren: »Das Orakelhafte von Blochs Sprache in diesen Passagen weist überdeutlich darauf hin, wie wenig derlei mit Erkenntnis im hergebrachten Sinn zu tun hat, wie sehr es Beschwörungsformel nicht nur ist, sondern ganz bewußt sein soll. Beschworen wird die Möglichkeit der menschlichen

Selbstbegegnung und Selbstfindung, gesucht wird nach Anzeichen in dieser Welt, nach Chiffren und Symbolen [Archetypen? T. E.], nach vermummten Gestaltungen, in denen sich dieses menschliche Selbst finden ließe ... Bloch will ausdrücklich eine ›Metaphysik der Innerlichkeit‹ formulieren.«[43]

Dieses Werk enthält bereits zentrale Gedanken seiner Ontologie des Noch-Nicht-Seins, die sich so in ihrer Grundlegung als unberührt von Marx'schem Denken erweist. Natürlich findet Bloch erst durch die folgende Begegnung mit dem Marxismus zu seinem unverkennbar eigenen Denken, das sich dadurch grundlegend von dem Jung'schen unterscheidet. Aber gerade seine besondere Wahrnehmung des Marxismus, die ihn von anderen marxistischen Denkern unterscheidet und in der wesentliche Anstöße seines religionsphilosophischen Jugendwerkes fortleben, läßt auch beim reifen Bloch manche Analogie zu Gedanken von Jung fortbestehen. In gewissem Sinne schreibt Bloch den Marxismus in ein fertiges religionsphilosophisches Gedankengebäude ein, als konkret-diesseitige Eschatologie anstelle einer metaphysischen. So ist Bloch der »religiöseste« unter den marxistischen Denkern — wie Jung der »religiöseste« unter den Tiefenpsychologen. Kein anderes Buch wird in *Prinzip Hoffnung* so häufig zitiert wie die Bibel, weitaus häufiger als Marx.

Entschiedener als alle anderen Marxisten seiner Zeit betonte Bloch »die ganze sozial unaufhebbare Problematik der Seele«[44]. Das verweist auf eine tiefer liegende Parallele zwischen Bloch und dem zehn Jahre älteren Jung, nämlich auf die Umbruchsituation ihrer Zeit, die beide auf ihre Weise reflektieren. Trautje Franz schreibt: »1885 geboren als Sohn bürgerlicher jüdischer Eltern, gehörte Bloch zu einer Generation, die vom Umbruch bürgerlicher Kultur und einem tiefreichenden Wertewandel betroffen war. Die vielfältigen Bewegungen dieser Zeit (Expressionismus, Jugend- und Frauenbewegung, Neo-Romantik, Pazifismus, religiöser Anarchismus, Jugendstil und Lebensphilosophie) dokumentieren die Suche der damaligen jungen Intelligenz nach persönlichen, sozialen, politischen und kulturellen Identifikationsmustern. Insbesondere der Erste Weltkrieg förderte Auflösung und Erkenntnissuche. Kriegsende und Zusammenbruch des Wilhelminismus markieren dann den bedeutendsten Einschnitt in der Kontinuität soziokultureller Tradition, der die gesellschaftlichen Antagonismen aufbrechen ließ.«[45]

Auf diese Situation der Spaltung antworten Bloch wie Jung, indem sie einen Prozeß der Wiedererlangung der verlorenen Identität entwerfen. Die Wege sind verschieden, das Ziel aber nennen sie wortgleich »Selbstbegegnung« (Bloch) bzw. »Begegnung mit dem Selbst« (Jung). Und sie definieren dieses Selbst auch gleich: Jung nennt es die »Totalität des Menschen ... als jenem Ziel, zu welchem die seelische Entwicklung ... letzten Endes führt«[46], Bloch »das Leitbild dessen ... was ein Mensch utopisch sein und werden möchte«[47]. Daß es dabei um die Überwindung einer Spaltung geht, sagt Jung ausdrücklich: »Es stellt eine Kompensation der Spaltung dar, bzw. eine antizipierte Überwindung derselben«[48].

Beide denken subjektzentriert: Es geht um die Freisetzung der dem Einzelnen innewohnenden, bislang jedoch blockierten Kräfte. »Bisher sind weder echte Iche noch ein echtes Wir ins Leben getreten«, sagt Bloch in *Prinzip Hoffnung*[49]. In seiner ersten bekannten Veröffentlichung schreibt der damals Einundzwanzigjährige zu Nietzsche: »Von hier aus geht der Weg zu einem ... durch genaue Erforschung und Vertiefung des Selbst ermöglichten und eroberten Standpunkt der vollkommenen Autonomie«[50] — ähnlich könnte man Individuation definieren. Und auch für Bloch ist das, was im Subjekt in Erscheinung tritt, eine für sich seiende Wirklichkeit. Er spricht von »objektiver Phantasie«, Jung von »objektiv Psychischem«.

Jenen Telos der wiedererlangten Identität, aus dem, durch den und auf den hin sich die Dynamik des Werdens entfaltet, begreifen beide als transzendent. Bei aller Unterschiedlichkeit der Vorstellungen und Erfahrungen von Transzendenz springt eine Gemeinsamkeit ins Auge: Beide verlagern das Göttliche in den Menschen hinein und setzen es mit jenem erst noch zu erlangenden Eschaton im Humanum gleich. Bloch nennt das den »homo absconditus«, Jung den »Gott in uns«. Beide *anthropologisieren* die Religion, sie negieren eine vom Menschen getrennte und ihm als Du gegenübertretende göttliche Wesenheit. Beide sind darum von theologischer Seite kritisiert worden, beide haben aber auch theologisches Denken tief beeinflußt.

Es ist kein Zufall, daß beide die Gestalt des Hiob als Metapher für ihren Widerspruch gegen die Figur eines über dem Menschen thronenden Himmelsherrschers benutzen. Beide haben sich zeitlebens mit dieser rätselvollen Geschichte vom sich auflehnenden Gottesknecht beschäftigt, und es wäre lohnend, einmal ihre beiden Hiob-Deutungen eingehend miteinander zu vergleichen[51]. Einige Gemeinsamkeiten springen ins Auge, umso mehr, als beide im gleichen Skandalon für traditionell-theologische Deutungen münden: Hier ist ein Mensch besser geworden als sein Gott. »Ein Mensch überholt, ja überleuchtet seinen Gott«[52] (Bloch). »Ein Sterblicher wird durch sein moralisches Verhalten ... bis über die Sterne erhoben, von wo aus er sogar die

Rückseite Jahwes [= die dunkle Seite Gottes, T. E.] erblicken kann«[53] (Jung). Für Bloch ist der Vorsprung ethischer Art, für Jung bezeichnet er einen Vorsprung an Bewußtsein.

Beide erleben sie den Gott des Hiob-Buches als gewalttätigen Natur-Dämon. »In seiner Allmacht, ja wegen ihrer ist der Tyrann verantwortungslos«[54] (Bloch). »Gott will gar nicht gerecht sein, sondern pocht auf seine Macht, die vor Recht geht«[55] (Jung). Und beide folgern, daß Gott nach dieser Beschämung des Schöpfers durch sein Geschöpf nicht mehr derselbe bleiben kann und ihm nur übrig bleibt, nun selbst Mensch zu werden. Beide stützen ihre Deutung auf dieselben drei aus den über tausend Versen des ganzes Buches! Sie nehmen zum Kronzeugen des sich ankündigenden Umschlags dieselbe geheimnisvolle Stelle in Hiob 19, 25-27, in welcher der geschundene Hiob sich auf einen Anwalt im Himmel *gegen* Gott beruft. — Bezeichnend ist andererseits wieder der Unterschied beider Deutungen: Jung verlegt die ganze Dynamik in das große Unbewußte eines Demiurgen: »Hiob ist nicht mehr als der äußere Anlaß zu einer innergöttlichen Auseinandersetzung«[56], und so spricht er von einer »fortschreitenden Inkarnation Gottes«[57]. Für Bloch dagegen ist der Mensch der aktive Teil, es geht um den »Auszug des Menschen aus Jahwe«[58] und um seine »wachsende Selbsteinsetzung ins religiöse Geheimnis«[59].

Nicht zufällig hat Paul Tillich Gedanken von Bloch und Jung aufgenommen. Beiden hat er Ehrungen geschrieben, für Jung als Nachruf bei dessen Tod, für Bloch zu dessen 80. Geburtstag[60]. Es klingt wie eine schlichtende Deutung beider, wenn Tillich schreibt: »Ursprungsgebundenheit und Enderwartung haben etwas Gemeinsames: das Hinausgehen über das in Raum und Zeit gegebene. Darum hebt die Enderwartung die Ursprungsgebundenheit nicht einfach auf; sie bricht ihre Herrschaft, sie wandelt ihren Charakter, aber sie verneint sie nicht.«[61]

Lohnend, allerdings ungleich schwieriger, wäre auch ein Vergleich ihrer beiden Alterswerke *Experimentum Mundi* bzw. *Mysterium Coniunctionis*. Auf den ersten Blick hat Jungs Untersuchung über die Symbolik in der Alchemie nichts zu tun mit Blochs Grübeln über die Möglichkeit von Erkenntnis im Prozeß. Aber ging es in der Alchemie nicht um eben dieses, eine Erkenntnis im Prozeß? War diese Wissenstradition nicht die Form, in der sich die unabhängigen Geister der Spätantike, des Mittelalters und der beginnenden Neuzeit Fragen wie die des »Hervorbringens«, der »Latenz/Tendenz«, der Verbindung von Theorie und Praxis, des Umschlags von Quantität in Qualität stellten? Blochs »latente Substanzialität«, »Wesenhaftes in Transmission« könnte direkt auf das alchemische Opus übertragen werden. Mit der Kategorie »Drehung/Hebung« rückt Bloch ab von der Vorstellung einer Linearität der Entwicklung und nähert sich der Vorstellung einer Spiralform an — wie in der Alchemie und bei Jung. Und nicht zuletzt ist die zugrunde liegende Frage nach dem Verhältnis von Erkenntnis und Werden im Wechselspiel von Subjekt und Objekt die gleiche: Wie kommt etwas, und darin Ich, zur eigenen Identität? Was Bloch über das »Was des Daß« sagt, hätten die Meister der Alchemie ganz ähnlich über den »Stein der Weisen« sagen können: »Das ›Was des Daß‹, ... also der Sinn dieser Welt liegt selber noch in keinerlei Vorhandenheit. Befindet sich erst im Zustand einer Möglichkeit, als einer noch nirgends gültig realisierten, freilich auch noch nirgends endgültig vereitelten«[62]. Und schließlich der rein alchemistische Satz bei Bloch: »Gewinnung des Werks wird also zu einer forttreibenden Annäherung an das zu enthüllende Was des Daß«[63]. — Wie anerkennend Bloch über die Alchemie dachte, kann man in *Prinzip Hoffnung* nachlesen.

Mir kommt bei dem Streit Bloch — Jung bisweilen das Bild von zwei ehrwürdigen Meistern der Alchemie vor Augen, jeder vergraben in sein Laboratorium, verfeindet im Disput darüber, ob im alchemischen Prozeß der Adept oder der Stoff den Vorrang habe. Ist es ein Zufall, daß beide ihre Alterswerke mit syntaktisch gleichen lateinischen Titeln versahen, die ganz so über alchemistischen Traktaten aus der Zeit der Renaissance stehen könnten?

Introversion — Extraversion

Kann bei so viel Berührungspunkten des Denkens die Schroffheit von Blochs Abgrenzung gegen Jung allein mit der Unterschiedlichkeit der politischen Standorte und dem Rubikon des Faschismus erklärt werden? Martin Heidegger hat den Nationalsozialismus in Worten und Taten weitaus eindeutiger unterstützt als Jung, und dennoch hat Bloch sich zeitlebens zwar sehr kritisch, aber nicht ohne Respekt mit ihm auseinandergesetzt und Berührungspunkte mit dessen Denken zugestanden[64]. Könnte es sein, daß die Überschärfe von Blochs Polemik gegen Jung nicht nur sachlich, sondern auch persönlich begründet ist, und zwar in jenem bekannten Projektionsverhältnis, wonach wir gerade diejenigen Charakterzüge am schärfsten ablehnen, die uns eigene Schwächen — als gemeinsame oder komplementäre — wider-spiegeln?

Gemeinsame Schwächen: Der gewichtigste Einwand gegenüber Jung betraf seine Entwirklichung der Außenwelt. Es fällt auf, daß Bloch, der Materialist, unter seinen vielen Vorwürfen gegen Jung diesen gerade *nicht* erhebt. Was ihn an Jungs Introversion stört, ist deren fehlende Öffnung nach vorne, nicht nach außen. Blochs eigene Auseinandersetzung mit Politik und Zeitgeschichte bleibt immer eine kulturkritische und gesellschaftsphilosophische und wird nirgends konkret soziologisch. Es gibt von Bloch keine Analyse einer realen gesellschaftlichen Situation und der sie bestimmenden Machtverhältnisse. »Seine intensive Orientierung auf zukünftig Mögliches hat ihn ... die pragmatische Seite der Gegenwartsanalyse vernachlässigen lassen« [65], schreibt Trautje Franz, die soweit geht, ihm »Pseudorealismus« [66], ja »Realitätsblindheit« [67] vorzuwerfen. Besonders Blochs publizierte Korrespondenz »läßt keinen Zweifel daran, daß der politische Philosoph Ernst Bloch Politik nie eigentlich als reale Machtausübung gesehen, ja von Macht überhaupt wenig verstanden hat« [68]. Der kritische Psychologe Hans-Martin Lohmann widmet diesen Briefbänden eine ausführliche Rezension unter der Überschrift »System ohne Welt« und bescheinigt darin der Bloch'schen Philosophie eine »Resistenz gegenüber kontrollierbarer, argumentativ zugänglicher Wirklichkeitserfahrung. (...) Die Welt, wie sie ist, hat den seltsamen Marxisten Ernst Bloch nie interessiert ... So ist es denn auch alles andere als verwunderlich, daß Blochs Unbedarftheit in politischen Fragen geradezu notorisch ist (...). Die Briefe Blochs ... machen überraschend deutlich, in welch hohem, ja beinahe ausschließlichen Maße Bloch dem Gedanken eines systematisch errichteten, geschlossenen Werkes zeitlebens verpflichtet war. Anderes als sein Werk hat Bloch ernstlich nicht interessiert« [69].

Wenn Bloch mit seinem »ex oriente lux« die Sowjetunion als die nicht weiter hinterfragbare wert- und wirklichkeitsstiftende Instanz einsetzte, dann tat er in seinen Denkkategorien nichts anderes als Jung mit seinem ebenso unhinterfragten »ex interiore lux«. Wie eine solche hypostasierte Wahrheit zur Blindheit gegenüber der empirischen Realität führen kann, läßt sich an Blochs Parteinahme für den Stalinismus drastisch zeigen. Es schmerzt zu lesen, wie er Lenin und Stalin als »wirkliche Führer ins Glück, Richtgestalten der Liebe, des Vertrauens, der revolutionären Verehrung« [70] verhimmelte. Wenn Bloch einen Revolutionär der ersten Stunde wie Trotzki wegen dessen Gegnerschaft zu Stalin mit der Gestapo in Verbindung bringen konnte, dann wird deutlich, daß alle Realität nur noch Unterfutter für ein fertiges apokalyptisches Denkmuster von der Entscheidungs-schlacht des Lichtes gegen die Finsternis war. Kein Wunder, wenn er dann auch Jung einen Faschisten nannte — die Frage ist, welche Trennschärfe dieses Urteil beanspruchen kann.

Auch wenn Bloch sich gegenüber dem Faschismus konträr zu Jung verhielt, so haben sie doch soviel gemeinsam, daß beide den Faschis-mus zur Bestätigung ihrer Weltsicht auch »benutzen«. Beide ließen sich durch den Einschnitt von 1933 in keiner Weise irremachen in ihrem prophetischen Auftrag. Beide bauten die neuen Ereignisse und Stichworte in ihr Werk ein, ohne dieses im übrigen gedanklich oder sprachlich entscheidend zu ändern. Das ist C. G. Jung oft vorgeworfen worden, und das hat Walter Benjamin schon 1935 an Blochs *Erbschaft dieser Zeit* kritisiert[71]. Selbst das haben Jung und Bloch noch gemein, daß sie ihre politischen Irrtümer erst dann revidierten, nachdem diese Revision ihrerseits offizielle Meinung geworden war: Jung nach 1945, Bloch nach dem 20. Parteitag der KPdSU. Und beide tun dies, indem sie ungebrochen in ihrer Lehre fortfahren, so als hätten sie nie etwas anderes gesagt und als ginge es nur um einen unerheblichen Tatsachenirrtum, der die Richtigkeit ihres Denkens nicht in Frage zu stellen vermochte, von diesem vielmehr schon immer korrigiert war, dessen Richtigkeit geradezu bewies!

Komplementäre Schwächen: Gibt es etwas im Verhältnis von Bloch zu Jung, das dem Mechanismus entspricht, aus einer eigenen Verein-seitigung heraus die spiegelbildlich entgegengesetzte in besonders grellem Licht zu sehen?

Kein Zweifel, daß hier zwei gegensätzliche Charaktere am Werk waren. Jung hat seine Erkenntnisse wesentlich in der psychischen Introspektion gewonnen, in der er dann auch allzu sehr befangen blieb. Bloch dagegen schöpfte seine Erkenntnisse aus der geistigen Fernsicht und ließ dabei die Frage, inwieweit diese Erkenntnisse auch von unbewußten persönlichen Sehnsüchten, Wünschen und Interessen mitbestimmt sein könnten, eher ungeprüft. Franz spricht geradezu von einem »Mangel an Introspektion«[72].

Unter dieser offensichtlichen Verschiedenheit der Charaktere ist jedoch zugleich eine verborgene gegenläufige Komplementarität am Werk: Der »introvertierte« Jung hat zeitlebens sehr effektvoll nach außen gewirkt, während der »weltzugewandte« Bloch ein so geschlos-senes Werk nicht ohne lebhafte Verbindung zu seinem unbewußten schöpferischen Inneren hätte hervorbringen können. Die Komplemen-tarität wird durch diesen unterschwelligen Gegenlauf komplizierter, aber eher noch paßförmiger.

Weiter: Wir sahen bereits, daß Blochs befreiender Fernblick sich weniger auf die reale Außenwelt als auf die Zukunft richtete. Wenn Bloch aus diesem Blickwinkel Jung »Urzeit suchend, Zukunft hassend«[73] nennt, liegt die Frage nahe, ob bei ihm nicht die umgekehrte Überzeichnung zu finden ist. In der Tat ist zu Bloch immer wieder kritisch eingewandt worden, daß er Geschichte und Zeit allzu linear im Sinne eines Evolutionsdenkens aus dem 19. Jahrhundert auffaßt und mit seinem Vorauseilen in eine bessere Zukunft die Bedürfnisse der Gegenwart und die Gefahren des Scheiterns überspringt[74]. Zwar *spricht* Bloch von der Apokalypse immer auch im Sinne der Möglichkeit katastrophischen Scheiterns, aber sein Herz ist beim Neuen Jerusalem, und diese gute Botschaft färbt daher sein Werk. Und umgekehrt liegt über Jungs Werk eine Beleuchtung von Vergangenem, auch wenn er die prospektiven Wirkungen des Unbewußten immer wieder benennt.

Man kann, so meine ich, diese Komplementarität nicht besser ausdrücken als mit dem folgenden Passus von Jung:

»Wer sich vor dem Neuen, Fremden schützt und zum Vergangenen regrediert, ist in derselben neurotischen Verfassung wie derjenige, der, mit dem Neuen sich identifizierend, der Vergangenheit davonläuft. Der einzige Unterschied ist, daß der eine der Vergangenheit, der andere der Zukunft sich entfremdet hat. Beide tun prinzipiell dasselbe: sie retten ihre Bewußtseinsenge, anstatt sie durch den Kontrast der Gegensätze zu sprengen und dadurch einen weiteren und höheren Bewußtseinszustand aufzubauen.«[75]

Von daher liegt die Frage nahe, ob Bloch und Jung vielleicht beide Grund hatten, *nicht* in der Gegenwart sein zu wollen, und dieses Problem nur je unterschiedlich gelöst haben: Jung, indem er in das Zeitlose auswich (Bloch würde sagen: in die Vergangenheit), und Bloch mit einer Flucht nach vorne. Wir erinnern uns: Beide reflektieren eine Situation des Umbruchs, der persönlichen Gespaltenheit, wankender Werte und Ordnungen, heraufkommender Katastrophen...

Und auch hier wieder die unterschwellige Gegenläufigkeit, die das Komplementärverhältnis umso enger ineinandergreifen läßt: Bei aller Zukunftsorientierung fehlt es im Werk von Bloch nicht an Retter- und Reichsträumen vorbürgerlichen Anklangs, die man *auch* als antimoderne Dispositionen bei Bloch interpretieren kann[76]. Während bei Jung immer wieder auf die frappanten Parallelen zwischen seinen Entdeckungen und denen der Relativitätstheorie, der Kernphysik und Quantenmechanik sowie neuerdings der Gen-Biologie hingewiesen worden ist...[77]

Es ist übrigens nicht ohne Reiz, das Widerspiel von Zeit und Raum in der oben (Kapitel 6) referierten Deutung Paul Tillichs auf die Biographien dieser beiden Persönlichkeiten zu beziehen: Jung verbringt sein gesamtes sechsundachtzigjähriges Leben in dem eng umgrenzten Raum zwischen Basel und Zürich, davon die letzten einundsechzig Jahre nur noch in Zürich, wo er (etwas außerhalb) zweiunddreißig Jahre lang einen Turm am Wasser baut. Seine zahlreichen Reisen verlagern nicht seinen Lebensmittelpunkt, sondern gehen von dort aus und kehren dorthin zurück. Auf der Grundlage von soviel Bodenständigkeit entwickelt Jung eine ganz zeitlose Theorie. — In Blochs Denken ordnet sich dagegen *alles* einer ins Geistige überhöhten Zeitachse zu; was ihn an geschichtlichen Ereignissen und philosophischen Entwürfen interessiert, ist fast ausschließlich ihre Zuordnung zu dieser Dynamis von der Vergangenheit zur Zukunft. Derweil lebt er in Ludwigshafen, München, Würzburg, Berlin, Bonn, Garmisch, Heidelberg, Grünwald im Isartal, der Schweiz, wieder Berlin, wieder München, Wien, wieder Berlin, wieder der Schweiz, wieder Österreich, Paris, Prag, den USA (vier verschiedene Orte), Leipzig, Tübingen — und an all diesen Orten fast nur insofern, als dort jeweils sein Schreibtisch aufgestellt ist. Für sein Alter gilt das nicht ganz: In Leipzig bleibt er zwölf Jahre und geht unfreiwillig weg; in Tübingen bleibt er endgültig, sechzehn Jahre. Hat in diesen letzten Schaffensphasen, nach *Prinzip Hoffnung*, auch sein Denken mehr »Boden« bekommen?

Aufklärer und Mythopoet

Es ist offensichtlich, daß Jung sich übergewichtig in der Welt des Unbewußten zu Hause fühlt, Bloch dagegen in der des Verstands. Aber auch diese Komplementarität offenbart ihre Dichte erst dann, wenn man sie unterhalb dieser Offensichtlichkeit noch einmal gegen den Strich bürstet: Bloch ist ja derjenige Denker, der die Irratio des Menschen und die Welt der Mythen als Teil emanzipatorischen Denkens rehabilitiert. Dabei steht für Bloch nicht in Frage, daß die Ratio der Herr im Hause bleiben muß, »wie jener Apollo, der zwar auch Dämpfe und Orakel kennen mag, aber sie als besiegt und dienend in seinem Tempel hat«[78]. Und so möchte er auch nur die »hellen Mythen« aufnehmen, die »zu jener *anderen Seite* des Mythischen gehören, die erst recht zur Vernunft gehört«[79]. Er nennt das »Zerstörung und Rettung des Mythos durch Licht«[80]. Aber auch die dunklen

Mythen, die Bloch abspalten möchte, gehören zur menschlichen Existenz mit ihren Tiefen und Schwärzen. Und davon versteht nun Jung um so viel mehr als Bloch, wie dieser ihn an Geschichtskenntnis überragt.

Andererseits ist Jungs ganzes Lebenswerk ein Ringen darum, dem Bewußtsein die Vorgänge im Unbewußten begreifbar zu machen. Er begibt sich zu dem Zweck in die Tiefen des Unbewußten, um Dunkles von dort ans Licht zu bringen [81]. Die Bewegung dieses Lebenswerks geht also »nach oben«. Der »Irrationalist« Jung will Wissen schaffen mit den Mitteln der Wissenschaft. Der »Rationalist« Bloch dagegen setzt auf »Lichtsieg« [82] und damit auf die begeisternde Kraft des Mythos. Sein Lebenswerk hat die umgekehrte Richtung, allzu rationale Wissenschaft mit einem im Dunklen verborgenen Sinn anzureichern. Das ist die große gegenläufige Komplementarität zwischen beiden Denkern: Jung ist Aufklärer, Bloch Mythopoet — beide *malgré soi*. Auch zu dieser gegenläufigen Durchdringung findet sich ein treffender Passus, diesmal von Bloch: »Ein tiefer Blick bewährt sich darin, daß er doppelt abgründig wird. Nicht nur nach unten ... es gibt auch eine Tiefe nach oben und vorwärts, diese nimmt Abgründiges von unten in sich auf. Zurück und Vorwärts sind dann wie in der Bewegung eines Rades, das zugleich eintaucht und schöpft. Wirkliche Tiefe geschieht allemal in doppelsinniger Bewegung: ›Versinke denn! ich könnt' auch sagen steige! 's ist einerlei‹, ruft Mephisto dem Faust zu.« [83]

Ich frage mich, ob nicht zwischen den Werken von Bloch und Jung eben jenes Verhältnis von Anziehung und Abstoßung herrscht, das zwischen den beiden Seiten einer Theorie der Emanzipation herrschen muß. Ich deute Blochs brüske Ablehnung gegenüber C. G. Jung als Ausdruck jenes Widerstands des aufklärerischen Denkens dagegen, die lebendige menschliche Subjektivität mit all ihren unauslotbaren Höhen und Tiefen als das notwendige Andere der Emanzipation im Blick zu behalten, wenn damit die Zumutung verbunden ist, insoweit eine grundlegend andere Weise des Denkens und Wahrnehmens als gleichberechtigtes dialektisches Gegenüber anzuerkennen [84]. Kein anderer materialistischer Denker ist so weit gegangen wie Bloch, andere hätten und haben weit früher abgewehrt. Aber auch Bloch kommt an einen Punkt, an dem sein System endet. Daß hier etwas Anderes anfangen könnte und müßte, hat er nicht zugestanden. Er glaubte, mit seinem Werk die *eine* geschlossene Theorie der Emanzipation verwirklicht zu haben. Daß die notwendige Zweiseitigkeit in Gestalt einer durchgehaltenen Widerspruchsspannung bereits in sein

Werk eingewandert war, verdeckte er sich durch die Annahme einer Grundidentität von Subjekt und Objekt in Gestalt einer vorwärtstreibenden »Prozeßmaterie«. Er kann sich deshalb nur zur Hälfte auf Irratio einlassen, soweit er selbst den Spannungsbogen noch zu halten vermag. Dann aber macht er umso brüsker halt, zieht gleichsam die Notbremse dort, wo er die Grenzen seines Systems verlassen und sich auf eine ganz andere Gesetzlichkeit einlassen müßte. In der Person von C.G. Jung verfemt Bloch den Mahner, der ihn am eindringlichsten an dieses immer noch fehlende Andere erinnert[85].

Kapitel 8
Wohin das führt. Individuation und Politik

Von hier aus kann es in viele Richtungen weitergehen. Unter meinen Materialien zu diesem letzten Kapitel finde ich eine ganze Palette solcher versuchsweise einmal eingeschlagener Denkrichtungen — Ideen, die mir bei der Arbeit an anderen Kapiteln kamen und die ich »für den Schluß« aufhob. Welcher Spur soll ich folgen?

Da gibt es einige Seiten aus der Arbeit am Kapitel über Freud und Jung, auf denen ich versuche, theoretische Verbindungslinien zwischen der heutigen kritischen Sozialpsychologie und der Analytischen Psychologie Jungs zu ziehen, insbesondere über Lorenzers Begriff der Symbolproduktion, dann auch zwischen dem Begriff »Subjektkonstitution« einerseits, »Individuation« andererseits. Eine lohnende Aufgabe — aber für Tiefenpsychologen.

Dann gibt es da eine Mappe mit einem aus der Kritik der Analytischen Psychologie in Kapitel 4 herausgenommenen Abschnitt, in dem ich die dort skizzierten Richtungen notwendiger Öffnung weiterzuführen unternehme auf der Suche danach, wo sich bei Jung Ansatzpunkte für eine sozialpsychologische Ausformulierung finden, die der gesellschaftskritischen Bearbeitung der Freud'schen Lehre durch dessen Nachfolger an die Seite zu stellen wäre. In der Mappe findet sich auch eine Kassette mit der Aufzeichnung eines Kolloquiums in Todtmoos-Rütte aus dem Jahr 1982 zu dem Thema »Gibt es ein *zeitgeschichtlich*-kollektives Unbewußtes?« Später fand ich diese Hypothese einer historisch verallgemeinerbaren Überformung von archetypischen Symbolgestalten in den Büchern von Progoff und Marks wieder; auch die wenigen Artikel mit gesellschaftlichem Bezug in Jungianischen Zeitschriften arbeiten damit. Auch das ist eine Arbeit für sich — für eine neue Generation von Jung'schen Analytikern.

Dann sind da Karteikarten mit der Überschrift »Materialismus und Spiritualität«, die hauptsächlich Zitate von Bloch enthalten — Überreste einer ursprünglich an das Kapitel zu Bloch und Jung geknüpften Absicht, einen Versuch der »Versöhnung« zwischen beiden zu wagen. Daneben aber auch Zitate aus anderen, das Diesseits bejahenden spirituellen Strömungen: der Theologie der Befreiung, der christlichen Mystik, dem Zen, dem Taoismus. Auch das Zitat von Simone Weil, das ich als Motto an den Anfang des Buches gestellt habe, fand sich auf einer dieser Karten. Außerdem eine Gedankenskizze dazu, daß C. G. Jung sich mit der Erforschung des kollektiven Unbewußten in die Nähe jener Türe vorgearbeitet hat, an der heute von anderer Seite kommend auch die Naturwissenschaften stehen und hinter der sich das Geheimnis der Einheit von Geist und Materie zu verbergen scheint … Es wäre an der Zeit, daß jemand eine Philosophie des spirituellen Materialismus formulierte. Ich kann das nicht.

Schließlich gibt es da Manuskriptseiten mit der Überschrift »Handeln lernen«, in denen ich auf die Ausgangsfrage nach dem politisch-emanzipatorischen Gehalt bei Jung zurückkomme. Vielleicht sollte ich diesen Bogen aufgreifen. Den *einen*, folgerichtigen Abschluß gibt es nicht. Am Ende dieses Essays schließt sich nichts, es öffnet sich etwas.

Eine Öffnung zur Welt, mit all ihren Gefahren. In Gesprächen mit politischen Freunden bekam ich zum Stichwort C. G. Jung oft den Einwand zu hören: »Aber wohin führt das?« Politisch zu nichts Gutem, soviel war aus der Frage herauszuhören, nämlich zu Irrationalismus, Rückzug ins Private, vielleicht zum nächsten Massenwahn… Keine grundlosen Sorgen, wie unsere kritische Annäherung an Jung gezeigt hat. Deutlich geworden ist aber auch, wie man sich im Umgang mit seiner Psychologie vor solchen Gefahren bewahren kann: Introspektion nicht ohne Rückbezug zur Außenwelt; archetypische Prozesse nicht unter Verzicht auf das urteilende Bewußtsein; »Ganzheit« nur als Arbeit an Brüchen. Wie nur jenes aufklärerische Denken vernünftig sein kann, das seiner vor-rationalen Grundlagen eingedenk bleibt, so ist heute nur der von Bewußtsein begleitete, also gebrochene Mythos heilsam. An die Stelle des Totalitätsanspruchs der Aufklärung einen Totalitätsanspruch des Mythos zu setzen, hieße den Teufel mit dem Beelzebub auszutreiben.

Wohin also führt Jung politisch? Von den erwähnten Ansätzen abgesehen, ist das noch nirgends formuliert, geschweige denn in theoretischer Form. Aber: es wird gelebt. So deute ich jedenfalls das, was sich in den neuen sozialen Bewegungen als Umrisse einer anderen Politik abzeichnet, die nach Verbindungen zwischen Gesellschaftsveränderung und Selbstveränderung, Autonomie und Gemeinschaft, Liebe und Widerstand, Politik und Spiritualität sucht[1]. Die darin enthaltene Kritik an traditioneller Politik scheint mir auch eine Kritik an einem vereinseitigten Rationalismus zu sein, wie er den Subjektentwürfen in der Nachfolge der Kritischen Theorie noch immer anhaftet.

222

Nicht zufällig wird heute C. G. Jung von Menschen in diesem grün/alternativen Spektrum »entdeckt«. Freilich mißt sich die emanzipatorische Potenz in Jungs Theorie nicht daran, wieviel sie gelesen und zitiert wird, sondern ob mit Hilfe seiner Konzeption eines schöpferischen Unbewußten diese neuen, ganzheitlichen Formen von Subjektivität besser verstanden und vorangebracht werden können. Darum muß dennoch ein Versuch der Benennung gemacht werden, wie vorläufig und gedrängt auch immer.

Das beginnt damit, die Entfaltung persönlicher Gestaltungskräfte als legitimen, ja notwendigen Teil jedes emanzipatorischen Prozesses wahrzunehmen. Ein »Rückzug ins Private« wäre das nur, wenn in diesem Bereich des Persönlichen alles beim Alten bliebe und vorhandene Befindlichkeiten bloß aus- und fortgelebt würden. Das Gegenteil davon ist es, die eigene Person als Ort und Aufgabe eines befreienden Handelns zu erleben mit dem Ziel, Beschränkungen durchlässiger zu machen, Spiel-Räume der eigenen Phantasie zu erweitern und Potenzen zu schöpferischer Gestaltung und mitmenschlicher Antwort-Fähigkeit (engl.: response-ability) freizusetzen. Der »Rückzug« erweist sich dann als Vorstoß ins Private.

An einer solchen beharrlichen Übung der Wahrnehmung und Entfaltung seiner selbst kommt niemand vorbei, für den Emanzipation mehr ist als eine Vokabel. Das geht nie ohne menschliches Gegenüber, und anfangs auch nicht ohne Begleiter, die in solcher Weggeleitung zum Selbst erfahren sind. Wer glaubt, solche Hilfen nicht zu brauchen, verliert nur Zeit mit dem Anfangen.

Ein solches bewußtes Sich-Kennenlernen ist mehr als das Ablegen von Illusionen über sich und die Gesellschaft zu dem Ziel, »das Unerwünschte, den Dissens besser in seine gesamtseelische Organisation integrieren zu können« (wie Bernd Nitzschke das Ziel der Psychoanalyse definierte[2]). Es geht dabei um die Entfaltung nicht nur der kognitiven, sondern auch der emotionalen, sinnlichen, intuitiven, künstlerisch-schöpferischen und spirituellen Anlagen. Das Ziel ist nicht der »bessere«, aber doch der vollständigere Mensch. Dazu gehört auch eine Wiederaneignung der eigenen Körperlichkeit. »Emanzipation muß ... immer in irgendeiner Weise sich auch in unserer inneren Natur, körperlich, materialisieren.«[3] Atem, Haltung, Gestus — all das wirkt oft eindringlicher auf uns selbst und unsere menschliche Umwelt als Bewußtsein und Worte. Auch durchlebte Körperlichkeit ist »Selbstorganisation der Subjekte«[4]. Der Körper ist politisch (das wurde schon vor 1933 formuliert und ist nicht deswegen falsch, weil es nach 1933 mißbraucht wurde).

Daß Individuation und Körpererfahrung nicht zwei, sondern eins sind, zeigt sich darin, daß von den heute erprobten Formen körperlicher Selbsterfahrung vielfältige Querbeziehungen zu Jungs Beschreibung psychischer Prozesse bestehen. Dabei hat Jung seine Theorie eher körperfern formuliert; aber in seinem Verständnis der Psyche als selbstschöpferischem System sind Grundprinzipien des Lebendigen enthalten, die sich analog im Leiblichen finden. Wenn archetypisches Geschehen die psychische Seite menschlicher Lebendigkeit ist, dann muß es auf deren physischer Seite Entsprechungen geben. Selbst Bioenergetiker, deren Begründer Wilhelm Reich zu den unmittelbaren Schülern Freuds zählte, finden heute leichtere Bezüge zur Psychologie von Jung. Dabei verstand sich die Psychoanalyse ursprünglich aufgrund ihrer biologistischen Triebtheorie als durchaus körperbezogen — aber mit einem abwertenden Beiklang des Inferioren und zudem in analytisch-kausalen Begriffen, die einem Verständnis für das Wachsen des Lebendigen im Wege standen.

Zur Erkundung der persönlichen Innenräume gehört aber auch die Auseinandersetzung mit Leiden, Krankheit, Altern und Sterben. Es ist gerade die Verdrängung des Todes, die ihn so mächtig macht. Wer Angst und Schmerzen nicht als Teil seines Lebens integrieren und annehmen kann, bürdet sie seiner Umwelt auf und versperrt sich selbst gegen jede, auch befreiende Verwandlung. Fast alles, was uns in der umgebenden Gesellschaft als »Packeis«, Unterdrückung und Konkurrenz, Konsumzwang und Ablenkungsindustrie, Gewalt und Zerstörung entgegentritt, reicht mit seinen psychischen Wurzeln auch in diese Abwehr der Dunkelseite des Lebens. Individuation als bewußtes Stirb und Werde — wieviel könnte allein dadurch an gesellschaftlichem Elend zurückgenommen werden!

Befreiende Veränderung, auch diese innere, kommt nur mühsam und in winzigen Schritten voran. »Das« emanzipierte Subjekt steht am utopischen Ende, nicht am Anfang dieses unendlichen Prozesses[5]. Lohnt sich all die Anstrengung, wenn das Erreichte immer weit hinter dem Unerfüllten zurückbleibt? Auch hier gilt: Der Weg ist das Ziel. Allein dadurch, daß ich mich auf den Weg mache, in einen Prozeß der bewußten Verwandlung eintrete, verändert sich bereits *alles*, nämlich mein Verhältnis zu mir selbst und zur Umwelt. Ich erlebe mich und das mir Begegnende nicht mehr statisch als Fakten ohne Sinngehalt, sondern im Fluß deutbarer Prozesse, zu denen ich mich aktiv verhalten kann. Auch nicht bewältigte Mängel und vorerst unlösbare Probleme können dann »Treibstoff« sein. Wiederum: nicht ohne Angst, nicht ohne Schmerzen, aber auch nicht ohne Momente der Erfüllung.

Dabei vollzieht sich Veränderung gerade nicht in der Fixierung auf übermächtige Zukunftsaufgaben, sondern in der pfleglichen Zuwendung zur scheinbar so unbeweglichen Gegenwart. Statt den Alltag als sinnlose Folge von Zwängen zu erleben, in denen ich »hinter mich bringe«, was ich »vorhabe«, kann Alltag auch als Übung im Jetzt erlebt werden[6]. Der zurückgelegte Weg wird dann im Rückblick sichtbar.

Schon durch diese veränderte Einstellung zu mir selbst verwandelt sich auch meine Beziehung zu den Menschen und Dingen meiner Umgebung. Sie wird persönlich, bekommt Konturen, enthält gegenseitige Anfragen, wird veränderbar. Nur innerhalb der wissenschaftlichen Konvention gilt, daß Objektivität eine intersubjektive Verbindlichkeit schaffe; wo immer Mitmenschliches ins Spiel kommt — und das tut es auch in der Politik —, gilt umgekehrt, daß nur Subjektivität verbindet. Wer als entpersönlichter Sachwalter von Interessen auftritt, bleibt im Käfig des Bestehenden und bewirkt nicht mehr, als diese Interessen auch ohne ihn bewirken würden[7]. Wer aber das Abenteuer der Verwandlung an sich selbst erlebt, entwickelt auch Interesse an den Abenteuern anderer. Jede Begegnung bietet dann die beste aller Möglichkeiten zur Selbstbegegnung.

Übertragen auf Gruppenprozesse heißt das: Die nötige Offenheit für gemeinsame Inhalte stellt sich nicht dadurch her, daß persönliche Prozesse herausgehalten, sondern daß sie bewußt einbezogen werden. Das Persönliche ist ohnehin im Spiel, wenn nicht offen, dann verdeckt, und wenn nicht wandelbar, dann starr, und produziert gerade dadurch jene Misere unerkannter Psycho-Inszenierungen und Unterdrückungsbeziehungen, die man durch das Ausklammern des Persönlichen vermeiden wollte.

Bis hierher geht heute auch eine Sozialpsychologie auf Freud'scher Grundlage (in etwas anderen Worten) mit[8]. Der entscheidende Schritt steht also noch aus: Wohin führt es politisch, wenn ich mich auf jene psychischen Tiefenkräfte einlasse, die C. G. Jung das kollektive Unbewußte nannte? Entweder öffnen sich weitere Türen, oder die Analytische Psychologie ist politisch entbehrlich.

Im Kapitel 2 war von dem Paradoxon die Rede, daß sich Allerpersönlichstes mit Überpersönlichem berührt. Im Erleben fließen beide Dimensionen zusammen, und wenn ich sie hier nacheinander betrachte, dann nur als methodisches Hilfsmittel, das sich zudem in den Ergebnissen immer wieder selbst aufhebt. Zugleich verlasse ich den Bereich der kausal nachvollziehbaren Wirkzusammenhänge. Wie archetypisches Geschehen auf andere Menschen ausstrahlt, dafür müssen die Weise der Erkundung und die Sprache der Mitteilbarkeit erst noch gefunden werden. Das folgende sind vorläufige Beobachtungen, Gedanken, Intuitionen — jeder muß sehen, welche Evidenz sie für ihn haben.

»Ausstrahlung« war eben die Metapher. In dem Wort klingt eine Analogie zur Kernphysik an, mit der die mechanische Physik überwunden wird. Könnte es sein, daß ein soziales Handeln da, wo es archetypische Kräfte in Bewegung setzt, die Wirkgesetze der gängigen mechanistischen Politik mit ihrem Prinzip von Druck und Gegendruck hinter sich läßt? Wirkt sie statt durch den Druck von Macht durch den Sog von Modellen, die Anziehungskraft von gelingendem Leben? Wenn im kollektiven Unbewußten die Trennwände zwischen den Einzelnen durchlässig werden, warum sollte dann undenkbar sein, daß sich die auf befreiende Verwirklichung drängende Energetik im Unbewußten des Einen dem Unbewußten des Anderen mitteilt? Daß es eine solche gegenseitige »Ansteckung« über das Unbewußte *negativ* in Gestalt eines Massenwahns, einer Feindbildhysterie geben könne, sind wir seit Freud bereit anzunehmen. Aber wenn das Unbewußte nicht nur Negatives enthält, dann muß derselbe unbewußte Wirkzusammenhang auch in positiver Richtung wirken können.

Damit eröffnet sich jenseits der bekannten Sphäre des Politischen ein viel weiteres Universum politischen Denkens und Handelns, in dem ganz andere Gesetzmäßigkeiten gültig sind. Dieses Universum zu erforschen, wäre Aufgabe einer neu zu schaffenden Disziplin: einer Sozialpsychologie des kollektiven Unbewußten. Das folgende ist eine aus der freien Hand gezeichnete, vorläufige Kartographie einiger ins Auge springender Landmarken.

Zunächst wird die ganze verquere Scheinhaftigkeit der gängigen Parteienpolitik sichtbar. Daß dies eine dem Marktgeschehen nachgebildete Oberfläche ist, auf der politische Inhalte wie Tauschwerte, Wählerstimmen wie Nachfrageeinheiten und Mitgliederzahlen analog Bankkonten behandelt werden, ist nichts Neues. Trotzdem bleibt jeder an diese Oberfläche gefesselt, solange sich unter ihr nur Macht und Gewalt verbergen, zu deren Bändigung und Bemäntelung sie mühsam geschaffen wurde. Freiheit entstünde, wenn es jenseits dieses quantitativen Politikprinzips etwas Besseres gäbe, nämlich eine *qualitative* Politik, in der Chancen lebendiger Verwirklichung angesprochen werden: Spielräume größerer Autonomie *und* solidarischer Gemeinschaftlichkeit; unmittelbarere Bezüge zu sich selbst und zur eigenen Arbeit, zu Mitmenschen und zur Mitwelt; geistige Herausforderungen.

Solche politischen Qualitäten hätten sich in der glaubwürdigen Suche ihrer Protagonisten, in vorgelebten Modellen zu erweisen. Genauso wichtig wie die persönlich getragenen politischen Gehalte sind darum auch die Formen, in denen diese Inhalte sich kundtun. Die üblichen Widersprüche zwischen Postulat und Person, Mittel und Ziel werden nicht dadurch erträglicher, daß sie so weitverbreitet sind; emanzipatorische Politik jedenfalls läßt sich so nicht vermitteln. Wenn es um die Erweiterung menschlicher Ausdrucksfähigkeiten geht, dann muß sich dies zeigen in der Stimmigkeit und dem Reichtum der Mitteilungsformen. Wichtig wird sein, aus jener Welt der medial vermittelten, unendlich reproduzierbaren Verpackungen wegzukommen zu eigens gestalteten politischen Unikaten, in denen die politisch Mitteilenden, ihr Anliegen und die Angesprochenen in eigens dafür geschaffenen, augenfälligen Sinnmustern zueinander stehen. Erst so würde Politik tatsächlich — zu einer Kunst. Und wie teilt Kunst sich mit? Jedenfalls nicht durch Druck und Zug.

Etwas von dieser politischen Kunst schwingt in jeder gelingenden politischen Arbeit mit. Das gesamte Kaleidoskop der grün/alternativen Bewegungen ist gerade darin alternativ, in verschiedenen Ausschnitten mit solchen neuen Stimmigkeiten zwischen Inhalt und Form zu experimentieren. Was zum Beispiel von der Friedensbewegung gegen die »Nachrüstung« bis heute nachwirkt, sind nicht so sehr die Bonner Großdemonstrationen — die konnten die Herrschenden unangefochten »aussitzen« —, sondern der Reichtum der Formen, die im Laufe dieser Bewegung erfunden wurden: Einübung in gewaltlosen Widerstand, Schweigerunden und Fastentage, Bühnenlesungen und Straßentheater, Lieder, Gedichte, Bilder, Plakate, die Gründung von Forschungsinstituten und Koordinierungszentren, eine unübersehbare Fülle von Kongressen, Tagungen, Seminaren, Workshops usw. Nicht zufällig ist die Menschenkette das bleibende Symbol dieser Bewegung, als gelungene Synthese von Quantität und Qualität: Es kommt dabei auf die Menge, aber auch auf jeden Einzelnen an.

Wenn etwas die politische Kultur dieser Republik in den letzten zehn, zwanzig Jahren verändert hat, dann nicht die »große« Politik, sondern die Entstehung jener schier unübersehbaren Vielfalt von Bürgerinitiativen, Umwelt-, Friedens- und Frauengruppen, Selbsthilfeinitiativen, Projekten alternativen Lebens und Wirtschaftens usw., die man verallgemeinernd als »neue soziale Bewegungen« zusammenfaßt. Alle wesentlichen neuen Ideen der letzten Zeit haben *hier* ihren Ausgang genommen. Hier wurde jene Qualifikation zu Sachthemen erarbeitet, die schließlich auch die parlamentarischen Instanzen unter

Legitimationsdruck brachten — am deutlichsten bei der Umwelt-Problematik. Wenn sich heute alle Parteien zum Thema Ökologie verhalten müssen und darüber nachdenken, den Umweltschutz zum Staatsziel zu erheben, dann wirken hier — wie pervertiert auch immer — die Anstöße der Ökologiebewegung fort. Die SPD hat in der Frage der Raketenstationierung und neuerdings der Atomenergie Kehrtwendungen vollzogen, die ohne die beharrliche Arbeit der Friedens- und Anti-AKW-Bewegung nicht zustande gekommen wären. Auch in Bereichen wie der Frauen-, Bildungs-, Gesundheits- oder Dritte-Welt-Politik hat es die Regierung heute mit einer Opposition zu tun, die zu wesentlichen Teilen aus außerparlamentarischen Arbeitszusammenhängen besteht.

Innerhalb einer solchen auf politische Qualitäten setzenden Politik können auch Wenige, selbst Einzelne politisch wirksam sein, abseits aller Großorganisationen. Ein Beispiel aus eigener Erfahrung: Im Jahr 1983 griff ich die Anregung einer Friedenskonferenz auf und verweigerte meine Steuerzahlung, solange mir nicht gewährleistet wurde, daß sie ausschließlich friedlichen Zwecken zufließen würde. Aus dem ersten Brief, in dem ich den anonymen Finanzbeamten meine Beweggründe darlegte und zugleich klarstellte, daß ich mich nicht gegen ihre persönliche Dienstausübung wandte, entwickelte sich eine über viele Monate gehende Korrespondenz: mit allen hierarchischen Ebenen der Finanzverwaltung; mit dem Postscheckamt und der Bausparkasse, bei denen meine Konten gepfändet wurden; mit dem für meinen Wohnort zuständigen Vollzugsbeamten, der die Steuerschuld schließlich eintreiben würde. Ich ließ keinen Zweifel daran, daß ich meine Steuerverweigerung als symbolische Geste verstand, wohl wissend, daß ich am Ende die Steuerschuld um Strafgebühren vermehrt würde bezahlen müssen. So karg die amtlichen Antworten ausfielen, so war dennoch aus ihren Untertönen zu spüren: Sie hatten mein Anliegen verstanden. Als der Vollzugsbeamte schließlich kam, begleitete ihn sein junger Vorgesetzter, der mich so deutlich wie mit seiner Amtsobliegenheit gerade noch vereinbar wissen ließ, daß er meine Haltung billige. Inzwischen hatte sich ein Netz von Steuerverweigerern gebildet, das bis heute fortbesteht; wir tauschten Formulierungen und Argumente aus; gemeinsam erarbeiteten wir die historische Tradition der Steuerverweigerung von Thoreau bis Gandhi; Rechtsprofessoren erstellten unentgeltlich Gutachten; Journalisten riefen an, es gab Artikel in mehreren Zeitungen. Nichts davon hatte ich geplant oder vorhergesehen — vielleicht wurde es gerade dadurch möglich.

Zugleich wird durch dieses Beispiel deutlich: Es kommt für eine qualitative Politik nicht so sehr auf die sie tragende Zahl der Aktiven, wohl aber auf deren *Intensität* an. Wie anders wirkt es, ob eine politische Position lediglich als intellektuelle Einsicht und Funktionärspflicht oder aber als gelebte Wahrhaftigkeit vorgetragen wird. Bei Aufgaben, hinter denen jemand »voll dahinter steht«, finden sich Mitstreiter wie von selbst, die Arbeit scheint mehr Kraft zu geben als zu kosten, selbst Zufälle kommen zu Hilfe. Ein Beispiel aus einem Bericht von »Greenpeace«: »Nachdem wir akzeptiert hatten, daß nur ein Wunder uns weiterhelfen könnte, kamen die Leute merkwürdigerweise in Scharen zu uns. Sie kamen wie nach Plan: Als wir einen Elektroniker brauchten, erschien einer. Als ein Schiffszimmermann gebraucht wurde, kam einer zum nächsten Treffen. Als wir einen Musiker, einen Photographen oder einen Ingenieur brauchten, erschienen sie wie gerufen. Das hatte nichts mit Zauberei zu tun. Es war einfach unmöglich, sich dem Gefühl zu entziehen, daß wir mit etwas in Einklang standen, das größer war als wir selbst. Niemand sprach darüber. Wir lebten es einfach.«[9]

Umgekehrt bedeutet das: Es hat keinen Zweck, wenn ich mich nur aus Pflichtgefühl in Kampagnen einspanne, die mich im Wesen nicht berühren, so sehr sie »objektiv« berechtigt sein mögen. Was mich nicht bewegt, das vermag auch ich nicht zu bewegen. Besser verwende ich die Kraft auf die Suche danach, was mich wirklich angeht — auch wenn es weniger politisch scheint.

Denn es geht nie nur um die Sache, sondern immer auch um mich. Um Politik als *Relation* zwischen Innen und Außen, gesehen als dialektischer *Prozeß*. Solche Politik setzt nicht fertige Inhalte und Subjekte voraus, sondern begreift die selbstgestaltende Herausbildung der Subjekte — je einzeln wie im Austausch untereinander — als wesentlichen Anteil an einem politischen Geschehen, das auch seine Inhalte immer erst entdeckt. Diese Unfertigkeit, die in gängigem Verständnis als Mangel erscheinen müßte, ist in Wahrheit die produktive Energie einer solchen Politik als Prozeß: Sie bezieht ihre Kraft aus dem, woraus erneuerbare Energie allein kommen kann, nämlich aus lebendigen Wachstumsprozessen. Gerade in der Unfertigkeit ihres Zukunftsentwurfs enthält sie eine unerschöpfliche utopische Dimension, wo mit jedem Schritt auch ein neuer Horizont auftaucht.

Letztlich geht es darum, Politik nicht mehr im Gegensatz zur Selbstentfaltung, sondern als deren Ausdruck zu erleben. Das gelingt sicher nicht bruchlos, vielleicht sogar nur in winzigen Ausschnitten, geschweige denn von heute auf morgen. Aber auch hier ist die eingeschlagene Richtung entscheidender als der zurückgelegte Weg. Wenn es gelingt, äußeres Handeln und innere Tiefenkräfte in Beziehung zueinander zu bringen, dann potenzieren sich die Kräfte beider.

Politik als Individuation hat jedoch nicht nur jene Kraft zur Verfügung, die sonst durch die Spaltung zwischen Bewußtsein und Unbewußtem gebunden wäre. Sie schöpft auch aus dem Kräftereservoir des kollektiven Unbewußten. Wo ich an Qualitäten und Intensitäten rühre, die aus meinem ureigensten Lebensprojekt stammen, reiche ich zugleich an einen Wirkzusammenhang, der über mich hinausgeht. Nicht mehr ich muß alles »machen« und »können«, sondern es geschieht mir. Ich kann mich beschenken lassen durch den auch mich überraschenden Einfall, den unvermuteten Impuls zur rechten Zeit, das treffende Wort, den glücklichen »Zufall«. Und ich kann handeln auch im Modus des Lassens — Wachstum braucht Geduld. Das gibt langen Atem. Ich bin an einen über mich hinausweisenden Fundus an Menschheitswissen und Gestaltungskräften angeschlossen, also brauche ich nicht alles selber zu wissen: Manches kann durch mich geschehen, ohne daß ich es weiß oder begreife. Zugestandene Ratlosigkeit kann dann die offene Tür sein für ein »Noch-Nicht-Bewußtes«, vorgetäuschte Gewißheit wäre deren Verriegelung.

Wenn ich nicht alles *mache*, sondern eher bin, dann brauche ich auch nicht für alles *Macht*. Ich kann macht*los* sein, ohne deswegen ohnmächtig zu sein. Das englische Wort »power«, irgendwo zwischen den deutschen Wörtern Macht und Kraft gelagert, bezeichnet diese Art von Wirkmächtigkeit, die aus dem Sein fließt, im Unterschied zur unterdrückerischen Macht, die vom Haben ausgeht [10]. Das befreit von dem Zwang, in jedem politischen Engagement als erstes um Macht zu rangeln, auch wenn darüber alle Inhalte zuschanden werden.

Aber: Ich kann auch mit Macht umgehen, wo sie mir zuwächst. Denn eine »reine«, jede Berührung mit der alten Macht vermeidende Politik ist nicht in Sicht. Der Unterschied ist der: Beziehe ich meine Identität aus der Macht, so daß ich fürchten muß, ein Niemand zu werden, wenn ich sie verlöre? Oder kann ich ein instrumentelles Verhältnis zu ihr bewahren, weil ich meine *power* nicht aus ihr beziehe?

Du wirkst, was du bist — dieser Satz gilt zum Guten wie zum Schlechten. Vielleicht sollte es in positiver Wendung genauer heißen: Du wirkst, was du wirst.

Politisch ist dieses Wirken durch jene stets mitschwingenden Anteile, die nicht nur mich selbst betreffen, sondern in denen ich zugleich Seismograph für Ängste, Erwartungen und Hoffnungen bin, die auch andere bewegen. Das Organ dieser Wahrnehmung ist das kollektive Unbewußte, längst bevor und weit tiefer, als es das kognitive Bewußtsein analysieren könnte. Wer offen ist für seine Tiefe, empfängt von daher auch Mitteilungen, welche Probleme und Chancen »an der Zeit sind«. Individuation vollzieht sich nie allein, sondern im vielstimmigen Rhythmus mit anderen[11]. Was sich dabei als gemeinsam erweist, nenne ich das zeitgeschichtliche kollektive Unbewußte. Sich auf diese Doppelpoligkeit von persönlichem Individuationsweg und zeitgeschichtlich-kollektivem Unbewußten einzulassen, von daher zu sprechen und danach zu handeln, ist das eigentliche Wirkgeheimnis einer *radikalen*, in diesem Sinne an die Wurzeln gehenden Politik. Was heute als »neue Mythologie« umgeht, deute ich in seinen positiven Impulsen als Verständigungsprozeß über die anstehenden Inhalte des zeitgeschichtlichen kollektiven Unbewußten.

In der Einleitung hieß es: Ein gesellschaftspolitisches Handeln, das nicht angeschlossen ist an das Reservoir mythischen Wissens und Erlebens, wird kraft- und wirkungslos bleiben. Das ist nun, am Ende unseres Durchgangs, verständlicher. Mythen enthalten Weisheiten über das Woher und Wohin des Menschen, die so unwiderstehlich sind wie das Leben, dessen Sprache sie darstellen. Wer sein politisches Handeln in *diesen* Bogen stellen, aus *diesem* Zusammenhang sprechen kann, wird unwiderleglich. Freilich gelingt dies nur in geschenkten Momenten — aber Annäherung ist möglich. Das heißt nicht: politischer Erfolg — subito, wohl aber Landmarken des Richtigen, die nicht mehr ungeschehen gemacht werden können.

All dies ist mit den gewohnten Gesetzen der zweiwertigen Logik, des kausal-mechanischen Denkens nicht nachzuvollziehen. Für eine Wahrnehmung, die Menschen analog Festkörpern im euklidischen Raum betrachtet, zwischen denen es im Prinzip keine anderen Einwirkungen geben kann als meßbaren Druck und Zug, macht dies alles keinerlei Sinn. »Sinn«, das ist: größeren Zusammenhang, erhält ein solches Denken nur aus der erweiterten Wahrnehmung, daß es jenseits der scharfen Grenzen in der physikalischen Welt tiefere, subtilere Ebenen gibt, auf denen diese Trennungen so scharf nicht sind — bis zu einer sehr tiefen Ebene, in der eine alles umgreifende Einheit ahnbar wird. Ohne eine solche Ahnung der tieferen Verbundenheit zwischen Menschen, der Durchlässigkeit von Menschen zu Dingen, des Zusammenhangs von Gegensätzen läßt sich eine solche Politik nicht begründen. Sie setzt ein spirituelles Menschenbild voraus. Das muß, das darf die äußere materielle Realität des Menschseins mit all seinen Brüchen und Trennungen nicht leugnen — bietet aber dazu ein Widerlager. Wobei dieses Menschenbild seinerseits Teil des eigenen Werdens und Suchens ist, also nicht fertig bezogen werden kann.

Das hat unmittelbar politische Folgen: Der politische Gegner ist dann nicht mehr nur meine Negation, sondern auch meine Ergänzung. Die Auseinandersetzung braucht deswegen nicht minder scharf zu sein, aber sie hat nicht mehr die gegenseitige Vernichtung zum Ziel, sondern die verwandelnde Erhaltung. Zu den beiden Streitpositionen, die für sich genommen vielleicht unversöhnlich wären, kommt ein Drittes ins Spiel, das — noch unerkannt — bei diesem Gegensatz gemeint ist. Dadurch verliert politische Gegnerschaft ihre Starre und Todesläufigkeit.

Zugleich kann ich auf einer tieferen Ebene als der des vergilbten Meinungsliberalismus akzeptieren, daß meine Zielvorstellungen nicht die einzig möglichen sind. Gerade bei solchen politischen Positionen, die mir besonders unerträglich sind, liegt der Verdacht nahe, sie könnten geheime Bezüge zu unterdrückten Anteilen des eigenen Unbewußten haben, mehr noch: Ich könnte mit diesen unbewußten Anteilen meiner Persönlichkeit die Gegenposition mitproduzieren. Wer zum Beispiel seine ganze Identität aus dem Anti-Raketen-Kampf zieht, muß der nicht unterschwellig um den Fortbestand von Raketen flehen? Wie wirksam kann jemand gegen die Umweltzerstörung eintreten, der zugleich seine eigene innere Natur durch »workoholics«, Nikotin oder Video verseucht? Was kann bei einem »Kampf für den Frieden« herauskommen, dessen Träger nicht zuvor ihre eigenen Gewaltpotentiale erkundet haben? (Analoge Fragen lassen sich sicher auch in Frauengruppen formulieren — das ist Aufgabe der Frauen.)

Eine solche Einsicht in die eigene Gebrochenheit, in die unvermeidliche Einseitigkeit der eigenen Ziele heißt ja nicht, sich minder entschieden für sie einzusetzen — aber doch mit der Einsicht, daß die Entscheidung über Erfolg oder Mißlingen über mich hinausgeht. Paradoxerweise fließt gerade aus einer solchen Demut die Kraft zum Durchhalten und Weitermachen.

Aber auch das Umgekehrte kann geschehen: daß innere Kräfte jenseits äußerer Trennungen auf unplanbare Weise zusammenfließen. Gemeint ist nicht die Zusammenarbeit auf der Ebene äußeren Handelns, durch die sich Kräfte addieren, sondern jenes Zusammenschwingen von unbewußten Antrieben, durch die sie sich potenzieren. Unvermutet werden aus kleinen Ansätzen mitreißende Bewegungen, zum Guten wie zum Schlechten. Eben deswegen, weil es auch zerstörerische Synergie gibt (davon wird gleich noch die Rede sein), wäre es nötig, mit diesen politischen Urgewalten bewußter umzugehen.

Freud nannte die auf Verbindung zielende Kraft »Eros«. In diesem Sinne könnte ein auf solche untergründige Verbindungen setzendes gesellschaftliches Handeln eine »erotische« Politik genannt werden. Das ist nicht nur eine Metapher, denn es geht um dieselben Kräfte: Was ist Liebe anderes als eine solche aus unbewußten Antrieben schöpfende Synergie?

Es gibt inzwischen eine ganze Reihe von Büchern, die unter ganz unterschiedlichen Bezeichnungen so etwas wie eine erotische Politik zu formulieren versuchen [12]. Anstelle naheliegender Beispiele etwa aus dem Umkreis der Ökologie- oder der »New Age«-Bewegung zitiere ich ein Beispiel, das vielleicht gerade dadurch zu Nachdenken anregt, weil es gewohnte Erwartungen sprengt: In seinem Buch *Zärtlichkeit und Kraft. Franz von Assisi, mit den Augen der Armen gesehen* [13] bringt der brasilianische Befreiungstheologe Leonardo Boff in fließender Weise franziskanische Theologie, soziales Engagement und Jung'sche Tiefenpsychologie zu einem Bild dessen zusammen, was politisches Wirken durch Ausstrahlung sein kann. Neben Grundgedanken der Analytischen Psychologie wie der verbindenden Kraft eines kollektiven Unbewußten, der unbewußt-weiblichen Seite im Mann und der Möglichkeit ihrer Integration im Individuationsprozeß zitiert Boff unbefangen auch Freud, Horkheimer, Marcuse und Fromm, übrigens auch Erich Neumann. Die deutsche Sorge um die Reinheit von Denktraditionen macht Boff sich nicht. Und das Ergebnis, die behutsame Aneignung der Gestalt des Heiligen Franziskus für eine verändernde Politik, die mit der materiellen Notlage vieler seiner brasilianischen Landsleute ebenso rechnet wie mit deren emotionalen und spirituellen Begabungen, gibt ihm Recht. Weder kann man Leonardo Boff der Gegenaufklärung zurechnen, noch steht er im Verdacht, politisch und sozial desinteressiert zu sein. Wenn es ihm gelingt, Einsichten von Jung für sein emanzipatorisches Anliegen fruchtbar zu machen und mit Gedanken aus dem Umkreis der »Frankfurter Schule« zu kombinieren, dann haben die alten Denkverbote ausgedient [14].

Das Gegenprinzip zum Eros, die auf Trennung zielende, lebendige Prozesse in Erstarrung überführende Kraft nannte Freud »Thanatos«. Ist es dieses Prinzip, das die gängige Politik regiert? Sieht man all die erstarrten Dingwelten, die diese Politik produziert, liegt der Schluß nahe. Nur durch eine Resubjektivierung der Politik, die gleichsam die Grenzen all dieser Objekte wieder durchlässig macht und »verflüssigt«, können diese Dingwelten schrittweise aufgelöst werden.

Hierin schwingt die alte Idee mit, das Weiche könne das Harte besiegen. Ist das nicht eine Illusion? Rede ich einer Betroffenen-Politik das Wort, die ihre Identität aus der Ohnmacht zieht? Ich will mit einem Vergleich antworten (ich habe ihn von einem Computer-Fachmann):

In der Fachterminologie der Computerwelt nennt man »hardware« die technischen Geräte, »software« die einzuspeisenden Programme. Nun werden die Geräte alle paar Jahre weggeworfen und durch modernere ersetzt, sind also in diesem Sinne keineswegs »hard« — während die Programmsprachen sehr viel zählebiger, also gar nicht so »soft« sind: Zählt die Lebensdauer von Geräten in Jahren, so die von Programmen in Jahrzehnten. Dahinter gibt es aber noch längerfristig wirksame »Programme«: die Ausbildung von Programmierern in den Grundprinzipien der Computerlogik, die sie ihr gesamtes Berufsleben lang begleiten; die mathematisch-naturwissenschaftlichen, technologischen und sozialen Denkwelten, aus denen Computer hervorgehen; schließlich die philosophisch-weltanschaulichen Prämissen und Wertorientierungen, die diese Mathematik, Technologie und Gesellschaft tragen. Deren Gültigkeit rechnet sich in Jahrhunderten, wenn nicht Jahrtausenden. So scheint es eine Regel zu geben: Je subtiler und unstofflicher die Wirksubstanz, desto längerfristig und unausweichlicher die Wirkungen.

Eine solche Abfolge von gröberen zu subtileren Ebenen läßt sich auch für die Politik aufstellen:

> Gewalt
> Macht und Herrschaft
> Institutionen, Sozialstrukturen
> Ideologien
> Diskurse, Assoziationsweisen
> Werte, Einstellungen, Weltanschauungen
> Wünsche, Ängste, Emotionen.

Um diese »software« der Politik geht es: Sie unterliegt zwar in jeder *direkten* Konfrontation mit der »hardware« der Macht — aber langfristig kann sich keine Macht halten, die im Widerspruch zu dieser immateriellen Ebene stünde. Wenn heute Gewalt und Macht die Politik prägen, dann deswegen, weil dies den subjektiven Bereitschaften der Mehrheiten entspricht, Gewalt auszuüben und vergewaltigt zu werden.

Aber können wir uns angesichts der drängenden Probleme und Gefahren eine so langsam wirkende Politik leisten? Es ist richtig: Um Zeit zu gewinnen, wird immer wieder nötig sein, den Kriegsvorbereitern, Umweltvergiftern und Sprachzerstörern in den Arm zu fallen, auch mit den Mitteln der alten, falschen Politik, wohl wissend, daß deren Prinzipien dadurch bekräftigt werden. Insgesamt aber gibt es nichts Dringlicheres als das Wichtige. Auch der Umgang mit der Zeit ist ein Gegenstand politischer Auseinandersetzung, und wer sich unter den Zeittakt des Gegners stellen läßt, hat diesen Kampf vorab verloren. Die Einführung der Demokratie war *auch* die Durchsetzung einer eigenen, langsameren Zeit gegenüber den einsamen Beschlüssen des Absolutismus. Ob »die Zeit reicht«, ist auch eine Frage unserer Erwartungshorizonte. Schon 1974 hat Peter Brückner die »Zeitstruktur des ›Sofort‹« eine »spezifische Schwäche der Protestbewegung« genannt. »Sie hat nicht eingesehen, daß der, der Veränderung sagt, auch Aufschub sagt, daß die Frage der Kontinuität von politischer Arbeit und Existenz — und zwar unter Umständen über viele Jahre hinaus — eine politisch und menschlich erstrangig zu beantwortende Frage ist. Wir haben es inzwischen erfahren, daß eine uns angemessene Veränderung der Gesellschaft für uns eine Lebensperspektive ist — nicht nur ich werde dabei alt werden.«[15]

Aber eine Politik, die mit den Prozessen des Unbewußten rechnet, benötigt nicht einfach *mehr* Zeit. Das wäre zu ärmlich und wenig hoffnungsvoll. Sie benötigt *und schafft* eine andere Zeit. Der chronologische Takt ist gleichsam die hardware der Zeit — die software der Zeit ist nicht starr, sondern folgt der psychischen Entwicklung: Sie kann stagnieren, sich beschleunigen, verdichten, dehnen... Die chronologisch gleichförmige Zeit gehört zur Welt der äußeren Objekte und der politischen »Gegenstände«. Wie diese verliert sie ihre abgespaltene Eigengesetzlichkeit und wird durchlässig zum Subjekt hin, sobald dieses sich in den Prozeß der Selbstverwandlung stellt. Für eine Politik, die mit dem *Werden* rechnet, die selbst Politik-im-Werden ist und getragen wird von Subjekten-im-Werden, gilt eine andere Zeit. Es wird sich zeigen, daß politisches Handeln aus dieser Dimension den Zeitfluß der lebensbedrohenden Selbstläufe weit wirkungsvoller zu hemmen vermag als eine, die deren Denkkategorien von Druck und Gegendruck akzeptiert. Das Sein bestimmt das Bewußtsein — aber das Bewußtwerden bestimmt das Werden.

Daß richtiges Handeln in Selbstwerdung wurzelt, ist keine neue Entdeckung, geschweige denn meine. Es ist eine sehr alte Einsicht, oft formuliert — und ebenso oft verdrängt, eben wegen der Zumutung »Erkenne dich selbst«. In ihr schwingt etwas von einer sophia perennis, deren Grundgedanken bei den großen Philosophen und Religionsstiftern aller Zeiten wiederkehren: bei Lao Tse, in der Baghavad Gita, bei Buddha, Sokrates, Jesus von Nazareth...

Sie alle haben nicht verhindern können, daß Macht und Gewalt weiterhin das gesellschaftliche Geschehen beherrschten. Etwas anderes ist auch heute nicht zu erwarten. Eine auf die Energie der Selbstentfaltung setzende Politik wird auf absehbare Zeit die herrschende gewaltförmige Politik nicht ablösen können, sie wird noch nicht einmal eines der drängenden Probleme aus sich heraus »lösen« können. Was durchsetzbar ist, wird sich innerhalb der Sphäre der Macht und mit deren Mitteln entscheiden. Aber was machtfähig wird, ist nicht losgelöst davon, was auf den vorgelagerten, subtileren Ebenen der Willensbildung die Köpfe und Herzen bewegt. Das Richtige wird nicht dadurch falsch, daß es minderheitlich und machtpolitisch unterlegen ist — das war es schon immer. Wenn Politik nicht vollends zynisch und sinnlos werden soll, bedarf es solcher vorgelebter Wege von Menschen zum Menschen[16].

Begriffe wie Adel, Avantgarde oder Elite tauchen auf — und schrecken. Was immer in ihnen einmal an Berechtigung gesteckt haben mag, ist durch ihre Verquickung mit Herrschaft ins Gegenteil verkehrt. Die stimmige Berechtigung bedarf keines Begriffs und keiner institutionalisierten Ausgrenzung anderer. Es geht — das stimmt — um Menschenführung, aber eben nicht für eigene Zwecke und nur so weit, wie die Erfahrung der Selbst-Führung reicht. Von dieser »Elite« ist niemand durch Geburt oder Status ausgeschlossen, dieser »Adel« des Selbst ist im Gegenteil menschliches Geburtsrecht. Es liegt an den gerade zu ändernden gesellschaftlichen Bedingungen, wenn Individuation heute ein Privileg ist; in sich ist Selbsterfahrung ein demokratisches, ja anarchisches Ziel.

Plädiere ich hier für eine Politik aus der Kraft des Mythos? Ja. Aber war ein solcher Appell an den Mythos nicht eben das Mittel, mit dem in den zwanziger Jahren Leute wie Carl Schmitt die Weimarer Republik zuschanden machten und den Boden für den Hitler-Staat bereiteten? Eben! Damit sich ein Mythos des Staates nicht wiederholen kann, bedarf es eines Mythos des politisch Einzelnen. Eines befreienden Mythos von unten, gegen den überwältigenden Mythos von oben.

Wer von Mythos und Politik spricht, muß in der Tat seine Antwort auf Carl Schmitt überlegt haben. Da heißt es in einer seiner Schriften aus dem Jahr 1923: »Nur im Mythus liegt das Kriterium dafür, ob ein Volk oder eine andere soziale Gruppe eine historische Mission hat und sein historischer Moment gekommen ist. Aus den Tiefen echter Lebensinstinkte, nicht aus einem Räsonnement oder einer Zweckmäßigkeitserwägung, entspringt der große Enthusiasmus, die große moralische Dezision und der große Mythus. In unmittelbarer Intuition schafft eine begeisterte Masse das mythische Bild, das ihre Energie vorwärts treibt und ihr sowohl die Kraft zum Martyrium wie den Mut zu Gewaltanwendung gibt. Nur so wird ein Volk oder eine Klasse zum Motor der Weltgeschichte. Wo das fehlt, läßt sich keine soziale und politische Macht aufrechterhalten, und kein mechanischer Apparat kann einen Damm bilden, wenn ein neuer Strom geschichtlichen Lebens losbricht. Demnach kommt alles darauf an, richtig zu sehen, wo heute diese Fähigkeit zum Mythus und diese vitale Kraft wirklich lebt.«[17]

Schmitt gibt hier durchaus zustimmend Gedanken von Georges Sorel wieder, jenes seltsamen Anarchisten, dessen vitalistische Theorie der umstürzenden Gewalt den sozialrevolutionären Strömungen im Faschismus die Philosophie lieferte. Wenig später zitiert Schmitt ebenso zustimmend Mussolini: »In seiner berühmten Rede vom Oktober 1922 in Neapel, vor dem Marsch auf Rom, sagte Mussolini: ›Wir haben einen Mythus geschaffen, der Mythus ist ein Glaube, ein edler Enthusiasmus, er braucht keine Realität zu sein, er ist ein Antrieb und eine Hoffnung, Glaube und Mut. Unser Mythus ist die Nation, die große Nation, die wir zu einer konkreten Realität machen wollen.‹ In derselben Rede nennt er den Sozialismus eine inferiore Mythologie. Wie damals, im 16. Jahrhundert, hat wieder ein Italiener das Prinzip der politischen Wirklichkeit ausgesprochen.«[18]

Mit der Anspielung des letzten Satzes bekennt Schmitt sich zu Machiavelli, dem großen Theoretiker des Absolutismus. Und nun wendet er Mussolini gegen Sorel, um nachzuweisen, »daß die Energie des Nationalen größer ist als die des Klassenkampfmythus. (...) Im Nationalgefühl sind verschiedene Elemente auf höchst verschiedenartige Weise bei den verschiedenen Völkern wirksam: die mehr naturhaften Vorstellungen von Rasse und Abstammung, ein anscheinend mehr für kelto-romanische Stämme typischer ›terrisme‹; dann Sprache, Tradition, Bewußtsein gemeinsamer Kultur und Bildung, Bewußtsein einer Schicksalsgemeinschaft, eine Empfindlichkeit für das Verschiedensein an sich — alles das bewegt sich heute eher in der Richtung zu nationalen als zu Klassengegensätzen. (...) Die Theorie vom Mythus ist der stärkste Ausdruck dafür, daß der relative Rationalismus des parlamentarischen Denkens seine Evidenz verloren hat. Wenn anarchistische Autoren aus Feindschaft gegen Autorität und Einheit die Bedeutung des Mythischen entdecken, so haben sie doch, ohne es zu wollen, an der Grundlage einer neuen Autorität, eines neuen Gefühls für Ordnung, Disziplin und Hierarchie mitgearbeitet.«[19]

Wie läßt sich gewährleisten, daß eine aus dem Mythos schöpfende Politik heute nicht wieder ungewollt einer neuen »Autorität und Hierarchie« den Weg bereitet? Was hat der Mythos Sorels mit dem von Schmitt gemein, daß seine Inhalte austauschbar werden? Und worin müßte sich folglich ein Mythos »von unten« gegen beide absetzen?

Einfach: Beide setzen auf die den Einzelnen überwältigende Wucht des Kollektivs. Sie erkennen im kollektiven Unbewußten gerade die negative Kraft der Entdifferenzierung und Vermassung. Schmitt nennt es »eine Empfindlichkeit für das Verschiedensein an sich« — er hätte, weniger vornehm, auch von Feindschaft sprechen können, oder direkt von Antisemitismus. Genau hier liegt der Schlüssel, mit dem Schmitt umzukehren ist: in der Empfindlichkeit *für* die Verschiedenheit jedes Einzelnen. Der nationale Mythos Carl Schmitts und der Klassenkampfmythos von Sorel haben gemeinsam, den Einzelnen nicht zu sehen und nicht sehen zu wollen. Der Gegensatz dazu ist der Mythos des Einzelnen: Individuation.

Das kollektive Unbewußte enthält ungeschieden alle Ursprungskräfte des Menschen. Es hängt von seinem Widerpart, dem urteilenden Bewußtsein in jedem Einzelnen ab, in welche Richtung diese Kraft sich wendet. Der Weg zum Faschismus zeigt, welche Fehler im Umgang mit dieser Kraft nicht gemacht werden dürfen: Hingabesüchte, Flucht aus Widerspruch, Komplexität und Verantwortung, Gefühlsseligkeit und Intellektfeindschaft, Gemeinschaft ohne Autonomie... Auf perverse Weise führte der Nationalsozialismus vor Augen, welche Kraft in dieser Tiefenschicht steckt: Er realisierte sie »nach unten« in Richtung auf entmenschlichende Vermassung, Destruktion und Animalität. Verantwortlich gemacht werden kann dafür nicht das kollektive Unbewußte, geschweige denn sein Entdekker Jung, sondern der Gebrauch, der davon gemacht wurde. Es geht darum, dieselbe power heute »nach oben« in Richtung auf differenziertere Menschlichkeit nutzbar zu machen. An diesem Lernprozeß führt kein Weg vorbei; nachdem diese Kraft einmal entdeckt ist, kann sie durch Tabuisierung nicht vergessen gemacht werden. Wie jede Energie ist psychische Energie zunächst gestaltlos und ungerichtet. Bewiesen ist, was zerstörerisch damit bewirkt werden kann; der Umgang damit als Energie der anreichernden Verwandlung muß noch weiter gelernt werden.

Wieder drängt sich die Parallele zur Kernenergie auf: Auch hier ist die zerstörerische Kraft seit Hiroshima bekannt und hängt wie ein Damokles-Schwert über uns, während der friedliche Umgang mit dieser Energie noch nicht gelernt ist. In mehr als einem übertragenen Sinne ist das archetypische Geschehen eine Kern-Kraft. Vielleicht gibt es sogar eine geistige Verbindung zwischen beiden: Kann der Mensch den Umgang mit der Atomenergie lernen, solange er sich nicht der Auseinandersetzung mit der eigenen inneren Kern-Energie stellt? »Das kollektive Unbewußte ist gefährlicher als Dynamit«, sagte Jung einmal [20].

Der Mythos stammt zwar aus der kollektiven Erfahrung, doch nicht aus der Erfahrung von Kollektiven. So darf er auch nicht von Kollektiven, sondern nur je besonders von jedem Einzelnen in voller Verantwortung für sich selbst gelebt werden. Ein »Kollektivmythos« ist so falsch wie: »Gelebt werden«. Daraus kann Machtpolitik, aber keine Emanzipation kommen [21].

So müßte eine Sozialpsychologie des kollektiven Unbewußten immer beim Einzelnen als Subjekt ansetzen und dort erkunden, welche tiefenpsychologischen Bereitschaften sein Verhältnis zur Gesellschaft prägen. Methodisch erlaubt ist noch eine behutsame Verallgemeinerung von wiederkehrenden Beobachtungen; verboten ist die Psychologisierung eines Kollektivsubjekts [22].

Haben wir überhaupt die Wahl? Eine Politik, in die das kollektive Unbewußte *nicht* einfließt, kann es nicht geben, solange Politik von Menschen und nicht bloß von Computern gemacht wird. Die beständigen Angebote zur falschen Angstentlastung, etwa die Asylantenhysterie, die Sicherheitsparolen kommen deswegen an, weil sie auf einem zutiefst unbearbeiteten, negativ verkehrten kollektiven Unbewußten aufsitzen. Wenn in dem biedermännischen parteiendemokratischen Alltag der letzten Jahre schlimmere sozialpsychologische Einbrüche ausblieben, dann nicht, weil es kein kollektives Unbewußtes gäbe, sondern weil die sozioökonomischen Rahmenbedingungen bisher noch genügend Möglichkeiten zur Abwehr und Kompensation boten. Ein geschenkter Moment, rechtzeitig den Umgang mit diesen Kräften in einem schöpferischen Sinne zu lernen!

Aber genau hierin liegt die eigentliche Irritation, die von Jung ausgeht: die Zumutung an den Intellekt, ein Unverfügbares, Außerrationales als Gegenüber anzuerkennen — und zwar nicht nur als Ärgernis und Störfaktor, sondern potentiell als tragende Kraft. Während unser Intellekt diese Zumutung zurückweisen möchte, machen wir gleichzeitig die Erfahrung, daß unsere anderen Lebensenergien einer solchen Rückverbindung zustreben. So konfrontiert Jung uns auch mit unserer eigenen Gespaltenheit. Kein Wunder, daß jeder sucht, diese Spannung loszuwerden, sei es, daß er diese Heimsuchung abwehrt, sei es, daß er sich ihr willenlos in die Arme wirft. Die Aufgabe bestünde aber darin, die Spannung zwischen Ich und Selbst, zwischen Spaltung und Ganzheit auszuhalten. So kann das psychisch Autonome, von dem Jung spricht, angeeignet werden als Ursprung einer Autonomie des Handelns, die trennt und verbindet.

Dr. C. G. Jung und Dr. A. Weizsäcker
Zwiegespräch, wiedergegeben auf Schallplatte in der
Berliner Funkstunde am 26. Juni 1933

Ansager: Berlin! Meine Damen und Herren! In dem nun folgenden Zwiegespräch hören Sie Herrn Dr. Carl Gustav Jung, den bekannten Züricher Psychologen, der der zersetzenden Psychoanalyse Sigmund Freuds seine aufbauende Seelenlehre entgegengestellt hat. Dr. Jung beantwortet einige Fragen, die einer seiner Schüler, Dr. Adolf Weizsäcker, ihm vorlegt. Sie hören die Aufnahme.

Dr. Weizsäcker: Meine verehrten Hörer! Wir haben heute das ganz besondere Vergnügen, den fortgeschrittensten Forscher der modernen Psychologie, Herrn Dr. Carl Gustav Jung aus Zürich, an unserem Sender zu begrüßen. Herr Dr. Jung befindet sich augenblicklich in Berlin zu einigen Seminarvorträgen und hat sich liebenswürdigerweise bereit erklärt, uns Antwort zu geben auf eine Reihe von Fragen, die die gegenwärtigen Zeitprobleme betreffen. Sie werden daraus sehen können, daß es eine Richtung der modernen Psychologie gibt, die von Grund auf aufbauend ist. Wir wissen ja alle, daß die Nur-Psychologie, die Nur-Analyse heutzutage mit Recht verdächtig geworden ist. Wir sind es einfach müde geworden, dieses ständige Nachfragen und Zersetzen in intellektueller Weise, und wir haben nun das große Glück, daß es einen Psychologen gibt, eben Herrn Dr. Jung, der von einem gänzlich anderen Boden aus an die menschliche Seele herantritt als die bekannten anderen Psychologien oder Psychotherapien, namentlich die Freud'sche Psychoanalyse. Herr Dr. Jung stammt aus einem Basler protestantischen Pfarrhaus. Das ist wichtig. Das gibt seiner ganzen Einstellung zum Menschen einen anderen Boden, als er bei Freud und bei Adler möglich gewesen ist. Das Entscheidende bei dieser Psychologie ist, daß Dr. Jung das Unmittelbare unseres Seelenlebens, das Schöpferische, das gerade in unserer deutschen Geistesgeschichte immer die entscheidende Rolle gespielt hat, daß er dies

Unmittelbare, Schöpferische nicht antastet, nicht in Stücke zerreißt und zersetzt, sondern daß er aus einer tiefen Ehrfurcht heraus ihm gegenübersteht und es nicht entwertet, sondern in der praktischen Behandlung von Konflikten oder von Neurosen sich führen läßt von den positiven und aufbauenden Kräften, die im unbewußten Seelenleben jedes Menschen schlummern und geweckt werden können. Seine Psychologie ist also nicht intellektuell, sondern sie geht von der Schau aus; sie will die positiven Kräfte im Menschen fördern und nicht sich nur dabei aufhalten, daß sie das Negative triumphierend aufdeckt, denn daraus kann nichts wirklich Neues kommen im Leben des einzelnen und auch nicht im Leben der Gesamtheit.

Gestatten Sie mir nun, Herr Dr. Jung, Ihnen eine Reihe von Fragen vorzulegen und Sie zu bitten, daß Sie uns darauf eine Antwort geben so, wie es Ihnen als Schweizer, also aus einer gewissen Distanz heraus, und als Psychologe, also aus einer großen Erfahrung über das menschliche Seelenleben heraus möglich ist. Als erstes möchte ich Sie folgendes fragen: Besteht Ihrer psychologischen Erfahrung nach ein entscheidender Unterschied zwischen der Seelenlage des reichsdeutschen Menschen und der des westeuropäischen Menschen, und worin würde dieser Unterschied bestehen? Sehen Sie, die Sache ist doch die, daß wir in unserer augenblicklichen Zeitsituation ringsum umgeben sind von allertiefstem Mißverstehen, und es würde uns nun interessieren, ganz kurz zu hören, worin denn Ihrer Erfahrung nach dieses Mißverstehen begründet ist, ob denn da so große Unterschiede sind zwischen unserer Art und der westeuropäischen, daß dieses Mißverstehen uns verständlich wird.

Professor Jung: Es besteht in der Tat ein gewaltiger Unterschied zwischen der seelischen Haltung des reichsdeutschen Menschen und dem westeuropäischen Menschen. Der Westeuropäer kennt den Nationalismus, aber der Nationalismus erscheint ihm eher als eine Art von Chauvinismus, und er kann nicht verstehen, wieso in Deutschland der Nationalismus zur staatsbildenden Kraft geworden ist, weil er eben unter Nationalismus immer noch seinen Chauvinismus meint. Diese deutsche Eigentümlichkeit kann sich nur erklären durch die Jugendlichkeit des deutschen Volkes. Die Begeisterung für die Neugestaltung der deutschen Volksgemeinschaft ist dem Westeuropäer darum unverständlich, weil bei ihm diese Notwendigkeit eben nicht mehr in solchem Maße besteht, insofern er schon in früheren Jahrhunderten und in anderen Formen zur Einheitlichkeit seines nationalen Wesens gelangt ist.

Dr. Weizsäcker: Ja, nun möchte ich gleich eine zweite Frage anschließen, die uns auch außerordentlich wichtig ist, nämlich die neue Wendung in Deutschland wird doch geführt von der jungen Generation. Wie erklären Sie sich nun die Sicherheit der deutschen Jugend in der Verfolgung ihres geschauten Zieles, und was hat es zu bedeuten, daß demgegenüber die alte Generation sich von einer Art von Problematik nicht ganz frei machen kann, wenn sie auch noch so sehr einfach bejahen möchte, was jetzt geschieht. Welche Wege sind denn nun Ihrer Ansicht nach zu gehen, um diese heillose Kluft zwischen den Generationen, die diese Zerklüftung in unserem deutschen Wesen noch vermehrt, zu überbrücken? Woran liegt die ganze Sache?

Professor Jung: Die Sicherheit der deutschen Jugend in der Verfolgung ihres Zieles erscheint mir als etwas ganz Natürliches. In einer Zeit mächtiger Bewegung und Veränderung kommt selbstverständlich der Jugend die Führung zu, denn sie allein hat den Wagemut und die Unternehmungslust oder Abenteuerlust. Denn es handelt sich ja schließlich um ihre Zukunft. Es ist ihr Wagnis und ihr Experiment. Die ältere Generation steht dabei selbstverständlich mehr im Hintergrund, und sie sollte soviel Lebensweisheit besitzen, daß sie sich mit diesem naturnotwendigen Geschehen abfinden könnte. Auch sie hatte ja mal ihre Zeit. Daß man heutzutage das Vorhandensein einer Kluft zwischen älterer und jüngerer Generation feststellen muß, rührt eben davon her, daß die ältere Generation nicht mit der Zeit ging und darum vom Sturm einer neuen Zeit überrascht wurde, anstatt ihn vorauszusehen. Das ist allerdings keine spezifisch deutsche Sache. Das ist etwas, was man in allen Ländern in gegenwärtiger Zeit beobachten kann. Die ältere Generation hat eine ungeheure Mühe, sich in einer neuen Welt zurechtzufinden. Die politischen Veränderungen gehen ja Hand in Hand mit allen möglichen anderen Veränderungen in der Kunst, in der Philosophie, in unseren religiösen Auffassungen. Überall weht der Wind einer neuen Zeit. Und ich komme sehr viel in Berührung mit Leuten der älteren Generation, die mir gestanden haben, daß sie eigentlich den Sinn der neuen Zeit sehr schlecht nur verstehen und die größte Mühe haben, sich darin zu orientieren. Viele Leute wenden sich sogar direkt an mich, um mich um Rat zu fragen. Denn mit einiger Psychologie kann man diese Dinge schon verstehen. Es wäre auch mit einem gewissen Besitz an psychologischen Kenntnissen möglich gewesen, die Veränderungen vorauszusehen. Aber die ältere Generation hat eben den, ich muß schon sagen, unverzeihlichen Fehler gemacht, den wirklichen Menschen zu übersehen zu Gunsten einer abstrakten Idee vom Menschen. Dieser Irrtum hängt zusammen mit dem falschen Intellektualismus, der eben für das ganze neunzehnte Jahrhundert charakteristisch war.

Dr. Weizsäcker: Ich danke Ihnen, Herr Doktor. Wir haben jetzt etwas gehört über Ihre Einstellung zu den allgemeineren Problemen der Gesamtlage. Ich möchte nun mit einigen Fragen mehr speziell auf Ihre Psychologie eingehen. Wie ist es denn nach Ihrer Ansicht mit der Psychologie überhaupt in der heutigen Zeit? Welche Aufgabe hat sie in einer so aktiven Zeit wie der heutigen?

Professor Jung: Gerade weil wir in einer aktiven und verantwortungsvollen Zeit leben, bedürfen wir einer vermehrten Bewußtheit und Selbstbesinnung. In einer Zeit wie der unsrigen, wo mächtige politische und soziale Bewegungen stattfinden, werde ich, wie ich vorhin schon bemerkte, als Psychologe sogar sehr häufig in Anspruch genommen von Leuten, die Bedürfnis nach seelischer Orientierung empfinden. Dieses Bedürfnis entspricht einem gesunden Instinkte. Wenn eine allgemeine Konfusion herrscht, wie es heutzutage in Europa der Fall ist, eine allgemeine Zersplitterung der Meinungen, dann erhebt sich in uns instinktiv ein Bedürfnis nach einer allgemeinen, ich möchte sagen, Weltanschauung, die es uns erlaubte, alles zusammen zu schauen und dadurch den inneren Sinn der ganzen Bewegung zu erkennen. Wenn es uns nicht gelingt, diese Anschauung zu bekommen, dann kann es leicht geschehen, daß wir sozusagen unbewußt durch das Geschehen mitgerissen werden. Denn Massenbewegungen haben es an sich, durch Massensuggestion den einzelnen zu überwältigen und unbewußt zu machen. Dabei gewinnt die soziale oder politische Bewegung selber nichts, wenn sie scharenweise hypnotisierte Mitläufer hat. Im Gegenteil besteht die Gefahr, daß beim Erwachen aus der Hypnose die entsprechende Enttäuschung eintritt. Es ist darum gerade für Massenbewegungen von höchstem Wert, Anhänger zu besitzen, die nicht aus unbewußtem Zwang, sondern aus bewußter Überzeugung folgen. Diese bewußte Überzeugung kann aber immer nur basiert sein auf einer Weltanschauung.

Dr. Weizsäcker: Und Sie meinen eben, wenn ich Sie recht versteh', daß eine solche Weltanschauung in gewissen Fällen gerade mit Hilfe der Psychologie, mit Hilfe Ihrer Psychologie, am besten zu gewinnen wäre, gleichsam damit der Mensch nach innen zu fest stehen kann, um gerade nach außen erfolgreich und sicher wirken zu können, weil ihm sonst seine unbewußte Regung, seine Laune, und ich weiß nicht was, einfach dazwischen kommen können in sein äußeres Wirken hinein. Sehen Sie, nun ist es ja so, daß überhaupt heute in Deutschland weite Kreise einen Verdacht gegen die Psychologie haben, deswegen, weil sie sich scheinbar eben mit der Selbstentwicklung des sogenannten Individuums beschäftigt, und wittert man dann so diesen berühmten Stubenindividualismus oder Luxusindividualismus einer Zeit, die jetzt wirklich vorbei ist für uns. Und ich möchte Sie nun fragen: Wie lassen sich nun gerade in der heutigen Zeit, wo doch die kollektiven Kräfte des Ganzen führend geworden sind für die Lebensgestaltung, wie lassen sich da die Bemühungen der Psychologie begreifen in ihrer praktischen Rolle, die sie für das Lebensganze und fürs Volksganze zu spielen hätte?

Professor Jung: Die Selbstentwicklung des Individuums ist gerade in unserer Zeit notwendig. Denn wenn der einzelne seiner selbst unbewußt ist, so fehlt auch der kollektiven Bewegung die klare Zielstrebigkeit. Nur durch die Selbstentwicklung des einzelnen, die ich für den vornehmsten Zweck aller psychologischen Bestrebungen ansehe, entsteht der verantwortungsbewußte Träger und Führer der kollektiven Bewegung. Wie Hitler kürzlich gesagt hat, muß der Führer einsam sein können und den Mut zum Alleinvorangehen besitzen. Wenn er aber sich selbst nicht kennt, wie will er andere führen? Deshalb ist der wahre Führer zugleich der, der den Mut zu sich selber hat und nicht nur dem anderen, sondern vor allem sich selber ins Auge blicken darf.

Dr. Weizsäcker: Nun komme ich ganz ins Spezielle. Welcher Unterschied — obwohl ich's im Anfang schon ein klein wenig betont habe — welcher Unterschied besteht zwischen einer aus der Schau gestalteten Psychologie wie der Ihrigen und den anderen bekannten Psychologien, also denen von Freud und Adler, die gänzlich auf intellektueller Basis aufgebaut sind?

Professor Jung: Sehen Sie, es ist eins der schönsten Vorrechte des germanischen Geistes, voraussetzungslos das Ganze der Schöpfung in seiner unerschöpflichen Mannigfaltigkeit auf sich wirken zu lassen. Bei Freud sowohl wie bei Adler wird aber ein einzelner individueller Gesichtspunkt, wie zum Beispiel Sexualität oder Machtstreben, dem Ganzen der Erscheinungswelt kritisch gegenübergestellt. Dadurch wird ein Teil der Erscheinung ausgesondert und in immer kleinere Bruchstücke zersetzt, bis der nur im Ganzen waltende Sinn bis zum

Unsinn und die nur dem Ganzen eigene Schönheit bis zur Lächerlichkeit entstellt ist. Ich konnte mich mit dieser Lebensfeindlichkeit nie befreunden.

Dr. Weizsäcker: Ich bin Ihnen besonders dankbar, Herr Dr. Jung, gerade für diese Antwort. Ich glaube, sie wird auf manchen wie eine Befreiung wirken. Nun zum Schluß, Herr Dr. Jung, noch eine Frage, die uns natürlich heute ganz besonders berührt, nämlich die Frage nach der Idee des Führertums. Läßt sich von Ihrer psychologischen Erfahrung aus etwas sagen zu der Idee des heute in Deutschland anerkannten persönlichen Führertums und des Führeradels, also im Gegensatz zu einer in Wahl und Meinung von der Masse abhängenden Vollzugsregierung, wie sie Westeuropa entwickelt hat?

Dr. Jung: Wir leben heute in einer Zeit der Völkerwanderung, aber sie verläuft innerlich in der Seele des Volkes. Es ist eine Völkerverwandlung. Zeiten der Massenbewegungen sind immer Zeiten des Führertums. Jede Bewegung gipfelt organisch im Führer, welcher durch sein ganzes Wesen Sinn und Ziel der Volksbewegung verkörpert. Er ist eine Inkarnation der Volksseele und ihr Sprachrohr. Er ist die Spitze der Phalanx des bewegten Volksganzen. Die Not des Ganzen ruft immer einen Führer auf, unbekümmert um die jeweilige Staatsform. Nur in Zeiten zielloser Ruhe hebt die ziellose Konversation parlamentarischer Beratungen an, welche immer die Abwesenheit einer tieferen Bewegung oder einer ausgesprochenen Notlage bekundet; selbst die friedfertigste Regierung Europas, der Schweizerische Bundesrat, wird in Zeiten der Not mit außerordentlichen Vollmachten ausgerüstet, Demokratie hin oder her. Es ist auch eine natürliche Tatsache, daß der Führer jeweils an der Spitze einer Führergruppe steht, welche in früheren Jahrhunderten eine feudale Adelsschicht gebildet hat. Adel glaubt naturnotwendig an das Blut und an Rassenausschließlichkeit. Westeuropa versteht die besondere seelische Notlage des jugendlichen deutschen Volkes nicht, da es sich weder historisch noch psychologisch in derselben Situation befindet.

Dr. Weizsäcker: Ich danke Ihnen, Herr Doktor, für die Bereitwilligkeit, mit der Sie geantwortet haben, und für den Inhalt Ihrer Antworten, der sicher für viele unserer Hörer von allergrößtem Gewicht sein wird. Die Sache ist doch so, daß wir heute in einer Phase unserer Neuentwicklung leben, wo alles darauf ankommt, daß das jetzt Errungene und Eroberte innerlich gefestigt und ausgebaut wird bis in die Seele des einzelnen hinein. Und zu diesem Unternehmen brauchen wir, wenn ich meine persönliche Meinung sagen darf, gerade Führer wie Sie, die wirklich etwas wissen von der Seele, von der deutschen Seele, und deren Psychologie kein intellektuelles Gerede ist, sondern ein lebendiges Wissen um den Menschen.

Brief von Arnold Bergstraesser vom 15. März 1933

Dr. Arnold Bergstraesser
Privatdozent der Staatswissenschaften
Heidelberg
Ziegelhäuser Landstr. 69   15. März 1933

Liebes Fräulein Westerkamp,

Ihr Brief, der mich vor wenigen Tagen erreichte, soll sofort eine Antwort bekommen, weil ich es für wichtig halte, daß Sie in Frankreich richtig orientiert sind. Das kann aus den Zeitungen nicht geschehen, und auch ich vermag Ihnen nur meinen Eindruck von der Gesamtentwicklung und meine Stellungnahme zu ihr mitzuteilen.

Es muß der Welt klar sein, daß wir uns in einer nationalen Revolution befinden, zu der durch die Ernennung Hitlers zum Reichskanzler die Möglichkeit geschaffen worden war, die mit den dem Reichstagsbrand folgenden Notverordnungen gegen den Kommunismus ihren Anfang nahm und durch den Ausgang der Wahl vom 5. März ihre plebiszitäre Bestätigung fand. Heute, eine Woche später, würden die 44 % Stimmen, die am 5. abgegeben worden sind, sich nicht unwesentlich vermehrt haben, weil die Regierung ein außergewöhnliches Maß von Energie und einen ausgesprochenen Sinn für die repräsentative Erscheinung des Staates entwickelt, die nicht nur das Mitglied der Verbände, sondern auch den einzelnen Bürger, oder sagen wir in der neuen Ausdrucksweise »Volksgenossen«, in eine unmittelbare Beziehung zum Ganzen des Staates hineinstellt. Gerade darin ist der Nationalsozialismus dem republikanischen System unendlich überlegen, daß er nicht eine vernunftmäßige, sondern eine glaubensvolle Beziehung des Volks zum Staate herstellt, und die außerordentlich starke Wirkung der letzten Rede Adolf Hitlers in Königsberg ist auf ihren religiösen Grundton zurückzuführen.

So sehr ich an die Echtheit des religiösen Gefühls bei Hitler glaube, so sehr weiß ich, daß gemessen an dem Bilde echter Religiosität die Politik als Religiosität, sofern sie Massenbewegung wird, viel Fragwürdiges enthält. Sie erinnern sich, was wir im vergangenen Sommersemester darüber gesagt haben. Aber betrachten Sie die Dinge einmal von einem höheren historischen Aspekt. Was in diesen Tagen in Deutschland geschieht, ist die gewaltsame Trennung vieler Millionen von der Resignation und dem Utilitarismus der Nachkriegsepoche. Sie erfolgt auf revolutionäre Weise, politisch, aber mit einem für politische Revolutionen immerhin erstaunlichen Maß von Disziplin. Was Sie von Feiern, Umzügen, Fahnenhissungen hören, ist der sichtbare Ausdruck eines solchen stoßweisen inneren Umschwungs, der, in seiner reinsten Intention genommen, dem Menschlichen gegenüber dem Materiellen zum Siege verhelfen will. Wie jede Revolution führt auch diese Gewaltsamkeit, Neid und Mißgunst, verletztes Strebertum zu Erfolgen, die dennoch, soviel Wertvolles auch unterwegs zerstört werden mag, vor der Wucht einer solchen Volksbewegung wenig bedeuten. Wenn nicht alle Zeichen trügen, wird das außergewöhnliche Maß dieser negativen Erscheinungen in kurzer Zeit reduziert werden, ja vielleicht im Vergleich mit anderen Verfassungssystemen eine Verminderung erfahren. Vom volkserziehlichen Gesichtspunkt aus ist eine außerordentliche Aufgabe gestellt. Hier finden Sie Glaubensbereitschaft, der große Vorbilder gezeigt werden können, Treue und Kameradschaft, Opferwilligkeit, Aufhebung sozialer Distanzen und Sinn für Erhaltung menschlichen Ranges — aber all dies eben bei notwendiger Verwendung der massenorganisatorischen Großformen der modernen Politik und mit den aus ihnen herrührenden Fehlern in der Durchführung. Es ist ein seltenes Schauspiel der Vereinigung so widerstrebender Kräfte, des reinsten und einfachsten Fühlens mit der raffiniertesten machiavellistischen Taktik, der ich nach den Erfahrungen weniger Wochen Konsequenz und Großartigkeit zubilligen muß. Die Wurzel des seelischen Elementes in dieser Bewegung ist freilich romantisch, sie ist in ihrer reinsten Intention vielleicht zu kennzeichnen durch die Idee des beseelten Staates in den Fragmenten des Novalis. Gegen die zivilisatorische Zerteilung und gesellschaftliche Kühle, gegen die Anonymität der Leitung und die Mechanisierung des Staatswesens erfolgt hier ein Gegenschlag, nicht nur aus Sehnsucht, sondern zweifellos mit gestaltender Kraft, wie es das außerordentlich intensive Leben dieser Bewegung vor allem in ihren militärischen Organisationen beweist. Diese Werte sind unbezweifelbar, und die Ausschreitungen des revolutionären Übergangsstadiums müssen dem gegenüber zunächst als zu überwindende Entwicklungsschwierigkeiten gelten.

Politisch liegen die Dinge folgendermaßen: Die Integration eines starken Staates war in Deutschland unvermeidlich. Sie wurde aus Gründen, die ich im einzelnen hier nicht schildern kann, durch die Versuche Papens und Schleichers nicht erreicht: Die neutrale Staatsspitze, der Reichspräsident, vermochte aus sich selbst und den ihm zur Verfügung stehenden Kräften eine gesamtstaatliche Zusammenfassung, die nur durch höchste Aktivität in einem früheren Zeitpunkt zu schaffen gewesen wäre, nicht zu erreichen. Die Idee, auf diesem Wege zu der notwendigen Einheit zu kommen, die auch ich vertreten habe, ist endgültig am 28. Januar gescheitert. Was vor uns liegt, ist, völlig unabänderlich, die Errichtung eines nationalsozialistischen Staates. Für dessen Schicksal und politische Bedeutung sind drei Fragen und ihre Lösungen entscheidend: die weltpolitische, die gesellschaftspolitische und die kulturpolitische.

Die Stellung dieses Staates zum deutschen Geist bedeutet gleichzeitig die Entscheidung über die Fruchtbarkeit der menschlichen Ansätze in ihm. Ob der Nationalsozialismus die geistigen Kräfte, die seit Jahrzehnten die edelsten Bildungen menschlichen Lebens für das deutsche Volk bereithalten, in dem von ihm beherrschten Staat zur Wirksamkeit kommen lassen wird, ist nicht nur für diesen Geist und die ihm anhängen, sondern für die Zukunft von Staat und Volk entscheidend, das jetzt die Vereinigung von Geist und Politik endlich — wenn auch in intensivster Arbeit — erfahren könnte. Diese Frage ist nicht von heute auf morgen zu entscheiden. Sie wird erst zu beantworten sein, wenn nach der Machtergreifung die Aufgaben ruhigerer Gestaltung darüber entschieden haben, in welchem Maße der Parteimann, in welchem Maße der national gebundene, verantwortlich und frei schaffende Mensch als Redner, Lehrer und Erzieher seinen Platz erhält.

Die Frage der sozialen Gestaltung wird in dem Augenblick akut werden, in dem der Staat und die Idee des Rechtes wiederhergestellt sind. Hier liegt die wichtigste Aufgabe des Nationalsozialismus. Ich halte es für einen Irrtum zu glauben, daß der Arbeiter von einer mittelständlerischen Regierungsschicht nun einfach in Opposition gedrängt würde, wie es Bismarck nach dem Nobilingschen Attentat getan hat. Ich glaube vielmehr, daß der Nationalsozialismus außerordentliche Energien entfalten wird, um die Arbeiterschaft seinem Staat als positiv tragendes Organ einzugliedern. Man wird den Kampf gegen Sozialdemokratie und Kommunismus mit einer positiven Arbeiterpolitik fortsetzen. Das bedeutet eine zunehmende Ausschaltung der antisozialen Tendenzen in der gegenwärtigen Reichsregierung, jedoch bei grundsätzlicher Beibehaltung des privatkapitalistischen Wirtschaftsaufbaus mit einem erheblich zu erweiternden staatswirtschaftlichen Sektor. Ich kann nicht annehmen, daß die nationalsozialistische Politik so kurzsichtig ist, es bei negativer, unterdrückender Gewaltanwendung bewenden zu lassen, statt den Arbeitern durch Taten Schutz und praktische Förderung zu gewähren. Das Wort Sozialismus wird keine Phrase sein, je länger und ausschließlicher diese Bewegung an der Macht ist. Ich kann nicht annehmen, daß die innerpolitische Voraussetzung weltpolitischer Kraft, die in der größtmöglichen Einheit besteht, durch eine arbeiterfeindliche Haltung gefährdet wird.

Nichts ist verständlicher als das weltpolitische Ziel dieser Massen-Volksbewegung. Sie haben auch an einzelnen Menschen erlebt, daß Monate oder Jahre nach einer erlittenen Beleidigung der brennende Zorn darüber ausbricht. Hier ist die Empörung über das Erlebnis von 1918 und 1919 in unmittelbarer Wucht ausgebrochen. Ich habe in jenen Jahren nie verstanden, wie sich Menschen von politischer Einsicht der Täuschung hingeben können, der Begriff der Ehre sei, angewandt auf ein Volk, eine Phrase oder eine romantische Illusion. Die Verletzung der Ehre, die damals erfolgt ist — denken Sie nur an die zahllosen, absichtlich entehrenden Bestimmungen des Friedensvertrages, an den Hohn auf die Idee der Gerechtigkeit, in deren Namen man den Frieden versprochen hatte —, sie macht das Volk heute an sich selbst gut. Es findet wieder zu sich, wenn auch in einer sehr ungestümen und zunächst einfach brutalen Form. Wenn dabei gerade solche Leute sind — und das ist der Fall —, die 1918 resigniert haben, so ist auch das noch als ein Selbstreinigungsprozeß zu bewerten. Sie werden mit Recht antworten, daß der Beweis für alle diese Dinge durch politische Erfolge geliefert werden muß. Diese politischen Erfolge werden nicht ausbleiben, wenn auch im Bereich des Möglichen durch die jeweils gegebene Sachlage beschränkt sein. Wir werden in wenigen Wochen die Reichsreform erleben, um die man jahrelang diskutiert hat. Es ist freilich klar, daß ein solches Land die volle Souveränität anstrebt und seinen Willen zur Umgestaltung Europas mit Nachdruck aufrecht erhält und pflegt. Darin eine chauvinistische Wiederholung des Imperialismus Wilhelms II. zu sehen, halte ich für verkehrt, aber das französische Kontinentalsystem erleidet freilich durch diese deutsche Staatsumwälzung einen weiteren Stoß, und es besteht zudem im Osten eine unmittelbar drohende Gefahr, die der Situation des Februar 1932 ähnlich ist.

Der geistig verantwortliche Mensch ist mit Recht verletzt von der Brutalität und Achtlosigkeit einer Revolution. Er hat den Sinn für alle feineren Werte des Daseins diesem Treiben entgegenzuhalten, aber nicht aus Ablehnung, sondern in Anerkennung der positiven Grundkräfte, die hier wirksam sind, und aus Liebe zu ihnen. Daraus könnte eine produktive Spannung, eine wirkliche Verbindung von Geist und Politik und zugleich ein verantwortungsvoller Dienst der Menschen in Staat und Volk erwachsen, die den kulturellen Werten unserer geistigen Geschichte mit Unbedingtheit verpflichtet sind.

Ich verkenne nicht, daß ein großes Maß von Hoffnung in dieser Deutung der gegenwärtigen Vorgänge enthalten ist. Ich sehe keinen Grund, warum die neue brutale Erscheinungsform in der politischen Wandlung eines Massenzeitalters mir das Vertrauen in die gesunden Grundkräfte der Nation nehmen sollte.

Mit herzlichen Grüßen
Ihr
gez. Arnold Bergstraesser

Anmerkungen

Vorbemerkung zur Zitierweise:

Ich selbst empfinde jene Zitierweise am informativsten und klarsten, die neben dem Verfassernamen zur Kennzeichnung des Einzelwerkes noch dessen Erscheinungsdatum nennt (bei mehreren Werken in einem Jahr durch a, b usw. unterschieden). Es ist außerdem die kürzeste. So bin ich hier verfahren.

Diese Methode ist dann irreführend, wenn die benutzte Ausgabe wesentlich später als die Erstausgabe erschienen ist. Daß Karl Marx' »Kapital« z. B. nicht 1968 erschienen ist, kann sich der Leser noch denken; aber muß er auch im Kopf haben, ob eine Arbeit z. B. von Carl Schmitt vor, während oder nach dem Nationalsozialismus geschrieben ist? Gerade das möchte man aber von dieser Zitierweise erfahren. Ich habe daher, wo immer die benutzte Ausgabe von der Erstausgabe um zwei Jahre oder mehr differierte, die Jahreszahl des ersten Erscheinens nach einem Schrägstrich dazugesetzt. Soweit es sich um Übersetzungen handelt, schien mir die originalsprachliche Ersterscheinung wichtiger für die zeitliche Einordnung des Werks als die erste deutschsprachige Ausgabe. So bedeutet etwa eine Kennzeichnung (1980/1955), daß das Werk aus dem Jahr 1955 stammt und ich aus einer Ausgabe des Jahres 1980 zitiere.

Anders zitiert habe ich die *Gesammelten Werke* von Freud, Jung und Tillich (Freud GW, Jung GW, Tillich GW) sowie die Gesamtausgabe von Bloch (Bloch GA). Dessen Hauptwerk »Das Prinzip Hoffnung« zitiere ich als »Bloch PH« nach der dreibändigen Sonderausgabe bei Suhrkamp, deren Paginierung mit Bd. 5 (2 Halbbände) der Gesamtausgabe übereinstimmt. Weitere Quellen bei Jung, die nicht in seine Gesammelten Werke aufgenommen wurden, sind seine *Erinnerungen* sowie die edierten *Briefe* und *Gespräche*. Die in den Jahren 1976 bis 1981 bei Kindler herausgegebene Enzyklopädie »Die Psychologie des 20. Jahrhunderts« zitiere ich als *Enzyklopädie*.

Kapitel 1
Zugänge

1 Das Zitat stammt von Lorenzer (1984/1981) S. 240. — Das führende Organ der deutschsprachigen Tiefenpsychologie Freud'scher Richtung *Psyche* hat (einer Untersuchung von Pohlen und Wittmann zufolge, die Wurth [1987] S. 25 f zitiert) in 27 Jahrgängen nur sieben Arbeiten veröffentlicht, in denen eine theoretische Klärung des Phantasiebegriffs versucht wird.

2 Brückner (1983/1970-81) S. 64

3 Dan Diner/Jens Huhn/Anke Schulz: Vorbemerkung zu: Parin (1980) S. 9

4 Ausführlich in meinem Text »Politik und Erste Person. Frage nach dem Subjekt in den grün/alternativen Bewegungen«, Evers (1983)

5 Ein neueres Beispiel: Bauriedl (1986); vgl. auch die Arbeiten von Mitscherlich, Brückner, Lorenzer, Richter, Horn und anderen
6 Th. Leithäuser (1986), mit Rückbezug auf Klaus Horn, der seinerseits einen
  Ausdruck von Karl Marx aufgriff
7 Am eindringlichsten: Vogt (1986)
8 Vgl. Frank (1982)
9 Cassirer (1953-54/1923-29)
10 Vgl. z. B. Barthes (1986/1957); Berman (1985/1981); Blumenberg (1979);
  Bohrer (Hrsg.) (1983); Bolz (1986); v. Bormann (1985); Brumlik (1986 b);
  Dätwyler (1985); Duerr (Hrsg.) (1981); Existenzwissen (1983); Frank
  (1982); Glotz/Kunert/SOST (1985); Habermas (1983); Hübner (1985);
  Kumar/Hentschel (Hrsg.) (1985 b); Kolakowski (1984/1972); Kunert
  (1985); Künzli (1987); Lenz (1979); Rückkehr des Imaginären (1981);
  Schlesier (1985); Sloterdijk (1983); Traum der Vernunft (1985) und (1986);
  Zukunft der Vernunft (1985)
11 Es ist kein Zufall, daß Jung sowohl in der feministischen Theologie wie in
  der aus Lateinamerika stammenden »Theologie der Befreiung« rezipiert
  wird: Beide bemühen sich um ein eigenes Verständnis des Christ-Seins, im
  Konflikt mit kirchlichen Autoritäten; vgl. z. B. Boff (1983), siehe auch
  Wehr (1975) und Hummel (1972).

Kapitel 2
Geprägte Form, die lebend sich entwickelt.
Archetyp und Individuation

1 »Zum Einstieg« können u. a. folgende Texte von Jung gelesen werden: Die
  Beziehungen zwischen dem Ich und dem Unbewußten, Jung GW 7, S. 131 ff
  Pattern of Behaviour und Archetypus, in: Jung GW 8, S. 220 ff
  Vom Wesen der Träume, in: Jung GW 8, S. 319 ff
  Über die Archetypen des kollektiven Unbewußten, in: Jung GW 9,
  1. Halbband, S. 11 ff
  Der Gegensatz Freud und Jung, in: Jung GW 4, S. 385 ff;
  mit Einschränkungen: Zugang zum Unbewußten, in: Jung u. a. (1968/
  1964), S. 20-105 (auch in GW 18, 1. Halbband, S. 201 ff, ohne Abbildungen);
  schwieriger, aber zentral: Psychologie und Alchemie, Jung GW 12,
  Abschnitte I: Einleitung in die religionspsychologische Problematik der
  Alchemie, und Abschnitt II: Traumsymbole des Individuationsprozesses.
  Eine subjektive, unter dem Gesichtspunkt der sozialpsychologischen
  Bedeutung Jungs aber nicht ungeschickte Auswahl ist die in: Alt (1986).
2 Eine hervorragende Hinführung zum philosophischen Gehalt des Werks
  von Jung gibt Jaffé (1983/1966). Schulmäßiger und mit stärkerer Betonung
  des psychotherapeutischen Aspekts: Jacobi (1977/1939). Mehrere interessante Beiträge auch in: Die Psychologie des 20. Jahrhunderts (Enzyklopädie) Bd. III, S. 663 ff

3 Jung (Erinnerungen). Auch manche seiner Interviews und Gespräche sind gerade aufgrund ihrer relativ offenen, direkten Form aufschlußreich: vgl. Jung (Gespräche). — Die beste Jung-Biographie ist die von Wehr (1985).

4 Jung GW 15, S. 57

5 Brief Freuds an Jung vom 16.4.1909, abgedruckt in: Jung (Erinnerungen) S. 370

6 Zit. in: Ernst Freud/Lucie Freud/Ilse Grubrich-Simitis (Hrsg.) (1985) S. 176

7 Jones (1978/1960) Bd. II, S. 88 ff

8 Brief von Freud an K. Abraham von 1913, zit. bei Gerhard Maetze: Psychoanalyse in Deutschland, in: Die Psychologie des 20. Jahrhunderts (Enzyklopädie) Bd. II, S. 1149

9 Zit. bei Käthe Dräger, in: H.-M. Lohmann (Hrsg.) (1984a) S. 50

10 Freud GW II/III, S. 487

11 Siehe z. B. E. Neumann: Freud und das Vaterbild (1956)

12 Nicht anders beschrieb Freud seine Methodik: »Wir nennen unbewußt einen psychischen Vorgang, dessen Existenz wir annehmen müssen, etwa weil wir ihn aus seinen Wirkungen erschließen, von dem wir aber nichts wissen.« Freud GW XI, S. 77

13 Jung GW 16, S. 208

14 Freud GW XV, S. 86

15 Jung GW 15, S. 112

16 Jung GW 10, S. 266

17 Jung verwendet das Wort »Dialektik« selten (vielleicht aufgrund seiner erklärten Abneigung gegenüber Hegel?). Er spricht stattdessen von »Komplementarität«, »Kompensation«, »Polarität«, in besonderen Zusammenhängen auch von »Enantiodromie« (Umschlag in das Gegenteil). Seine Darlegung der entstehenden Dynamik macht jedoch deutlich, daß er damit keinen ruhenden Gleichgewichtszustand meint, sondern eben — Dialektik. Ausdrücklich z. B. in GW 12, S. 18, wo er von »der dialektischen Auseinandersetzung zwischen dem Bewußtsein und dem Unbewußten« spricht.

18 Rittmeister (1984/1934-37) S. 147 f

19 Jung GW 7, S. 225. In dieser scheinbaren Paradoxie, daß gerade die Verwirklichung der Individualität die Tür zum Universellen öffnet, liegt auch der Schlüssel dafür, wie umgekehrt aus dem kollektiven Unbewußten der Impuls zur Individuation kommen kann. - Ganz ähnlich beschreibt Erich Fromm (1981/1950, S. 100f) eine religiöse »Haltung des Einsseins nicht nur mit sich selbst, nicht allein mit dem Nächsten, sondern mit allem Leben und darüber hinaus mit dem Universum. Es mag manchem erscheinen, als ob durch diese Haltung die Einmaligkeit und die Individualität des einzelnen geleugnet ... würde. Daß dies nicht zutrifft, macht die paradoxe Eigenart dieser Haltung aus. Sie umfaßt sowohl das deutliche und sogar schmerzliche Gewahrwerden des eigenen Selbst als einer abgetrennten und vereinzelten Größe als auch die Sehnsucht, die Schranken dieses individuellen Daseins zu durchbrechen... Die religiöse Haltung dieser Art bedeutet das vollkommenste Erlebnis der Individualität und zugleich

dessen Gegenteil. Es ist nicht so sehr eine Vermischung beider als eine Polarität.«

20 Z. B. Platons »Eidos«, Aristoteles' »Entelechie«, die Erlösungslehre der Gnosis. Vgl. neuerdings — vom naturwissenschaftlichen Positivismus herkommend! — Sheldrake (1985/1981). Dazu Ernst Bloch: »Die wirkliche Genesis ist nicht am Anfang, sondern am Ende.« PH Bd. 3, S. 1628

21 Jung GW 7, S. 261

22 H.-M. Lohmann (1986, S. 7) nennt die Jung'sche Analyse eine ›freundliche‹ Version im Vergleich zu der ›unbequemen‹ originalen Freud'schen Analyse; ich kann diese Unterscheidung nicht bestätigen. — Alles folgende, was ich in diesem Buch zu sagen versuche, baut auf der Prämisse auf, daß der Lebensprozeß als ein Prozeß schrittweiser Wandlung zur Reife verstehbar ist, daß dieser Wandlungsprozeß in Jungs Begriff der Individuation eine treffende Beschreibung erfahren hat, und daß dieser Begriff mit seiner Bewegungsrichtung hin zu größerer Autonomie eine innere Verwandtschaft zum Begriff der Emanzipation besitzt, zu dessen Ausfüllung nach der subjektiven Seite er Entscheidendes beitragen kann. Gemessen daran ist das, was ich in diesem Kapitel zur Individuation ausführe, sehr knapp; ich behelfe mir damit, auf die umfangreiche Literatur zu verweisen. Eine gute Kurzfassung ist das Kapitel »Individuation« in: Aniela Jaffé: Der Mythus vom Sinn (1983/1966) S. 85-106. Siehe auch: Gerhard Wehr: Der Begriff der Individuation bei Jung, in: Die Psychologie des 20. Jahrhunderts (Enzyklopädie) Bd. III, S. 787ff; Marie-Louise von Franz: Der Individuationsprozeß, in: Jung u. a. (1968/1964) S. 158ff; Jolanda Jacobi: Der Weg der Individuation, Zürich: Rascher, 1965. Eine frühe und als Einführung noch immer grundlegende Formulierung von Jung selber findet sich in seiner Schrift: Die Beziehungen zwischen dem Ich und dem Unbewußten, Zweiter Teil: Die Individuation, Jung GW 7, S. 189ff. Siehe ferner: Traumsymbole des Individuationsprozesses, in: Psychologie und Alchemie, GW 12, S. 59ff; Bewußtsein, Unbewußtes und Individuation, GW 8, S. 291ff; Zur Empirie des Individuationsprozesses, a. a. O., S. 309. Seine Lebenserinnerungen sind auch als die Geschichte seiner Individuation zu lesen. — Vgl. auch Paul Tillich (ohne ausdrücklichen Bezug auf Jung): Mut zum Sein, Abschnitt »Individuation und Partizipation«, Tillich GW XI, S. 70 ff

23 E. Böhler, zit. in: Hermann Glaser: Der sadistische Staat. Sozialpathologische Aspekte der modernen Gesellschaft, Frankfurt/M.: Fischer, 1985 (1967) S. 215

24 Robert Spaemann: Natur. Artikel im: Handbuch philosophischer Grundbegriffe, hrsg. von H. Krings u. a., Bd. 2, München 1973, S. 965

25 Jung (Erinnerungen) S. 170; siehe auch: Der Gegensatz Freud und Jung, in: Jung GW 4, S. 391

26 Jung GW 11, S. 502. Siehe auch Jung GW 12, S. 103-105: »Nicht daß Leben an und für sich geschieht, sondern daß es auch gewußt werde, das ist wirkliches Leben.«

27 Jung GW 6, S. 477

28 Jung GW 7, S.191

29 »Dabei wird m.E. fälschlich das Interesse an den Vorgängen im eigenen
Selbst mit Egozentrismus gleichgesetzt. Denn gerade die Entwicklung
selbstkritischer und selbsterkennender Fähigkeiten muß als unersetzliche
Vorbedingung zur Einfühlung in den anderen und damit als Hauptwaffe
gegen egozentrische Einengungen angesehen werden.« Margarete Mitscherlich, zit. bei Drewermann (1984/85) Bd.1, S.260. Siehe auch Bauriedl
(1986); Schellenbaum (1987), und ders.: Das Nein in der Liebe. Abgrenzung und Hingabe in der erotischen Beziehung, München: Deutscher
Taschenbuch Verlag, 1986 (1984)

30 Günter Bartsch: Kommune oder kommunitäre Gesellschaft? Anmerkungen zu Rudolf Bahros »Kommune wagen«, in: Kommune (Frankfurt/M)
Nr.9, Sept. 1984, S.42

31 Jung (Erinnerungen) S.328

32 Jaffé (1983/1966) S.111

33 A.a.O., S.93

34 Jung (Erinnerungen) S.360

Kapitel 3
Regressio — Progressio. Tiefenpsychologie
und emanzipatorisches Handeln

1 Ernst Federn: Marxismus und Psychoanalyse, in: Die Psychologie des
20. Jahrhunderts (Enzyklopädie) Bd.II, S.1037-1058, S.1045

2 Th. W. Adorno: »Postscriptum« (1966) zu dem Aufsatz: »Zum Verhältnis
der Soziologie und Psychologie« (1955), in: ders. (1970/1955-59) S.55-62,
S.56; aus dem Aufsatz von 1955 (a. a. O. S.7-54, S.23) stammt folgende
Formulierung: »Die Trennung von Soziologie und Psychologie ist unrichtig
und richtig zugleich. Unrichtig, indem sie den Verzicht auf die Erkenntnis
der Totalität giriert [=ausführt, T. E.], die noch die Trennung befiehlt;
richtig insofern, als sie den real vollzogenen Bruch unversöhnlicher regi-
striert als die vorschnelle Vereinigung im Begriff.«

3 Peter Brückner: Marx, Freud (1972), in: ders. (1984/1955-82), S.65-98,
S.95: »Der Kapitalismus ist so wenig wie der Feudalismus aus Triebschick-
salen herzuleiten. Andererseits sind Abwehrmechanismen usw. nicht mit
dem gegenwärtigen Inventar der Klassenanalyse zu interpretieren... Die
wahre Einheit der Humanwissenschaften erwarten wir dereinst — in einer
›klassenlosen Gesellschaft‹ im Marxschen *Verein freier Menschen*.«

4 Helmut Dahmer: Psychoanalyse und historischer Materialismus, in: Loren-
zer/Dahmer/Horn u.a. (1971) S.60-92

5 Freud GW XIII, S.241

6 Freud GW XV, S.197

7 A.a.O., S.86

8 Brückner, a.a.O., S.82, S.92

9 Freud GW XIII, S. 286. Wie sympathisch klingt im Vergleich dazu Freuds Eingeständnis in einem Brief an Ferenczi vom 10.1.1910: »Es scheint mir, daß wir bei der Beeinflussung der Sexualtriebe nichts anderes zu Stande bringen können, als Vertauschung, Verschiebung, nie Verzicht, Abgewöhnung, die Auflösung eines Komplexes (strengstes Geheimnis!).« zit. Jones (1978/1960) Bd. 2, S. 522

10 Freud GW XIII, S. 286

11 Freud GW X, S. 350

12 A. a. O., S. 198

13 A. a. O., S. 194. Mit der ihm eigenen schonungslosen Aufrichtigkeit notiert Freud in einem Brief an Jung vom 2.9.1907: »... so muß ich den Typus ›Zwang‹ für mich in Anspruch nehmen.« Freud/Jung (Briefwechsel) S. 91

14 Zit. bei Jones (1978/1960) Bd. 1, S. 385 Anm.

15 Wohl aber von der Liebe als Mittel der Disziplinierung: »Neben der Lebensnot ist die Liebe die große Erzieherin, und der unfertige Mensch wird durch die Liebe der ihm Nächsten dazu bewogen, auf die Gebote der Not zu achten und sich die Strafen für deren Übertretung zu ersparen.« Freud GWX, S. 366. Demgegenüber ist Fromm (1979, S. 134 f) der Ansicht, daß Freud in seinen allerletzten Lebensjahren »eine radikale Änderung des Standpunktes« gegenüber dem Eros (und der Religion) vollzogen habe, und zitiert dafür Freuds Satz (a. a. O., S. 134) aus dem Jahr 1933: »Die Psychoanalyse braucht sich nicht zu schämen, wenn sie hier von Liebe spricht, denn die Religion sagt dasselbe: Liebe Deinen Nächsten wie Dich selbst.« Freud GW XVI, S. 23

16 Freud GW XIV, S. 336

17 S. Freud: Aus den Anfängen der Psychoanalyse. Briefe an Wilhelm Fließ, Abhandlungen und Notizen aus den Jahren 1887-1902, London 1950, zit. von Herwig (1969) S. 37. Ein heutiger Psychoanalytiker kommentiert: »In Freuds Theorie gibt es keine Versöhnung zwischen Mensch und Natur. Demnach ist die Gewaltsamkeit der Beziehungen zwischen beiden unaufhebbar.« Vogt (1986) S. 165

18 Freud GW X, S. 370

19 Freud GW XIII, S. 266

20 Freud GW VII, S. 162

21 Vogt (1986) S. 128

22 A. a. O., S. 127

23 Helmut Dahmer, a. a. O., S. 84

24 Fromm (1981/1962) S. 81

25 Bloch PH Bd. 1, S. 155, auch S. 61. Daß diese Kritik Blochs an Freud relativiert werden muß, hat insb. Gekle (1986) aufgezeigt; siehe auch Wurth (1987)

26 Gekle (1986) S. 262

27 Brückner, a. a. O., S. 67

28 Lohmann (1986) S. 95. Belege hierfür lassen sich bei jedem der führenden Vertreter der ›Frankfurter Schule‹, natürlich auch bei Wilhelm Reich und vielen anderen finden.

29 Paul Parin (1980) S. 9
30 Gabriel (1986) S. 24
31 A. a. O., S. 37
32 Freud GW X, S. 328
33 Freud GW XV, S. 194
34 Dahmer, a. a. O., S. 70
35 Freud GW XV, S. 171
36 A. a. O., S. 184
37 A. a. O., S. 185
38 Freud GW XIV, S. 328 ff
39 Brückner, a. a. O., S. 80 f
40 Freud selbst hat dieses Prinzip der doppelten Verneinung so umschrieben:
»Ein verdrängter Vorstellungs- und Gedankeninhalt kann ... zum Bewußtsein durchdringen unter der Bedingung, daß er sich *verneinen* läßt. Die
Verneinung ist eine Art, das Verdrängte zur Kenntnis zu nehmen, eigentlich schon eine Aufhebung der Verdrängung, aber freilich keine Annahme
des Verdrängten ... Vermittels des Verneinungssymbols macht sich das
Denken von den Einschränkungen der Verdrängung frei und bereichert sich
um Inhalte, deren es für seine Leistung nicht entbehren kann.« Freud
GW XIV, S. 12 f
41 Brückner, a. a. O., S. 92
42 »Die Wucht dieser Entdeckungen mußte schließlich den Rahmen sprengen,
in dem sie vor sich gingen und in den sie eingeschlossen waren. Die Befreiung der Vergangenheit endet nicht in der Versöhnung mit der Gegenwart.
Entgegen der selbstauferlegten Gehemmtheit des Entdeckers strebt die
Orientierung an der Vergangenheit nach einer Orientierung an der
Zukunft. Die recherche du temps perdu wird zum Vehikel künftiger Befreiung.« Herbert Marcuse (1982/1955) S. 25
43 Lorenzer (1984/1981) S. 14 (Hervorhebung T. E.).
44 In seiner Streitschrift »Soziale Amnesie« gegen Tendenzen gesellschaftlicher
Anpassung unter den Nachfolgern Freuds ist Russell Jacoby (1980/1975)
hinter verbotenen Bejahungen her wie Saulus hinter Christen. Man könnte
diesen Kritizismus, der sich auf alles, nur nicht auf sich selbst wendet, auf
sich beruhen lassen, wenn dabei nicht absichtswidrig ein defensives, auf
Emanzipation im Vorhinein verzichtendes Menschenbild suggeriert würde;
vgl. folgende leider ernstgemeinte Subjekt-Karikatur des Psychoanalytikers
Gabriel (1986) S. 31: »Verschwört sich auch die ganze Welt gegen das Individuum (...) wird das Individuum [doch], solange es kann, fortfahren mit
der Jagd nach donquijotischen Abenteuern zur Befriedigung körperlicher
Lust und wird nicht aufhören, der gewaltigen Übermacht trotzend, sich an
sämtliche verfügbaren Illusionen zu klammern.«
45 Dahmer, a. a. O., S. 70 f (Quelle der Innenzitate s. d.)
46 Lorenzer, a. a. O., S. 89: »Das Neugeborene begegnet den anderen Menschen bereits als ein profiliertes soziales Wesen.«
47 Untertitel einer früheren Schrift von Thea Bauriedl: »Beziehungsanalyse«,
Frankfurt/M. 1980

48 Bauriedl, zit. von Hildegard Baumgart in ihrer Rezension von »Die Wiederkehr des Verdrängten«, in: Die Zeit 3.10.1986
49 Bauriedl (1986) S.47
50 Hildegard Baumgart, a.a.O.
51 Die Betrachtung von drei weiteren Theorieansätzen aus dem Umkreis des Paradigmas Marx/Freud habe ich aus dem Text herausgenommen, weil sie im Ergebnis m.E. bei der Suche nach dem subjektiven Teil einer Theorie emanzipatorischen Handelns unbeschadet ihrer sonstigen Verdienste nicht weiter, sondern kürzer greifen als die Kritische Theorie des Subjekts. In Gestalt einer Fußnote seien die wichtigsten Gedanken dazu dennoch kurz referiert:

a) Die von *Klaus Holzkamp* begründete »Kritische Psychologie« faßt zwar Subjektivität gut-utopisch als Entwicklungsbegriff. Aber die Entwicklung dieses Subjekts ist nach allzu kurzer Strecke schon erfüllt, dann nämlich, wenn es im kollektiven Subjekt aufgeht. »Individuelle Subjekte sind ... ein Teilaspekt gesellschaftlicher Subjekte. Die Individuen bilden stets in dem Maße ›Subjektivität‹ heraus, wie sie an gesellschaftlicher Subjektivität teilhaben (...) Der individuelle Mensch kann über seine eigenen Lebensbedingungen, da diese immer individuell relevante gesellschaftliche Lebensbedingungen sind, nur verfügen, indem er an der kollektiven Verfügung über gesellschaftliche Lebensbedingungen durch gegenständliche Weltveränderung teilhat.« Klaus Holzkamp (1979 b) S.11 f. Das aber wird für alle praktischen Zwecke kurzerhand gleichgesetzt mit einem politischen Engagement auf seiten der richtigen Partei: »Es handelt sich bei den Eltern hier durchweg um Psychologen, Lehrer o.ä., die mehr oder weniger *politisch aktiv* sind. So kann man u.a. davon ausgehen, daß die Eltern selbst die Notwendigkeit und Möglichkeit ihrer eigenen *Subjektentwicklung* sehen.« (a.a.O., S.25; Hervorhebung T.E.). Selbstschöpferische Subjektivität hat damit nur zum Schein Eingang gefunden in die Theorie, nämlich zum Zwecke ihrer alsbaldigen Auflösung in kollektive Subjekte. So teilt die »Kritische Psychologie« mit der Freud'schen Psychoanalyse, für deren materialistische Entgegensetzung sie sich hält, das mechanistische Weltbild, das darin verwurzelte Mißtrauen gegenüber dem nicht zu greifenden menschlichen A-Rationalen und den Versuch, dieses unter ein gesellschaftliches »Realitätsprinzip« zu zwingen. Der Satz von Freud: »Man darf die Forderungen der eigenen Bedürfnisse nicht unrechtmäßig erfüllen, sondern muß sie unerfüllt lassen, weil nur der Fortbestand so vieler unerfüllter Forderungen die Macht entwickeln kann, die gesellschaftliche Ordnung abzuändern« (Freud GW VI, S.121), könnte als Motto über der Kritischen Psychologie stehen.

Sollte ich mit dieser Sicht den neueren Arbeiten von Klaus Holzkamp und seiner Schule Unrecht tun, so täte mir das leid (würde mich andererseits wiederum freuen). Nach kursorischer Durchsicht seiner voluminösen »Grundlegung der Psychologie« (Frankfurt-M/New York: Campus, 1983) scheint mir jedoch eher der Standpunkt noch radikalisiert, das Individuum nur als Teilmenge des Kollektivs zuzulassen. Bis in die Sprache hinein

(»Nichtreduzierbarkeit der Funktionsaspekte von Handlungen auf die operative Ebene der individuell-antizipatorischen Aktivitätsregulation«, S. 279) wirkt der ganze Ansatz wie getrieben von einer Panik, der Einzelne könne auch individuell für sein Handeln Verantwortung tragen. Kein Wunder, daß eine solche Grundlegung der Psychologie ohne jedes Freud-Zitat auskommt. — Unbenommen seien die Verdienste der Kritischen Psychologie bei der Kritik der landläufigen individualistischen Psychologie; deren Einäugigkeit gegenüber gesellschaftlichen Bedingungen tritt natürlich aus der Optik der umgekehrten Einäugigkeit besonders scharf hervor.

b) Noch unmittelbar aus der Frankfurter Schule der Nachkriegszeit hervorgegangen, dann aber ganz verschieden weiterentwickelt sind die beiden Versuche von Oskar Negt einerseits, Jürgen Habermas andererseits, eine Theorie emanzipatorischen Handelns nicht als bezogenes Nebeneinander von zwei Theoriegebäuden, sondern vereinheitlichend als Interaktionstheorie zu entwickeln. Negt priorisiert dabei den Aspekt der Interaktion zwischen Subjekt- und Objektwelt (Arbeit), Habermas den zwischen Subjekten (Kommunikation).

Negt kann mit seiner Grundkategorie unmittelbar bei Marx ansetzen und hofft daher, durch eine Ausformulierung des Begriffs der »lebendigen Arbeit« die gesamte Theorie menschlicher Subjektivität dem Marxschen System bruchlos als dessen Erweiterung angliedern zu können. Hätte zu Marx' Zeiten das Werk von Freud bereits vorgelegen — so Negts These —, dann hätte Marx es wie die philosophische und ökonomische Lehre seiner Zeit materialistisch »auf die Füße gestellt« und seinem System einverleibt. So aber ist »unerfüllt das Programm der Subjekt-Konstitution«, Negt (1984) S. 116; siehe auch ders. und A. Kluge (1981). Mit anderen Worten: Im ursprünglichen Marxismus war der Potenz nach *alles* enthalten. Das hieße, den Marxismus für die vereinheitlichende Wissenschaft vom Menschen schlechthin zu halten. Was dazu zu sagen wäre, steht in dem oben (Anm. 3) wiedergegebenen Zitat von Brückner aus dem Jahr 1972: Diese vereinheitlichte Wissenschaft wird es erst im utopischen Ziel der Geschichte, dem Marxschen Verein freier Menschen, geben. Negt sagt selbst: »Der ganze Mensch ist nicht Ausgangspunkt, sondern Ziel der Emanzipation« (a.a.O., S. 122) — also auch die ganzheitliche Theorie des Menschen. Damit sei die Fruchtbarkeit seines Versuchs, den Marxismus durch einen Rückbezug auf lebendige Arbeit zu verlebendigen, nicht bestritten. Man kann den Begriff der Arbeit jedoch noch so fein ausrollen — alle Dimensionen des Psychischen kann er nicht umfassen.

c) *Habermas* entstammt zwar biographisch der Frankfurter Schule, steht aber mit seiner eigenen, aus Erkenntnistheorie, Sprachphilosophie, Handlungstheorie, Systemtheorie usw. synthetisierten »Theorie des kommunikativen Handelns« heute eher in der Tradition von Max Weber. Durch eine bis in äußerste differenzierte Beobachtung des Tableaus menschlicher Kommunikationsakte glaubt Habermas Verfahrensregeln entwickeln zu können, die aus eigener Logik zur Rationalität tendieren. Irrationalität entlarve sich dann im Prozeß der herrschaftsfreien Verständigung von selbst, die kommunikative Alltagspraxis treibe aus sich heraus die Emanzipation voran. Emanzipation ist also kein Ziel mehr an sich, sondern Produkt einer Vernunft, die einerseits zum normativen Mittelpunkt gemacht, andererseits aber bar aller Inhalte als rein formal-prozedurale Diskursethik definiert wird. Da zudem das Maß an Konsens zum einzigen Wahrheitskriterium erhoben, seinerseits aber an die kontrafaktische Annahme einer herrschaftsfreien Sprechsituation geknüpft wird, ist dafür gesorgt, daß zirkulär die Vorbedingungen des Gesprächs zu dessen einzigem und unerschöpflichem Thema werden. Dem entspricht eine Gesellschaftskritik, die nicht an den gesellschaftlichen Strukturen selbst, sondern erst an den Diskursen darüber anzusetzen vermag. Micha Brumlik hat das Theorieprogramm von Habermas einleuchtend so interpretiert, daß hier aus einem Nachkriegs-Impuls des »Weg-vom-Faschismus« die Bedingungen für eine liberale Demokratie in Westdeutschland gedacht würden. Aus diesem legitimen politischen Interesse heraus unternehme Habermas »den Versuch, Kategorien, die in der Tat für die politische Lebensform der Moderne, die Demokratie unabdingbar sind, nämlich Öffentlichkeit und Konsens, in einen Bereich zu transponieren, in dem sie zumindest keinen angestammten Platz haben, in den Bereich der Philosophie, des Denkens, des radikalen Infragestellens alles Vorgegebenen.« (M. Brumlik: Habermas und die kulturkritische Linke, in: links Nr. 175, November 1984, S. 31-34)

Anstelle einer realen Demokratisierung der Gesellschaft vermag Habermas' Theorie also nur eine unendliche Ausdifferenzierung der Geschäftsordnung ihrer parlamentarischen Ebenen in Aussicht zu stellen. Im Rahmen einer solchen ins Philosophische transponierten Demokratietheorie ist letztlich kein Ort für individuelle Subjektivität. »Was als Triumph subjektiver Rationalität erscheint, die Unterwerfung alles Seienden unter den logischen Formalismus, wird mit der gehorsamen Unterordnung der Vernunft unters unmittelbar Vorfindliche erkauft.« (Horkheimer/Adorno: Dialektik der Aufklärung, S. 27)

Tiefenspychologische Erkenntnisse haben in Habermas' Denken, von einer kurzen und ebenfalls mehr sprachtheoretischen Lektüre von Freud abgesehen (in: Erkenntnis und Interesse, Frankfurt/M: Suhrkamp, 1966), keine bleibende Spur hinterlassen. In seinem Bemühen, doch noch Behagen in der modernen Kultur herzustellen, schneidet er »das Inkommensurable weg« (Horkheimer/Adorno, a.a.O., S. 15) und behält von Freud nur die Zuversicht, das Unbewußte könne »durch die Kraft der Reflexion bezwungen werden« (Habermas, zit. Dahmer, a.a.O., S. 83). Wieviel Angst vor dem Unbewußten spricht aus einem philosophischen Entwurf, der keine Brechung am A-Rationalen in sich aufzunehmen bereit ist!

Habermas räumt ein, bei ihm bleibe »etwas Unversöhntes zur Natur« (zit. bei Detlef Horster: Habermas zur Einführung, Hamburg: Junius, 1982, S. 92); richtiger wäre wohl zu sagen, daß er Natur nicht kennt (vgl. Wilfried Maier: Stimmen ohne Körper. Mensch und Natur in Habermas' Theorie des kommunikativen Handelns, in: Kommune [Frankfurt/M] Nr. 3, März 1987, S. 41-56). Mir scheint demgegenüber die Suche nach

Möglichkeiten von »Versöhnung« mit Natur dringlich, weil es nichts anders als die eigene unversöhnte Natur ist, was heute das Projekt der Aufklärung und die Möglichkeit mitmenschlicher Existenz bedroht — nachzulesen in der »Dialektik der Aufklärung«.

Ich gestehe, daß mir Habermas' Projekt — bei allen wichtigen Einsichten im einzelnen, die ich ihm verdanke — im Ansatz unverständlich bleibt. Ich begreife nicht, wie man die Kritik von Horkheimer und Adorno an einer sich als fortschreitende Naturbemächtigung verstehenden Rationalität in der Weise verarbeiten kann, daß man diese Rationalität noch überbieten zu sollen glaubt. Ich sehe umgekehrt das höchste Gebot der Rationalität darin, zu einem »vernünftigen«, nämlichen bewußten und verantwortlichen Umgang mit den eigenen Wünschen, Gefühlen und Phantasien zu kommen. Habermas will die Tür zum Unbewußten fester verriegeln; ich halte das für den sicheren Weg zum nächsten Ausbruch menschlicher Irrationalität und möchte die Türe daher *bewußt öffnen*, um das A-Rationale im Menschen tatsächlich menschlich werden zu lassen. — Kein Wunder, daß Habermas (1983) auf Distanz geht zu einer Schrift, in der die unbequeme Mahnung steht, daß die »Prohibition seit je dem giftigeren Produkt Eingang verschaffte« (Horkheimer/Adorno, S. 2). Vgl. auch Hesse (1984) S. 142

52 Früh und genau hat Rittmeister (1984/1934-37) gesehen, daß in Jungs Lehre ein dialektisches Prinzip enthalten ist — und daß viele Fragwürdigkeiten dieser Lehre gerade daraus fließen, daß Jung selbst dies so wenig auf den Begriff zu bringen vermochte. »Er gab der Libidoidee einen viel weiteren Rahmen und verwob, über den langweilig statischen Ambivalenzbegriff Freuds hinausgehend, in die Libido den dynamischen Gedanken der Enantiodromie, der Entwicklung in Gegensätzen hinein, ohne allerdings je das Wort ›Dialektik‹ anzuwenden« (S. 147). Die Archetypen seien zu begreifen als »Anschauungsbilder von Prozessen, die Selbstbewegung kraft ihnen innewohnender Gegensätze meinen« (S. 149).

53 Jung GW 7, S. 133

54 Freud GW XVII, S. 130

55 Gabriel (1986) S. 28

56 Siehe die insofern durchaus berechtigte Kritik von Brumlik (1986 a)

57 Das wird an manchen Aspekten und Episoden seiner Biographie deutlich, z. B. in der »Affäre Spielrein«, die Carotenuto (1986) dokumentiert. Die patriarchalen Züge in seinem Werk hat Weiler (1985) herausgearbeitet; ihre Kritik wird uns in Kapitel 4 noch beschäftigen. Vorweggenommen sei: Es gibt bei Jung *auch* gegenläufige Ansätze in Richtung auf eine Kritik des Patriarchats.

58 Wie Fromm das Freud'sche Frauenbild apostrophiert, in (1980/1970) S. 203

59 Bauriedl (1986) S. 47

60 So der Titel des Buchs von Wilber (1986/1979)

61 Jung (Briefe) Bd. 3, S. 206

62 Freud GW Bd. XIII, S. 252 f

63 So der Nachweis von Flickinger (1985)

64 Freud GW XV, S.193 f
65 Gekle (1986) S.206
66 Die Literatur dazu ist unübersehbar — so als gehöre es zur Ausbildung jedes Tiefenpsychologen, auch das Trauma der Ahnväter analysiert zu haben. Aus Freud'scher Sicht siehe z. B. K. R. Eissler: Psychologische Aspekte des Briefwechsels zwischen Freud und Jung, in: Jahrbuch für Psychoanalyse, Beiheft 7, Stuttgart-Cannstatt: Frommann-Holzboog, 1982. Der beste mir bekannte Beitrag aus Jungianischer Sicht stammt von Blomeyer (1982), insb. die Aufsätze »Freud und Jung: Prophetenstreit« (S.11 ff) und »Der Gottmensch-Komplex bei Freud und seine Darstellung bei Jones« (S.31 ff)
67 Freud GW XIII, S.56 f
68 Gabriel (1986) S.35
69 Freud GW XV, S.101
70 Freud GW II/III, S.554
71 Freud GW VII, S.222
72 Freud GW XII, S.126 Anm. 1
73 Freud GW XIII, S.228, 218
74 Freud GW II/III, S.554
75 Freud GW XII, S.259
76 Freud GW XIII, S.285
77 Lorenzer (1984/1981) S.132
78 Freud GW XII, S.251
79 Marcuse (1982/1955) S.75
80 A. a. O., S.148
81 Vogt (1986) S.159, in einem Kommentar zu einer Untersuchung von M. Pohlen und L. Wittmann: ›Die Unterwelt bewegen‹. Versuch über Wahrnehmung und Phantasie in der Psychoanalyse, Frankfurt/M: Syndikat, 1980, die diesem progressiven Aspekt des Unbewußten gewidmet ist. Siehe auch Wurth (1987), Gekle (1986) und andere
82 Bauriedl (1986) S.96
83 Vogt (1986) S.43. Siehe auch Gunzelin Schmid Noerr: Mythologie des Imaginären oder imaginäre Mythologie? Zur Geschichte und Kritik der psychoanalytischen Mythendeutung, in: Psyche Nr. 7, 1982, S.577-608. Eine solche Umorientierung löst freilich bei Analytikern Freud'scher Tradition Verwirrung und Ängste aus. »Sind wir am Ende des Freudschen Weges bei einem mythischen, vorwissenschaftlichen Weltbild angelangt?« fragt Lohmann (1986, S.95) besorgt; nicht doch: »Die mythologisierende Sprache der Psychoanalyse, ihre Anlehnung an zeitlose Erzählungen und Bilder entspricht am ehesten der aufklärerischen Absicht Freuds, das Dunkle und Zeitlose unbewußter Vorgänge zur Darstellung zu bringen«, Freud gehorche nur »einem Zwang, der mit dem Gegenstand der Psychoanalyse, dem Unbewußten, zu tun hat« (a. a. O., S.96 f). Das läuft auf die Sentenz hinaus: »Wie alle Positivisten damals sah Freud in der Mythologie nichts anderes als ein heuristisches Mittel« (Joachim Ph. Kerz: Ideologiekritik oder Naturwissenschaft von der Seele, in: FAZ, 9. 4. 1986). In ähnliche

Widersprüche verstrickt sich Lorenzer in seiner Streitschrift gegen die Bilderstürmerei des 2. Vatikanums, wenn er für »die ›innere Transzendenz‹ des Menschen, die Verankerung seines Erlebens, Denkens und Handelns im ›Jenseits vom Rationalen‹ (und) in den religiösen Mythen« eintritt, im selben Atemzug diese Mythen aber zum bloßen gesellschaftlichen Produkt erklärt, das historisch-materialistisch zu kritisieren sei (1984/1981, S.11). Seine Auseinandersetzung ziele letzten Endes ab »auf die Aufhebung von atheistischer Phantasielosigkeit und theistischem Mythenkonkretismus« (a.a.O., S.12). Also weder Aufklärung noch Mythos, sondern wohlfahrtsstaatliche Sinnlichkeitsversorgung? — Gelassen spricht Thomas Mann in seiner Rede zum 80. Geburtstag Freuds aus: »Im Leben der Menschheit stellt das Mythische zwar eine frühe und primitive Stufe dar, im Leben des einzelnen aber eine späte und reife. Was damit gewonnen wird, ist der Blick für die höhere Wahrheit, die sich im Wirklichen darstellt, das lächelnde Wissen vom Ewigen, immer Seienden, Gültigen, vom Schema, in dem und nach dem das vermeintlich ganz Individuelle lebt, nicht ahnend in dem naiven Dünkel seiner Erst- und Einmaligkeit, wie sehr sein Leben Formel und Wiederholung, ein Wandel in tief ausgetretenen Spuren ist.« (Th. Mann: Freud und die Zukunft (1936), in: S. Freud: Abriß der Psychoanalyse — Das Unbehagen in der Kultur, Frankfurt/M: Fischer, 1953. Mit einer Rede von Th. Mann als Nachwort, S.193 ff

84 Vogt (1986) S.159, Hervorhebung T.E.

85 Manfred Pohlen: Psychoanalyse als Mantik, in: Lohmann (Hrsg.) (1984 b)

86 Herbert Stein: Die Regeln der Psychoanalyse und das regelnde Selbst (1986) — der es fertig bringt, bei diesem Thema Jung nicht zu zitieren.

87 A.a.O., S.314

88 A.a.O., S.313

89 Waltraut Albrecht-Gasparovic: Der politische Mensch im analytischen Prozeß. Berlin: Institut für Psychotherapie, hektogr. Papier zur Jahrestagung für Analytische Psychologie, März 1984, S.3. Siehe auch Erlenmeyer (1984)

90 Unter den 62 Diplomarbeiten an diesem Institut aus den fünf Jahren von 1981 bis 1985 ist allerdings nur eine einzige mit einem deutlich politischen Bezug (Wagner 1986), siehe die Liste in: Analytische Psychologie Nr. 3, September 1986, S.221-224

91 Jung GW 12, S.546 f. Ausführlich wird der Gedanke auch bei Progoff (1973/1953) entwickelt

92 Jung GW 9, 1. Halbband, S.23. Derselbe auch: »Wenn die Reformatoren je begriffen hätten, was die heilige Messe bedeutet und wofür der Ritus im allgemeinen steht, hätten sie sie bestimmt nicht aufgegeben.« (Briefe) Bd. 1, S.477, Brief vom 5.10.1945. Siehe auch Progoff (1973/1953) S.250: »Fundamentally, Jung's diagnosis of the modern man is that he is suffering from a starvation of symbols. Projections and images have been withdrawn from life, and as a result the world has ceased to seem alive.«

93 Jung GW 12, S.547, und viele andere Stellen, z.B. (Briefe) Bd. 3, S.133: »Innerhalb des politisch-sozialen Gebietes ist es die Rolle des Einzelnen, welche mir besonders am Herzen liegt. So unwahrscheinlich dies auch klin-

gen mag: Es ist nur der Einzelne, welcher der heute drohenden Vermassung der Völker entgegenzuwirken berufen ist. In diesem sehr ungleich erscheinenden Kampf steht das Individuum keineswegs auf verlorenem Posten, wenn es ihm gelingt, mit der alten christlichen Forderung ernst zu machen, den Balken im eigenen Auge zu erkennen und sich nicht über den Splitter im Auge des anderen zu ärgern.«

94 Jung (Gespräche) S. 37 f
95 Gekle (1986) S. 186. Weitere Beispiele: Herwig (1969, S. 50) sagt über Jung, Marx' Vokabular sei ihm nicht unbekannt gewesen. Tatsächlich erwähnt Jung in seinem riesigen Werk Marx nur zweimal — als Pseudoheiligen. Gelesen hat er ihn nie. Offenbar genügt es, Gegner von Marx und von Jung zu sein, um beide zusammenschieben zu dürfen. — Rexilius und Grubitzsch veröffentlichen in ihrem Nachschlagewerk »Psychologische Grundbegriffe« zum Stichwort »Analytische Psychologie« einen Artikel von Ewald Englert, der in seiner Mischung von Kenntnislosigkeit und Aggressivität am besten als Studentenulk zu verstehen ist (Hamburg: Rowohlt, 1981 S. 38-44). — Auch Frank (1982, S. 33) benutzt Jung als Witzfigur: »Derselbe Jung«, schreibt er, »riet wenig später dem Führer des Deutschen Reiches, Wotaneichen pflanzen zu lassen ... aber der Führer fand diese Idee zum Schießen, und so blieb den Neo-Germanen die Rückkehr zum Wotankult vorenthalten. — Es ist schwer, keine Satire zu schreiben« — das hat Frank aber bereits getan, denn dergleichen läßt sich aus Jungs Aufsatz »Wotan« (1936) nicht heraus-, noch nicht einmal hineinlesen (dazu siehe unten Kapitel 5). — Beispiele für die erwähnten abfälligen Nebensätze: »... ohne dem ersatzreligiösen Irrationalismus eines kollektiven Unbewußten à la C. G. Jung zu verfallen« (Lorenzer 1984/1981, S. 11); »vgl. auch Jungs Verherrlichung des nationalsozialistischen Antisemitismus« (Bauriedl 1986, S. 245, Anm. 27); »ein Mythologe wie C. G. Jung, der zu den Quellen ursprünglicher Weisheit und Heimeligkeit zurück wollte« (Lohmann 1986, S. 12). Damit ist Jung jeweils erledigt — weitere Begründungen oder Erwägungen fehlen.
96 Nitzschke (1985)
97 Vogt (1986) S. 147

Kapitel 4
Bannen durch Benennen. Kritik und Weiterentwicklung der
Analytischen Psychologie

1 So hat der religiöse Sozialist Paul Tillich Erkenntnisse der Jung'schen Psychologie in sein politisches Denken aufgenommen; von ihm wird unten im Kapitel 6 noch ausführlich zu sprechen sein. — Der englische Kulturhistoriker Arnold Toynbee hat seine zwölfbändige, insgesamt eher konservativ gestimmte Interpretation der Weltgeschichte stark auf Jungs Lehre

vom kollektiven Unbewußten gestützt. – Der Schriftsteller Arthur Koestler, dessen Werk von der Auseinandersetzung mit dem Stalinismus geprägt ist, ließ C. G. Jung ein Nachwort zu seinem Buch: Von Heiligen und Automaten (Bern/Stuttgart/Wien: Scherz, 1961) schreiben.

2 Marks (1983) S. 227

3 Bekanntere Namen sind z. B. die von Franz Alt oder Luise Rinser. Siehe auch die Arbeiten von Marks und von Wagner sowie die oben erwähnten gesellschaftlich Interessierten unter den jüngeren Analytikern Jung'scher Richtung.

4 Balmer (1972) S. 119

5 Herwig (1969) S. 79

6 Freud GW X, S. 105

7 Balmer (1972) hat sich S. 55 f (Fußnote 13) die Mühe gemacht, eine Liste Jung'scher Stilblüten zusammenzustellen.

8 Insofern ganz zutreffend Herwig (1969) S. 16 ff

9 Wyss (1970/1961) S. 405

10 Habermas (1968) S. 300

11 Freud GW XIII, S. 215

12 Aus der umfangreichen Literatur zum Selbstverständnis der Psychoanalyse siehe z. B. Stavros Mentzos: Psychoanalyse – Hermeneutik oder Erfahrungswissenschaft? in: Psyche 1973, S. 832-849; Carl Lesche: Die Notwendigkeit einer hermeneutischen Psychoanalyse, in: Psyche Nr. 1, 1986, S. 49-68

13 Balmer (1972) S. 88 (Quellen der Jung-Zitate s. d.)

14 Jung GW 8, S. 445

15 Insofern wäre Balmers Kritik, Jungs Werk sei Dichtung (s. o. Anm. 4), durchaus auch positiv zu wenden. – Siehe auch die Bemerkung von A. Mitscherlich, die diesem Buch als eines der Motti vorangestellt ist. Das Zitat lautet im Zusammenhang: »Jungs analytische Psychologie ist der Essenz nach so etwas wie eine ›Weisheitslehre‹ und keine Wissenschaft – was ausdrücklich nicht als Vorwurf gedacht ist; im Gegenteil, sie ist eine der spärlichen Alternativen zu einem Positivismus, der in der Welt längst die Qualitäten eines Einparteiensystems übernommen hat. Nur: Freuds Libido ist das nicht mehr«. Mitscherlich (1974) S. 406. Bliebe anzumerken: Die scharfe Entgegensetzung von Wissenschaft und Weisheit gibt es nur auf dem Boden des Positivismus, dem Mitscherlich also im selben Satz huldigt und widerspricht. Und: selbst positivistisch enthält Jungs Analytische Psychologie auch Wissenschaft (z. B. als Phänomenologie der Symbolik des Unbewußten, als Psychiatrie, als geistesgeschichtliche Erforschung der Symbolik der Alchemie usw.). Jung selbst hat sich zu diesem schwierigen Grenzgang öfters (nicht immer glücklich) geäußert, siehe z. B. Jung GW 18, 2. Halbband, S. 833 f

16 Freud GW XVI, S. 32

17 Rittmeister (1968/1937) S. 938, 944

18 »Mein Werk ist ein mehr oder minder gelungenes Bemühen, diese heiße Materie in die Weltanschauung meiner Zeit einzubauen.« Jung (Erinnerun-

gen) S. 203. Noch im Alter, als längst weltberühmter Psychologe, verfolgte ihn die Kränkung, nicht genügend akademische Anerkennung gefunden zu haben; vgl. seinen Brief vom 4. 2. 1943 an Arnold Künzli, Briefe, Bd. 1, S. 406 f

19 Zu recht kritisiert Fromm den Wahrheitsbegriff von Jung als wissenschaftlich unhaltbar, in (1981/1950) S. 22 f. Eine mögliche Auflösung findet sich vielleicht entlang dem Gedanken von Blomeyer (1982) S. 266: »Als ›wahr‹ kann *intra*psychisch zunächst *alles* erscheinen, was als vorhanden wahrgenommen wird. Erst das diakritische Urteil entscheidet über richtig und falsch. Es setzt sich aber keineswegs immer durch, sondern erscheint stellenweise wirkungslos.«

20 Erstes Zitat Jung GW 7, S. 128; zweites Zitat Jung GW 9, 2. Halbband, S. 42 f. — Im gleichen Sinne schreibt der Freudianer Bernd Nitzschke (1985): »Die psychoanalytischen Begriffe an sich wären Schecks vergleichbar, denen man nicht ohne weiteres ansieht, ob das emotionale Konto, auf das sie sich beziehen, gedeckt ist oder nicht — ob der, der sie verwendet, die emotionale Erfahrung, auf die sich die Begriffe ... beziehen, kennt oder nicht.«

21 Z. B. durch naturwissenschaftliche Analogien: »Wo immer meine Methode wirklich angewendet wird, bestätigen sich meine Tatsachenangaben. Man konnte schon zu Zeiten Galileis die Jupitermonde sehen, wenn man sich die Mühe machte, dessen Fernrohr zu benützen.« Jung GW 9, 2. Halbband, S. 43

22 Erstes Zitat: Jung GW 8, S. 432; zweites Zitat: Jung GW 4, S. 388. Diese Einstellung wird auch durchgängig in seinen Erinnerungen deutlich.

23 Jung (Erinnerungen) S. 10

24 Neumann (1956) S. 802

25 Nitzschke, a. a. O.

26 Jung (Erinnerungen) S. 14 f

27 Blomeyer (1982) stellt die These auf, daß die Freundschaft mit Freud nur deswegen möglich war, weil sie in einen Lebensabschnitt Jungs fiel, der von dessen weltzugewandter ›Persönlichkeit Nr. 1‹ geprägt war — und daß sie zerbrechen mußte, als die introversive ›Persönlichkeit Nr. 2‹ wieder ihr Recht forderte.

28 Jung (Erinnerungen) S. 180

29 A. a. O., S. 203

30 A. a. O., S. 182

31 A. a. O., S. 181

32 Die Deutung des Jung'schen Werks als ein Bannen durch Benennen stammt von Balmer (1972).

33 Jung (Erinnerungen) S. 192

34 A. a. O., S. 196, 192

35 Jung GW 7, S. 105

36 Jung (Erinnerungen) S. 198

37 Jung GW 11, S. 2

38 So schrieb Freud im Jahr 1897 an Wilhelm Fließ: »Ein einziger Gedanke von allgemeinem Wert ist mir aufgegangen. Ich habe die Verliebtheit in die

Mutter und die Eifersucht gegen den Vater auch bei mir gefunden und halte sie jetzt für ein allgemeines Ereignis früher Kindheit. (…) Wenn das so ist, so versteht man die packende Macht des Königs Ödipus trotz aller Einwendungen, die der Verstand gegen die Fatumsvoraussetzung erhebt. (…) Die griechische Sage greift einen Zwang auf, den jeder anerkennt, weil er dessen Existenz in sich verspürt hat.« S. Freud: Aus den Anfängen der Psychoanalyse. Briefe an Wilhelm Fließ, Abhandlungen und Notizen aus den Jahren 1887-1902, London: Imago Publishing Co., 1950, S. 238

39 So trifft Goethes Ironie im »Faust«, die Jung GW 10, S. 170, treffend gegen Freud zitiert, auch ihn selber:
»Ihr seid noch immer da! nein, das ist unerhört.
Verschwindet doch! Wir haben ja aufgeklärt! —
Das Teufelspack, es fragt nach keiner Regel.
Wir sind so klug, und dennoch spukt's in Tegel.«

40 Jung GW 4, S. 389

41 Jung GW 7, S. 239

42 Jung GW 11, S. 660

43 Jung GW 11, S. 2

44 Jung GW 7, S. 261

45 Jung GW 6, S. 41 f

46 Jung GW 9, 1. Halbband, S. 130

47 In einem Interview aus dem Jahr 1952 schildert Jung, wie glücklich er über die Nachricht vom Kriegsausbruch 1914 gewesen sei, weil sie ihm die Erklärung für eine Reihe von beängstigenden Träumen gab, die er auf sich selbst bezogen hatte. »Nun wußte ich, daß keine Schizophrenie im Hintergrund auf mich lauerte. Ich erkannte, daß meine Träume und Visionen aus dem Untergrund des kollektiven Unbewußten stammten. Was ich nun tun mußte, war, diese Entdeckung zu vertiefen und auf ihre Gültigkeit hin zu überprüfen. Und das ist es, was mich seit vierzig Jahren beschäftigt.« (Gespräche) S. 85. Der Erste Weltkrieg als beruhigende Bestätigung, sich ganz der Innenwelt zu widmen…

48 Jung GW 10, S. 172 f

49 Jung GW 10, S. 265

50 Jung (Erinnerungen) S. 4 f

51 Jung GW 6, S. 438

52 Rittmeister (1968/1937) S. 945, 943 (Hervorhebung im Original) — Hans Dieckmann, der das Manuskript dieses Buches gelesen hat und dem ich für Kritik und Ermutigung dankbar bin, schreibt mir in einem Brief vom 9. 6. 1987:
»Es geht um die Beziehung [Jungs, T. E.] zum Du und zur Welt draußen. Irgendwo erscheint mir das doch sehr viel komplizierter, als es den Urteilen entspricht, die Sie über den introvertierten Jung fällen, und es bedürfte einer umfangreicheren Diskussion. (…) Die Beziehung zum Du und zum Wir und zu dem Dazwischen ist einfach anders beim Introvertierten als beim Extravertierten. Der erstere ist sicher, wie Sie ganz richtig beschreiben, stärker auf seine eigenen Introjekte bezogen und weniger angewiesen

auf die Realität des anderen. Das schließt aber keineswegs eine Beziehung aus. Sie ist bloß einfach anders. (...) Wenn man den ganzen Briefwechsel Jungs liest, so erscheint es dem Extravertierten, als ob er ununterbrochen immer nur von sich und von seinen eigenen Ideen redet und eigentlich kaum Bezug auf den anderen nimmt und sei es auch nur mit einer einfachen Frage, wie es dem gerade geht, was er darüber denkt und wie er darüber fühlt. Das Problem dabei ist, daß der Extravertierte immer darauf angewiesen ist, den anderen darüber zu befragen, während der Introvertierte das Bild des anderen so in sich aufgenommen hat, daß er das weiß. Er hat ja seine Introjekte, auf Grund derer er dieses Wissen bezieht, wobei er sich natürlich irren kann; aber man muß bedenken, daß der Extravertierte sich genauso oft irrt.

Auch der Introvertierte braucht aber nicht nur seine eigenen Introjekte und kann mit diesen zufrieden sein und in ihnen verharren, wie es nach der Lektüre Ihres Buches erscheinen mag, sondern genauso wie der Extravertierte braucht auch er den anderen draußen. Auch Jung hat ihn gebraucht. Er ist z. B. nie ohne seine Anima draußen ausgekommen, sei es in der Affäre Spielrein, sei es in seiner Beziehung zu Toni Wolff. Gerade weil der Einfluß des anderen draußen oft so stark und überwältigend auf ihn ist, versucht er mit allen Kräften, ihn zu relativieren und sich der Bemächtigung durch den Rückzug auf die Introjekte zu entziehen. Wie stark der Einfluß eines derartigen Introvertierten dann auf die anderen ist, das beschreiben Sie ja selbst in Ihrem letzten Kapitel. (...)

Ich schreibe dies aber nicht, damit Sie die Kapitel in dieser Beziehung abändern sollen, sondern weil Sie mich um meine Meinung gebeten haben und weil ich der Ansicht bin, daß das einen guten Anlaß zur Diskussion und zu einem weiteren Nachdenken geben könnte.«

In diesem Sinne gebe ich Dieckmanns Reflexionen an den Leser weiter.

53 Jung (Briefe) Bd.1, S.279f
54 Jung (Gespräche) S.26
55 Jung GW 7, S.268f (Den Hinweis auf diese interessante Auslassung im späteren Text verdanke ich Marks.) — Wörtlich befolgt hat diesen vitalistischen Rat Otto Gross (1877-1920); seine ungewöhnliche Lebensgeschichte hat versuchsweise Hurwitz (1979) aufgezeichnet.
56 Jung (Briefe) Bd.1, S.388f
57 Jung GW 10, S.254
58 Jung (Briefe) Bd.1, S.170
59 Marks (1983) S.259ff, S.273ff
60 Jung GW 14, 2. Halbband, S.117
61 Jung GW 9, 2. Halbband, S.182
62 Jung (Briefe) Bd.1, S.211
63 Rittmeister, a.a.O., S.951
64 Trüb (1962/1951) S.24
65 A.a.O. — Der ›persona‹-Begriff ist in dem Zitat m.E. verkürzt gesehen, aber doch in einer seiner möglichen Funktionen.
66 Rittmeister a.a.O., S.942, 944

67 Trüb, a. a. O., S. 40

68 Martin Buber: Vorwort, in: Trüb, a. a. O., S. 13

69 Ebda. — Andererseits bezeichnet Buber an anderer Stelle Jung unumwunden als »den führenden Psycholog unserer Tage«, Buber (1962/1952) S. 561

70 Antwort auf Martin Buber, Jung GW 11, S. 660. — Zu dem Disput zwischen Buber und Jung siehe auch Erlenwein (1987)

71 Jung (Erinnerungen) S. 357-359

72 A. a. O., S. 362

73 A. a. O., S. 356

74 Jung GW 11, S. 394

75 Zit. von Rittmeister, a. a. O., S. 942

76 Jung (Erinnerungen) S. 170

77 Jung GW 10, S. 191

78 Herwig (1969) S. 108; siehe auch Brumlik (1986 a)

79 Jung GW 8, S. 256

80 Jung GW 8, S. 240

81 Jung (Erinnerungen) S. 341

82 Jung GW 8, S. 444

83 Jaffé (1983/1966) S. 161

84 Jung GW 10, S. 257. — In einem anderen Text aus demselben Jahr 1945 notiert sich Jung (GW 8, S. 338): »Die Erfahrung hat mir gezeigt, daß sich bei einiger Kenntnis der Traumpsychologie leicht eine Überschätzung des Unbewußten einstellt, welche die bewußte Entschlußkraft beeinträchtigt. Das Unbewußte funktioniert aber nur befriedigend, wenn das Bewußtsein seine Aufgaben bis zum Rande der Möglichkeiten erfüllt. (...) Wäre das Unbewußte dem Bewußtsein tatsächlich überlegen, so wäre schlechterdings nicht einzusehen, worin denn schließlich der Nutzen des Bewußtseins bestände.« In der Tat! Immerhin gibt es schon aus dem Jahr 1928 eine Äußerung von Jung, wonach im Verhältnis des Bewußtseins zu den unbewußten Inhalten »der Idealfall das kritische Verständnis« sei, Jung GW 7, S. 179

85 Jung GW 9, 2. Halbband, S. 253

86 Jung GW 11, S. 502

87 Trüb, a. a. O., S. 29

88 Rittmeister (1984/1934-37) S. 153, und ders. (1968/1937) S. 949

89 Jung (Briefe) Bd. 1, S. 389

90 Siehe oben Anm. 55

91 Rittmeister (1968/1937) S. 945 f

92 Rittmeister, Tagebucheintrag 1942/43, zit. bei Hermanns (1984/1982) S. 137

93 Jung GW 7, S. 86

94 Freilich vermag Jung in diesen zeitgeschichtlichen Prägungen nur gleichsam einen wertlosen archäologischen Abraum zu sehen, den es abzutragen gelte: »Man muß nur von der Umweltbedingtheit der Traumsprache absehen (!) und beispielsweise statt Aeroplan Adler, statt Auto und Lokomotive Ungetüme, statt Injektion Schlangenbiß usw. setzen, um zu der allgemeineren und fundamentaleren mythologischen Sprache zu gelangen.« Jung GW 11, S. 315

95 Fromm (1980/1970); Marcuse (1982/1955)

96 Erlenmeyer (1984) S. 274-276. Siehe auch Dieckmann (1984) und (1985).
Daß solche Entdeckungen auch unter Freudianern keineswegs altbekannt
sind, zeigt der Aufsatz von Sammy Speier »Der ges(ch)ichtslose Psychoanalytiker — die ges(ch)ichtslose Psychoanalyse«, in: Psyche Heft 6, 1987,
S. 481-491: »Allmählich wurde mir bewußt, daß hinter meiner Angst und
der der Kollegen und Patienten, den Psychoanalytiker, die Psychoanalyse
zu befragen, nicht die Angst steht, die Tür zum Elternschlafzimmer zu
öffnen, ... sondern die Tür zu den Gaskammern.« (S. 485)

97 Insoweit zutreffend Drewermann (1984/85) Bd. 1, S. 254: »Der Prozeß der
Selbstfindung bildet in tiefenpsychologischer Sicht das geheime Thema so
gut wie aller archetypischen Erzählungen; wollte man hingegen methodisch, statt vom Einzelnen, gleich von der Selbstverwirklichung bestimmter Gruppen sprechen, so würde man unter dem Druck des Kollektiven
den Prozeß der Selbstfindung gerade verhindern.« Was Drewermann —
wie die meisten in Jungs System Denkenden — nicht sieht, ist, daß es
einen gleichzeitigen, dialektisch »entgegenkommenden« und ebenso legitimen Prozeß *gesellschaftlichen* Handelns geben kann und muß, der nicht
unmittelbar die Selbstverwirklichung des Einzelnen, sondern eben gesellschaftliche Emanzipation zum Ziel hat. Und keiner der beiden Prozesse
kann ohne den anderen weit kommen, vgl. Evers (1983).

98 Lepenies/Nolte 1971, passim

99 Dies., insb. S. 20

100 In seiner Rede zur Verleihung des Friedenspreises des Deutschen Buch-
handels im Oktober 1969, zit. in Lepenies/Nolte, a. a. O., S. 52 f

101 Lepenies/Nolte, a. a. O., S. 26 f

102 Vgl. Evers (1983)

103 Blomeyer (1982) S. 254

104 Trüb (1962/1951) S. 26, S. 15 (Hervorhebung im Original)

105 Rittmeister (1968/1937) S. 950. — Den Willen zum gesellschaftlichen
Engagement als Medium der Selbstwerdung vermißt Rittmeister nicht nur
bei Jung, sondern auch bei Freud. Er blieb deswegen mit seinem politischen Engagement letztlich gegenüber beiden ein Heimatloser. Seine Entscheidung für Freud war auch eine Entscheidung für den damals *eher*
möglichen Brückenschlag und ist auch vor dem Hintergrund seiner
Empörung über Jungs pro-nationalsozialistische Äußerungen zu sehen.
Dennoch: »Die innere Auseinandersetzung Rittmeisters mit Jung hat noch
bis in die letzten Wochen in seiner Berliner Gefängniszelle angedauert.«
Hermanns (1984/1982) S. 141

106 Insofern hat der Ansatz von Marks (1983), auf den weiter unten in diesem
Kapitel kritisch eingegangen wird, seine Berechtigung. — Zwei Beispiele:
Während ich dieses Buch abschließe, grassiert unter den Kindern im Alter
meines Sohns (5) die Monster-Seuche: Kaum etwas nimmt ihre Phantasie
so gefangen wie die unglaublich häßlichen Plastikfiguren der Serie
»Masters of the Universe«, die nichts anderes als Personifikationen archetypischer Mächte (verschnitten mit Science Fiction und »Stars War«-Mili-

tarismus) darstellen. In der Ausdeutung, die diese Figuren in den dazu lieferbaren Heftchen und Kassetten erhalten, wird dieser archetypische Charakter so eindeutig hervorgehoben und zugespitzt, daß alles andere als bewußte psychologische Planung der Hersteller ausscheidet. — Zu den Kassenmagneten des Fantasy-Genres gehörte Anfang der achtziger Jahre auch der Film »Dune — Der Wüsten-Planet«. In verballhorntem Individuations-Pathos wird darin der Heldenweg eines jungen Eleven zum Erlöser-Kaiser geschildert, in Auseinandersetzung mit bösen Hexen- und Schwulen-Mächten. Seine letzten Heldentat, die rituelle Zähmung der Erd- und Vitalkräfte in Gestalt gigantischer Erdwürmer, findet seine kosmische Beglaubigung durch die Wiederkehr des seit unvordenklichen Zeiten ausbleibenden Regens. Unbefangen hineinvermengt in dieses Archetypengebräu ist eine Freud'sche Sexualsymbolik: Der wiederkehrende Regen ist auch ein Zeugungsakt planetarischen Ausmaßes, die Erdwürmer sind äußerlich Phalli, inwendig eine vagina dentata, usw.

107 Gegenüber Lorenzers früheren Arbeiten, in denen der Symbolbegriff stark aufs Sprachliche bezogen war (z.B. Lorenzer [1970], und ders.: Symbol, Interaktion und Praxis, in: Lorenzer/Dahmer/Horn u.a. [1971] S.9ff), erweitert er in seinen neueren Arbeiten diese »diskursive Symbolik« um die »präsentative Symbolik« (dabei S.K. Langer folgend). »Es versteht sich, daß unser Symbolbegriff weit über das traditionelle psychoanalytische Symbolverständnis hinausweist, dieses jedoch einbezieht. Symbole sind nicht nur die rätselhaften Bilder des Traumes oder der Phantasien, ... Symbole sind uns alle, in Laut, Schrift, Bild oder anderer Form zugänglichen *Objektivationen menschlicher Praxis*, die als *Bedeutungsträger* fungieren« (1984/1981, S.23). Dazu zählen auch Mythen und Rituale. »Was in Ritual und Mythos ausgedrückt wird, sind nicht einzelne Lebenserfahrungen, sondern sind die ›Lebenssymbole‹ selbst. Anders formuliert, es sind die zentralen Problembereiche des Leib-Seele-Verhältnisses, der Auseinandersetzung mit dem anderen Menschen in der Liebe und mit dem ›anderen‹ in Macht und Tod« (a.a.O., S.33). Wo immer die Gegensätze zwischen Lorenzer und Jung liegen mögen, im Symbolbegriff kann ich sie jedenfalls danach nicht finden. Bestehen sie in der Vorstellung kollektiver psychischer Anlagen bei Jung? Auch für Lorenzer gehört es zum Wesen von Mythen und Ritualen, daß sie »nicht individuell lebensgeschichtlich isoliert, sondern › *kollektiv* verbindlich‹« wirken, als Ausdruck »der stärksten Verdichtung von Individualität und Kollektivität in der ›Tiefe des Gemüts‹« (a.a.O., S.34f, Hervorhebungen im Original). Das ist fern von Freud, aber nahe bei Jung. Freilich weiß Jung nichts darüber, daß Symbole auch einen Bezug zur gesellschaftlichen Macht haben; also sollte man solches Wissen an sein Werk herantragen, wie man es mit Freuds Werk auch tat.

108 Rezension Michael Wetzel zu A. Lorenzer (1984), in: Phantasmen der Macht (1985) S.259

109 Rudolf Blomeyer, mündlicher Beitrag bei einer Diskussionsveranstaltung im Berliner Institut für Psychotherapie, 1986

110 »Es sollte jedenfalls klar sein, daß die ›Sprache des Unbewußten‹ oder die ›Bildersprache der Seele‹ ... Ausdruck aller Bereiche des Psychischen unter Einschluß verschiedener Anteile des Unbewußten und des Bewußten (ist)«. So der Jung'sche Analytiker Blomeyer (1982) S.266

111 Vgl. z. B. Dieckmann/Jung (1977); Blomeyer (1982); Erlenmeyer (1984) mit dem Hinweis auf die von H. und U. Dieckmann geleitete, über mehrere Jahre zusammenarbeitende Seminargruppe Ökologie; Schellenbaum 1987. Bei den auch von Jungianern getragenen Lindauer Psychotherapie-Wochen wurde wiederholt auch über die Friedensthematik gesprochen. Der Welt-Kongreß der Jungianer 1986 in Berlin wählte sich als Rahmenthema die Ost-West-Spaltung der Welt — die freilich von der überwiegenden Zahl der Vortragenden wiederum rein symbolisch begriffen wurde.

112 Gerhard Adler: Zum 75. Geburtstag von Erich Neumann, in: Kreativität des Unbewußten (1980) S.7-14, S.13

113 H.J. Wilke: Vorwort, in: a.a.O., S.5

114 Zu diesen Künstler-Studien vgl. auch Aniela Jaffé: Die Einheitswirklichkeit und das Schöpferische, in: a.a.O., S.140-148. — Eine vollständige Liste der Schriften Erich Neumanns findet sich a.a.O., S.215f; siehe auch Heinz Prokop: Erich Neumann in Israel, in: Die Psychologie des 20. Jahrhunderts (Enzyklopädie) Bd.III, S.841-852

115 Vgl. das Kapitel »Die Zentroversion in den Lebensaltern« in: E. Neumann (1980/1949) S.315ff

116 Abgedruckt in: Kreativität des Unbewußten (1980) S.19ff

117 A.a.O., S.20

118 Neumann (1985/1956) S.309

119 Vgl. die oben (Kap. 2, Anm. 24) zitierte Formulierung von Spaemann, der Mensch sei von Natur auf Überschreitung der Natur angelegt. — Die Alchemisten brachten dieselbe anthropologische Einsicht auf die Formel eines »opus contra naturam« — darin ganz Vorläufer der Aufklärung, selbst noch in ihre heutige Naturbeherrschung hinein. — Schon 1913 notiert Jung als Desiderat der Forschung eine »Phylogenie des Geistes, der ... durch mannigfaltige Wandlungen endlich seine heutige Form erreicht hat« Jung GW 4, S.254. Und auch er kommt auf diese Idee anläßlich einer Arbeit über die geistige Entwicklung eines Kindes.

120 Wenn Neumann von der »geschichtlichen« Seite der Archetypen spricht, dann meint er das stets evolutionsgeschichtlich, nicht in einem soziologischen Sinne. Ebenso übrigens auch der Sprachgebrauch bei Jung, z.B. Jung GW 5, S.16: »Die Psychologie kann des Beitrags der Geisteswissenschaften nicht entraten, vor allem nicht derjenigen der Geschichte des menschlichen Geistes. Es ist sozusagen die Geschichte in erster Linie, die es uns heutzutage ermöglicht, die uferlose Fülle des empirischen Materials in geordnete Zusammenhänge zu bringen und die funktionelle Bedeutung der kollektiven Inhalte des Unbewußten zu erkennen. (...) Die Geschichte lehrt uns dagegen immer wieder, daß entgegen der vernünftigen Erwartung sogenannte irrationale Faktoren in allen seelischen Wandlungsprozessen die größte, ja die ausschlaggebende Rolle spielen.« Ist Jung mit dem

letzten Satz von der Gattungsgeschichte in die Gesellschaftsgeschichte, gar in eine Krankheits- oder Lebensgeschichte hinübergeglitten? Der undifferenzierte Gebrauch im gleichen Atemzug legt die Vermutung nahe, daß ihm der Unterschied zwischen diesen Arten von Geschichte wenig bewußt war.

121 Vgl. Evers (1986 a), 1. Teil: Von C. G. Jung zu Erich Neumann

122 Zu G. R. Heyer siehe Nina Kindler: G. R. Heyer in Deutschland, in: Psychologie des 20. Jahrhunderts (Enzyklopädie) Bd. III, S. 820-840

123 Blomeyer (1982) S. 267 nennt folgende Zahlen: »Die Internationale Gesellschaft für Analytische Psychologie hatte 1958 150 Mitglieder. 20 Jahre später, 1978, waren es mehr als viermal so viel: 650, im September 1980 schon 787. Die Deutsche Gesellschaft für Analytische Psychologie wurde Anfang 1961 mit 19 Mitgliedern gegründet. Im Oktober 1979 waren es 169 (…) und es kamen noch einmal 136 Ausbildungskandidaten dazu. (Die deutsche Dachgesellschaft für Analytiker verschiedener Schulrichtungen zählte 1979 rund 800 Mitglieder und an 20 Ausbildungsinstituten rund 1400 Ausbildungskandidaten.)«

124 Dieckmann/Jung (1977)

125 Siehe den Abschnitt »Kindertherapie« in: Dieckmann/Jung (1977) S. 898 ff; Hans Dieckmann: Einige Aspekte zur Individuation der ersten Lebenshälfte, in: Analytische Psychologie Jg. 7, 1976, S. 259-274; Blomeyer (1982) S. 206 ff; alle genannten mit Verweisen auf Michael Fordham, der seit den vierziger Jahren mit einer Reihe von Publikationen (Liste bei Dieckmann/Jung [1977] S. 909) die Fruchtbarkeit der Analytischen Psychologie für Probleme der ersten Lebenshälfte nachgewiesen hat; Erich Neumann: Das Kind. Zürich: Rhein-Verlag, 1963 (nachgelassenes Fragment); siehe auch Dieckmanns Studien über das Lieblingsmärchen in der Kindheit (mehrere Nachweise in Dieckmann/Jung [1977] S. 909)

126 Marie-Louise von Franz: Der Individuationsprozeß, in: Jung u. a. (1968/1964) S. 223 f

127 Dies., Vorwort zu Odajnyk (1975) S. 12

128 Rittmeister (1968/1937) S. 952. In ähnlichem Sinne warnt der jungianische Gnosis-Forscher Quispel (1951) S. 19, daß »diese Weltanschauung zu einem Laster und einer Beleidigung der Menschheit wird, (wenn) sie nur ästhetizierend immer neue ›sinnvolle‹ und ›interessante‹ Prozesse ganz unverbindlich betrachtend, jeder Entscheidung ausweicht, die Wissenschaft vergiftet und die Religion zu einer Parfümerie macht.« Siehe auch die Kritik an den seit 1933 alljährlich stattfindenden Treffen des Jung-Kreises in Haus Eranos bei Ascona von Hans-Heinz Holz: Eranos — eine moderne Pseudo-Gnosis, in: Taubes (Hrsg.) S. 249-263. Die Kritik wird den Leistungen des Eranos-Kreises, der als Vorläufer und Vorbild mancher heutiger »New-Age«-Zentren gelten kann, nicht gerecht, trifft jedoch die Gefahr einer Ersatz-Welt.

129 Jung GW 4, S. 193

130 Blomeyer (1982) S. 182. Blomeyer hat das Bonmot in Anführungszeichen gesetzt, weil es sich um ein geflügeltes Wort handelt, dessen Urheber

nicht mehr feststellbar ist. Die Spur läßt sich bis in die sechziger Jahre nach London zurückverfolgen, wo es anläßlich eines Vortrags, der eine solche Ironisierung verdiente, von Alfred Plaut in das Ohr von Hans Dieckmann geflüstert wurde, der es in Deutschland verbreitete. — Zum Ernst der Sache zurückführen kann folgendes Zitat von Progoff (1973/1953) S. 243: »There is an underlying danger in indulging in analytic studies when their purpose is mainly to classify the various cultural products according to archetypal patterns. It can be very misleading to study the archetypes in a way that is only static and descriptive. They can really become fruitful concepts only when they are studied historically, since it is not abstractly but in their historical forms that they come forth in the ever-changing psychic context of social life.« Zu Progoffs eigenem Geschichtsbegriff siehe den folgenden Abschnitt dieses Kapitels

131 Siehe die Anzeigen in den aus dem Boden springenden New-Age-Zeitschriften. Die älteste unter ihnen, die in Freiburg erscheinende Zeitschrift *Esotera*, wird neuerdings — ihrem Namen zuwider — an Kiosken vertrieben. Die Titelstory der Nummer 1/87 lautete: »Die Manager der Zukunft. Lautlose Revolution in den Chefetagen«.

132 Marks (1983) S. 241

133 Erich Fromm: Über Methode und Aufgabe einer analytischen Sozialpsychologie, in: Fromm (1980/1970) S. 9-40

134 In dem Buch von Drewermann (1984) gibt es S. 250 ff ein Kapitel »Archetypus und Geschichte«, das analoge Fragen aufwirft. Es beginnt mit der vielversprechenden Fragestellung, »wie die Macht der Archetypen, die in der Psyche *jedes* einzelnen wirksam ist, das Erlebnisfeld des Einzelnen überschreitet, um auch *objektiv* das historische Geschehen zu gestalten; des weiteren…, in welcher Weise umgekehrt die Geschichte *subjektiv* in archetypischen Bildern apperzipiert wird« (S. 251). Dann zeigt sich jedoch, daß Drewermann nur an einem Ausschnitt aus dieser Frage interessiert ist, nämlich dem individuellen und kollektiven Erleben *religiösen* Geschehens. Für diesen Bereich sieht er Mythos, Ritus und Sakrament als die großen Vermittler zwischen Kollektiv und Individuum. Und für diesen Bereich mag es auch eine akzeptable These sein, daß Geschichte an sich bedeutungs-los sei und erst aufgrund ihrer Umformung in Mythos und Ritus zu ihrem Sinn finde, mit dem sie erinnert werde. In seiner Auseinandersetzung mit der historisch-kritischen Bibelexegese billigt Drewermann der Geschichte also nur die Rolle einer Hilfswissenschaft für eine symbolisch-archetypische Deutung zu. Daher interessiert ihn letztlich auch keine andere Geschichte als die des Volkes Israel von Moses bis Jesus. Eine Verknüpfung von kollektivem Unbewußtem mit so prosaischen Fragen wie Macht und Herrschaft in der Gegenwart widerstrebt ihm offensichtlich; zum Objekt seines Unwillens gerät dabei Ernst Bloch, dem er einen »sozialpolitischen Pragmatismus« (S. 255) bei der Anwendung des Archetypus-Begriffs auf historische Ereignisse, ja »atheistische Gleichschaltung« (S. 258) vorwirft. Offenbar ist hier ein antisozialistischer Affekt am Wirken, der Drewermann blind dafür macht, wie nahe gerade Bloch seiner

Forderung nach einer Übersetzung des Historischen in Deutungen kommt. Einem so tiefblickenden Autor wie Drewermann hätte nicht entgehen dürfen, daß Bloch im Grunde nie von der politischen und sozialen Geschichte und deren Protagonisten als solchen spricht, sondern sie gleichsam in eine andere Tonart transponiert, wo sie als Sinnfiguren und Leitgestalten für Blochs Weltdeutung wirken. Daß dies eine andere als Drewermanns Deutung ist, steht auf einem anderen Blatt. — Sehr treffend Drewermanns Warnung vor der entpersönlichenden Sogkraft, die im kollektiven Unbewußten *auch* steckt, S. 254 ff.

135 Ein weiteres Werk, dessen Titel eine Betrachtung in diesem Zusammenhang nahelegen würde, ist W. W. Odajnyk (1975): C. G. Jung und die Politik. Leider hält der Inhalt nicht, was der Titel verspricht. Treffend dazu Marks (1983) S. 241: »Dieser sammelt zwar auf 149 Seiten brav Jung-Zitate, kommt aber höchst selten über ein Niveau von ›Jung-sagt-Jung-meint‹ hinaus. Die Diskrepanz zwischen psychologischer Theorie und politischen Bemerkungen bei Jung entging ihm gänzlich, die notwendige Kritik leistet er nicht.«

136 Neumann (1954) S. 56

137 Jung GW 11, S. 492, auch S. 498 f

138 Jung (Erinnerungen) S. 344

139 In der Enzyklopädie »Die Psychologie des 20. Jahrhunderts« folgen beispielsweise auf die Photographien von Freud einerseits, Jung andererseits jeweils Abbildungen ihrer engsten Schüler; das sind bei Freud (Bd. II, S. 674 f) acht Männer, bei Jung (Bd. III, S. 738 f) zwei Männer (G. R. Heyer und E. Neumann) und vier Frauen (A. Jaffé, J. Jacobi, T. Wolff, M. L. v. Franz).

140 Siehe z. B. Lutz Müller: Manns-Bilder, in: Analytische Psychologie Jg. 18, Januar 1987, S. 22-39

141 Die begriffliche Unterscheidung zwischen Archetypen und Urbildern trifft Weiler — Jung verwendet beide Ausdrücke synonym, z. B. GW 7, S. 75: »Ich bin schon des öfteren gefragt worden, woher denn diese *Archetypen oder Urbilder* stammen.« (Hervorhebung T. E.)

Kapitel 5
Schattenbegegnung. C. G. Jung und der Nationalsozialismus

1 Jung einen Nazi oder Faschisten zu nennen, hält selbst der durchweg kritische Biograph Paul J. Stern (1977) S. 221 für abwegig.

2 Hans-Martin Lohmann/Lutz Rosenkötter: Psychoanalyse in Hitlerdeutschland. Wie war es wirklich? in: Lohmann (Hrsg.) (1984a) S. 54-77, S. 59

3 Jung GW 10, S. 583

4 Jung GW 10, S. 583 f. Ähnlich im Brief vom 29. 9. 1936 an A. A. Roback: »Über meine sogenannte ›Nazifreundlichkeit‹ hat es einen ganz unnötigen

Lärm gegeben. Ich bin kein Nazi, im Grunde bin ich ganz unpolitisch. Deutsche Psychotherapeuten baten mich um Hilfe bei der Aufrechterhaltung ihrer Berufsorganisation, weil eine unmittelbare Gefahr bestand, daß die Psychotherapie in Deutschland von der Bildfläche verschwindet. Sie wurde als ›jüdische Wissenschaft‹ betrachtet und war als solche höchst suspekt. Jene deutschen Ärzte waren meine Freunde, und nur ein Feigling würde seine Freunde im Stich lassen, wenn sie dringend Hilfe brauchen.« in: Jung (Briefe) Bd. 1, S. 280 f. In ähnlichem Sinne auch in GW 10, S. 609 f.

5 Brief vom 20. 4. 1934 an G. R. Heyer, in: Jung (Briefe) Bd. 1, S. 205

6 Zit. bei Grunert (1984) S. 871

7 Lohmann/Rosenkötter, a. a. O., S. 83

8 Dies., S. 71, 74. Siehe auch das Beschwerde-Schreiben des SS-Psychiaters Prof. de Crinis vom 3. 4. 1944 an den Bevollmächtigten für die Gesundheit bei der Regierung Prof. Rostock, zit. bei Bräutigam (1984) S. 912: »Die Tätigkeit des Instituts für Psychologische Forschung und Psychotherapie hat mich weder politisch noch wissenschaftlich befriedigt. Vertraulich möchte ich hinzufügen, daß einer der eifrigsten Mitarbeiter, Dr. Rittmeister, wegen Spionage hingerichtet wurde. Selbstverständlich kann Prof. Göring dafür nicht verantwortlich gemacht werden. Aber leider hat auch das Reichsinstitut für Psychologische Forschung und Psychotherapie die jüdische Richtung der Freudschen Psychoanalyse nicht aufgegeben und die deutsche Psychiatrie wird in der nächsten Zeit wohl genötigt sein, gegen diese Entartungserscheinungen, die ein nationales Mäntelchen tragen, vorzugehen.«

9 Elisabeth Brainin und Isidor J. Kamirer: Psychoanalyse und Nationalsozialismus, in: Lohmann (Hrsg.) (1984a) S. 86-108, S. 97. Zur Situation der Psychoanalyse in der Zeit des Nationalsozialismus siehe Lohmann (Hrsg.) a. a. O., Lockot (1985) mit sehr differenzierter und faktenreicher Darstellung auch Jungs Verhaltens S. 87-110; Bräutigam 1984; Aufsätze von H. Müller-Braunschweig und E. Federn in: Psyche, Heft 4, April 1985; Karen Brecht u. a. (Hrsg.) (1985); Gerhard Maetzke: Psychoanalyse in Deutschland, in: Die Psychologie des 20. Jahrhunderts (Enzyklopädie) Bd. II, S. 1145-1174, mit einem Nachtrag von Dieter Eicke, a. a. O., S. 1175-1179

10 Aniela Jaffé (1985/1968) S. 144 f. Jaffés Arbeit ist informativ und — bei aller Absicht, Jung in Schutz zu nehmen — nicht unkritisch-apologetisch; die bloße Tatsache, Jungs Verhalten im Nationalsozialismus überhaupt als Thema wahrgenommen und sich ihm gestellt zu haben, hebt sie aus der unter Jungianern leider vorherrschenden Bewältigungsform des intensiven Wegsehens hervor. Die nach Jung'schen Begriffen anzustrebende »Schattenintegration« kann ihr jedoch nicht gelingen, weil sie Jungs blinden Fleck in bezug auf Gesellschaft und Politik teilt und daher die sachliche Berechtigung der Vorwürfe gegen ihn nicht verstehen kann. Wenn doch alles längst aufgeklärt ist und die Kritik dennoch nicht verstummt, so folgert sie S. 159 f, könne es dafür nur psychische Gründe geben...

11 Jung GW 10, S. 586 f; s. a. S. 592

12 Siehe die Briefe aus dieser Zeit in (Briefe) Bd. 1, S. 173 ff — Auch zu diesen
   Vorgängen findet sich eine Bestätigung durch die spiegelbildliche Wahrnehmung der (nationalsozialistischen) Gegenseite, wie sie in einem Brief von
   Dr. W. Cimbal an Prof. M. H. Göring vom 10. 3. 1934 zum Ausdruck kommt
   (zitiert bei Lockot, a. a. O., S. 100 f): Die Briefe von Jung hätten ihn zwei
   schlaflose Nächte gekostet. »Wir Deutsche müssen uns ganz auf unsere
   eigenen Kräfte verlassen. (...) Die Sympathiegrundlagen, die wir durch
   Jung in der Schweiz gewonnen hatten, sind mindestens zum Teil wieder
   verloren.« In einem weiteren Brief vom 11. 3. 1934 moniert Cimbal »das
   schwankende Verhalten von Dr. Jung«, das es ihm unmöglich zu machen
   schien, »die Sympathien der Ausländer für den Nationalsozialismus zu
   gewinnen« (zit. ebda).
13 Den Eindruck von Lohmann/Rosenkötter, a. a. O., S. 59, das *Zentralblatt*
   sei nach 1933 »von der Nazi-Ideologie geprägt« gewesen, kann ich bei der
   Durchsicht nicht teilen. Man muß Hinweise auf den Nationalsozialismus
   im Artikelteil der Zeitschrift in den Jahren 1934 ff eher suchen. Vgl. auch
   den Vermerk bei Lockot, a. a. O., S. 101, Göring habe als Mittel der
   Beschwichtigung ein »werbendes Schreiben« an Jung gesandt, »in dem er
   Verständnis für Jungs Mitteilung äußerte, daß er keine nationalsozialistischen Aufsätze ins Zentralblatt aufnehmen ... wolle«.
14 Jung GW 10, S. 581
15 Jung GW 10, S. 610; vgl. auch seine Bemerkungen dazu in dem Brief vom
   12. 3. 1934 an J. van der Hoop, (Briefe Bd. 1, S. 195), es gehe ihm darum,
   »einen eventuell übermächtigen deutschen Einfluß zu paralysieren. (...) Die
   Frage, ob deutsche Psychotherapeuten der Internationalen Gesellschaft bei-
   treten können, ohne ihrer eigenen Landesgruppe anzugehören, ist sehr deli-
   kat. Von unserer Seite würden wir natürlich keine Schwierigkeiten machen.«
   Und im Brief vom 28. 3. 1934 an M. Guggenheim (Briefe, Bd. 1, S. 203):
   »Durch mein Eintreten (habe ich) nicht nur für die sogenannten arischen
   Psychotherapeuten, sondern auch für die jüdischen die Existenz ermöglicht.«
16 Zit. bei Grunert (1984) S. 873
17 Bräutigam (1984) S. 94
18 Jung GW 10, S. 584, 588
19 Abgedruckt im Anhang zu Jung (1933) S. 166-173. Beim letzten Kongreß
   der Internationalen Gesellschaft für Analytische Psychologie in Berlin 1986
   befaßte sich eine Arbeitsgruppe, die aus dem Ökologie-Seminar von H.
   und U. Dieckmann hervorging, einen Nachmittag lang mit diesem Interview. Den einzigen Hinweis auf den Interviewpartner Jungs, Dr. Adolf
   Weizsäcker, fand ich bei Werner Bohleber: Zur Geschichte der Psychoanalyse in Stuttgart, in: Psyche, Heft 5/1986, S. 377 ff, S. 385: Er sei Anfang
   der dreißiger Jahre Mitglied in Jungs tiefenpsychologischem Arbeitskreis in
   Zürich gewesen.
20 Herwig (1969) S. 124
21 Jung GW 10, S. 581 f
22 Brief vom 26. 3. 1934 an P. Cohen, in: Jung (Briefe) Bd. 1, S. 201. — Weitere
   Briefe aus dieser Zeit enthalten ähnliche Bemerkungen.

23 NZZ vom 27.2.1934, zit. bei Hermanns (1984/1982) S.143

24 Jaffé, a.a.O., S.149f

25 Jung GW 10, S.590

26 Brief vom 19.6.1934 an C.F. Benda, in (Briefe) Bd.1, S.217

27 Freud/Jung (Briefwechsel) S.186

28 Erstes Zitat: Brief vom 3.5.1908, zweites Zitat: Brief vom 26.12.1908, zit. bei Jones (1978/1960) Bd.II, S.67 bzw. S.70

29 A.a.O., S.62

30 A.a.O., S.199

31 Brief von Freud an Abraham vom 13.5.1913, zit. Blomeyer (1982) S.184; siehe auch a.a.O., S.183

32 Marks (1983) S.309

33 Zit. bei Grunert (1984) S.872

34 A.a.O., S.872

35 Kirsch (1985) S.49

36 Jaffé, a.a.O., S.149, Fußnote 16a, mit Hinweis auf Ernest Harms: Carl Gustav Jung: Defender of the Jews, in: The Psychiatric Quarterly, Utica, N.Y. 1946; Kirsch, a.a.O., S.50

37 Odajnyk (1975) S.90

38 Jung GW 16, S.88

39 Diese Reise ist in den meisten Biographien (selbst der sonst so genauen von Wehr) und tabellarischen Lebensdaten nicht verzeichnet. Sie wurde mir jedoch auf schriftliche Anfrage von Frau Aniela Jaffé bestätigt: »Es stimmt: Jung war in Israel, zusammen mit seinem Freund Prof. Fierz. (...) Ich weiß, daß er sich ganz kurz entschloß, Prof. Fierz zu begleiten.«

40 Jung (Briefe) Bd.1, S.302

41 A.a.O., S.283

42 Jung GW 10, S.190f

43 Freud GW XVII, S.51f, Ansprache an die Mitglieder des Vereins B'nai B'rith: »Was mich ans Judentum band, war — ich bin schuldig, es zu bekennen — nicht der Glaube, auch nicht der nationale Stolz (...) aber es blieb genug anderes übrig, was die Anziehung des Judentums und der Juden unwiderstehlich machte, viele dunkle Gefühlsmächte, um so gewaltiger, je weniger sie sich in Worte erfassen ließen, ebenso wie die klare Bewußtheit der inneren Identität, die Heimlichkeit der gleichen seelischen Konstruktion.« Ders. in seiner Vorrede zur hebräischen Ausgabe von: Totem und Tabu, GW XIV, S.569: »Keiner der Leser dieses Buches wird sich so leicht in die Gefühlslage des Autors versetzen können, der die heilige Sprache nicht versteht, der väterlichen Religion — wie jeder anderen — völlig entfremdet ist, an nationalistischen Idealen nicht teilnehmen kann und doch die Zugehörigkeit zu seinem Volk nie verleugnet hat, seine Eigenart als jüdisch empfindet und sie nicht anders wünscht. Fragte man ihn: Was ist an dir noch jüdisch, wenn du all diese Gemeinsamkeiten mit deinen Volksgenossen aufgegeben hast?, so würde er antworten: noch sehr viel, wahrscheinlich die Hauptsache. Aber dieses Wesentliche könnte er gegenwärtig nicht in klare Worte fassen. Es wird

sicherlich später einmal wissenschaftlicher Einsicht zugänglich sein.«

44 Jung GW 10, S.25

45 A.a.O., S.263f

46 Jaffé, a.a.O., S.157

47 Jung GW 10, S.266f

48 A.a.O., S.190

49 Bloch PH Bd.1, S.67. — Thomas Mann, damals Züricher Nachbar von Jung, schrieb am 16.3.1935 in sein Tagebuch (zit. bei Hermanns [1984/ 1982] S.145): »Die Verachtung des ›seelenlosen Rationalismus‹ wirkt nur darum negativ, weil sie noch Volldampf voraus gegen den Rationalismus bedeutet, während längst der Augenblick gekommen ist, aus allen Kräften Gegendampf zu geben. Jung denkt und spricht zur Verherrlichung des Nazitums und seiner ›Neurose‹. Er ist ein Beispiel für die notgedrungene Anpassung der Gesinnung an die Zeit — auf hohem Niveau; er ist kein ›Einzelgänger‹, gehört nicht zu denen, die den ewigen Gesetzen der Vernunft und Sittlichkeit treu geblieben sind und darum zu Rebellen gegen ihre Zeit werden. Er schwimmt mit dem Strom. Er ist klug, aber nicht achtenswert. Wer sich heute noch in ›Seele‹ sielt, ist rückständig, geistig und moralisch. Der Zeitpunkt, wo man wahrhaft recht hatte, wenn man gegen die Vernunft und den Geist recht hatte, ist vorüber.« (Beim Verdikt »nicht achtenswert« kann ein relativierender Gedanke an Thomas Manns bekannten Hang zur Selbstgerechtigkeit nicht schaden.)

50 In einem Brief vom 14.2.1936 an Prof.J.W. Hauer (Briefe, Bd.1, S.268) präsentiert er selbst diesen Aufsatz so: »Auf alle Fälle habe ich mich der Werturteile durchaus enthalten und habe mich mit der reinen Anschauung der Tatsachen begnügt. Ich bin zutiefst davon überzeugt, daß man historisches Geschehen nicht bewerten kann, bestenfalls kann man es deuten.« Der Empfänger des Briefes war der Begründer der »Deutschen Glaubensbewegung« — eben jenes Wotan-Kults, auf den Jung sich in dem Aufsatz bezieht. Zwar hat Jung zur damaligen Zeit Korrespondenz sowohl mit Anhängern wie mit Gegnern des Nationalsozialismus gepflegt, aber daß er sich vorsorglich bei Hauer gleichsam dafür entschuldigt, ihn als zeitgeschichtliche Erscheinung betrachtet zu haben, zeigt, daß hier noch Loyalitäten von ihm gebunden waren. — Sehr viel später, in einem Interview aus dem Jahr 1957, kommt er einer Selbstkritik dieser seiner Haltung sehr nahe, freilich wieder uneingestandenermaßen und möglicherweise auch unbewußt: »Nehmen wir als Beispiel ein Phänomen wie Hitler. Er ist ein psychisches Phänomen. Wir müssen diese Dinge in den Griff bekommen, sonst ist es so, wie wenn ein schreckliches Typhusfieber von epidemischem Ausmaß ausbrechen würde und wir sagen würden: ›Nun, dies ist also Typhus — ist das nicht eine faszinierende Krankheit!‹ Sie kann unterdessen ungeheure Ausmaße annehmen und niemand versteht, um was es sich im Grunde handelt. Niemand prüft die Wasserversorgung, niemand denkt daran, das Fleisch oder sonst etwas zu untersuchen, sondern man betrachtet sie einfach als Phänomen.« Jung (Gespräche) S.176

51 Jung GW 10, S.204ff

52 A.a.O., S.211

53 A.a.O., S.203

54 A.a.O., S.214

55 A.a.O., S.210

56 A.a.O., S.217

57 In einem Brief vom 16.1.1940 an Dr.E. Lauchenauer schreibt er: »Was die Allgemeinheit noch nicht weiß und was ihr schwer eingehen wird, ist, daß der Kollektivmensch untermenschlich ist, nämlich nichts anderes als ein Tiermensch, was sich im jüngst vergangenen polnischen Krieg deutlich gezeigt hat in der ausgesuchten Bestialität gerade der jungen deutschen Krieger. Jede Organisation, in welcher die Stimme des einzelnen nicht mehr gehört wird, steht in der Gefahr, zu einem untermenschlichen Monstrum zu entarten.« Jung (Briefe) Bd.1, S.354

58 Jung GW 6, S.434-436. — Mit aller Schärfe hat Rittmeister (1984/1934-37) S.155 die Konsequenzen solcher Beschaulichkeit zur damaligen Zeit gegeißelt: »Kann ich eine Philosophie vertreten, die mir persönlich vielleicht interessante Gesichtspunkte und neue Aufschlüsse liefert, und doch zugleich die Tatsache übersehen, daß solche und ähnliche Philosophien wie keine anderen geeignet sind, den Kriegstreibern, den reaktionären Junkern und Pfaffen, den Ausbeutern und Menschenschindern Argumente zu liefern? Und übersehen, daß gerade diese Philosophie oder Psychologie passiv und unklar veranlagte Menschen noch passiver macht, ihnen noch mehr das Rückgrat bricht, als es Religion und Theologie sowieso schon tun, sie noch mehr in sich selbst zurückziehen läßt, so daß sie alle Bewegungen und Kämpfe und Friedenssehnsüchte jetzt im eigenen Herzen suchen und finden, wie der durch Jahrhunderte durch Sklaverei verdorbene Inder, der die Reitpeitsche des englischen Junkers auf seinem Rücken gar nicht mehr empfindet, weil er sie einfach wegphilosophiert?

Wollen wir es dulden, daß unsere geistreichen Zeitgenossen ihre je nach Bedarf irrlichterierend glitzernden oder in Pomp und Ornat einherstolzierenden Psychologien gerade zum rechten Zeitpunkt zwischen die Nutznießer und Leidtragenden der aufziehenden Weltkatastrophe zu manipulieren suchen? Wollen wir zusehen, wie die Nebelwand zwischen den Menschen, Klassen, Rassen und Völkern durch diese modischen Psychologien nur immer mehr sich verdichtet, anstatt daß sie, wie man doch von Wissenschaft und Menschenkunde erwarten sollte, endlich zerrissen wird? Was nützt uns die raffinierteste Erkenntnis, die vollständigste Anschauung der Welt, wenn doch nur alle Traum-, Bilder- und Archetypenschau mir meine Seele aufblähen, verhärten und von der Wirklichkeit abwenden hilft?«

59 (Briefe) Bd.1, S.317

60 Brief vom 2.9.1939, a.a.O., S.347

61 Brief vom 5.10.1939, a.a.O., S.350

62 Brief vom 28.9.1939, a.a.O., S.348

63 Brief vom 20.5.1940, a.a.O., S.356

64 Interview mit dem Auslandskorrespondenten H.R. Knickerbocker von 1939, abgedruckt bei Balmer (1972) S.134-151, S.142. Aus Gründen, die

man nur vermuten kann, ist dieses Interview nicht in die Sammlung »C. G. Jung im Gespräch. Interviews, Reden, Begegnungen« aufgenommen worden. — Drei Jahre zuvor hatte sich Jung noch in dem oben zitierten Brief vom 14.2.1936 an den Mitbegründer dieser »götzendienerischen Hausreligion« J. W. Hauer um dessen Wohlwollen bemüht.

65 Jung GW 10, S. 221
66 A. a. O., S. 220
67 A. a. O., S. 225 f, S. 242
68 A. a. O., S. 242
69 A. a. O., S. 241, S. 276. — Wie Fromm in seiner Rezension der Erinnerungen Jungs (abgedruckt in E. Fromm: Gesamtausgabe. Stuttgart: Deutsche Verlags-Anstalt, 1980-1981, Bd. 8, S. 125-130) zu dem Vorwurf kommt, Jung habe in selbstgerechter Weise die Deutschen unterschiedlos für schuldig erklärt, ist schwer verständlich — sie widerspricht der Aussage des Aufsatzes von Jung, der Europäer dürfe »nicht in den Wahn verfallen, daß alles Böse der Welt in Deutschland lokalisiert sei. Er muß sich vielmehr Rechenschaft davon geben, daß die deutsche Katastrophe nur eine Krise der europäischen Krankheit überhaupt ist.« Jung GW 10, S. 241. Die Kritik an Jungs Kollektivschuldthese hat ganz anders anzusetzen, nämlich mit Hannah Arendt (Eichmann in Jerusalem, München: Piper, 1964 S. 24): »Der Weg der Argumentation ist immer der gleiche: er biegt von den verbürgten, belegbaren Einzelheiten ab ins Allgemeine, in dem alle Katzen grau und wir alle gleich schuldig sind.«
70 Jung GW 11, S. 660
71 Interview, in: Weltwoche (Zürich) 11.5.1945
72 Jung GW 10, S. 251
73 Zit. bei Jaffé, a. a. O., S. 164
74 Als Beispiele zwei Bücher, die mir in Antiquariaten in die Hände fielen: 1. Hans Künkel: Das Gesetz deines Lebens. Urformen im Menschenleben, Jena: Eugen Diederichs, 1933. Über den Autor ist nichts Näheres gesagt, er scheint um die fünfzig Jahre alt zu sein, steht dem Goethe'schen Welterleben nahe, hat vielleicht Berührungen zur Jugendbewegung, zur Lebensreformbewegung, zur Anthroposophie oder zum George-Kreis gehabt. In feierlichem Stil entfaltet er eine Lehre menschlicher Reifungsstufen entsprechend typischen Lebensabschnitten. In der tragenden Vorstellung eines schicksalsmäßig zu erfüllenden Weges, dabei leitenden Urbildern und eines ordnenden Selbst klingen Gedanken von Jung an, der auch beiläufig zitiert wird. Und dann wird dieses organische Lebensbild unvermittelt in die Außenwelt hineinverlängert. »Der Staat ist keine Verordnung, kein militärischer Zwang, kein juristischer Vertrag, sondern er ist ein Schicksal. Er ist nichts Äußeres, sondern wurzelt — wie jedes Schicksal — in unserem Innern. Er ist ein Stück von unserer inneren Notwendigkeit« (S. 180). Konsequent folgt die Apotheose des Heldisch-Soldatischen und des Völkischen als mythischer »Volkskörper« (S. 187). »Die Zeit ist gekommen, da der politische Führer ein Mensch der Ganzheit sein kann. Unter ihm werden die politischen Verhältnisse höheren Gesichtspunkten untergeordnet und

dem Hasse und der Selbstsucht mehr und mehr entrückt sein« (S.163). Und, als hätte dies alles mit Macht und Herrschaft nichts zu tun, wird ausdrücklich die Hitlerjugend gelobt — für ihre »Pflege des Musischen« und dafür, daß sie den Jungen »im soldatischen Dienst, im Führen und Gehorchen« erzieht (S.181). Das Buch wurde 1939 nachgedruckt.

2. Werner Kuntz: Vor den Toren der neuen Zeit. Leipzig: Felix Meiner, 1926. Weitausholend in der Philosophie und Geistesgeschichte schildert der Verfasser die Schwelle, die mit Einsteins Relativitätstheorie und mit der Entdeckung des Atoms überschritten sei, und wie sich dadurch die Selbstverantwortlichkeit des Menschen ins Ungeahnte gesteigert habe. Und dann zum Schluß: »Der Ruf nach dem Führer« (S.254) als Inbegriff dieser neuen Menschlichkeit...

75 Aus meiner Geburtsstadt Heidelberg ist mir der Fall des jüdischen Juristen Hans Bethmann bekannt, der zu dem Kreis um Stefan George gehörte. Zerrissen zwischen seiner Begeisterung für den Nationalsozialismus und seiner jüdischen Abstammung beging er wenige Monate nach der Machtergreifung Selbstmord — ein vorweggenommener Selbstvollzug der »Endlösung«?

76 Zit. bei Bräutigam (1984) S.912f

77 Siehe hierzu das Gespräch der Freiburger Historiker Gottfried Schramm und Bernd Martin mit dem Heidegger-Schüler Max Müller, abgedruckt in: Frankfurter Rundschau, 5.9.1986 (entnommen den »Freiburger Universitätsblättern« Heft 62, Juni 1986, die insgesamt diesem Thema gewidmet sind)

78 Die Empfängerin des Briefes, Frau Helga Hoffmann geb. Westerkamp, hat mir den bisher unveröffentlichten Brief mit der Genehmigung der Veröffentlichung überlassen. Weitere Informationen verdanke ich Herrn Achim Tobler, der bei Bergstraesser 1935 kurz vor dessen Emigration promovierte.

79 Ausnahme: Lockot (1985) — Dem entspricht spiegelbildlich, daß sich beispielsweise die Jungianer am Berliner Institut für Psychotherapie erst seit dem Jahr 1981 mit dem Thema Nationalsozialismus befaßt haben. Die führende Zeitschrift der Jungianer *Analytische Psychologie* hat erstmals im Jahr 1985 Aufsätze veröffentlicht, die sich mit Jungs Verhalten in der Zeit des Nationalsozialismus befassen (Teilabdruck aus: Jaffé [1985/1968] sowie Kirsch [1985]).

80 Margarete Mitscherlich-Nielsen: Die Notwendigkeit zu trauern, in: Lohmann (Hrsg.) (1984a) S.15-23, S.18

Kapitel 6
Dialektik der Gegenaufklärung. Philosophische Durchquerungen bei C. G. Jung

1 Bloch PH Bd.1, S.182
2 A.a.O., S.65

3 Zit. bei Wiesenhütter (1979) S. 240

4 Fromm (1980/1970) S. 201

5 In einem Telefongespräch mit dem Autor

6 Interview, in: links (Offenbach) Nr. 178, Januar 1985, S. 29

7 Als Faktensammlung zu den unmittelbaren »Lehrern« Jungs nützlich: Christian Rode: Die geistigen Quellen Jungs, in: Die Psychologie des 20. Jahrhunderts (Enzyklopädie) Bd. III, S. 666-669. Weiter ausgreifend, aber ebenfalls katalogisierend: Wiesenhütter (1979) S. 33 ff

8 Herwig (1969) S. 100

9 A. a. O., S. 98

10 Zum pejorativen Schlagwort verkürzt, wird mit »Gnosis« meist der manichäische Dualismus von Gut und Böse assoziiert. Nun geht Jung zwar unablässig mit dem Thema des Bösen um — aber gerade in dem Sinne, die Unterscheidung von Gut und Böse zu relativieren und die Unsinnigkeit des Versuchs nachzuweisen, das Böse aus dem Leben hinauszudefinieren zu wollen. Er nimmt zwar den Gegensatz auf, deutet ihn aber als Polarität innerhalb einer übergeordneten Ganzheit. Allerdings lebt dualistisches Denken bei Jung in der Entgegensetzung von verwirklichtem Geist und entwirklichter Welt fort; siehe dazu Evers (1987). — Von einer Eschatologisierung politischer Ideologien, die Herwigs Lehrer Voegelin darüber hinaus mit einem so aufs Pejorative verkürzten Begriff von Gnosis verbindet, ist nun bei Jung rein nichts zu finden. Ihr Kurzschluß Gnosis = Frageverbot = Auschwitz (S. 113) platzt — um das Mindeste zu sagen — aus dem sonstigen diskursiven Stil der Arbeit. Der Kern ihrer Kritik scheint erkenntnistheoretischer Art zu sein, so jedenfalls deutlich in ihrem späteren Aufsatz (1984): Dem von Jung hypostasierten »kollektiven Unbewußten« eigne vielleicht subjektive Evidenz, nicht aber die nötige objektive Überprüfbarkeit, um dazu ein Realverhältnis herstellen zu können, an das sich Wahrheitskriterien anlegen ließen. Wie aber soll von tiefenpsychologischen Vorgängen eine Evidenz zusammengetragen werden als durch subjektive Erfahrung? Jung hat ja nicht nur sein eigenes Unbewußtes beobachtet, sondern im Laufe seines Lebens (nach eigener Schätzung) etwa 80.000 Träume analysiert. Es ist richtig, daß im Bereich der Tiefenpsychologie sich die Unterscheidbarkeit von Subjekt und Objekt verwischt. Insofern enthält die Kritik von Herwig eine petitio principii: Mit so etwas wie Tiefenpsychologie könne ein Wissenschaftler sich nicht befassen, allenfalls ein Philosoph, als der Jung aber nicht antrete.

11 Jung (Erinnerungen) S. 74 f

12 A. a. O., S. 109

13 A. a. O., S. 109 f

14 Jung GW 12, S. 545

15 Jung GW 18, 2. Halbband, S. 834 f

16 (Gespräche) S. 62. Es handelt sich um ein Gesprächsprotokoll aus dem Jahr 1952 von Jungs Kommentaren zu dem Manuskript von Progoff (1973/ 1953), a. a. O., S. 61-75, das insgesamt weitere Einsichten in die philosophischen Quellen Jungs ermöglicht.

17 Jung GW 3, S. 211 und 214 f

18 Z. B. Jung GW 10, S. 205 f

19 Siehe hierzu: Miguel de Serrano: C. G. Jung and Hermann Hesse, London: Routledge and Kegan Paul, 1966

20 Abgedruckt in (Erinnerungen) S. 388-398

21 Jung GW 10, S. 98

22 So zeichnet Bernet (1955) S. 97-112 die Analogien zwischen Jaspers' »Existenz« und Jungs »Selbst« auf. — Daß Jaspers eine äußerst kritische Meinung von Jung hatte, dieser wiederum meinte, Jaspers habe ihn »nie tiefer berührt« (Briefe Bd. 1, S. 343), und Heideggers Philosophie gar als »bloße Wortkünste« (a. a. O., S. 344) und »Gewäsch« (a. a. O., S. 410) apostrophierte, spricht nicht dagegen, alle drei der Existentialphilosophie zuzuordnen: Gegenseitige Beschimpfungen gehörten unter Existentialphilosophen bekanntlich zum Existenzbeweis.

23 Wilson (1985)

24 Vgl. z. B. Anrich (1980/1963); Bavink (1948); Capra (1983) und ders.: Das Tao der Physik, München: Scherz, 1984; C. A. Meier: Moderne Physik — Moderne Psychologie, in: Die kulturelle Bedeutung der komplexen Psychologie, Berlin 1935, S. 349 ff; G. R. Heyer: Tiefenpsychologie und heutige Physik, in: ders. (1949) S. 7 ff; Wolfgang Pauli: Aufsätze und Vorträge über Physik und Erkenntnistheorie, Braunschweig: Vieweg, 1961. Gemeinsam mit dem Nobelpreisträger W. Pauli veröffentlichte Jung das Buch »Naturerklärung und Psyche«, Zürich: Rascher, 1952.

25 Jung GW 9, 2. Halbband, S. 276

26 Vgl. Sheldrake (1985/1981); die Arbeiten des Biologen Adolf Portmann, des Begründers der Psychosomatik Viktor v. Weizsäcker

27 Carsten Colpe, in: Religion in Geschichte und Gegenwart, 3. Auflage, Tübingen: J. C. B. Mohr (Paul Siebeck), 1958, 2. Band, S. 1647 ff. Zur Gnosis allgemein siehe auch Jonas (1954/1934); Leisegang (1985/1924); Quispel (1951). Einen vorzüglichen Überblick über die heutige Gnosis-Diskussion, auch in ihren aktuellen philosophischen und politischen Bezügen, bietet der Sammelband von Taubes (Hrsg.) (1984).

28 Jung GW 11, S. 358

29 Jaffé (1983/1966) S. 25

30 Jung GW 18, 2. Halbband, S. 710 f. An anderer Stelle nennt er die religiöse Gnosis ein »gigantisches Unternehmen des menschlichen Geistes, Erkenntnis aus dem Innersten zu schöpfen.« GW 4, S. 389

31 Jung GW 8, S. 221 f. Ausführlicher zu den gnostischen Wurzeln im Denken Jungs: Evers (1987); Quispel (1951) und insb. (1968); kritisch: Herwig (1984)

32 Z. B. a. a. O., S. 221, S. 559. Vgl. dazu die Bemerkung von Carl Friedrich von Weizsäcker in einer Versammlung von Psychotherapeuten im März 1965, Jung habe »genau das gesehen, das Platon so wichtig war, daß diese Ideen Mächte sind, ... ohne die wir überhaupt nichts verstehen können, nur *durch* die wir etwas verstehen können... Die Wissenschaft beruht ja selbst auf Archetypen.« In: Psychotherapie und religiöse Erfahrung. Ein Tagungs-

bericht, hrsg. von Wilhelm Bitter, Stuttgart, Klett: 1965, S.37. – Wie kommt Gerda Weiler (1985) S.17 ff darauf, den angeblich männlich-zergliedernden Begriff »Archetypen« dem Patriarchen Plato zuzuschreiben, der ihn nicht kennt und verwendet (erste Verwendung des Wortes m.W. in gnostischen Schriften des 2./3. Jahrhunderts), und dagegen den Ausdruck »Urbild« für patriarchal unbelastet zu halten, der doch die denkbar nächste Übersetzung von Platos »eidos« ist?

33 Jung GW 11, S.664

34 Bloch PH Bd.2, S.742; siehe dort das Kapitel über die Alchemie S.740 ff

35 Philosophie des Widerstands, in: Tüte (Tübinger Stadtzeitung), Sonderheft zum 100. Geburtstag von Ernst Bloch, Juni 1985 S.6 f

36 Zit. bei Marks (1983) S.238

37 Fromm (1981/1962) S.99

38 Ebda.

39 Meister Eckehart: Deutsche Predigten und Traktate, hrsg. und übersetzt von Josef Quint. Zürich: Diogenes, 1979, Predigt 57, S.415-424, S.416 f

40 Vgl. z. B. Fromm (1982/1961) und ders. (1981/1962); Künzli (1966)

41 Paul Tillich: Der Mut zum Sein, in: Tillich GW Bd.11, S.13 ff, S.133

42 Ernst Bloch: Über den Begriff Weisheit, zit. bei Täube (1980/1977) S.96

43 Jung (Erinnerungen) S.240 f. Nochmals Bloch GA 14, S.92: »Das Wort Mystik kommt von ›myein‹, die Augen schließen. Das der Absicht nach aber nur, um gleich dem blinden Seher desto heller zu schauen.«

44 Herwig (1969) S.108

45 Daß heute mancher Therapeut Jung'scher Richtung einen klinisch säkularisierten Gebrauch davon macht, ist kein Gegenbeweis; man vergleiche die Tendenz zur »Medizinalisierung« der Freud'schen Psychoanalyse auf Kosten ihrer kulturkritischen Impulse. Es gibt nicht wenige Therapeuten und Ausbildungskandidaten Jung'scher Richtung, die zu den spirituellen Gehalten im Werk von Jung keinen Zugang haben oder suchen.

46 (Erinnerungen) S.6

47 Jung GW 11, S.484. Die Tragweite des Satzes wird erst deutlich, wenn man die Verschiebung ermißt, die Jung hier gegenüber dem Luther-Zitat vorgenommen hat, das er paraphrasiert: »Du sollst Gott lieben und fürchten.«

48 Jung GW 12, S.24

49 Siehe oben Anm. 28

50 Fromm (1981/1950) S.82 deutet selbst die Freud'sche Tradition dahingehend, »daß die Psychoanalyse als ›Seelsorge‹ eine ausgesprochen religiöse Aufgabe in diesem Sinne hat, obwohl sie gewöhnlich zu einer eher kritischen Einstellung gegenüber theistischen Dogmen führen wird«; zu Fromm siehe unten Kap. 7, Anm. 85

51 Jung GW 4, S.391

52 Jung GW 16, S.82

53 Jung GW 4, S.391

54 Jung GW 12, S.27

55 Beispiele: Jung (Briefe) S.473 ff, 488 ff, 492 ff. A. Jaffé erwähnt im Vorwort zu den Briefen S.7, es habe einen gesonderten Ordner »Pfarrerbriefe«

gegeben; siehe auch a.a.O., S.10. Führt Jung hier auch ein inneres Gespräch mit dem Vater?

56 Jung (Gespräche) S. 81
57 Buber (1962/1952)
58 Siehe z. B. »Das Seelenproblem des modernen Menschen«, in: Jung GW 10, S. 91-113. Gegen Steiners Anthroposophie gewandt: »Ich werde mich aber hüten, die Zahl jener zu vermehren, welche mit unbewiesenen Behauptungen ein Weltsystem aufstellen, von dem kein Stein auf dem Boden dieser Erde ruht.« Jung (Briefe) Bd.1, S. 262 (Freilich gibt es trotz dieser Abgrenzungen Berührungen zwischen Jungs philosophischer Anthropologie und Steiners Anthroposophie.)
59 Gerade diese abgespaltenen Anteile menschlicher Existenz fand Jung in der Alchemie aufgehoben; daß die Alchemie ihre höchste Entfaltung erst nach der Reformation, auch gerade an protestantischen Fürstenhäusern, erfuhr, deutete er als kompensatorische Bewegung: »Sie bildete für den Protestanten gewissermaßen ein letztes Mittel, um noch katholisch zu sein.« Jung GW 14, 2. Halbband, S. 112. Siehe auch Wehr (1975)
60 Jung GW 12, S. 228
61 In den brieflichen Kommentaren, die Erich Neumann zu dem Manuskript der »Antwort auf Hiob« und — Jahre später — der »Erinnerungen« gibt, stellt er jedesmal die Verschiedenheit seines Gottesbildes gegenüber Jungs Vorstellung eines vom Menschen mitzuschöpfenden Schöpfers in den Mittelpunkt. Vgl. Brief von E. Neumann an C. G. Jung vom 5.12.1951, abgedruckt in: Kreativität des Unbewußten (1980) S. 18-21, sowie Jungs Antwort vom 5.1.1952, Jung (Briefe) Bd. 2, S. 240; Brief von E. Neumann an Jung vom 18.2.1959, abgedruckt bei: Jaffé (1983/1966) S. 179 ff, sowie Jungs Antwort vom 10.3.1959, a.a.O., S. 182 ff, auch in (Briefe) Bd. 3, S. 238 ff. Zur Deutung dieses Briefwechsels siehe Evers (1986 a)
62 Herbert Stein (1986), S. 310-319
63 Brief vom 16.4.1909, in: Freud-Jung (Briefwechsel) S. 243
64 Vgl. David Bakan: Sigmund Freud and The Jewish Mystical Tradition, New York: Schocken Paperback, 1965
65 Jones (1978/1960) Bd.1, S. 18
66 Jones, ebda. — Zu diesem religiösen Familienhintergrund bei Freud vgl. auch Blomeyer (1982), insb. die Kapitel »Freud und Jung: Prophetenstreit«, S. 11 ff, und »Der Gottmensch-Komplex bei Freud und seine Darstellung bei Jones«, S. 31 ff
67 Freud GW XIV, S. 394
68 Freud GW XVI, S. 210
69 Jones (1978/1960) Bd. 3, S. 437-473
70 Freud GW X, S. 172
71 »Der gefühlsmäßige und intellektuelle Widerstand gegen die Psychoanalyse hat seine tiefste Wurzel darin, daß sie an ein Tabu rührt, das zu den bestgehüteten der modernen Kultur zählt: das Tabu des Todes.« Lohmann (1986) S. 47. Ich würde fortsetzen: Der Tod ist nur deswegen ein Tabu, weil der Zusammenhang von Spiritualität und Materie ein Tabu ist.

72 Daß in diesem Zitat von *Göttern* die Rede ist, er also einen religiösen Kontext vorgibt, wird von Freudianern regelmäßig ausgeblendet — vielleicht auch schon von Freud selbst? Thea Bauriedl (1986) S. 70 z. B. deutet die darin enthaltene Oben-Unten-Entgegensetzung *sozial*, als stamme der Satz nicht von Vergil, sondern von Günter Wallraff. — »Flectere« wird meist mit »beugen« übersetzt; Wehr (1985) S. 160 übersetzt es sogar mit »bezwingen«. Das Wort enthält jedoch neben dieser aktivisch-herrschaftlichen Bedeutung auch die re-flexive des »sich geneigt machen« bis hin zu »Gnade finden«.

73 Jung (Erinnerungen) S. 96

74 Adorno (1985/1951) S. 57

75 Horkheimer/Adorno (1971/1947) S. 31, S. 29

76 A. a. O., S. 3

77 Jung GW 12, S. 546 f. — Siehe auch den folgenden Passus in seinem Brief vom 6.11.1960 an L. Holliday, in (Briefe) Bd. 3, S. 357: »Der Mensch ist mit Mächten konfrontiert, die er selber schuf, aber nicht beherrschen kann. Im Grunde ist es die Situation des Primitiven, nur mit dem Unterschied, daß der Primitive sich nicht einbildet, Schöpfer seiner Dämonen zu sein. Die gleichen Dinge und Methoden, die den Menschen aus dem Dschungel in die Zivilisation führten, haben jetzt eine Autonomie erlangt, vor der er erschrickt; er erschrickt um so tiefer, als er keine Mittel und Wege sieht, mit ihnen fertig zu werden. Da er weiß, daß seine Menschenfresser von Menschen erschaffen wurden, lebt er in der Illusion, sie beherrschen zu können und beherrschen zu müssen — wie Goethes Zauberlehrling, der den Zauberspruch des Meisters sprach, seinen Besen lebendig machte und ihn nicht mehr bremsen konnte. Diese Illusion erhöht natürlich die Schwierigkeiten. In gewisser Beziehung wäre die Situation viel einfacher, wenn der Mensch seine ungebärdigen Monstren nach Art der Primitiven verstünde, nämlich als autonome Dämonen. Es sind ja nicht im objektiven Sinn Dämonen, sondern rationale Gebilde, die sich auf unerklärliche Weise unserer Kontrolle entziehen. Und doch befinden wir uns in Wirklichkeit immer noch im gleichen alten Dschungel, wo das Individuum von Gefahren bedroht ist — von Maschinen, Methoden, Organisationen etc., gefährlicher als wilde Tiere. Etwas hat sich offenbar überhaupt nicht geändert: wir haben den alten Dschungel mit uns genommen, doch das scheint niemand zu verstehen. Der Dschungel ist in uns, in unserem Unbewußten, und wir haben es fertiggebracht, ihn auf die Außenwelt zu projizieren, wo heute wieder Saurier ihre lustvollen Spiele treiben — in Gestalt von Autos, Flugzeugen und Raketen. (...) Sie müssen selbst urteilen, ob meine Auffassung pessimistisch oder optimistisch ist, aber ich bin ziemlich sicher, daß etwas Drastisches geschehen wird, die Träumer aufzuwecken, die schon unterwegs zum Mond sind.«

78 Horkheimer/Adorno, a. a. O., S. 39, 41. Daß auch die Kritische Theorie keineswegs unberührt ist von Denkfiguren der Gnosis, hat Bolz (1984) gezeigt.

79 A. a. O., S. 40, S. 3

80 Habermas (1983)

81 Max Horkheimer: Traditionelle und Kritische Theorie (1937) zit. bei Helmut Dahmer: Psychoanalyse und historischer Materialismus, in: Lorenzer/ Dahmer/ Horn u. a. (1971) S. 60-92, S. 78

82 In: Tillich GW Bd. XII, S. 13 ff. — Ich habe in den Jahren 1986 und 1987 von zahlreichen Tagungen und Seminaren über Paul Tillich gehört. Habe nur ich ihn in diesen Jahren »entdeckt«, oder ist eine Tillich-Renaissance im Gange? Wenn ja, warum?

83 So Horkheimer selber in einem Gespräch mit dem Süddeutschen Rundfunk aus Anlaß von Tillichs Tod, in: Werk und Wirken Paul Tillichs (1967) S. 16

84 Jung (Briefe) Bd. 3, S. 49. — Die geistigen Berührungspunkte zwischen Tillich und Jung behandeln z. B. Hummel (1972); Ira Progoff: The Man who transforms Consciousness: The Inner Myths of Martin Buber, Paul Tillich and C. G. Jung, in: Eranos-Jahrbuch 1966, S. 99-144. — In seinen letzten Lebensjahren hielt Tillich zwei Jahre lang ein Seminar gemeinsam mit Mircea Eliade, einem Mythenforscher und Religionsphilosophen, der seinerseits mit Jung gut bekannt und seit 1950 fast ununterbrochen Referent bei den Eranos-Tagungen war.

85 Es kann dabei dahingestellt bleiben, ob er mit dem Begriff »politische Romantik« den heraufziehenden Faschismus, den er treffen will, hart genug, die Romantik als geistesgeschichtliche Bewegung dagegen nicht zu hart trifft.

86 Folgender Passus in der »Dialektik der Aufklärung« (S. 40) ist z. B. nichts anderes als eine Zusammenfassung der Kritik, die Tillich an einem sozialistischen Denken übt, das den bürgerlichen Rationalismus noch überbieten zu sollen glaubt: »Die Herrschaft bis ins Denken selbst hinein als unversöhnte Natur zu erkennen aber vermöchte jene Notwendigkeit zu lockern, welcher als Zugeständnis an den reaktionären common sense der Sozialismus selbst vorschnell die Ewigkeit bestätigte. Indem er für alle Zukunft die Notwendigkeit zur Basis erhob und den Geist auf gut idealistisch zur höchsten Spitze depravierte, hielt er das Erbe der bürgerlichen Philosophie allzu krampfhaft fest.« Warum zitieren Horkheimer und Adorno ihren Lehrer nicht? Die Genauigkeit, mit der die Tillich die geistigen Voraussetzungen und die daraus zu erwartenden Folgen des Nationalsozialismus *vor dessen Machtergreifung* analysiert, ist dem meisten überlegen, was in den Jahrzehnten seit dessen Sturz an »Bewältigung der Vergangenheit« geleistet wurde.

87 Tillich (1962/1933) S. 240-243

88 A. a. O., S. 234

89 A. a. O., S. 339

90 A. a. O., S. 239

91 A. a. O., S. 311

92 A. a. O., S. 246. Auch diesen Gedanken haben Horkheimer/Adorno (a. a. O., S. 10) übernommen: »Auf welche Mythen der Widerstand sich immer berufen mag, schon dadurch, daß sie in solchem Gegensatz zu Argumenten

werden, bekennen sie sich zum Prinzip der zersetzenden Rationalität, das sie der Aufklärung vorwerfen.«

93 A.a.O., S.339
94 A.a.O., S.244. Bei Jung taucht dies als Mythologem vom »göttlichen Kind« auf.
95 A.a.O., S.313
96 Tillich (1954) S.259
97 Tillich (1962/1933) S.342
98 Horkheimer/Adorno, a.a.O.,
99 In: Werk und Wirken Paul Tillichs (1967) S.30-32
100 Jung war sich — »im Prinzip«, möchte man sagen — darüber im Klaren, daß seine Aussagen über menschliche Ganzheit keine begrifflichen Aussagen des Intellekts sein konnten: »Die Ganzheit ist empirisch nur in ihren Teilen und insofern diese Inhalte des Bewußtseins sind; aber als Ganzheit sind sie notwendig bewußtseinstranszendent.« Jung GW 12, S.215
101 Adorno (1982/1966) S.395; siehe auch M. Horkheimer in dem erwähnten Gespräch mit dem Süddeutschen Rundfunk nach Tillichs Tod: »Es gibt keine Philosophie, zu der ich ja sagen könnte, die nicht auch ein theologisches Moment in sich trägt.« Werk und Wirken Paul Tillichs (1967) S.16
102 Siehe oben die Literaturliste in Anm. 10 zu Kapitel 1. Siehe auch: Manfred Frank im Gespräch mit Florian Rötzer: Für die Verteidigung der Subjektivität, in: Frankfurter Rundschau, 6.9.1986; Brumlik (1986 a) und (1986 b)
103 Frank (1982)
104 A.a.O., S.59
105 Insofern ist die Überschrift zu diesem Kapitel 6 »Dialektik der Gegenaufklärung«, die natürlich als provokantes Pendant zur »Dialektik der Aufklärung« gewählt wurde, dann mißverständlich, wenn man unter »Gegenaufklärung« nur deren vernunft*feindliche* Radikalisierung versteht.
106 Ein Journalist (Lothar Orzechowski, in: Hessisch-Niedersächsische Allgemeine [Kassel] 16.3.1987) hat in einer trefflichen Glosse mit der Überschrift »Zauberei« diesen Rückschlag moderner Rationalität in den Mythos an einem aktuellen Beispiel demonstriert: »Was Wissenschaft und Technik angeblich mit Eifer besorgen, ist die Entzauberung der Welt. Kulturpessimisten beklagen den Verlust an Geheimnis, an Tiefe, an Dunkelheit. Das Leben wird immer prosaischer, heißt es. Alles wird durchleuchtet und berechnet. Die Phantasie stirbt aus und mit ihr das Staunen, das der Anfang der Philosophie ist. Die Wunder verschwinden, die Märchen. Ausgeräumt werden die stillen Nistplätze des Menschlichen. So die Klage. Und angeklagt ist niemand mehr als der Computer. Er steht für die durchgängige Verwandlung des Lebens in Information, sprich Wissen, was der Theorie nach auch stimmen würde, gäbe es nicht den Umschlag ins Extreme. Dafür sind die verschwundenen Millionen von Wolfsburg ein epochales Beispiel. Ein Konzern weiß nicht, was mit seinem Geld geschieht, bis es verloren ist. Es ist eine Geschichte zum Weiterträumen. Denn wenn man das Ganze nicht für eine sagenhafte Schlamperei halten soll, so muß man es für etwas halten, das anderweitig sagenhaft ist. Die

alten Geheimnisse kehren, in schlauerer Form, zurück. Das System ist leistungsfähiger geworden. Runde 480 Millionen Mark wegzuzaubern, wäre einem Betrüger konventionellen Stils schwer gefallen. Der Computer indes macht's möglich.« – Ein Teilnehmer bei einer Tillich-Tagung Ende August 1986 an der Evangelischen Akademie Hofgeismar prägte den Satz: »Das einzig Heilige in diesem Land sind die Geschäftsbücher.«

107 Raddatz (1984); Christian Graf von Krockow: Der Mut zum eigenen Denken, in: Die Zeit, 28.12.1984; Abgesang der Postmoderne. Die unvernünftige Rede vom Ende der Aufklärung, in: Evangelische Kommentare, Sept. 1985 (gezeichnet »hor«)

108 Günter Niklewski: Theorie als Inneneinrichtung, in: Kursbuch 78, Dezember 1984, S.1-7, S.6; siehe auch Tilman Spengler: Stirnwolkenbildung. Ein Plädoyer für theoretische Neugier, a.a.O., S.8-22

109 Dieter Hoffmann-Axthelm: Brauchbare Sinnlichkeit. Kurzer Problemkatalog zu Kükelhaus, in: Arch+, Nr. 78, Dezember 1984, S.57; vgl. auch Thaa (1985)

110 H.P. Duerr, Umschlagtext zu: H.P. Duerr (Hrsg.): Der Wissenschaftler und das Irrationale. Bd.2: Beiträge aus Ethnologie und Anthropologie, Frankfurt/M: Syndikat, 1981

Kapitel 7
Kellergeruch und Morgenluft. Ernst Bloch versus C.G. Jung

1 Helmut Fahrenbach: Vom ›Vorrang der Zukunft‹. Zur Kontroverse Bloch-Heidegger. Vortrag, gehalten am 10.10.1985 auf dem Internationalen Bloch-Symposion am 7.-11.10.1985 in Hamburg

2 Ernst Bloch: Imago an Menschen und Dingen (1927), in: GA 10, S.133-144, insb. S.142f: »Bei Jung freilich ist die Freude am Bild selber so groß, daß es weder heute noch morgen wirklich zu werden braucht ... es mag Jungs Mythologie die ›5.000 Jahre Zivilisation‹ von sich abschütteln, mit großem Stolz, doch die 5 Jahre Nachkriegsreaktion gehen der ›uralten‹, der ›zeitlosen‹ Seele außerordentlich nahe. In Archaismen läßt sich gut munkeln, wenig realisieren, und sicher geschieht nichts Neues unter ihrer Nacht.« Freilich finden sich in der Betrachtung auch anerkennende Bemerkungen: »Wie immer es sich mit diesen Definitionen Jungs verhalte und wie sehr ihre Mythologie gerade der ›sehr dünnen Schicht‹ des neunzehnten Jahrhunderts, ja der paar Jahre reaktionären Nachkriegs verhaftet sei: es ist mindestens das Eine daran richtig, daß ohne ›willkürliche Phantasietätigkeit‹ weder Form noch Gehalt der Imagines so fest, so bannend und autonom, so irrational durchgefärbt und auch so geschlossen sich letzthin hätten bilden können« (a.a.O., S.138). Es folgt dann in wenigen Sätzen skizziert, aber gedanklich völlig fertig die später in »Prinzip Hoffnung« dazu entwickelte These, die Archetypen seien nicht als Ausdruck

eines »Urvergangenen«, sondern »eines Noch-Nicht-Bewußten« zu verstehen (a. a. O., S. 143).

3 Bloch PH Bd. 1, S. 65
4 A. a. O., S. 182
5 A. a. O., S. 75
6 A. a. O., S. 151
7 A. a. O., S. 70
8 A. a. O., S. 68
9 A. a. O., S. 85
10 A. a. O., S. 42
11 A. a. O., S. 70
12 A. a. O., S. 182
13 Bloch GA 15, S. 158
14 Bloch PH Bd. 1, S. 61 f
15 Jung (Erinnerungen) S. 212
16 Jung GW 8, S. 214
17 Jung GW 12, S. 82
18 Jung (Gespräche) S. 47; siehe auch seine Schrift »Die Struktur des Unbewußten« aus dem Jahr 1916 (!), GW 7, S. 293: »Außerdem wissen wir nicht nur aus reichlicher Erfahrung, sondern auch aus theoretischen Gründen, daß das Unbewußte zudem all das Material enthält, das den Schwellenwert des Bewußtseins *noch nicht* erreicht hat. Das sind die Keime späterer bewußter Inhalte.« (Hervorhebung im Original) Ist die Konzeption eines Noch-Nicht-Bewußten danach wirklich eine ausschließliche Entdeckung Blochs? An anderer Stelle empfiehlt er, »auf die unbewußten Prozesse zu achten, die heute bei vielen Menschen künftige Entwicklungen vorwegnehmen«, weil sie »uns numinose Vorstellungen liefern, die unserem eigentlichen intellektuellen Stand voraus sind«. GW 18, 2. Halbband, S. 579
19 erstes Zitat: Jung GW 12, S. 165, zweites Zitat: GW 8, S. 239
20 erstes Zitat: Jung GW 7, S. 263, zweites Titat: GW 12, S. 43
21 Jung GW 8, S. 243
22 Bloch PH Bd. 1, S. 187 f
23 Bloch PH Bd. 1, S. 70
24 A. a. O., S. 90
25 Freud GW IX, S. 3
26 Bloch PH Bd. 1, S. 187-189, S. 132
27 A. a. O., S. 148
28 A. a. O., S. 186
29 A. a. O., S. 187
30 A. a. O., S. 184, 188
31 Bloch PH Bd. 2, S. 801
32 Gekle (1986); in ähnlichem Sinne auch Wurth (1987)
33 Auch Jung kritisiert Freud als rückwärtsgewandt — in Sätzen, die von Bloch stammen könnten: »So ist auch Freud ... eine Antwort auf die Krankheit des 19. Jahrhunderts. Das ist wohl sein Hauptsinn. Nach vorwärts bedeutet er kein Programm. (...) Er ist nicht nach vorwärts zu ver-

stehen. Alles in ihm ist rückwärts orientiert, und auch dies mit einseitiger Auswahl. Nur woher die Dinge kommen, interessiert ihn, nicht, wohin sie gehen.« C. G. Jung: Freud als kulturhistorische Erscheinung, in: GW 15, S. 43-52, S. 47 f. Freilich greift Jung — wie Bloch — mit solchen Aussagen zu kurz.

34 Jung GW 12, S. 114

35 Bloch PH Bd. 1, S. 116; auf S. 86 schreibt er sogar »C. G. Jung — Klages« wie einen Doppelnamen.

36 Jung GW 10, S. 205. Noch deutlicher wird Jung in einem Brief vom 3. 7. 1939 an Prof. J. Meinertz, (Briefe) Bd. 1, S. 344: »Hätte Klages eine einzige Neurose gründlich behandeln müssen, so hätte er den dicken Wälzer über den schädlichen Geist überhaupt nie zustande gebracht.«

37 Jung (Erinnerungen) S. 341 f, S. 329; siehe auch GW 8, S. 241: »Daß der Mensch Bewußtseinsfähigkeit besitzt, macht ihn überhaupt erst zum Menschen.« Und folgender, stark an Teilhard de Chardin gemahnender Passus in seinen Erinnerungen, S. 341 f: »Die Bedeutung des Bewußtseins ist so groß, daß man nicht umhin kann zu vermuten, es läge in all der ungeheuren, anscheinend sinnlosen biologischen Veranstaltung irgendwo das Element des Sinnes verborgen, welcher endlich den Weg zur Manifestation auf der Stufe der Warmblütigkeit und eines differenzierten Hirns wie zufällig gefunden hat.«

38 Siehe z. B. Bloch GA 4, S. 351-358. In »Prinzip Hoffnung« Bd. 1, S. 65 gibt Bloch die Berührung von Jung mit Bergsons »élan vital« zu — um sie gleich wieder zu leugnen.

39 Vgl. z. B. Steinacker-Berghäuser (1973); Münster (1982); Jürgen Habermas: Ernst Bloch — Ein marxistischer Schelling, in: ders.: Philosophisch-politische Profile, Frankfurt/M: Suhrkamp, 1981, S. 141 ff; Anton Christen (1979) — Man lasse sich folgendes Zitat des frühen Bloch (aus »Geist der Utopie«, 1918) auf der Zunge zergehen: »Wir gehen im Wald und fühlen, wir sind oder könnten sein, was der Wald träumt. (...) Wir haben es nicht, das, was dies alles um uns an Moos, sonderbaren Blumen, Wurzeln, Stämmen, Lichtstreifen ist oder bedeutet, weil wir es selbst sind und ihm zu nahe stehen.« GA 16, S. 81

40 Bloch PH Bd. 3, S. 1318

41 abgedruckt in: (Erinnerungen) S. 388 ff

42 Redaktion der Zeitschrift »Spuren«: Bloch 100. Fragestellungen zum Hamburger Bloch-Symposium 1985, in: Spuren Nr. 11/12, 1985, S. 48

43 Zudeick (1984) S. 59

44 Bloch GA 3, S. 306

45 Franz (1985) S. 229 Anm. 15

46 Jung GW 12, S. 42

47 Bloch PH Bd. 1, S. 101

48 Jung (Erinnerungen) S. 337

49 Bloch PH Bd. 3, S. 1139. Vgl. damit Erich Neumann (1980/1948) S. 5: »Die Gemeinschaft freier Individuen ist das nächste — noch ferne, aber am Horizont auftauchende — Ziel der Entwicklung.«

50 Zit. in: Zudeick (1984) S. 30
51 Eine interessante Auseinandersetzung mit Blochs Hiob-Deutung aus theologischer Sicht ist die Examensarbeit von Gerhard Pfleger (1974).
52 Bloch: Atheismus im Christentum, GA 14, S. 152
53 C. G. Jung: Antwort auf Hiob, in: GW 11, S. 409
54 Bloch, a. a. O., S. 151
55 Jung, a. a. O., S. 405
56 A. a. O., S. 406
57 A. a. O., S. 463
58 Bloch, a. a. O., S. 114
59 A. a. O., S. 110. Siehe auch Jungs Satz (GW 12, S. 20): der therapeutische
   Prozeß »zielt auf jenen verborgenen, noch nicht manifestierten ›ganzen‹
   Menschen, welcher zugleich der größere und zukünftige ist«. So hätte
   Bloch seinen ›homo absconditus‹ umschreiben können. — Von Bloch
   stammt der berühmte Satz: »Es ist das beste an der Religion, daß sie Ketzer hervorruft« (Bloch GA 14, S. 15). Wie heißt es bei Jung? »Der schöpferische Mystiker — und Gnostiker — war von jeher das Kreuz der Kirche.
   Aber diesen Leuten verdankt die Menschheit ihr Bestes« (Jung GW 14,
   2. Halbband, S. 133).
60 Tillich (1971/1961), und ders.: Das Recht auf Hoffnung, in: Ernst Bloch zu
   ehren — Beiträge zu seinem Werk, hrsg. von Siegfried Unseld, Frankfurt/
   M.: Suhrkamp, 1965, S. 265-276
61 Tillich (1962/1933) S. 244
62 Bloch GA 15, S. 31
63 A. a. O., S. 156
64 Vgl. Fahrenbach, a. a. O. (Anm. 1 zu Kapitel 7)
65 Franz (1985) S. 207
66 A. a. O., S. 113
67 A. a. O., S. 103
68 Gerhard Schulz: Ein Imperator im Reiche des Geistes. Ernst Blochs Briefe
   aus den Jahren 1903-1975, Rezension, in: Frankfurter Allgemeine Zeitung,
   24. 8. 1985
69 Lohmann (1985)
70 E. Bloch (1972/1934-39) S. 311. Zur Kritik des Stalinismus bei Bloch siehe
   auch: Jan Robert Bloch: Wie können wir verstehen, daß zum aufrechten
   Gang Verbeugungen gehören? Referat zum Symposium »Die Philosophie
   des aufrechten Gangs — Zum 10. Todestag von Ernst Bloch«, Zagreb,
   28.-30. 5. 1987, unveröff. Ms.
71 Zit. bei Franz (1985) S. 147 f. Siehe auch Brumlik (1985 b)
72 Franz (1985) S. 113, auch S. 148
73 Bloch PH Bd. 1, S. 67
74 Horst v. Gizycki: Sozialpsychologische Notizen zum wiedererwachten
   Heimat-Interesse. Eröffnungsansprache zur Ausstellung »Heimat — Alp-
   traum und Sehnsucht«, in: Ausstellungskatalog, hrsg. von der Ev. Akademie Hofgeismar 1985, S. 7 ff, S. 16
75 Jung GW 8, S. 449

76 So Franz, a. a. O., S. 147

77 Siehe die Literatur-Nachweise in Anm. 24 zu Kapitel 6, sowie Wilson (1985)

78 Bloch PH Bd. 1, S. 166

79 Bloch GA 14, S. 86

80 A. a. O., S. 80

81 »Um aber die Dunkelheit [des Unbewußten, T. E.] durchdringen zu können, müssen wir alles aufbieten, was unser Bewußtsein an Erleuchtungsmöglichkeiten besitzt.« Jung GW 8, S. 445

82 Bloch PH Bd. 1, S. 229

83 A. a. O., S. 181

84 Die Abwehr ist allerdings gegenseitig: Der Eranos-Kreis brachte es fertig, im Jahr 1963 seine jährliche Tagung unter das Thema »Vom Sinn der Utopie« zu stellen, ohne daß im entsprechenden Tagungsbericht (Eranos-Jahrbuch 1963) der Name Bloch vorkäme.

85 Zwei Nachbetrachtungen zu diesem Kapitel:

1. Der vorstehende Text war im Manuskript abgeschlossen, als mir das Buch von *Gerhard Bartning* (1978) in die Hände fiel — die wohl einzige Buchveröffentlichung, die die Kontroverse Bloch-Jung im Titel führt, und überhaupt die einzige mir bekannte ernstliche Auseinandersetzung mit dem Thema. (Die Arbeit von Carraro [1984], Absolvent des C. G. Jung-Instituts Zürich, kann ich nicht dazu zählen, da sie keinerlei Gespür für das Spannungsverhältnis zwischen beiden entwickelt und in schlecht Jungianischer Manier lediglich Blosch'sche Begriffe in Jung'sche umetikettiert.) Die Übereinstimmungen zwischen Bartnings und meiner Einschätzung der Kontroverse reichen bis in Einzelheiten hinein. Dennoch ist der vorliegende Versuch durch das weitläufige opus von Bartning nicht erledigt: Bartning nimmt die Polemik von Bloch gegen Jung mehr als Anlaß und lockeren Rahmen für ein eigenes Nachdenken über die Spannung zwischen dem »Woher« und dem »Wohin« menschlicher Existenz; dazu begibt er sich auf eine weitverzweigte Reise durch die zeitgenössische deutsche und französische Anthropologie, innerhalb derer die Aussagen zum Verhältnis Bloch-Jung fast randlich bleiben (S. 7-20, 366-381, 437-442, 452 f). Sein Interesse gilt dem Verhältnis zwischen Archetypischem und Utopischem, Ursprung und Ziel in heutigen philosophischen Entwürfen vom Menschen, bezogen auf einen Hintergrund christlicher Eschatologie. Er läßt daher Bloch gar nicht erst als Vertreter aufklärerisch-sozialkritischen Denkens gegen Jung antreten, sondern zitiert beide als prototypische Vertreter unterschiedlicher, aber komplementär zusammengehöriger Standpunkte innerhalb der heutigen philosophischen Anthropologie. Dadurch ist die Differenz zwischen beiden ihrer politischen Spitze entkleidet und erscheint philosophisch auflösbar.

2. Der Betrachtung des Verhältnisses zwischen Bloch und Jung ließe sich ohne Schwierigkeit eine ähnliche zum Verhältnis von *Erich Fromm* zu Jung anschließen: Auch hier Gegensätze, die im politischen Bereich ihre schärfsten Spitzen haben, aber auch Gemeinsamkeiten des Denkens, die weiterverweisen auf Momente von Berührung und Abstoßung der dahinterste-

henden Persönlichkeitsstrukturen. Fromm billigt Jung enorme intuitive Fähigkeiten zu und teilt dessen grundlegende Kritik an Freud, das Unbewußte sei nicht nur auf die frühkindliche Sexualentwicklung zu beziehen, sondern in den weiten Horizont der mythischen und religiösen Überlieferungen zu stellen. Im Umgang mit diesem Schatz an menschheitlichem Wissen wirft Fromm ihm jedoch Ungenauigkeit und mangelnde Wahrheitsliebe vor, die er auf einen persönlichen Grundzug der Unaufrichtigkeit Jungs sich selbst gegenüber zurückführt. Diese Einschätzung behält Fromm ungebrochen sein gesamtes wissenschaftliches Leben hindurch bei; vgl. z.B. seine Rezension zu Jungs »Wirklichkeit der Seele« aus dem Jahr 1935 (Fromm GA 8, S.123 ff): »Es ist bedauerlich zu sehen, daß die Mühe, die Jung auf klares und durchdringendes Denken verwendet, immer geringer wird und damit auch die Fruchtbarkeit seiner intuitiven Begabung«, und seine Rezension von Jungs Erinnerungen fast dreißig Jahre später, aus dem Jahr 1963 (S.125 ff): »Jung war ein Mensch, der unbarmherzig von den Furien der Unsicherheit, Destruktivität und Einsamkeit verfolgt wurde; ... (er) würde zumindest mein eigenes tiefes Mitgefühl erwecken, wenn nicht Jung seine Unfähigkeit, die Wahrheit zu erkennen, mit einem so hochgradigen Opportunismus verbunden hätte, daß er als tragischer Held oft dem Rattenfänger von Hameln gleicht.« Solche wuchtigen Sätze der Kritik schmerzen, weil sie von einem Denker stammen, der — wie Bloch — Vorarbeit geleistet hat bei dem gesuchten Grenzgang zwischen Gesellschaftlichem und Psychischem. Andererseits lädt jeder seiner Sätze — wiederum wie bei Bloch — zu Umkehrschlüssen auf die Person des Sprechenden ein. (Übrigens vermerkt Fromm an dieser Stelle [S.126] auch, Jung weise eine »bemerkenswerte Verwandtschaft« mit Luther auf — eine Persönlichkeit, mit der Fromm sich intensiv auseinandergesetzt hat.)
Ein typischer Passus von Fromm über Jung lautet: »Die bemerkenswerteste Ausnahme dieser psychoanalytischen Richtung ist C.G. Jung. Er erkannte die enge Verwandtschaft von Psychologie und Psychotherapie mit den philosophischen und moralischen Problemen des Menschen. Aber so wichtig Jungs Erkenntnis auch ist, so führte seine philosophische Orientierung doch nur zu einer Reaktion gegen Freud, nicht zu einer philosophisch orientierten Psychologie, die über Freud hinausgeht. Für Jung sind ›Unbewußtes‹ und Mythos Erkenntnismöglichkeiten, die angeblich dem rationalen Denken ihres irrationalen Ursprungs wegen überlegen sein sollen. Die Stärke der monotheistischen westlichen Religionen, ebenso die der großen Religionen Indiens und Chinas, beruhte darauf, daß sie die Wahrheit suchten und gleichzeitig den Anspruch erhoben, im Besitz des wahren Glaubens zu sein. (...) In seiner eklektischen Bewunderung für das Religiöse schlechthin hat Jung diesen Erkenntnisweg aufgegeben. Für ihn hat jedes System — wenn es nur nicht rational ist —, jeder Mythos oder jedes Symbol den gleichen Wert. Im Bereich des Religiösen endigt er im Relativismus, den er so leidenschaftlich bekämpft. Dieser Irrationalismus, gleichgültig, ob er sich in psychologische, philosophische, rassische oder politische Begriffe kleidet, ist kein Fortschritt, sondern Reaktion. (...) Nicht weniger, sondern

mehr Vernunft und ein unermüdliches Suchen nach der Wahrheit kann die Irrtümer eines einseitigen Rationalismus korrigieren. Auf keinen Fall aber ein pseudoreligiöser Obskurantismus.« (1978/1947, S. 8 f)

Anders als bei Bloch bleiben solche Aussagen bei Fromm nicht ohne versöhnende Gegengewichte, die auf eine eigene Ambivalenz schließen lassen: »C.G. Jung unternahm den gleichen Versuch [der Suche nach menschlichem Grunderleben, T. E.] auf eine andere Weise, die in vieler Hinsicht subtiler ist als die Freuds. Er interessierte sich besonders für die verschiedenen Mythen, Rituale und Religionen. Er benutzte den Mythos auf geniale Weise als Schlüssel zum Verständnis des Unbewußten und baute so eine Brücke zwischen Mythologie und Psychologie, die systematischer und weitreichender war als alle Theorien seiner Vorgänger.« (1977/1973, S. 257)

Wie Jung verläßt Fromm den sexuell gefärbten Libido-Begriff in Richtung auf eine allgemeine psychische Energie (z.B. 1979, S. 139). Sein Konzept eines gesellschaftlichen Unbewußten hat Berührungen mit Jungs Begriff der »persona« (mit dem Unterschied freilich, daß Jung die sozialen und politischen Konsequenzen einer solchen Persönlichkeits-Schablone nicht sieht, die Fromm z. B. in »Furcht vor der Freiheit« exemplarisch darlegt). Vor allem aber teilt Fromm Jungs Vorstellung von einer in der Persönlichkeit angelegten Aufgabe der Individuation hin zu einem »Selbst«, das letztlich nur transzendent zu begreifen ist — mit der Folge, »daß die Psychoanalyse als ›Seel-Sorge‹ eine ausgesprochen religiöse Aufgabe in diesem Sinne hat, obwohl sie gewöhnlich zu einer eher kritischen Einstellung gegenüber theistischen Dogmen führen wird« (1981/1950, S. 82). »Die paradoxe Lebensaufgabe des Menschen besteht darin, seine Individualität zu verwirklichen und sie gleichzeitig zu transzendieren, um zum Erlebnis der Universalität zu gelangen. Nur das ganz entwickelte individuelle Selbst kann das Ego aufgeben. (...) Die Entwicklung der Religion steht in engem Zusammenhang mit der Entwicklung des Menschen zum Bewußtsein seiner selbst und mit seiner Individuation« (1981/1962, S. 163, 143 f). Ohne den Begriff des kollektiven Unbewußten von dem 25 Jahre älteren Jung zu übernehmen, teilt er doch dessen wesentliche »Prämisse, daß es unveränderliche Gesetze gibt, die der menschlichen Natur und dem Gelingen des Menschen eigen sind und die in allen Kulturen wirksam sind. Diese Gesetze können nicht ohne schwere Schädigung der Persönlichkeit verletzt werden« (Fromm 1981/1950, S. 80). »Freud sah nicht, daß das menschliche Wesen von frühester Kindheit an in mehreren Kreisen lebt. Der engste dieser Kreise ist die Familie, der nächste ist die soziale Klasse, der dritte ist die Gesellschaft, ... der vierte sind die biologischen Bedingungen eines jeden menschlichen Wesens, die auch für ihn gelten, und schließlich ist er Teil eines größeren Kreises, über den wir fast nichts wissen, der aber mindestens unser Sonnensystem umfaßt« (1979, S. 80). An mystischem Welterleben stand Fromm also Jung in nichts nach! Wäre Jung je so weit gegangen, eine eschatologische »Stadt des Seins« (1979/1976, S. 193) als greifbares Menschheitsziel auszumalen?

Paul Tillich, von dem Fromm seinen emphatischen Begriff des Seins wohl hat, verteidigte Jung übrigens in einer Rezension aus dem Jahr 1951 zu Fromms »Psychoanalyse und Religion« gegen dessen Vorwurf des pseudoreligiösen Psychologismus: »Was Jung anlangt, so bezweifle ich stark, ob man ihm Psychologismus vorwerfen darf. Nach dem, was ich von seiner Lehre mittelbar und unmittelbar weiß, haben Ausdrücke wie ›Archetyp‹ und ›das kollektive Unbewußte‹ ontologischen Rang, obwohl Jung sehr zurückhaltend war, sie näher zu beschreiben. Aber die wichtige Frage ist, ob eine psychologische Einstellung zur Religion die ontologische Frage vermeiden kann — die Frage nach dem, was die Seele transzendiert. (...) Ich glaube nicht, daß man dieser Frage ausweichen kann, auch nicht durch eine Haltung, die Fromm den ›humanistischen‹ Typ der Religion nennt.« Tillich GW 12, S. 334

Fromms Besprechung von Jungs Erinnerungen endet damit, dessen Werk als »brillianten Obskurantismus« zu apostrophieren (Fromm GA 8, S.130). In den Bildgehalten dieser Bezeichnung gehen Licht und Dunkel eine widersprüchliche Verbindung ein; auf ihre Grundbestandteile zurückgeführt, hieße das »helles Dunkel«. Ergibt sich ein Hinweis auf Fromms eigene Persönlichkeit und Weltsicht, aus der heraus er seine Kritik an Jung formuliert, wenn man die Bedeutungsgehalte einmal komplementär vertauscht zu »dunkles Licht«?

Kapitel 8
Wohin das führt. Individuation und Politik

1 Vgl. Evers (1983)
2 Nitzschke (1985)
3 Zur Lippe (1975) S. 95
4 Täube (1980/1977) S. 125
5 Negt (1984) S. 122
6 Dürckheim: Alltag als Übung (1980/1966)
7 Deshalb hat z. B. ein Politikentwurf wie der von Thomas Ebermann und Rainer Trampert (Die Zukunft der Grünen. Ein realistisches Konzept für eine radikale Partei, Hamburg: Konkret Literatur, 1984) soviel mitreißende Kraft wie ein Kursbuch der Bundesbahn.
8 Vgl. z. B. Horn (1984); Horn/Senghaas-Knobloch (1983); sowie die Arbeiten von Bauriedl
9 Monika Griefahn (Hrsg.): Greenpeace — Wir kämpfen für eine Umwelt, in der wir leben können, Reinbek: Rowohlt, Kapitel: »Die Kämpfer vom Regenbogen« (zit. nach FR, 3.3.1983)
10 Vgl. Marks (1984) S. 16; Fromm (1979/1976)
11 Vielleicht ist das sich mit dem Stichwort »Rhythmus« aufdrängende Bild von sich überlagernden Schwingungsrhythmen mit ihren gegenseitigen

Interferenzen, Verstärkungen und Durchkreuzungen mehr als eine bloße Metapher; das legt jedenfalls das Buch von Ernst Joachim Behrend: Nada Brahma — Die Welt ist Klang (Frankfurt/M: Insel, 1983) nahe.

12 Der große Vorläufer ist natürlich Wilhelm Reich. In der Nachkriegszeit waren wohl die Arbeiten von Marcuse am einflußreichsten. Ein neuerer Versuch in dieser Richtung ist der von Gizycki (1983).

13 Boff (1983)

14 Von Leonardo Boff siehe auch: Das mütterliche Antlitz Gottes. Ein interdisziplinärer Versuch über das Weibliche und seine religiöse Bedeutung, Düsseldorf: Patmos, 1985, in dem er sich ausdrücklich auf C. G. Jung und Erich Neumann bezieht.

15 Peter Brückner, hektografierte Tonbandabschrift des Referats »Gewalt und Solidarität« am 10.12.1974 im Auditorium Maximum der Universität Marburg, Ev. Studentengemeinde Marburg: ESG info, S. 10

16 Wer sich auf dem heutigen Büchermarkt umsieht, wird viele Schriften finden, die von solchen Modellen berichten und sie theoretisch weiterdenken. Ein plastischer Erfahrungsbericht ist der von Marks (1984). Siehe auch Bahro, insb. (1984); Ernst-Bloch-Tage Tübingen; Callenbach (1978); Capra (1983); Dauber/Simpfendörfer (1981); Duhm (1975) und (1982); Eppler/Ende/Täckl (1982); Evers (1983); Fromm (1979/1976); von Gizycki (1983); Horn/Senghaas-Knobloch (1983); Horx/Sellner/Stephan (1983); Inglehart (1979); Jungk (1976) und (1983); Knäpper (1984); Konrád (1985); Kumar/Hentschel (1985a) und (1985b); Langhans (1982); Lenz (1979); Negt/Kluge (1981); Rosenberg (1971/1958); Rückkehr des Imaginären (1981); Täube (1980/1977); Wagner (1986); Wege des Ungehorsams (1984); Weiss (1975-81)

17 Schmitt (1961/1923) S. 80

18 A.a.O., S. 89

19 A.a.O., S. 88 f

20 Jung (Gespräche) S. 83

21 »Jede Organisation, in welcher die Stimme des einzelnen nicht mehr gehört wird, steht in der Gefahr, zu einem untermenschlichen Monstrum zu entarten.« Jung, Brief vom 16.1.1940 an E. Lauchenauer, in (Briefe) S. 354. Der Ungar Konrád (1985) spricht von »Antipolitik«. Er meint damit nicht Politikverweigerung (die es nicht geben kann), sondern in analoger Weise ein politisches Denken »von unten«, dem Einzelnen und seiner erfahr- und fühlbaren Realität her, als Gegengewicht zur Politik der Apparate.

22 Ein neuerer Versuch in dieser Richtung ist das Buch von Schellenbaum (1987).

Bibliographie

Adorno, Theodor W.: Minima Moralia. Reflexionen aus dem beschädigten Leben, Frankfurt/M: Suhrkamp, 1985/1951
— Negative Dialektik, Frankfurt/M: Suhrkamp, [3]1982/1983
— Aufsätze zur Gesellschaftstheorie und Methodologie, Frankfurt/M: Suhrkamp, 1970/1955-69
Alt, Franz: Frieden ist möglich. Die Politik der Bergpredigt, München: Piper, 1983
— (Hrsg.) Das C.G. Jung-Lesebuch. Ausgewählt von F. Alt, München: Ullstein, 1986
Anrich, Erich: Die Einheit der Wirklichkeit. Moderne Physik und Tiefenpsychologie, Fellbach: Adolf Bonz, [2]1980/1963
Aspekte analytischer Psychologie. Zum 100. Geburtstag von C.G. Jung. Hrsg. von Hans Dieckmann, C.A. Meier und H.-J. Wilke. Basel/München/Paris/London/New York/Sydney: Karger, 1975

Bahro, Rudolf: Die Alternative, Frankfurt/M: Europäische Verlagsanstalt, 1978
— Elemente einer neuen Politik. Zum Verhältnis von Ökologie und Sozialismus, Berlin: Olle & Wolter, 1980
— Wahnsinn mit Methode. Über die Logik der Blockkonfrontation, die Friedensbewegung, die Sowjetunion und die DKP, Berlin: Olle & Wolter, 1982
— Spirituelle Gemeinschaften als soziale Intervention, in: Radikalität im Heiligenschein. Zur Wiederentdeckung der Spiritualität in der modernen Gesellschaft. Mit Beiträgen von R. Bahro, J. Foudraine, E. Fromm und A. Holl. Berlin: Herzschlag, 1984. Auch in: Kommune (Frankfurt) Nr. 9, September 1984, S. 35-40
Balmer, Heinrich: Die Archetypentheorie von C.G. Jung. Eine Kritik, Berlin/Heidelberg/New York: Springer, 1972
Bavink, Bernhard: Die Naturwissenschaften auf dem Weg zur Religion, Basel: Morus, 1948
Barthes, Roland: Mythen des Alltags. Frankfurt/M: Suhrkamp, [8]1986/1957
Bartning, Gerhard: Das Neue und das Uralte. Über das utopisch-archetypische Spannungsfeld in der neueren philosophischen Anthropologie und den Hintergrund der Polemik Ernst Blochs gegen Carl Gustav Jung, Bonn: Bouvier, 1978
Bateson, Gregory: Ökologie des Geistes. Anthropologische, psychologische, biologische und epistemologische Perspektiven. Frankfurt/M: Suhrkamp, 1981
— Geist und Natur. Eine notwendige Einheit, Frankfurt/M: Suhrkamp, [3]1984/1979
Bauriedl, Thea: Psychoanalyse ohne Couch. Zur Theorie und Praxis der angewandten Psychoanalyse, München/Wien/Baltimore: Urban und Schwarzenberg, 1985

- Die Wiederkehr des Verdrängten. Psychoanalyse, Politik und der Einzelne, München: Piper, 1986
- Der Gewalt widerstehen. Über psychische Gesundheit und politische Widerstandsfähigkeit, in: Anmerkungen aus dem Institut für Politische Psychoanalyse München, Nr. 2, März 1987, S. 63-86

Becker, Hellmut/Carl Nedelmann: Psychoanalyse und Politik, Frankfurt/M: Suhrkamp, 1983

Bennet, Edward A.: C.G. Jung. Einblicke in Leben und Werk, Zürich und Stuttgart: Rascher, 1963

Berman, Morris: Wiederverzauberung der Welt. Am Ende des Newtonschen Zeitalters, Reinbek: Rowohlt, 1985/1981

Bernfeld/Reich/Jurinetz u.a.: Psychoanalyse und Marxismus. Dokumentation einer Kontroverse, Frankfurt/M: Suhrkamp, 1970

Bernet, Walter: Inhalt und Grenze der religiösen Erfahrung. Eine Untersuchung der Probleme der religiösen Erfahrung in Auseinandersetzung mit der Psychologie C.G. Jungs, Zürich: Haupt, 1955

Bloch, Ernst: Gesamtausgabe (GA), 16 Bde, Frankfurt/M: Suhrkamp, 1959 ff
- Das Prinzip Hoffnung (PH), 3 Bde, Frankfurt/M: Suhrkamp, [7]1980
- Vom Hasard zur Katastrophe. Politische Aufsätze aus den Jahren 1934-1939, Frankfurt/M: Suhrkamp, 1972
- Gespräche mit Ernst Bloch. Hrsg. von Rainer Traub und Harald Wieser, Frankfurt/M: Suhrkamp, 1975

Ernst-Bloch-Tage Tübingen: Politisches Bewußtsein ohne herrschaftliche Rationalität? 2. Ernst-Bloch-Tage, 1981, hrsg. vom Sozialistischen Zentrum Tübingen, Vorbereitungsbroschüre

Bloch, Jan Robert/Wilfried Maier (Hrsg.): Wachstum der Grenzen. Selbstorganisation in der Natur und die Zukunft der Gesellschaft, Frankfurt/M: Sendler, 1984

Blomeyer, Rudolf: Die Spiele der Analytiker. Freud, Jung und die Analyse. Aufsätze aus den Jahren 1971-1981. Olten und Freiburg, 1982

Blumenberg, Hans: Arbeit am Mythos, Frankfurt/M: Suhrkamp, 1979

Boff, Leonardo: Zärtlichkeit und Kraft. Franz von Assisi, mit den Augen der Armen gesehen, Düsseldorf: Patmos, 1983

Bohrer, Karl Heinz (Hrsg.): Mythos und Moderne, Frankfurt/M: Suhrkamp, 1983
- (Hrsg.): Zerstören und bewahren. Sonderheft Merkur, Nr. 439/440, Sept./Okt. 1985, Stuttgart: Klett-Cotta

Bolz, Norbert: Erlösung als ob. Über einige gnostische Motive der Kritischen Theorie, in: Taubes (Hrsg.) (1984) S. 264-289
- Das romantische Rezidiv. Anonymes Denken und neue Mythologie, in: taz, 20.9.1986

v. Bormann, Alexander: Mythos und Subjekt-Utopie. Bemerkungen zur gegenwärtigen Mythos-Diskussion, in: L'80, Nr. 34, Juni 1985, S. 29-46

Bräutigam, Walter: Rückblick auf das Jahr 1942. Betrachtungen eines psychoanalytischen Ausbildungskandidaten des Berliner Instituts der Kriegsjahre, in: Psyche, Nr. 10/1984, S. 905-914

Brecht, Karen u.a.: (Hrsg.): »Hier geht das Leben auf eine sehr merkwürdige Weise weiter...« Zur Geschichte der Psychoanalyse in Deutschland, Hamburg: Michael Kellner, 1985

Brome, Vincent: Sigmund Freud und sein Kreis. Wege und Irrwege der Psychoanalyse, München: List, 1969/1967

Brückner, Peter: Zerstörung des Gehorsams. Aufsätze zur Politischen Psychologie, Berlin: Wagenbach, 1983/1965-78

— Selbstbefreiung. Provokation und soziale Bewegungen, Berlin: Wagenbach, 1983/1970-81

— Vom unversöhnlichen Frieden. Aufsätze zur politischen Kultur und Moral, Berlin: Wagenbach, 1984/1955-82

Brumlik, Micha: Alt, Rinser, Jung u.a. Über den neuen christlich-feministischen Antijudaismus, in: links (Offenbach) April 1985, Nr. 181, S.35-37 (1985a)

— Ernst Blochs ›Erbschaft dieser Zeit‹ — Eine politische Fehldiagnose?, in: links (Offenbach) Nr. 187, Oktober 1985, Sondernummer zu den 3. Ernst-Bloch-Tagen in Tübingen, S.23-26, mit Replik von Winfried Thaa: Aufklärung, betriebsblind, a.a.O., S.36 f (1985b)

— Die Renaissance der Gottmenschen. C.G. Jung und seine Jünger, in: Psychologie heute, Februar 1986, S.51-55 (1986a)

— Die Zermürbung der Aufklärung durch den Alltag. Über den heutigen Irrationalismus, in: links (Offenbach) Nr. 195, Juni 1986, S.32-34 (1986b)

Buber, Martin: Ich und Du, Heidelberg: Lambert Schneider, [11]1983/1923

— Gottesfinsternis, in: M. Buber Werke Bd.1, München: Kösel und Heidelberg: Lambert Schneider, 1962/1952, S.503-603

— Religion und modernes Denken, in: Merkur, Jg. 6, 1952, S.101-120

Busch, Hans-Joachim/Heinrich Deserno: Sozialforschung und Psychoanalyse als repolitisierende Praxis. Klaus Horn zum Gedenken. Frankfurt/M: Materialien aus dem Sigmund-Freud-Institut, Nr. 2, 1986

Callenbach, Ernest: Ökotopia. Notizen und Reportagen von William Weston aus dem Jahre 1999, Berlin: Rotbuch, 1978

Capra, Fritjof: Wendezeit. Bausteine für ein neues Weltbild. München: Scherz, 1983

Carotenuto, Aldo (Hrsg.): Tagebuch einer heimlichen Symmetrie. Sabina Spielrein zwischen Jung und Freud, Freiburg: Core, 1986

Carraro, Lucio: Il principio di speranza di E. Bloch e il processo di individuazione di C.G. Jung, Zürich: C.G. Jung-Institut, unveröffentl. Diplomarbeit 1984

Cassirer, Ernst: Philosophie der symbolischen Formen, 3.Bde., Darmstadt: Wissenschaftliche Buchgemeinschaft, 1953-54/1923-29

Christen, Anton F.: Ernst Blochs Metaphysik der Materie, Bonn: Bouvier, 1979

Dahmer, Helmut (Hrsg.): Analytische Sozialpsychologie, 2.Bde., Frankfurt/M: Suhrkamp, 1980

Dätwyler, Philippe (Hrsg.): Not-Wendigkeiten. Auf der Suche nach einer neuen Spiritualität. Dreizehn Essays, Zürich: Arche, 1985

Dauber, Heinrich/Werner Simpfendörfer: Eigener Haushalt und bewohnter Erdkreis. Ökologisches und ökumenisches Lernen in der »Einen Welt«, Wuppertal: Hammer, 1981

Deleuze, Gilles/Félix Guattari: Anti-Ödipus. Kapitalismus und Schizophrenie, Frankfurt/M: Suhrkamp, 1977/1972

Dieckmann, Hans: Psychologische Gedanken zum Problem der atomaren Bedrohung, in: Analytische Psychologie Jg. 15, 1984, S.19-36

— Feindbilder, in: Wege zum Menschen, 37. Jg., 1985, S.50-58

Dieckmann, Hans/Eberhard Jung: Weiterentwicklung der Analytischen (Komplexen) Psychologie, in: Die Psychologie des 20. Jahrhunderts (Enzyklopädie) Bd. III, 1977, S.853-912

Diktatur der Freundlichkeit: Über Baghwans Ashram-Bewegung, die kommende Psychokratie und die Lieferanteneingänge zum wohltätigen Wahnsinn. Hrsg. von der Initiative Sozialistisches Forum Freiburg, Freiburg: Ça-ira, 1984

Drewermann, Eugen: Tiefenpsychologie und Exegese, Olten: Walter, Bd.1: 1984, Bd.2: 1985

Duerr, Hans Peter (Hrsg.): Der Wissenschaftler und das Irrationale, Bd. 2: Beiträge aus Philosophie und Psychologie, Frankfurt/M: Syndikat, 1981

Duhm, Dieter: Der Mensch ist anders, Lampertheim: Kübler, 1975

— Aufbruch zur neuen Kultur. Von der Verweigerung zur Neugestaltung. Umrisse einer ökologischen und menschlichen Alternative, München: Kösel, 1982

Dürckheim, Karlfried Graf: Alltag als Übung, Bern/Stuttgart/Wien: Hans Huber, ⁶1980/1966

— Vom doppelten Ursprung des Menschen, Freiburg/Basel/Wien: Herder, 1973

— Zen und wir, Frankfurt/M: S. Fischer, 1974

— Erlebnis und Wandlung. Grundfragen der Selbstfindung, München/Wien: Barth, ²1982/1978

Ellenberger, Henry F.: Die Entdeckung des Unbewußten, Zürich: Diogenes, 1985/1973

Eppler, Erhard/Michael Ende/Hanne Tächl: Phantasie, Kultur, Politik. Protokoll eines Gesprächs, Stuttgart: Weitbrecht, 1982

Eranos-Jahrbücher. Hrsg. 1933-1961 von Olga Fröbe-Kapteyn, seit 1962 von Adolf Portmann u.a., Zürich: Rhein, 1933 ff

Erlenmeyer, Arvid: Die Wirkung geschichtlicher Ereignisse auf die Psyche (Die Wirklichkeit des Bildes — Das Bild der Wirklichkeit). Ein Beitrag aus einer Arbeitsgruppe des ökologischen Seminars von U. und H. Dieckmann, in: Analytische Psychologie Jg. 15, 1984, S.273-284

Erlenwein, Peter: Individuation und Begegnung. Überlegungen zum Verhältnis von Tiefenpsychologie und Religion anhand der Werke C. G. Jungs und M. Bubers, in: Zeitschrift für Religions- und Geistesgeschichte (Köln), 39. Jg., Heft 1, 1987, S.69-83

Esoterik oder die Macht des Schicksals, Berlin: Kursbuch 86, November 1986

Evers, Tilman: Etatism vs. Immediatism: Conflicting Notions of Politics in Western Germany. Paper presented to the session ›The Constitution of

Political Agents‹, IPSA XXIIth World Congress, Rio de Janeiro, 9.-
14.8.1982, in: Homines (San Juan, Puerto Rico) Nr. 1/1986, S. 211-224
— Politik und Erste Person. Frage nach dem Subjekt in den grün/alternativen
Bewegungen, Berlin/Todtmoos-Rütte: hektogr., 1983
— ›Basisdemokratie‹ in Search of its Subject. New Social Movements and Poli-
tical Culture in West Germany, in: Praxis International Vol. 4, No. 2, July
1984, S.137-150
— Identity: The Hidden Side of New Social Movements in Latin America, in:
David Slater (ed.): New Social Movements and the State in Latin America,
Amsterdam: CEDLA, 1985, S.43-71
— Von C.G. Jung zu Erich Neumann. — Zur Polarität von Mythos und
Emanzipation. Zwei Vorträge, gehalten in Todtmoos-Rütte. Hofgeismar:
hektogr., 1986 a
— Mehr Demokratie durch Volksentscheid? in: Kritische Justiz Jg. 19, Heft 4/
1986, S. 423-434 (1986 b)
— C. G. Jung — Psychologie und Gnosis. Vortrag 9.7.1987 in der Vortrags-
reihe »Philosophie, Mystik, Gnosis« an der Universität Witten/Herdecke
(Veröffentlichung der Vortragsreihe i. V., hrsg. von Peter Koslowski)
— (Hrsg.): Autonomie als Verfassungsprinzip? Neue Formen von Protest und
Partizipation — auf der Suche nach ihrem staatstheoretischen und verfas-
sungsrechtlichen Ort. Protokoll einer Tagung der Evangelischen Akademie
Hofgeismar, 20.-22. Juni 1986, Serie Hofgeismarer Protokolle Nr. 233, 1987
Existenzwissen. Redaktion der Frankfurter Hefte (Hrsg.), Frankfurter Hefte,
Extra-Nr. 5, 1983

Flickinger, Hans Georg: Das verschwundene Subjekt in der Marxschen Theorie, in: M. Grauer/G. Heinemann/W. Schmied-Kowarzik (Hrsg.): Die Praxis und das Begreifen der Praxis, Kassel: Gesamthochschule, IAG Philoso-
phische Grundlagen, 1985
Fietkau, Hans-Joachim: Bedingungen ökologischen Handelns. Gesellschaftli-
che Aufgaben der Umweltpsychologie, Weinheim und Basel: Beltz, 1984
Frank, Manfred: Der kommende Gott. Vorlesungen über die Neue Mytholo-
gie, Frankfurt/M: Suhrkamp, 1982
Franz, Trautje: Revolutionäre Philosophie in Aktion. Ernst Blochs politischer
Weg, genauer besehen, Hamburg: Junius, 1985
Freud, Ernst/Lucie Freud/Ilse Grubrich-Simitis (Hrsg.): Sigmund Freud. Sein
Leben in Bildern und Texten, Frankfurt/M: Suhrkamp, 1985
Freud, Sigmund: Gesammelte Werke (GW), Frankfurt/M: Fischer, 1940 ff
Freud, Sigmund und Carl Gustav Jung: Briefwechsel. Hrsg. von William
McGuire und Wolfgang Sauerländer, Frankfurt/M: Fischer, 1974
Fromm, Erich: Die Furcht vor der Freiheit, Frankfurt-M/Berlin/Wien: Ull-
stein, 1983/1941
— Psychoanalyse und Ethik, Frankfurt-M/Berlin/Wien: Ullstein, 1978/1947
— Psychoanalyse und Religion, München: Goldmann, ⁶1981/1950
— Märchen, Mythen, Träume. Eine Einführung in das Verständnis einer ver-
gessenen Sprache, Reinbek: Rowohlt, 1983/1951
— Das Menschenbild bei Marx, Frankfurt-M/Berlin/Wien: Ullstein, 1982/1961

- Jenseits der Illusionen. Die Bedeutung von Marx und Freud, Reinbek: Rowohlt, 1981/1962
- Analytische Sozialpsychologie und Gesellschaftstheorie, Frankfurt/M: Suhrkamp, ⁶1980/1970
- Anatomie der menschlichen Destruktivität, Reinbek: Rowohlt, 1977/1973
- Haben oder Sein. Die seelischen Grundlagen einer neuen Gesellschaft, Stuttgart: Deutsche Verlagsanstalt, 1979/1976
- Sigmund Freuds Psychoanalyse — Größe und Grenzen, Stuttgart: Deutsche Verlagsanstalt, 1979

Gabriel, Yiannis: Unbehagen und Illusionen in der psychoanalytischen Kulturtheorie, in: Psyche Nr. 1, 1986, S. 21-48
Gebser, Jean: Ursprung und Gegenwart, 3 Bde., München: dtv, 1973/1949-53
Gekle, Hanna: Wunsch und Wirklichkeit. Blochs Philosophie des Noch-Nicht-Bewußten und Freuds Theorie des Unbewußten, Frankfurt/M: Suhrkamp, 1986
Gente, Hans-Peter (Hrsg.): Marxismus, Psychoanalyse, Sexpol, Bd. 1, Frankfurt/M: S. Fischer, 1970/1926-37
Gizycki, Horst von: Arche Noah '84. Zur Sozialpsychologie gelebter Utopien, Frankfurt/M: S. Fischer, 1983
Glotz, Peter/Günter Kunert/Sozialistische Studiengruppen: Mythos und Politik. Über die magischen Gesten der Rechten, Hamburg: VSA, 1985
Greiffenhagen, Martin (Hrsg.): Emanzipation, Hamburg: Hoffmann und Campe, 1973
Grunert, Johannes: Zur Geschichte der Psychoanalyse in München, in: Psyche Nr. 10, 1984, S. 865-905

Habermas, Jürgen: Erkenntnis und Interesse, Frankfurt/M: Suhrkamp, 1968
- Theorie des kommunikativen Handelns, Frankfurt/M: Suhrkamp, 1981
- Die Verschlingung von Mythos und Aufklärung. Bemerkungen zur ›Dialektik der Aufklärung‹ — nach einer erneuten Lektüre, in: Bohrer (1983) S. 405-431
- Der philosophische Diskurs der Moderne. Zwölf Vorlesungen, Frankfurt/M: Suhrkamp, 1985
- (Hrsg.) Stichworte zur ›Geistigen Situation der Zeit‹, 2 Bde. Frankfurt/M: Suhrkamp, 1979
Heisenberg, Werner: Der Teil und das Ganze. Gespräche im Umkreis der Atomphysik, München: dtv, 1973
Hermanns, Ludger M.: John F. Rittmeister und C. G. Jung, in: H.-M. Lohmann (Hrsg.) (1984 a) S. 137-145, 1984/1982
Herrmann, Wolfgang: Entfesselung — oder: Spiritualität als Widerstand, in: Wege zum Menschen, 35. Jg., 1983, S. 333-342 ·
Herwig, Hedda J.: Therapie der Menschheit. Studien zur Psychoanalyse Freuds und Jungs, München: List, 1969
- Psychologie als Gnosis: C. G. Jung, in: Taubes (Hrsg.) (1984) S. 219-229
Hesse, Heidrun: Vernunft und Selbstbehauptung. Kritische Theorie als Kritik der neuzeitlichen Rationalität, Frankfurt/M: S. Fischer, 1984

Heyer, Gustav Richard: Vom Kraftfeld der Seele. Zwei Abhandlungen zur Tiefenpsychologie, Stuttgart: Klett, 1949

Holzkamp, Klaus: Zur kritisch-psychologischen Theorie der Subjektivität I: Das Verhältnis von Subjektivität und Gesellschaftlichkeit in der traditionellen Sozialwissenschaft und im Wissenschaftlichen Sozialismus, in: Forum Kritische Psychologie Bd. 4, hrsg. von Klaus Holzkamp, Berlin: Argument, 1979 a

— Zur kritischen Theorie der Subjektivität II: Das Verhältnis individueller Subjektivität zu gesellschaftlichen Subjekten und die frühkindliche Genese der Subjektivität, in: Forum Kritische Psychologie, Berlin: Argument Sonderband 41, S. 7-46, 1979 b

Horkheimer, Max: Zur Kritik der instrumentellen Vernunft, Frankfurt/M: S. Fischer, 1985/1947

Horkheimer, Max/Theodor W. Adorno: Dialektik der Aufklärung. Frankfurt/M: S. Fischer, 1971/1947

Horn, Klaus: Emanzipation aus der Perspektive einer zu entwickelnden Kritischen Theorie des Subjekts, in: Greiffenhagen (1973) S. 277-324 (1973 a)

— Die theoretische Abschaffung des Subjekts in Form seiner selbstzerstörerischen Wiederkehr, in: Das Elend der Psychoanalyse-Kritik (Beispiel Kursbuch 29). Subjektverleugnung als politische Magie, Frankfurt/M: Athenäum, S. 77-128, 1973 b

— Psychoanalyse und gesellschaftliche Widersprüche, in: Psyche Nr. 1, 1976, S. 26-49

— Identitätsprobleme der Linken? Zeitgenössische Schwierigkeiten des Umgangs mit dem Psychischen beim Politikmachen, in: Leviathan Jg. 5, Heft 3, 1977, S. 333-359

— Alte und neue Mythen. Zwei Ansichten. Kontroversartikel zu Hans Albert, in: Radius Nr. 29, 1984, S. 13-15 (1984 a)

— Was wird politisch anders, wenn ich mich ändere? Einstellungsveränderungen als Politikfeld, in: Zeitschrift für Sozialpsychologie und Gruppendynamik, Themenheft Friedens- und Konfliktforschung, 9. Jg., Nr. 1, 1984, S. 38-47 (1984 b)

Horn, Klaus/Eva Senghaas-Knobloch (Hrsg.): Friedensbewegung — Persönliches und Politisches, Frankfurt/M: S. Fischer, 1983

Horx, Matthias/Albrecht Sellner/Cora Stephan (Hrsg.): Infrarot. Wider die Utopie des totalen Lebens. Zur Auseinandersetzung mit ›Fundamentalopposition‹ und ›neuem Realismus‹, Berlin: Rotbuch, 1983

Hübner, Kurt: Die Wahrheit des Mythos, München: C. H. Beck, 1985

Hummel, Gert: Theologische Anthropologie und die Wirklichkeit der Psyche. Zum Gespräch zwischen Theologie und analytischer Psychologie, Darmstadt: Wissenschaftliche Buchgemeinschaft, 1972

Hurwitz, Emanuel: Otto Gross. Paradies-Sucher zwischen Freud und Jung. Leben und Werk, Zürich und Frankfurt/M: Suhrkamp, 1979

Inglehart, Ronald: Wertwandel und politisches Verhalten, in: J. Matthes (Hrsg.): Sozialer Wandel in Westeuropa. Frankfurt-M/New York: Campus, 1979

Jacobi, Jolande: Die Psychologie C.G. Jungs. Eine Einführung in das Gesamtwerk, Frankfurt/M: S. Fischer, 1977/1939

Jacoby, Russell: Soziale Amnesie. Eine Kritik der konformistischen Psychologie von Adler bis Laing, Frankfurt/M: Suhrkamp, 1978/1975

Jaffé, Aniela: Der Mythus vom Sinn im Werk von C.G. Jung, Zürich: Daimon, ³1983/1966

— C.G. Jung und der Nationalsozialismus, in: dies.: Parapsychologie, Individuation, Nationalsozialismus. Themen bei C.G. Jung, Zürich: Daimon, 1985/1968, S.141-164

— Aus C.G. Jungs Welt. Gedanken und Politik. Vier Aufsätze, Zürich: Classen, 1979/1968-74

Jay, Martin: Dialektische Phantasie. Die Geschichte der Frankfurter Schule und des Instituts für Sozialforschung, Frankfurt/M: S. Fischer, 1981/1973

Jonas, Hans: Gnosis und spätantiker Geist, Göttingen: Vandenhoeck & Ruprecht, Teil 1: Die mythologische Gnosis, ²1954/1934, Teil 2, erste Hälfte: 1954

Jones, Ernest: Das Leben und Werk von Sigmund Freud, 3 Bde., Bern/Stuttgart/Wien: Huber, ²1978/1960

Jung, Carl Gustav: Gesammelte Werke (GW), Olten und Freiburg: Walter, 1960-1978

— Erinnerungen, Träume, Gedanken. Aufgezeichnet und herausgegeben von Aniela Jaffé, Olten und Freiburg: Walter, ¹⁰1979/1961

— Briefe, hrsg. von Aniela Jaffé in Zusammenarbeit mit Gerhard Adler, Olten: Walter, 1972-73, Bd.1: 1906-1945, Bd.2: 1946-1955, Bd.3: 1956-1961

— C.G. Jung im Gespräch. Interviews, Reden, Begegnungen. Zürich: Daimon, 1986

— Bericht über das Berliner Seminar vom 26. Juni bis 1. Juli 1933. Berlin: hektogr., 1933

Jung, Carl Gustav u.a.: Der Mensch und seine Symbole, Olten: Walter, 1968/1964

Jungk, Robert: Der Jahrtausendmensch. Bericht aus den Werkstätten der neuen Gesellschaft, Reinbek: Rowohlt, 1976

— Menschenbeben. Der Aufstand gegen das Unerträgliche. Ein Bericht, München: C. Bertelsmann, 1983

Kast, Verena: Sisyphos. Der alte Stein — der neue Weg, Stuttgart: Kreuz, 1986

Kirsch, James: Jungs sogenannter Antisemitismus, in: Analytische Psychologie, Jg. 16, Januar 1985, S.40-65

Knäpper, Marie-Theres: Feminismus — Autonomie — Subjektivität. Tendenzen und Widersprüche in der neuen Frauenbewegung, Bochum: Germinal, 1984

Konrád, György: Antipolitik. Mitteleuropäische Meditationen, Frankfurt/M: Suhrkamp, 1985

Kopp, Sheldon: Triffst du Buddha unterwegs ... Psychotherapie und Selbsterfahrung, Frankfurt/M: S. Fischer, 1981/1972

Kumar, Satish/Roswitha Hentschel (Hrsg.): Metapolitik. Die Ernst-Friedrich Schumacher Lectures, München: Dianus-Trikont, 1985 a

— Viele Wege. Paradigmen einer neuen Politik, München: Dianus-Trikont, 1985b

Kolakowski, Leslek: Die Gegenwärtigkeit des Mythos, München: Piper, ³1984/ 1972

Kreativität des Unbewußten. Zum 75. Geburtstag von Erich Neumann. Hrsg. von H. Dieckmann, C. A. Meier und H.-J. Wilke. Basel/München/Paris/ London/Paris/New York/Sydney: Karger, 1980

Kunert, Günter: Auf der Suche nach dem verlorenen Halt. Die Mythen und die Wirklichkeit menschlicher Erfahrung, in: Frankfurter Allgemeine Zeitung, 9.11.1985

Künzli, Arnold: Karl Marx. Eine Psychographie, Wien/Frankfurt-M/Zürich: Europa, 1966

— Religion als Legitimation der Politik, in: Berliner Theologische Zeitschrift, Heft 2, 1985, S. 358-382

Langhans, Rainer: Die Mitte der Dunkelheit, München: Privatdruck, 1982

Leisegang, Hans: Die Gnosis, Stuttgart: Alfred Kröner, ⁵1985/1924

Leithäuser, Thomas: Formen des Alltagsbewußtseins, Frankfurt-M/New York: Campus, ²1979/1977

— Über die Schwierigkeit mit einer gesellschaftspolitisch relevanten Bewußtseinsforschung, in: Evers/Kempf/Valtink (Hrsg.): Sozialpsychologie des Friedens. Protokoll einer Tagung am 11.-13.10.1985, Hofgeismar: Evangelische Akademie, Serie Protokolle Nr. 119, 1986, S. 1-15

Lenz, Reimar: Der neue Typ. Religiöse Subkultur, Ökobewegung und neue Linke finden zueinander, in: Almanach für Literatur und Theologie, hrsg. von Eckart Bücken, Bd.13: Altenativ leben, Wuppertal: Peter Hammer, 1979, S. 135-145

Lepenies, Wolf/Helmut Nolte: Kritik der Anthropologie. Marx und Freud — Gehlen und Habermas — Über Aggression, München: Hanser, 1971

Lindenberg, Christoph: Die Technik des Bösen. Zur Vorgeschichte und Geschichte des Nationalsozialismus, Stuttgart: Freies Geistesleben, ³1985/ 1978

Lippe, Rudolf zur: Bürgerliche Subjektivität. Autonomie als Selbstzerstörung, Frankfurt/M: Suhrkamp, 1975

— Am eigenen Leibe. Zur Ökonomie des Lebens. Frankfurt/M: Syndikat, 1978

Lockot, Regine: Erinnern und Durcharbeiten. Zur Geschichte der Psychoanalyse und Psychotherapie im Nationalsozialismus, Frankfurt/M: S. Fischer, 1985

Lohmann, Hans-Martin: System ohne Welt. Ernst Blochs Briefe 1903-1975, in: Merkur Nr. 12, Dezember 1985 S. 1089-1095

— Freud zur Einführung, Hamburg: Junius, 1986

— Ein deutsches Trauma. Erinnerung an Peter Brückner und das, was er unter »Gewalt« verstand, in: Frankfurter Rundschau, 28.3.1987

— (Hrsg.): Das Unbehagen in der Psychoanalyse. Franfurt/M: Qumran, 1983

— (Hrsg.): Psychoanalyse und Nationalsozialismus. Beiträge zur Bearbeitung eines unbewältigten Traumas, Frankfurt/M: Fischer, 1984a

— (Hrsg.): Die Psychoanalyse auf der Couch, Frankfurt/M: Qumran, 1984 b

Lorenzer, Alfred: Sprachzerstörung und Rekonstruktion. Vorarbeiten zu einer Metatheorie der Psychoanalyse, Frankfurt/M: Suhrkamp, 1970

— Über den Gegenstand der Psychoanalyse, oder: Sprache und Interaktion, Frankfurt/M: Suhrkamp, 1973 a

— Zur Begründung einer materialistischen Sozialisationstheorie, Frankfurt/M: Suhrkamp, 1973 b

— Das Konzil der Buchhalter. Die Zerstörung der Sinnlichkeit. Eine Religionskritik, Frankfurt/M: S. Fischer, 1984/1981

— Intimität und soziales Leid. Archäologie der Psychoanalyse, Frankfurt/M: S. Fischer, 1984

— Das Verhältnis der Psychoanalyse zu ihren Nachbardisziplinen, in: Fragmente. Schriftenreihe zur Psychoanalyse, hrsg. vom Wissenschaftlichen Zentrum für Psychoanalyse, Psychotherapie und psychosoziale Forschung der Gesamthochschule Kassel, Nr. 14/15: Phantasmen der Macht. Psychohistorische Beiträge, April 1985, S. 8-20

Lorenzer, Alfred/Helmut Dahmer/Klaus Horn/Karola Brede/Enno Schwanenberg: Psychoanalyse als Sozialwissenschaft, Frankfurt/M: Suhrkamp, 1971

Marcuse, Herbert: Triebstruktur und Gesellschaft, Frankfurt/M: Suhrkamp, 1982/1955

— Psychoanalyse und Politik, Frankfurt/M: Europäische Verlagsanstalt, 1968/1956-67

— Der eindimensionale Mensch, Neuwied und Berlin: Luchterhand, 1970/1964

— Versuch über die Befreiung, Frankfurt/M: Suhrkamp, ⁵1980/1969

Marks, Stephan: Hüter des Schlafes. Politische Mythologie, Berlin: Hofgarten, 1983

— »Kommt! Unsere Karawane heißt nicht Verzweiflung«. Neue Politik, Spiritualität, Aktionen. Gießen: Focus, 1984

Marx, Karl: Die Frühschriften. Hrsg. von Siegfried Landshut, Stuttgart: Kröner, 1968

Mitscherlich, Alexander: Die Idee des Friedens und die menschliche Aggressivität. Vier Versuche, Frankfurt/M: Suhrkamp, 1969

— Auf dem Weg zur vaterlosen Gesellschaft, München: Piper, 1973

— Auch ein bürgerliches Trauerspiel. Der Briefwechsel Sigmund Freuds mit C. G. Jung aus den Jahren 1906 bis 1913, in: FAZ, 25.5.1974, abgedruckt in: ders. Gesammelte Schriften, Frankfurt/M: Suhrkamp, 1983 Bd. 7, S. 400-406

— (Hrsg.): Das beschädigte Leben. Diagnose und Therapie in einer Welt unabsehbarer Veränderungen. Ein Symposium, München: Piper, 1969

Mitscherlich, Alexander und Margarete: Die Unfähigkeit zu trauern, München: Piper, 1967

Müller, Rüdiger: Wandlung zur Ganzheit. Die Initiatische Therapie nach Karlfried Graf Dürckheim und Maria Hippius, Freiburg/Basel/Wien: Herder, 1981

Münster, Arno: Utopie, Messianismus und Apokalypse im Frühwerk von Ernst Bloch, Frankfurt/M: Suhrkamp, 1982

Negt, Oskar: Keine Demokratie ohne Sozialismus. Über den Zusammenhang von Politik, Geschichte und Moral, Frankfurt/M: Suhrkamp, 1976
— Was ist und zu welchem Zweck benötigen wir heute eine Erneuerung des Marxismus? in: Prokla (Berlin) Nr. 55, Juni 1984, S.106-130
Negt, Oskar/Alexander Kluge: Öffentlichkeit und Erfahrung. Zur Organisationsanalyse von bürgerlicher und proletarischer Öffentlichkeit, Frankfurt/M: Suhrkamp, 1972
— Geschichte und Eigensinn, Frankfurt/M: Zweitausendeins, 1981
— Die Geschichte der lebendigen Arbeitskraft. Diskussion mit Oskar Negt und Alexander Kluge, in: Ästhetik und Kommunikation Nr. 48/1982, S.79-109
Neumann, Erich: Tiefenpsychologie und neue Ethik, München: Kindler, ⁴1980/1948
— Ursprungsgeschichte des Bewußtsein, München: Kindler, ³1980/1949
— Zur Psychologie des Weiblichen, München: Kindler, ³1980/1952
— Die Psyche und die Wandlung der Wirklichkeitsebenen, in: Eranos-Jahrbuch 1952, Zürich: Rhein, 1953, S.169-215
— Die Bedeutung des Erdarchetyps für die Neuzeit, in: Eranos-Jahrbuch 1953, Zürich: Rhein, 1954, S.11-56
— Die Große Mutter. Eine Phänomenologie der weiblichen Gestaltungen des Unbewußten, Olten und Freiburg: Walter, 1985/1956
— Freud und das Vaterbild, in: Merkur, Oktober 1956, S.802-807
— Krise und Erneuerung, Zürich: Rhein, 1961
Nitzschke, Bernd: Der Mensch und seine Triebe, in: Die Zeit, 9.8.1985

Odajnyk, Wolodymyr Walter: C.G. Jung und die Politik, Stuttgart: Klett, 1975
Ottomeyer, Klaus: Gewaltverarbeitung in individuellen, kulturindustriellen und politischen Inszenierungen, in: Sozialpsychologie des Friedens, hrsg. von T. Evers/W. Kempf/E. Valtink, Protokoll einer Tagung am 11.-13.10.1985, Evangelische Akademie Hofgeismar, Serie Protokolle Nr. 119, 1986

Parin, Paul: Der Widerspruch im Subjekt. Ethnopsychoanalytische Studien, Frankfurt/M: Syndikat, 1978
— Psychoanalyse und Politik. Ein Gespräch mit dem Psychoanalytiker Paul Parin, in: links (Offenbach) Nr. 120, März 1980
Pestalozzi, Hans A.: Die sanfte Verblödung. Gegen falsche New Age-Heilslehren. Ein Pamphlet, Düsseldorf: Hermes, 1985
Pfleger, Gerhard: Ernst Blochs Hiob-Deutung, Göttingen: Theol. Examensarbeit, unveröff. Ms. 1974
Phantasmen der Macht. Psychohistorische Beiträge, in: Fragmente. Schriftenreihe zur Psychoanalyse, hrsg. vom Wiss. Zentrum II für Psychoanalyse, Psychotherapie und psychosoziale Forschung der Gesamthochschule Kassel Nr. 14/15, 1985
Progoff, Ira: Jung's Psychology and its social meaning, New York: Anchor Books, ²1973/1953
— The Power of Archetypes in Modern Civilization, in: Studien zur analytischen Psychologie, Bd.2, Zürich: C.G. Jung-Institut, 1955, S.379ff. Auch in Progoff (1973/1953) S.259ff

Die Psychologie des 20. Jahrhunderts, 15 Bde., Zürich: Kindler, 1976-81 (Enzyklopädie)

Quispel, Gilles: Gnosis als Weltreligion, Zürich: Origo, 1951
— C. G. Jung und die Gnosis, in: Eranos-Jahrbuch 1968, Zürich: Rhein, 1969, S. 277-298

Raddatz, Fritz J.: Die Aufklärung entläßt ihre Kinder, in: Die Zeit, 29.6. und 6.7.1984
Reich, Wilhelm: Dialektischer Materialismus und Psychoanalyse, Amsterdam: de Munter, 1981/1929-36
Richter, Horst Eberhard: Flüchten oder Standhalten, Reinbek: Rowohlt, 1976
— Der Gotteskomplex. Die Geburt und die Krise des Glaubens an die Allmacht des Menschen, Reinbek: Rowohlt, 1979
— Zur Psychologie des Friedens, Reinbek: Rowohlt, 1982
Riedel, Ingrid (Hrsg.): Farben in Religion, Gesellschaft, Kunst und Psychotherapie, Stuttgart: Kreuz, 1983
— (Hrsg.): Der unverbrauchte Gott. Neue Wege der Religiösität, Bern u.a.: Scherz, 1976
Rittmeister, John F.: Die psychotherapeutische Aufgabe und der neue Humanismus (1937), in: Psyche Nr. 12, 1968, S. 934-953
— Voraussetzungen und Konsequenzen der Jungschen Archetypenlehre (1934-37), in: H.-M. Lohmann (Hrsg.) (1984a) S. 146-155
Robert, Marthe: Sigmund Freud — Zwischen Moses und Ödipus. Die jüdischen Wurzeln der Psychoanalyse, Frankfurt-M/Berlin/Wien: Ullstein, 1977
Rosenberg, Alfons: Durchbruch zur Zukunft, Bietigheim: Turm, ²1971/1958
Die Rückkehr des Imaginären. Märchen, Magie, Mystik, Mythos. Anfänge einer anderen Politik, München: Dianus-Trikont, 1981

Schellenbaum, Peter: Abschied von der Selbstzerstörung, Stuttgart: Kreuz, 1987
Schlegel, Leonhard: Grundriß der Tiefenpsychologie, Bd. 4: Die Polarität der Psyche und ihre Integration. Eine kritische Darstellung der Psychologie von C. G. Jung, München: Francke, 1973
Schlesier, Renate (Hrsg.): Faszination des Mythos, Basel und Frankfurt/M: Stroemfeld/Roter Stern, 1985
Schmidbauer, Wolfgang: Ist Macht heilbar? Therapie und Politik, Reinbek: Rowohlt, 1986
Schmitt, Carl: Die geistesgeschichtliche Lage des heutigen Parlamentarismus, Berlin: Duncker & Humboldt, ³1961/1923
Schoeller, Gisela: Heilung aus dem Ursprung. Praxis der Initiatischen Therapie nach Karlfried Graf Dürckheim und Maria Hippius, München: Kösel, 1983
Schumacher, Joachim: Die Angst vor dem Chaos. Über die falsche Apokalypse des Bürgertums, Frankfurt/M: Syndikat, 1978/1937
Sève, Lucien: Historische Individualitätsformen und Persönlichkeit, in: Marxistische Persönlichkeitstheorie, hrsg. vom Institut für Marxistische Studien und Forschungen, Frankfurt/M: IMSF, 1986

Sheldrake, Rupert: Das schöpferische Universum. Die Theorie des morphogenetischen Feldes, München: Goldmann, 1985/1981

Sloterdijk, Peter: Kritik der zynischen Vernunft, 2 Bde., Frankfurt/M: Suhrkamp, 1983

Sonnemann, Ulrich: Negative Anthropologie. Vorstudien zur Sabotage des Schicksals, Frankfurt/M: Syndikat, 1981/1969

Stein, Herbert: Die Regeln der Psychoanalyse und das regelnde Selbst, in: Psyche Nr. 4, 1986, S. 310-319

Steinacker-Berghäuser, Peter: Das Verhältnis der Philosophie Ernst Blochs zur Mystik, Marburg: Theol. Diss., 1973

Stern, Paul J.: C.G. Jung. Prophet des Unbewußten, München-Zürich: Piper, 1977

Taubes, Jacob (Hrsg.): Gnosis und Politik (Religionstheorie und Politische Theologie Bd. 2), München: Ferdinand Schöningh und Wilhelm Fink, 1984

Täube, Reinhard: Innere Erfahrung und Gesellschaft. Klassischer Yoga — Indische Mystik. Beiträge zur Alternativkultur oder: Die Lotusblüte bekommt Stacheln, Frankfurt/M: Selbstverlag, ²1980/1977

Teilhard de Chardin, Pierre: Der Mensch im Kosmos, München: dtv, 1980/1955

Thaa, Winfried: Ungleichzeitigkeit und linke Rationalitätskritik. Blochs Kategorie der »Ungleichzeitigkeit« und die Aufgaben linker Rationalitätskritik heute, in: Tüte (Tübinger Stadtzeitung), Sondernummer zum 100. Geburtstag Ernst Blochs, Juni/Juli 1985, S. 18-21

Theweleit, Klaus: Männerphantasien, Bd. 1: Frauen. Fluten. Körper. Geschichte. Bd. 2: Männerkörper. Zur Psychoanalyse des weißen Terrors, Frankfurt/M: Roter Stern, 1977-78

Tillich, Paul: Gesammelte Werke (GW), Hrsg. von Renate Albrecht, Stuttgart: Evangelisches Verlagswerk, 1959-1974

— Die sozialistische Entscheidung (1933), in: GW Bd. 2: Christentum und Soziale Gestaltung, S. 219-365

— Das neue Sein als Zentralbegriff einer christlichen Theologie, in: Eranos-Jahrbuch 1954, S. 251-274; auch in: GW Bd. 8, S. 220-239

— Die theologische Bedeutung von Psychoanalyse und Existentialismus (1955), in: GW Bd. 8: Offenbarung und Glaube, 1970, S. 304-315

— Carl Gustav Jung. Eine Würdigung anläßlich seines Todes (1961), in: GW Bd. 12: Begegnungen, 1971, S. 316-319

Werk und Wirken Paul Tillichs. Ein Gedenkbuch, Stuttgart: Evangelisches Verlagswerk, 1967

Touraine, Alain: Die antinukleare Prophetie. Zukunftsentwürfe einer postindustriellen Gesellschaft, Frankfurt-M/New York: Campus, 1982

Der Traum der Vernunft. Vom Elend der Aufklärung. Eine Veranstaltung der Akademie der Künste, Berlin. Darmstadt und Neuwied: Luchterhand, Bd. 1: 1985, Bd. 2: 1986

Trüb, Hans: Heilung aus der Begegnung, Stuttgart: Ernst Klett, ²1962/1951

Vogt, Rolf: Psychoanalyse zwischen Mythos und Aufklärung, oder Das Rätsel der Sphinx, Frankfurt-M/New York: Qumran, 1986

313

Wagner, Wolfgang: Frieden ist ein Weg. Beiträge der Tiefenpsychologie C.G. Jungs zum Problem des Friedens, Tübingen: AS-Verlag, 1986

Walder, Peter: Mensch und Welt bei C.G. Jung. Die anthropologischen Grundlagen der Komplexen Psychologie, Zürich: Origo, 1951

Walsh, Roger N./Frances Vaughan (Hrsg.): Psychologie in der Wende. Grundlagen, Methoden und Ziele der Transpersonalen Psychologie. Eine Einführung in die Psychologie des Neuen Bewußtseins, Bern/München/Wien: Scherz, 1985/1980

Wege des Ungehorsams. Jahrbuch für libertäre und gewaltfreie Aktion, Politik und Kultur 1984, Kassel: Weber, Zucht & Co., 1984

Wehr, Gerhard: C.G. Jung und das Christentum, Olten und Freiburg: Walter, 1975

— Paul Tillich in Selbstzeugnissen und Bilddokumenten, Reinbek: Rowohlt, 1979

— Carl Gustav Jung. Leben, Werk, Wirkung. München: Kösel, 1985

Weiler, Gerda: Der enteignete Mythos. Eine notwendige Revision der Archetypenlehre C.G. Jungs und Erich Neumanns, München: Frauenoffensive, 1985

Weischedel, Wilhelm: Der Gott der Philosophen, Darmstadt: Wissenschaftliche Buchgemeinschaft, 1971

Weiss, Peter: Die Ästhetik des Widerstands, 3 Bde., Frankfurt/M: Suhrkamp, 1975-81

v. Weizsäcker, Carl Friedrich: Im Garten des Menschlichen. Beiträge zur geschichtlichen Anthropologie, München/Wien: Carl Hanser, 1977

Wiesenhütter, Eckart: Die Begegnung zwischen Philosophie und Tiefenpsychologie. Darmstadt: Wissenschaftliche Buchgemeinschaft, 1979

Wilber, Ken: Wege zum Selbst. Östliche und westliche Ansätze zu persönlichem Wachstum, München: Kösel, ²1986/1979

Wilke, Hans-Joachim: NS-Vergangenheit, ein Aktualkonflikt, in: Analytische Psychologie, Januar 1985, S.9-32

Wilson, Robert Anton: Der sinnvolle Zufall, in: Psychologie heute, Januar 1985, S.37-43

Wurth, Marianne: »Luftschloß und Labyrinth« — Ernst Blochs Traum-Theorie, in: Psyche Nr. 1/1987, S.22-38

Wyss, Dieter: Die tiefenpsychologischen Schulen von den Anfängen bis zur Gegenwart. Entwicklung, Probleme, Krisen. Göttingen: Vandenhoeck & Ruprecht, ³1970/1961

— Marx und Freud. Ihr Verhältnis zur modernen Anthropologie, Göttingen: Vandenhoeck & Ruprecht, 1969

Zudeick, Peter: Der Hintern des Teufels. Ernst Bloch: Leben und Werk, Moos und Baden-Baden: Elster, 1984

Die Zukunft der Vernunft. Eine Auseinandersetzung. Teilnehmer: W. Bonß, H. Dubiel, G. Gamm, H. Hesse, A. Honneth, Ch. Karpenstein-Eßbach, G. Kimmerle, Diskussionsleitung Ch. Hackenesch. Tübingen: Edition diskord im Konkursbuchverlag, 1985

Personenregister

Abraham, Karl 138
Adenauer, Konrad 161
Adler, Alfred 133, 139, 241,
  245
Adler, Gerhard 109, 113, 140
Adorno, Theodor W. 9, 19,
  44, 55 f, 183 f, 186-189, 195 f,
  257, 263, 290
Angelus Silesius 180
Arendt, Hannah 283
Aristoteles 168
Augustinus 183

Bachofen, Johann Jakob 162
Bacon, Francis 157
Balmer, Heinrich 76, 78, 267
Bally, Gustav 136
Barth, Karl 20
Bartning, Gerhard 296
Basilides (Gnostiker) 167, 210
Bauriedl, Thea 16, 56, 60 f,
  69 f, 73, 289
Benjamin, Walter 173, 216
Bergson, Henri 160, 209, 294
Bergstraesser, Arnold 149-151,
  248-252
Bethmann, Hans 284
Bilz, R. 134
Bloch, Ernst 10, 21, 50, 64,
  66, 75, 144, 155, 162, 169,
  173 f, 189, 203-220, 256, 258,
  276 f, 287, 292-298
Blomeyer, Rudolf 105, 116,
  264, 268, 274 f
Böhme, Jakob 171, 210
Boff, Leonardo 233
Bonhoeffer, Dietrich 20

Brückner, Peter 15 f, 45 f, 50,
  53, 235, 257, 261
Brumlik, Micha 262
Buber, Martin 75, 94, 110, 161,
  177, 179, 271
Bumke, Oswald 131
Burckhardt, Jakob 162

Camus, Albert 163
Carus, Karl 159
Cassirer, Ernst 18, 161, 177
Christen, Anton 210
Cimbal, W. 132, 279

Dahmer, Helmut 16, 45, 49,
  51, 55
Darwin, Charles 161, 182
Descartes, René 157, 210
Dieckmann, Hans 113, 269 f,
  274, 276, 279
Dilthey, Wilhelm 160
Drewermann, Eugen 272, 276 f
Duerr, Hans Peter 201

Ebert, Friedrich 161
Eckhart (Meister Eckhart)
  157, 171, 180, 210
Edinger, E. F. 113
Einstein, Albert 80, 162, 284
Eliade, Mircea 290
Ende, Michael 18
Engels, Friedrich 44
Erlenmeyer, Arvid 102

Feuerbach, Ludwig 210
Fichte, Johann Gottlieb 158
Fordham, Michael 113, 275

Hans-Martin Lohmann
Freud zur Einführung

2. Auflage, 128 Seiten, DM 11,00 · ISBN 3-88506-823-0

»Lohmanns meisterhafte Darstellung der grundlegenden Gedanken Freuds macht neugierig, diese näher kennen zu lernen, Freud ›wiederzulesen‹.«
(Paul Parin in *psychologie heute*)

Detlef Horster
Alfred Adler zur Einführung

128 Seiten mit Abb., DM 11,80 · ISBN 3-88506-760-9

Horster rekonstruiert den philosophischen Bezugsrahmen, in dem Adler seine individualpsychologischen Grundbegriffe bildete. Darüber hinaus wird gezeigt, daß die Kritische Theorie heute in Alfred Adler eine Alternative zu Freud finden kann.

Martin Konitzer
Wilhelm Reich zur Einführung

128 Seiten, DM 11,80 · ISBN 3-88506-829-X

Vor dem Hintergrund ganz verschiedenartiger Einflüsse (Psychoanalyse, Marxismus, Vitalismus) entfaltet Konitzer Reichs Konzept der Lebensenergie und seine radikale Gesellschaftskritik. »Ein vom Ansatz wie von der Argumentation her überzeugendes Buch« (H. Wittmann).

**Edition SOAK im Junius Verlag · Stresemannstraße 375
Postfach 50 07 45 · 2000 Hamburg 50**